U0142458

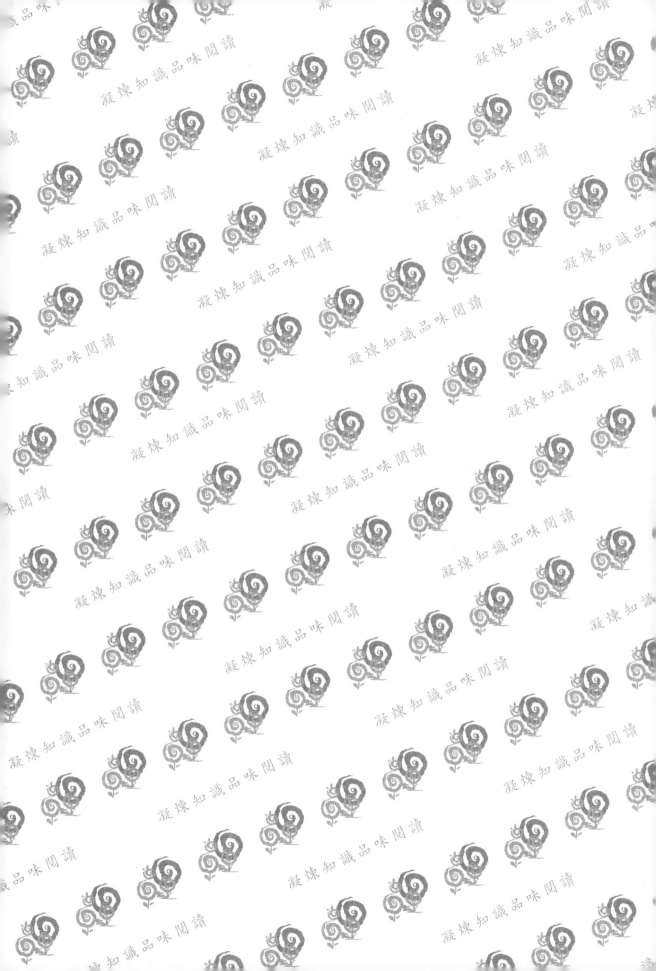

消防叢書
系列

消防法規
（設備師士專用）

30年火場經驗消防本職博士

作　　者　盧守謙

協同作者　陳承聖

五南圖書出版公司 印行

推薦序

　　為培育出國家消防安全設備之設計、監造、裝置、檢修及防火防災實務型人才，本校特創立消防安全學士學位學程之獨立系所，建置了水系統、警報系統及氣體滅火系統專業教室等軟硬體設備，擁有全方位師資團隊，跨消防、工程科技、機械工程、電機、資訊等完整博士群組成，每年消防設日間部四技班、進修部四技班及進修學院二技班等，目前也刻正籌備規劃消防系（所），為未來消防人力注入所需的充分能量。

　　本校經營主軸──核心之提升人的生命品質；三主軸之健康促進、環境保育、關懷服務；四志業之健康、管理、休閒、社會福利等完整理念目標。在消防學程發展上，重視實務學習與經驗獲得，促進學生能儘快了解就業方向；並整合相關科系資源，創造發展出綜合性消防專業課程模組，不僅能整合並加強教學資源，使課程更為專業及專精，還能順應新世紀社會高度分工發展，提升學生消防就業市場之競爭能力。在課程規劃上，含消防、土木建築、機械、化工、電機電子、資訊等基礎知識與專業技能，培育學生具備公共安全、災害防救、職業安全衛生管理等市場所需之專業領域知識；並使學生在校期間，取得救護技術員、防火管理人、保安監督人、CAD 2D、CAD 3D或Pro/E等相關證照，及能考取消防設備士、消防四等特考、職業安全／衛生（甲級）或職業安全／衛生管理師（員）等公職及專業證照之取得。

　　本書作者盧守謙博士在消防機關服務期間累積豐富之現場救災經歷，也奉派至英國及美國消防學院進階深造，擁有消防設備師，也熟稔英日文能力，教學經驗及消防書籍著作相當豐富。本書再版完整結合理論面與實務面內涵，相信能使讀者在學習上有系統式貫通了解，本人身為作者任教大學之校長，也深感與有榮焉，非常樂意為本書推薦給所有之有志消防朋友們，並敬祝各位身心健康快樂！

郭代璠

大仁科技大學校長

自序

　　法是人類的行為規範，以國家強制力為施行方法之一種社會生活規範。以法位階而言，憲法為第一位階，也為國家根本大法，位階效力最高。第二位階──法律得定名為法、律、條例或通則，乃人類社會生活中，是立法機關依一定之制定程序，以國家強制力施行之社會生活規範。法律須經立法院通過，制定相關罰則，並由總統公布；如消防法、災害防救法或爆竹煙火管理條例。第三位階──命令，係國家機關依其法定職權或基於法律之授權，而強制實行之公的意思表示。各機關發布之命令，分為規程、規則、細則、辦法、綱要、標準、準則。而命令可分為授權命令與職權命令，前者係指行政機關基於法律授權，對多數不特定人民，就一般事項所作抽象之對外發生法律效果之規定。後者乃各機關本於其固有的職權，不待法律的明文規定，即得發布之命令，作為執行法律之用。由於法源位階越高，其規定越抽象；位階越低，其規定越就更具體。

　　作者任教於大仁科技大學，學校特成立火災鑑識組織，由作者專責執行火災原因調查與鑑定、火災/消防研究產學合作及廠區防火安全技術顧問等，也順應社會市場需求，另舉辦各種消防訓練班，有消防20學分班及消防設備師士考前衝刺班等推廣教育，也接受客製化消防訓練。

　　在本書編輯上，特以考選部公告應考範圍，為消防設備師（士）應考法規及重點歸納一本，以作為教學用書；又為準備國家考試，於法規附應屆考題，以作為考試用書。另外，也同時出版消防設備師士應考相關系列用書；倘若本系列對教學與實務上有些微貢獻，自甚感榮幸，這也是筆者孜孜不倦動力來源。

盧守謙 博士
大仁科技大學消防學程火災鑑識中心主任

1.讀書四種方式

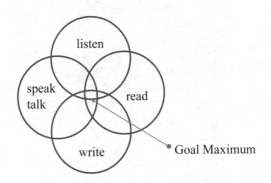

說明：一般人讀書多是以READ（**EYES**），而常忽略其他讀書方式。用寫的（**HANDS**）、用討論的（**MOUTH**）或用SPEAK（**MOUTH**）（自言自語、默唸）。基本上，現在錄音方便，可錄下一些很難記之資料，利用運動、休息或入睡前等時段，用聽（EAR）的方法來作複習。

2.記憶型讀書效率與持續時間

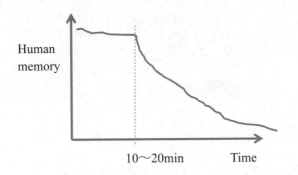

說明：假設您一天讀書時間分成數段進行，再以第5項之口訣法、便條紙法等，能不分時間地點如運動、等車、吃完飯後散步等時間，拿出來複習，一天內多看幾次，利用多見難忘方法來作記憶。尤其是在每次睡醒後20分鐘，是大腦最清楚之黃金時段，拿出第3項之所整理資料，作複習背誦，或是你每晚躺在床上之入睡前黃金時段，拿出來默想。

3. 多方蒐集資料

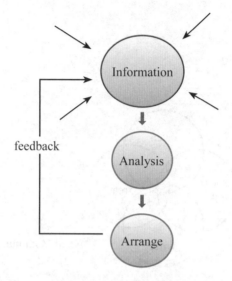

　　說明：多方看應考相關資料，將蒐集資料有條不紊整理成你自己的東西，而作筆記
　　　　　是一種好習慣。

4. 大腦資料庫活化

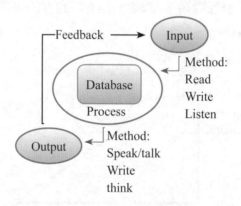

　　說明：你應思考將你大腦所輸入data如何持續output作活化。假使你在書桌前
　　　　　讀一整天，可是大量資料沈在你腦海內部，你須每隔一段時間，用寫
　　　　　（WRITE）出來、用回憶（THINK）、用自言自語演說（SPEAK）或是與
　　　　　你同學交談主題（TALK），把大量資料活化出來，能活化才會牢記在你腦
　　　　　海深處。不然，沒隔多久，有些就遺忘了。

5.讀書多元技巧法

(1)口訣法：每第1個字，有些是可以不照順序記，可依個人喜好之方式作調整，然後聯想一系列跟你所記資料，編成一套故事。

(2)便條紙法：簡要大綱整理成A4，並折起來放在你口袋，隨時皆可拿出，有過目不忘之效。

(3)貼膏藥法：假使資料或條文是很難記、常忘記或很重要，就貼在你常能看到處，如書桌牆壁、床牆壁等，已牢記幾天後再換貼新資料，依此類推..。

(4)空間法：採取左右腦並用，即重點關鍵字濃縮成一張A4，俟機利用運動如跑步時進行默念，假使默唸不出，運動完即查閱所忘記的資料。

(5)圖表法：右腦法，如果你有辦法將資料作成圖表，你離成功之路就會很接近。聰明的你應左（文字）右（圖表）腦並用。

您須將繁多資料，整理濃縮成一張紙，意將大量資料濃縮，將是你成功錄取與否之關鍵因素。

記著 Make Time For Reading. Anywhere. Anytime.

消防設備士命題大綱

中華民國101年9月24日考選部選專五字第1013302056號公告修正

專門職業及技術人員普通考試消防設備士考試各應試科目命題大綱		
應試科目數	共計4科目	
業務範圍及核心能力	有關各類場所消防安全設備之裝置、檢修業務	
編號	科目名稱	命題大綱內容
一	消防法規概要	一、消防法規總論 (一) 消防法。 (二) 消防法施行細則。 (三) 消防設備師及消防設備士管理辦法。 (四) 消防安全設備檢修專業機構管理辦法。 (五) 公共危險物品及可燃性高壓氣體設置標準暨安全管理辦法。 (六) 防火牆及防火水幕設置基準。 (七) 可燃性高壓氣體儲存場所防爆牆（防護牆）設置基準。 二、消防安全設備相關法規 (一) 各類場所消防安全設備設置標準。 (二) 消防機關辦理建築物消防安全設備審查及查驗作業基準。 (三) 各類場所消防安全設備檢修及申報作業基準。 (四) 二氧化碳及乾粉滅火設備各種標示規格。 (五) 消防幫浦加壓送水裝置等及配管摩擦損失計算基準。 (六) 避難器具支固器具及固定部之結構、強度計算及施工方法。 三、建築相關消防法規 (一) 建築技術規則：建築設計施工篇第一章。 (二) 工程倫理。
二	火災學概要	一、火災燃燒基本理論 (一) 燃燒理論：包括可燃物、氧氣、熱源、連鎖反應及滅火原理等。 (二) 熱傳理論：包括熱傳導、對流、輻射等。 (三) 火災理論：包括火災概念特性等。 (四) 火災分類：包括A、B、C、D類等火災之介紹。 二、火災類型 (一) 建築物火災 (二) 電氣火災 (三) 化學火災 (四) 儲槽火災 (五) 工業火災分析 (六) 特殊場所火災

		三、預防與搶救 (一) 防火及滅火：包括火災防阻與搶救等理論之論述。 (二) 滅火劑與滅火效果：包括各種滅火藥劑及效果之介紹與評析。 (三) 火災生成物（煙、熱、火焰）之分析與處理。
三	水與化學系統消防安全設備概要	一、設備設置標準 包括相關法令規定及解釋令 二、設備之構造與機能 包括基本原理、設備系統構造機能 三、設備竣工測試 含審勘作業規定 四、設備檢修要領（含檢修作業規定） (一) 設備機能之檢修 (二) 檢測儀器之操作使用
四	警報與避難系統消防安全設備概要	一、設備設置標準 包括相關法令規定及解釋令 二、設備之構造與機能 包括基本原理、設備系統構造機能 三、設備竣工測試 含審勘作業規定 四、設備檢修要領（含檢修作業規定） (一) 設備機能之檢修 (二) 檢測儀器之操作使用
備註		表列各應試科目命題大綱為考試命題範圍之例示，惟實際試題並不完全以此為限，仍可命擬相關之綜合性試題。

消防設備師命題大綱

中華民國108年12月31日考選部專五字第1083302163號公告修正

（修正「消防法規」命題大綱）

專門職業及技術人員高等考試消防設備師考試各應試科目命題大綱		
應試科目數	共計6科目	
業務範圍及核心能力	有關各類場所消防安全設備之設計、監造、裝置、檢修業務	
編號	科目名稱	命題大綱內容
一	消防法規	一、消防法規總論 （一）消防法。 （二）消防法施行細則。 （三）消防設備師及消防設備士管理辦法。 （四）消防安全設備檢修專業機構管理辦法。 （五）防焰性能認證實施要點。 （六）公共危險物品試驗方法及判定基準。 （七）防火牆及防火水幕設置基準。 （八）可燃性高壓氣體儲存場所防爆牆（防護牆）設置基準。 （九）公共危險物品及可燃性高壓氣體製造儲存處理場所設置標準暨安全管理辦法。 （十）消防安全設備檢修及申報辦法。 （十一）消防機具器材及設備認可實施辦法。 （十二）消防機關受理集合住宅消防安全設備檢修申報作業處理原則。 二、消防安全設備相關法規 （一）各類場所消防安全設備設置標準。 （二）消防機關辦理建築物消防安全設備審查及查驗作業基準。 （三）各類場所消防安全設備檢修及申報作業基準。 （四）複合用途建築物判斷基準。 （五）二氧化碳及乾粉滅火設備各種標示規格。 （六）消防幫浦加壓送水裝置等及配管摩擦損失計算基準。 （七）緊急電源容量計算基準。 （八）避難器具支固器具及固定部之結構、強度計算及施工方法。 （九）各項消防安全設備認可基準。 （十）消防安全設備測試報告書測試方法及判定要領。 （十一）滅火器藥劑更換及充填作業規定。 （十二）潔淨區消防安全設備設置要點。 （十三）住宅用火災警報器設置辦法。 （十四）119火災通報裝置設置及維護注意事項。 （十五）水道連結型自動撒水設備設置基準。 三、建築相關消防法規 （一）建築法。

		（二）建築技術規則：包括建築設計施工篇第一章、第三章、第四章（第一、四、五、六節）、第十一章（第一、三節）、第十二章（第一、三、四節）。
		（三）原有合法建築物防火避難設施及消防設備改善辦法。
		（四）工程倫理。
二	火災學	一、火災燃燒基本理論
		（一）燃燒理論：包括可燃物、氧氣、熱源、連鎖反應及滅火原理等。
		（二）熱傳理論：包括熱傳導、對流、輻射等。
		（三）火災理論：包括火災概念特性等。
		（四）火災分類：包括A、B、C、D類等火災之介紹。
		（五）火災化學特性。
		（六）爆炸工學：包括高壓氣體爆炸、分解爆炸、粉塵爆炸、蒸氣爆炸等。
		二、火災類型
		（一）建築物火災。
		（二）電氣火災。
		（三）化學火災。
		（四）儲槽火災。
		（五）工業火災分析。
		（六）特殊場所火災。
		三、預防與搶救
		（一）防火及滅火：包括火災防阻與搶救等理論之論述。
		（二）滅火劑與滅火效果：包括各種滅火藥劑及效果之介紹與評析。
		（三）火災生成物（煙、熱、火焰）之分析與處理。
		四、火災工學
		（一）可燃物的燃燒種類、特性和過程。
		（二）火災過程中之熱傳導、熱對流、熱輻射。
		（三）浮升火羽（柱）的結構及其在火災發展過程中的熱流變化。
		（四）影響火災煙氣的產生、蔓延和控制的相關因素。
		（五）區劃空間火災特性。
三	避難系統消防安全設備	一、設備之構造與機能
		（一）包括基本原理、設備系統構造機能
		（二）構件元件之檢定、認可、檢驗測試原理
		二、設備法規
		國內相關法規及解釋令：包括各類場所消防安全設備設置標準、審勘作業規定、各類場所消防安全設備檢修及申報作業基準及相關實務
		三、設計實務
		包括設計步驟、設計公式、繪圖及其實務應用
		四、設備竣工測試
		含審勘作業規定
		五、設備檢修要領（含檢修作業規定）
		（一）設備機能之檢測
		（二）檢測儀器之操作使用

四	水系統消防安全設備	一、設備之構造與機能（含消防專用蓄水池等消防安全設備） 　　(一) 包括基本原理、設備系統構造機能 　　(二) 構件元件之檢定、認可、檢驗測試原理 二、設備法規 　　國內相關法規及解釋令：包括各類場所消防安全設備設置標準、審勘作業規定、各類場所消防安全設備檢修及申報作業基準及相關實務 三、設計實務 　　包括設計步驟、設計公式、繪圖及其實務應用 四、設備竣工測試 　　含審勘作業規定 五、設備檢修要領（含檢修作業規定） 　　(一) 設備機能之檢測 　　(二) 檢測儀器之操作使用
五	化學系統消防安全設備	一、設備之構造與機能（含海龍替代品等滅火設備） 　　(一) 包括基本原理、設備系統構造機能 　　(二) 構件元件之檢定、認可、檢驗測試原理 二、設備法規 　　國內相關法規及解釋令：包括各類場所消防安全設備設置標準、審勘作業規定、各類場所消防安全設備檢修及申報作業基準及相關實務 三、設計實務 　　包括設計步驟、設計公式、繪圖及其實務應用 四、設備竣工測試 　　含審勘作業規定 五、設備檢修要領（含檢修作業規定） 　　(一) 設備機能之檢測 　　(二) 檢測儀器之操作使用
六	警報系統消防安全設備	一、設備之構造與機能 　　(一) 包括基本原理、設備系統構造機能 　　(二) 構件元件之檢定、認可、檢驗測試原理 二、設備法規 　　國內相關法規及解釋令：包括各類場所消防安全設備設置標準、審勘作業規定、各類場所消防安全設備檢修及申報作業基準及相關實務 三、設計實務 　　包括設計步驟、設計公式、繪圖及其實務應用 四、設備竣工測試 　　含審勘作業規定 五、設備檢修要領（含檢修作業規定） 　　(一) 設備機能之檢測 　　(二) 檢測儀器之操作使用
備註		表列各應試科目命題大綱為考試命題範圍之例示，惟實際試題並不完全以此為限，仍可命擬相關之綜合性試題。

目　錄

第1章　消防法規總論

第2章　消防安全設備總論

第3章　建築相關消防法規

第4章 命題大綱外應考法規

第 **1** 章

消防法規總論

1.1　消防法

（108/11/13修正）

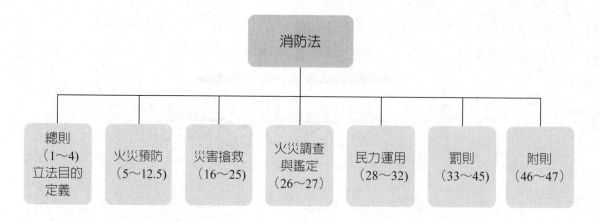

第一章　總則

第 1 條　（立法目的及適用範圍）為預防火災、搶救災害及緊急救護，以維護公共安全，確保人民生命財產，特制定本法。本法未規定者，適用其他法律規定。

第 2 條　（管理權人之定義）本法所稱管理權人係指依法令或契約對各該場所有實際支配管理權者；其屬法人者，為其負責人。

第 3 條　（主管機關）消防主管機關：在中央為內政部；在直轄市為直轄市政府；在縣（市）為縣（市）政府。

第 4 條　（消防車輛、裝備及人力配置之標準）直轄市、縣（市）消防車輛、裝備及其人力配置標準，由中央主管機關定之。

第二章　火災預防

第 5 條　（防火教育及宣導）直轄市、縣（市）政府，應舉辦防火教育及宣導，並由機關、學校、團體及大眾傳播機構協助推行。

第 6 條　（消防安全設備之設置）本法所定各類場所之管理權人對其實際支配管理之場所，應設置並維護其消防安全設備；場所之分類及消防安全設備設置之標準，由中央主管機關定之。消防機關得依前項所定各類

場所之危險程度，分類列管檢查及複查。

第一項所定各類場所因用途、構造特殊，或引用與依第一項所定標準同等以上效能之技術、工法或設備者，得檢附具體證明，經中央主管機關核准，不適用依第一項所定標準之全部或一部。

不屬於第一項所定標準應設置火警自動警報設備之旅館、老人福利機構場所及中央主管機關公告場所之管理權人，應設置住宅用火災警報器並維護之；其安裝位置、方式、改善期限及其他應遵行事項之辦法，由中央主管機關定之。

不屬於第一項所定標準應設置火警自動警報設備住宅場所之管理權人，應設置住宅用火災警報器並維護之；其安裝位置、方式、改善期限及其他應遵行事項之辦法，由中央主管機關定之。

第　7　條　（消防安全設備）依各類場所消防安全設備設置標準設置之消防安全設備，其設計、監造應由消防設備師為之；其裝置、檢修應由消防設備師或消防設備士為之。前項消防安全設備之設計、監造、裝置及檢修，於消防設備師或消防設備士未達定量人數前，得由現有相關專門職業及技術人員或技術士暫行為之；其期限由中央主管機關定之。消防設備師之資格及管理，另以法律定之。

在前項法律未制定前，中央主管機關得訂定消防設備師及消防設備士管理辦法。

第　8　條　（消防設備師、消防設備士之資格）中華民國國民經消防設備師考試及格並依本法領有消防設備師證書者，得充消防設備師。中華民國國民經消防設備士考試及格並依本法領有消防設備士證書者，得充消防設備士。請領消防設備師或消防設備士證書，應具申請書及資格證明文件，送請中央主管機關核發之。

第　9　條　依第六條第一項應設置消防安全設備場所，其管理權人應委託第八條所規定之消防設備師或消防設備士，定期檢修消防安全設備，其檢修結果應依限報請當地消防機關備查；消防機關得視需要派員複查。但高層建築物或地下建築物消防安全設備之定期檢修，其管理權人應委託中央主管機關許可之消防安全設備檢修專業機構辦理。

前項定期檢修消防安全設備之項目、方式、基準、期限、檢修結果報請備查期限及其他應遵行事項之辦法，由中央主管機關定之。

第一項所定消防安全設備檢修專業機構，其申請許可之資格、程序、應備文件、證書核（換）發、有效期間、撤銷、廢止、執行業務之規範、消防設備師（士）之僱用、異動、訓練、業務相關文件之備置與保存年限、各類書表之陳報及其他應遵行事項之辦法，由中央主管機關定之。

第 10 條 （消防安全設備圖說之審查）供公眾使用建築物之消防安全設備圖說，應由直轄市、縣（市）消防機關於主管建築機關許可開工前，審查完成。依建築法第三十四條之一申請預審事項，涉及建築物消防安全設備者，主管建築機關應會同消防機關預為審查。非供公眾使用建築物變更為供公眾使用或原供公眾使用建築物變更為他種公眾使用時，主管建築機關應會同消防機關審查其消防安全設備圖說。

第 11 條 （防焰物品之使用）地面樓層達十一層以上建築物、地下建築物及中央主管機關指定之場所，其管理權人應使用附有防焰標示之地毯、窗簾、布幕、展示用廣告板及其他指定之防焰物品。

前項防焰物品或其材料非附有防焰標示，不得銷售及陳列。前二項防焰物品或其材料之防焰標示，應經中央主管機關認證具有防焰性能。

第 12 條 經中央主管機關公告應實施認可之消防機具、器材及設備，非經中央主管機關所登錄機構之認可，並附加認可標示者，不得銷售、陳列或設置使用。前項所定認可，應依序實施型式認可及個別認可。但因性質特殊，經中央主管機關認定者，得不依序實施。第一項所定經中央主管機關公告應實施認可之消防機具、器材及設備，其申請認可之資格、程序、應備文件、審核方式、認可有效期間、撤銷、廢止、標示之規格樣式、附加方式、註銷、除去及其他應遵行事項之辦法，由中央主管機關定之。

第一項所定登錄機構辦理認可所需費用，由申請人負擔，其收費項目及費額，由該登錄機構報請中央主管機關核定。

第一項所定消防機具、器材及設備之構造、材質、性能、認可試驗內容、批次之認定、試驗結果之判定、主要試驗設備及其他相關事項之標準，分別由中央主管機關定之。

第一項所定登錄機構，其申請登錄之資格、程序、應備文件、審核方式、登錄證書之有效期間、核（換）發、撤銷、廢止、管理及其他應

遵行事項之辦法，由中央主管機關定之。

第　13　條　（消防防護計畫之製定）一定規模以上供公眾使用建築物，應由管理權人，遴用防火管理人，責其製定消防防護計畫，報請消防機關核備，並依該計畫執行有關防火管理上必要之業務。地面樓層達十一層以上建築物、地下建築物或中央主管機關指定之建築物，其管理權有分屬時，各管理權人應協議製定共同消防防護計畫，並報請消防機關核備。防火管理人遴用後應報請直轄市、縣（市）消防機關備查；異動時，亦同。

第　14　條　（易致火災行為之申請與規範）田野引火燃燒、施放天燈及其他經主管機關公告易致火災之行為，非經該管主管機關許可，不得為之。主管機關基於公共安全之必要，得就轄區內申請前項許可之資格、程序、應備文件、安全防護措施、審核方式、撤銷、廢止、禁止從事之區域、時間、方式及其他應遵行之事項，訂定法規管理之。

第　14-1　條　（明火表演之申請與規範）供公眾使用建築物及中央主管機關公告之場所，除其他法令另有規定外，非經場所之管理權人申請主管機關許可，不得使用以產生火焰、火花或火星等方式，進行表演性質之活動。前項申請許可之資格、程序、應備文件、安全防護措施、審核方式、撤銷、廢止、禁止從事之區域、時間、方式及其他應遵行事項之辦法，由中央主管機關定之。主管機關派員檢查第一項經許可之場所時，應出示有關執行職務之證明文件或顯示足資辨別之標誌；管理權人或現場有關人員不得規避、妨礙或拒絕，並應依檢查人員之請求，提供相關資料。

第　15　條　（公共危險物品及可燃性高壓氣體之儲存管理）公共危險物品及可燃性高壓氣體應依其容器、裝載及搬運方法進行安全搬運；達管制量時，應在製造、儲存或處理場所以安全方法進行儲存或處理。前項公共危險物品及可燃性高壓氣體之範圍及分類，製造、儲存或處理場所之位置、構造及設備之設置標準，儲存、處理及搬運之安全管理辦法，由中央主管機關會同中央目的事業主管機關定之。但公共危險物品及可燃性高壓氣體之製造、儲存、處理或搬運，中央目的事業主管機關另訂有安全管理規定者，依其規定辦理。

職務涉及第一項所定場所之行為人，或經營家用液化石油氣零售事業

者（以下簡稱零售業者）、用戶及其員工得向直轄市、縣（市）主管機關敘明事實或檢具證據資料，舉發違反前二項之行為。直轄市、縣（市）主管機關對前項舉發人之身分應予保密。第三項舉發人之單位主管、雇主不得因其舉發行為，而予以解僱、調職或其他不利之處分。第三項舉發內容經查證屬實並處以罰鍰者，得以實收罰鍰總金額收入之一定比例，提充獎金獎勵舉發人。前項舉發人獎勵資格、獎金提充比例、分配方式及其他相關事項之辦法，由直轄市、縣（市）主管機關定之。

第 15-1 條　（承裝業營業登記之申請）使用燃氣之熱水器及配管之承裝業，應向直轄市、縣（市）政府申請營業登記後，始得營業。並自中華民國九十五年二月一日起使用燃氣熱水器之安裝，非經僱用領有合格證照者，不得為之。

前項承裝業營業登記之申請、變更、撤銷與廢止、業務範圍、技術士之僱用及其他管理事項之辦法，由中央目的事業主管機關會同中央主管機關定之。

第一項熱水器及其配管之安裝標準，由中央主管機關定之。

第一項熱水器應裝設於建築物外牆，或裝設於有開口且與戶外空氣流通之位置；其無法符合者，應裝設熱水器排氣管將廢氣排至戶外。

第 15-2 條　（液化石油氣零售業者應備妥相關資料並定期申報）液化石油氣零售業者應備置下列資料，並定期向轄區消防機關申報：一、容器儲存場所管理資料。二、容器管理資料。三、用戶資料。四、液化石油氣分裝場業者灌裝證明資料。五、安全技術人員管理資料。六、用戶安全檢查資料。七、投保公共意外責任險之證明文件。八、其他經中央主管機關公告之資料。前項資料，零售業者應至少保存二年，以備查核。

第 15-3 條　液化石油氣容器（以下簡稱容器）製造或輸入業者，應向中央主管機關申請型式認可，發給型式認可證書，始得申請個別認可。

容器應依前項個別認可合格並附加合格標示後，始得銷售。

第一項所定容器，其製造或輸入業者申請認可之資格、程序、應備文件、認可證書核（換）發、有效期間、變更、撤銷、廢止、延展、合格標示停止核發、銷售對象資料之建置、保存與申報及其他應遵行事

項之辦法，由中央主管機關定之。

第一項所定容器之規格、構造、材質、熔接規定、標誌、塗裝、使用年限、認可試驗項目、批次認定、抽樣數量、試驗結果之判定、合格標示之規格與附加方式、不合格之處理及其他相關事項之標準，由中央主管機關公告之。

第一項所定型式認可、個別認可、型式認可證書、第二項所定合格標示之核發、第三項所定型式認可證書核（換）發、變更、合格標示停止核發、撤銷、廢止、延展，得委託中央主管機關登錄之專業機構辦理之。

前項所定專業機構辦理型式認可、個別認可、合格標示之核發、型式認可證書核（換）發、變更、延展所需費用，由申請人負擔，其收費項目及費額，由該機構報請中央主管機關核定。

第五項所定專業機構，其申請登錄之資格、儀器設備與人員、程序、應備文件、登錄證書之有效期間、核（換）發、撤銷、廢止、變更、延展、資料之建置、保存與申報、停止執行業務及其他應遵行事項之辦法，由中央主管機關定之。

第 15-4 條　容器應定期檢驗，零售業者應於檢驗期限屆滿前，將容器送經中央主管機關登錄之容器檢驗機構實施檢驗，經檢驗合格並附加合格標示後，始得繼續使用，使用年限屆滿應汰換之；其容器定期檢驗期限、項目、方式、結果判定、合格標示應載事項與附加方式、不合格容器之銷毀、容器閥之銷毀及其他相關事項之標準，由中央主管機關公告之。

前項所定容器檢驗機構辦理容器檢驗所需費用，由零售業者負擔，其收費項目及費額，由該機構報請中央主管機關核定。

第一項所定容器檢驗機構，其申請登錄之資格、儀器設備與人員、程序、應備文件、登錄證書之有效期間、核（換）發、撤銷、廢止、變更、延展、資料之建置、保存與申報、合格標示之停止核發、停止執行業務及其他應遵行事項之辦法，由中央主管機關定之。

第三章　災害搶救

第　16　條　　（設置救災救護指揮中心）各級消防機關應設救災救護指揮中心，以統籌指揮、調度、管制及聯繫救災、救護相關事宜。

第　17　條　　（設置消防栓）直轄市、縣（市）政府，為消防需要，應會同自來水事業機構選定適當地點，設置消防栓，所需費用由直轄市、縣（市）政府、鄉（鎮、市）公所酌予補助：其保養、維護由自來水事業機構負責。

第　18　條　　（設置報警專用電話）電信機構，應視消防需要，設置報警專用電話設施。

第　19　條　　消防人員因緊急救護、搶救火災，對人民之土地、建築物、車輛及其他物品，非進入、使用、損壞或限制其使用，不能達緊急救護及搶救之目的時，得進入、使用、損壞或限制其使用。

第　20　條　　（警戒區）消防指揮人員，對火災處所周邊，得劃定警戒區，限制人車進入，並得疏散或強制疏散區內人車。

第 20-1 條　　（生命權）現場各級搶救人員應於救災安全之前提下，衡酌搶救目的與救災風險後，採取適當之搶救作為；如現場無人命危害之虞，得不執行危險性救災行動。前項所稱危險性救災行動認定標準，由中央主管機關另定之。

第　21　條　　（使用水源）消防指揮人員，為搶救火災，得使用附近各種水源，並通知自來水事業機構，集中供水。

第 21-1 條　　（資訊權）消防指揮人員搶救工廠火災時，工廠之管理權人應依下列規定辦理：
一、提供廠區化學品種類、數量、位置平面配置圖及搶救必要資訊。
二、指派專人至現場協助救災。

第　22　條　　（截斷電源、瓦斯）消防指揮人員，為防止火災蔓延、擴大，認有截斷電源、瓦斯必要時，得通知各該管事業機構執行之。

第　23　條　　（警戒區）直轄市、縣（市）消防機關，發現或獲知公共危險物品、高壓氣體等顯有發生火災、爆炸之虞時，得劃定警戒區，限制人車進入，強制疏散，並得限制或禁止該區使用火源。

第　24　條　　（設置救護隊）直轄市、縣（市）消防機關應依實際需要普遍設置救

護隊；救護隊應配置救護車輛及救護人員，負責緊急救護業務。前項救護車輛、裝備、人力配置標準及緊急救護辦法，由中央主管機關會同中央目的事業主管機關定之。

第 25 條 （直轄市、縣市消防機關配合搶救災害）直轄市、縣（市）消防機關，遇有天然災害、空難、礦災、森林火災、車禍及其他重大災害發生時，應即配合搶救與緊急救護。

第四章　火災調查與鑑定

第 26 條 （火災調查、鑑定）直轄市、縣（市）消防機關，為調查、鑑定火災原因，得派員進入有關場所勘查及探取、保存相關證物並向有關人員查詢。火災現場在未調查鑑定前，應保持完整，必要時得予封鎖。

第 27 條 （設置火災鑑定委員會）直轄市、縣（市）政府，得聘請有關單位代表及學者專家，設火災鑑定會，調查、鑑定火災原因；其組織由直轄市、縣（市）政府定之。

第 27-1 條 （調查權）中央主管機關為調查消防及義勇消防人員因災害搶救致發生死亡或重傷事故之原因，應聘請相關機關（構）、團體代表、學者專家及基層消防團體代表，組成災害事故調查會（以下簡稱調查會）。

調查會應製作事故原因調查報告，提出災害搶救改善建議事項及追蹤改善建議事項之執行。

調查會為執行業務所需，得向有關機關（構）調閱或要求法人、團體、個人提供資料或文件。調閱之資料或文件業經司法機關或監察院先為調取時，應由其敘明理由，並提供複本。如有正當理由無法提出複本者，應提出已被他機關調取之證明。

第一項調查會，其組成、委員之資格條件、聘請方式、處理程序及其他應遵行事項之辦法，由中央主管機關定之。

第五章　民力運用

第 28 條 （義勇消防組織之編組）直轄市、縣（市）政府，得編組義勇消防組織，協助消防、緊急救護工作；其編組、訓練、演習、服勤辦法，由

中央主管機關定之。前項義勇消防組織所需裝備器材之經費，由中央主管機關補助之。

第 29 條　（服勤期間之津貼發給）依本法參加義勇消防編組之人員接受訓練、演習、服勤時，直轄市、縣（市）政府得依實際需要供給膳宿、交通工具或改發代金。參加服勤期間，得比照國民兵應召集服勤另發給津貼。前項人員接受訓練、演習、服勤期間，其所屬機關（構）、學校、團體、公司、廠場應給予公假。

第 30 條　依本法參加編組人員，因接受訓練、演習、服勤致患病、受傷、身心障礙或死亡者，依下列規定辦理：

一、傷病者：得憑消防機關出具證明，至指定之公立醫院或特約醫院治療。但情況危急者，得先送其他醫療機構急救。

二、因傷致身心障礙者，依下列規定給與一次身心障礙給付：

（一）極重度與重度身心障礙者：三十六個基數。

（二）中度身心障礙者：十八個基數。

（三）輕度身心障礙者：八個基數。

三、死亡者：給與一次撫卹金九十個基數。

四、受傷致身心障礙，於一年內傷發死亡者，依前款規定補足一次撫卹金基數。

前項基數之計算，以公務人員委任第五職等年功俸最高級月支俸額為準。

第一項身心障礙鑑定作業，依身心障礙者權益保障法辦理。

第一項所需費用，由消防機關報請直轄市、縣（市）政府核發。

第 31 條　（消防、救災、救護人員、裝備等之調度運用）各級消防主管機關，基於救災及緊急救護需要，得調度、運用政府機關、公、民營事業機構消防、救災、救護人員、車輛、船舶、航空器及裝備。

第 32 條　（受調度、運用之事業機構得請求補償）受前條調度、運用之事業機構，得向該轄消防主管機關請求下列補償：一、車輛、船舶、航空器均以政府核定之交通運輸費率標準給付；無交通運輸費率標準者，由各該消防主管機關參照當地時價標準給付。二、調度運用之車輛、船舶、航空器、裝備於調度、運用期間遭受毀損，該轄消防主管機關應予修復；其無法修復時，應按時價並參酌已使用時間折舊後，給付

毀損補償金；致裝備耗損者，應按時價給付。三、被調度、運用之消防、救災、救護人員於接受調度、運用期間，應按調度、運用時，其服務機構或僱用人所給付之報酬標準給付之；其因調度、運用致患病、傷殘或死亡時，準用第三十條規定辦理。

人民應消防機關要求從事救災救護，致裝備耗損、患病、傷殘或死亡者，準用前項規定。

第六章　罰則

第 33 條　（罰則）毀損消防瞭望臺、警鐘臺、無線電塔臺、閉路電視塔臺或其相關設備者，處五年以下有期徒刑或拘役，得併科新臺幣一萬元以上五萬元以下罰金。前項未遂犯罰之。

第 34 條　（罰則）毀損供消防使用之蓄、供水設備或消防、救護設備者，處三年以下有期徒刑或拘役，得併科新臺幣六千元以上三萬元以下罰金。前項未遂犯罰之。

第 35 條　（罰則）依第六條第一項所定標準應設置消防安全設備之供營業使用場所，或依同條第四項所定應設置住宅用火災警報器之場所，其管理權人未依規定設置或維護，於發生火災時致人於死者，處一年以上七年以下有期徒刑，得併科新臺幣一百萬元以上五百萬元以下罰金；致重傷者，處六月以上五年以下有期徒刑，得併科新臺幣五十萬元以上二百五十萬元以下罰金。

第 36 條　（罰則）有下列情形之一者，處新臺幣三千元以上一萬五千元以下罰鍰：一、謊報火警者。二、無故撥火警電話者。三、不聽從依第十九條第一項、第二十條或第二十三條所為之處置者。四、拒絕依第三十一條所為調度、運用者。五、妨礙第三十四條第一項設備之使用者。

第 37 條　（罰則）違反第六條第一項消防安全設備、第四項住宅用火災警報器設置、維護之規定或第十一條第一項防焰物品使用之規定，經通知限期改善，逾期不改善或複查不合規定者，處其管理權人新臺幣六千元以上三萬元以下罰鍰；經處罰鍰後仍不改善者，得連續處罰，並得予以三十日以下之停業或停止其使用之處分。

規避、妨礙或拒絕第六條第二項之檢查、複查者，處新臺幣三千元以上一萬五千元以下罰鍰，並按次處罰及強制執行檢查、複查。

第 38 條 違反第七條第一項規定從事消防安全設備之設計、監造、裝置或檢修者，處新臺幣三萬元以上十五萬元以下罰鍰，並得按次處罰。

違反第九條第一項規定者，處其管理權人新臺幣一萬元以上五萬元以下罰鍰，並通知限期改善；屆期未改善者，得按次處罰。

中央主管機關許可之消防安全設備檢修專業機構、消防設備師或消防設備士，未依第九條第二項所定辦法中有關定期檢修項目、方式、基準、期限之規定檢修消防安全設備或為消防安全設備不實檢修報告者，處新臺幣二萬元以上十萬元以下罰鍰，並得按次處罰；必要時，並得予以一個月以上一年以下停止執行業務或停業之處分。

中央主管機關許可之消防安全設備檢修專業機構違反第九條第三項所定辦法中有關執行業務之規範、消防設備師（士）之僱用、異動、訓練、業務相關文件之備置、保存年限、各類書表陳報之規定者，處新臺幣三萬元以上十五萬元以下罰鍰，並通知限期改善；屆期未改善者，得按次處罰，並得予以三十日以下之停業處分或廢止其許可。

第 39 條 （罰則）違反第十一條第二項或第十二條第一項銷售或設置之規定者，處其銷售或設置人員新臺幣二萬元以上十萬元以下罰鍰；其陳列經勸導改善仍不改善者，處其陳列人員新臺幣一萬元以上五萬元以下罰鍰。

第 40 條 （罰則）違反第十三條規定，經通知限期改善逾期不改善者，處其管理權人新臺幣一萬元以上五萬元以下罰鍰；經處罰鍰後仍不改善者，得連續處罰，並得予以三十日以下之停業或停止其使用之處分。

第 41 條 （罰則）違反第十四條第一項或第二項所定法規有關安全防護措施、禁止從事之區域、時間、方式或應遵行事項之規定者，處新臺幣三千元以下罰鍰。

第 41-1 條 （罰則）違反第十四條之一第一項或第二項所定辦法，有關安全防護措施、審核方式、撤銷、廢止、禁止從事之區域、時間、方式或應遵行事項之規定者，處新臺幣三萬元以上十五萬元以下罰鍰，並得按次處罰。規避、妨礙或拒絕依第十四條之一第三項之檢查者，處管理權人或行為人新臺幣一萬元以上五萬元以下罰鍰，並得強制檢查或令其

提供相關資料。

第　42　條　（罰則）第十五條所定公共危險物品及可燃性高壓氣體之製造、儲存或處理場所，其位置、構造及設備未符合設置標準，或儲存、處理及搬運未符合安全管理規定者，處其管理權人或行為人新臺幣二萬元以上十萬元以下罰鍰；經處罰鍰後仍不改善者，得連續處罰，並得予以三十日以下停業或停止其使用之處分。

第 42-1 條　（罰則）違反第十五條之一，有下列情形之一者，處負責人及行為人新臺幣一萬元以上五萬元以下罰鍰，並得命其限期改善，屆期未改善者，得連續處罰或逕予停業處分：一、未僱用領有合格證照者從事熱水器及配管之安裝。二、違反第十五條之一第三項熱水器及配管安裝標準從事安裝工作者。三、違反或逾越營業登記事項而營業者。

第 42-2 條　（罰則）零售業者、專業機構、容器製造、輸入業者或容器檢驗機構有下列情形之一者，處新臺幣二萬元以上十萬元以下罰鍰，並通知限期改善，屆期未改善者，得按次處罰：

一、容器製造或輸入業者違反第十五條之三第二項規定，容器未經個別認可合格或未附加合格標示即銷售。

二、容器製造或輸入業者違反第十五條之三第三項規定所定辦法中有關銷售對象資料之建置、保存與申報等事項。

三、專業機構違反第十五條之三第七項規定所定辦法中有關儀器設備與人員、資料之建置、保存與申報等事項。

四、零售業者違反第十五條之四第一項規定，未於容器之檢驗期限屆滿前送至檢驗機構進行定期檢驗仍繼續使用，或容器逾使用年限仍未汰換。

五、容器檢驗機構違反第十五條之四第三項規定所定辦法中有關儀器設備與人員、資料之建置、保存與申報等事項。

有前項第一款違規情形者，其容器並得沒入銷毀。

第　43　條　（罰則）拒絕依第二十六條所為之勘查、查詢、採取、保存或破壞火災現場者，處新臺幣三千元以上一萬五千元以下罰鍰。

第 43-1 條　（罰則）違反第二十一條之一第一款規定，工廠之管理權人未提供廠區化學品種類、數量、位置平面配置圖及搶救必要資訊，或提供資訊內容虛偽不實者，處管理權人新臺幣三萬元以上六十萬元以下罰鍰。

違反第二十一條之一第二款規定，工廠之管理權人未指派專人至現場協助救災，處管理權人新臺幣五十萬元以上一百五十萬元以下罰鍰。

第　44　條　（罰則）依本法應受處罰者，除依本法處罰外，其有犯罪嫌疑者，應移送司法機關處理。

第　45　條　（罰則）依本法所處之罰鍰，經限期繳納逾期未繳納者，由主管機關移送法院強制執行。

第七章　附則

第　46　條　（施行細則）本法施行細則，由中央主管機關擬訂，報請行政院核定後發布之。

第　47　條　（施行日）本法自公布日施行。

自我成長測驗

1. 依據消防法第 28 條之規定，直轄市、縣（市）政府，得編組義勇消防組織，協助消防、緊急救護工作。試依消防法相關規定回答下列問題：
   (1) 參加義勇消防編組之人員，其服勤期間之相關津貼與權益為何？（10 分）
   (2) 其因接受訓練、演習、服勤致患病、受傷、身心障礙或死亡者，得請領之給付為何？（15 分）
   　　（106 年一般四等）

【解說】
　（一）相關津貼與權益
　第29條　依本法參加義勇消防編組之人員接受訓練、演習、服勤時，直轄市、縣（市）政府得依實際需要供給膳宿、交通工具或改發代金。參加服勤期間，得比照國民兵應召集服勤另發給津貼。前項人員接受訓練、演習、服勤期間，其所屬機關（構）、學校、團體、公司、廠場應給予公假。

　（二）請領之給付
　第30條　依本法參加編組人員，因接受訓練、演習、服勤致患病、傷殘或死亡者，依其本職身分有關規定請領各項給付。無法依前項規定請領各項給付者，依下列規定辦理：
　（一）傷病者：得憑消防機關出具證明，至指定之公立醫院或特約醫院治療。但情況危急者，得先送其他醫療機構急救。
　（二）因傷致殘者，依下列規定給與一次殘障給付：
　　　1. 極重度與重度殘障者：三十六個基數。
　　　2. 中度殘障者：十八個基數。
　　　3. 輕度殘障者：八個基數。
　（三）死亡者：給與一次撫卹金九十個基數。受傷致殘，於一年內傷發死亡者，依前款規定補足一次撫卹金基數。前項基數之計算，以公務人員委任第五職等年功俸最高級月支俸額為準。

輕度	中度	極重度與重度	死亡
8	18	36	90

2. 依「消防法」，液化石油氣零售業者應備置那些資料，並定期向轄區消防機關申報？又依「公共
   危險物品及可燃性高壓氣體設置標準暨安全管理辦法」，液化石油氣製造、儲存或販賣場所之管
   理權人，應向直轄市、縣（市）主管機關申請核發液化石油氣儲存場所證明書，其內容應包括那
   些？（104年消防設備師）

【解說】
　（一）液化石油氣零售業者應備置下列資料，並定期向轄區消防機關申報。
　第15-2條　（液化石油氣零售業者應備妥相關資料並定期申報）液化石油氣零售業者應備置下列資
　　　　　　料，並定期向轄區消防機關申報：
　　　　　　一、容器儲存場所管理資料。
　　　　　　二、容器管理資料。
　　　　　　三、用戶資料。
　　　　　　四、液化石油氣分裝場業者灌裝證明資料。
　　　　　　五、安全技術人員管理資料。
　　　　　　六、用戶安全檢查資料。
　　　　　　七、投保公共意外責任險之證明文件。
　　　　　　八、其他經中央主管機關公告之資料。
　　　　　　前項資料，零售業者應至少保存二年，以備查核。

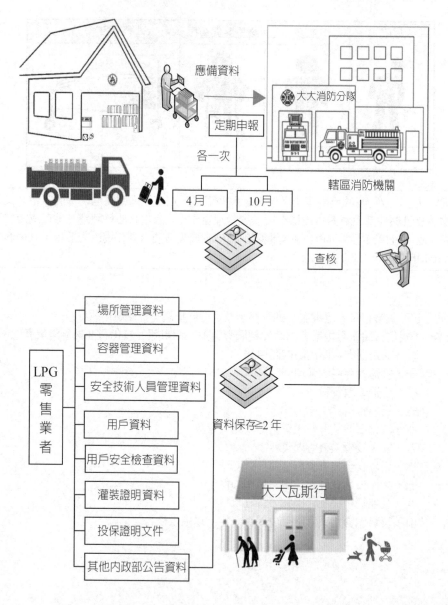

（二）液化石油氣儲存場所證明書，其內容應包括如次：依『公共危險物品及可燃性高壓氣體製造儲存處理場所設置標準暨安全管理辦法』第72-1條：液化石油氣製造、儲存或販賣場所之管理權人，應向直轄市、縣（市）主管機關申請核發液化石油氣儲存場所證明書，其內容應包括：

一、儲存場所之名稱、地址及管理權人姓名。

二、使用儲存場所之製造或販賣場所之名稱、地址及管理權人姓名。

三、儲存場所建築物使用執照字號。

四、儲存場所面積。

五、製造或販賣場所使用之儲存場所之儲放地點編號。

3. 依消防法規定，請詳述防焰物品相關安全管理規定為何？另請詳述其違規處分之相關條文之內容為何？（108 一般消防三等）

【解說】

（一）安全管理規定

第 11 條　　地面樓層達十一層以上建築物、地下建築物及中央主管機關指定之場所，其管理權人應使用附有防焰標示之地毯、窗簾、布幕、展示用廣告板及其他指定之防焰物品。

前項防焰物品或其材料非附有防焰標示，不得銷售及陳列。

前二項防焰物品或其材料之防焰標示，應經中央主管機關認證具有防焰性能。

（二）違規處分

第 37 條　　違反第六條第一項消防安全設備、第四項住宅用火災警報器設置、維護之規定或第十一條第一項防焰物品使用之規定，經通知限期改善，逾期不改善或複查不合規定者，處其管理權人新臺幣六千元以上三萬元以下罰鍰；經處罰鍰後仍不改善者，得連續處罰，並得予以三十日以下之停業或停止其使用之處分。

規避、妨礙或拒絕第六條第二項之檢查、複查者，處新臺幣三千元以上一萬五千元以下罰鍰，並按次處罰及強制執行檢查、複查。

消防設備防焰物品管理權人限改		
一		以下處 0.6～3 萬罰鍰；經罰鍰後仍不改，得連續處罰，並三十日以下停業或停止使用處分。
	6.1	違反消防安全設備設置維護規定
	6.4	違反住宅用火災警報器設置維護規定
	11.1	違反防焰物品使用規定
二		以下處 0.3～1.5 萬，並按次處罰及強制執行檢查複查
	6.2	規避、妨礙或拒絕消防隊檢查、複查

---

4. 接獲大型輕鋼架構造鐵皮屋傢俱工廠火災，於此類火場搶救作業中，在救災安全之前提下，衡酌搶救目的與救災風險後，如認定現場無人命危害之虞，得不執行危險性救災行動，依照「危險性救災行動認定標準」規定，請詳述所指危險性救災行動為何？（25 分）（109 年升官等）

【解說】

所稱危險性救災行動，指各級搶救人員執行救災任務時，任何下列行動之一者：

(1)進入核生化災害現場熱區。

(2)進入爆竹煙火、公共危險物品或可燃性高壓氣體製造、儲存、處理、販賣場所、毒性化學物質運作場所等危險場所。

(3)進入輕量型鋼結構建築物、印刷電路板（PCB）製造場所。

(4)進入長隧道、地下軌道、地下建築物或船艙內。

(5)進入有倒塌、崩塌之虞之建築物內。

(6)其他經各級搶救人員充分綜合分析研判後，認定之危險行動。

---

5. 請依據「消防法」，試述住宅用火災警報器之設置規定？未依規定設置或維護，當發生火災時致人於死或致重傷之罰則？（107 一般消防三等）

【解說】

（一）住宅用火災警報器之設置規定

不屬於各類場所消防安全設備標準，應設置火警自動警報設備之旅館、老人福利機構場所及中央主管機關公告場所以及住宅場所之管理權人，應設置住宅用火災警報器並維護之。

（二）致人於死或致重傷之罰

第 35 條　依第六條第一項所定標準應設置消防安全設備之供營業使用場所，或依同條第四項（不含第五項之住宅）所定應設置住宅用火災警報器之場所，其管理權人未依規定設置或維護，於發生火災時致人於死者，處一年以上七年以下有期徒刑，得併科新臺幣一百萬元以上五百萬元以下罰金；致重傷者，處六月以上五年以下有期徒刑，得併科新臺幣五十萬元以上二百五十萬元以下罰金。

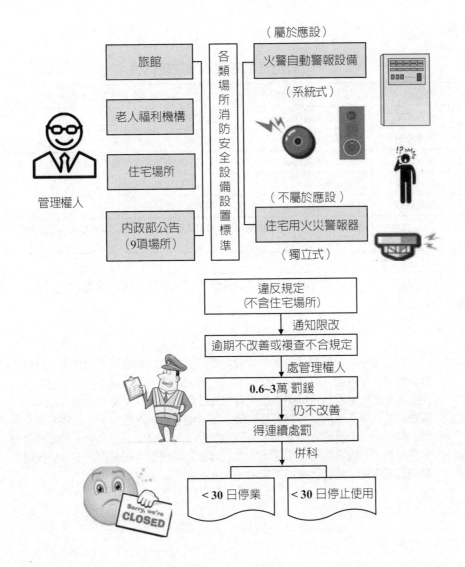

6. 為便於災害搶救之進行，要劃定警戒區，依消防法之規定，那些情形要劃定警戒區？並詳細說明其有那些區別？（25 分）（107 一般消防四等）

【解說】

（一）要劃定警戒區

第 20 條　消防指揮人員，對火災處所周邊，得劃定警戒區，限制人車進入，並得疏散或強制疏散區內人車。

第 23 條　直轄市、縣（市）消防機關，發現或獲知公共危險物品、高壓氣體等顯有發生火災、爆炸之虞時，得劃定警戒區，限制人車進入，強制疏散，並得限制或禁止該區使用火源。

（二）區別

消防法劃定警戒區之差異性

區別	第 20 條	第 23 條
設立依據	火災處所周邊警戒	危險物品管制警戒
劃定時機	災害已發生後劃定	災害尚未發生先行劃定
劃分區域	火災處所周圍區域	公共危險物品或高壓氣體洩漏周圍區域
劃分主體	消防指揮人員	直轄市縣市消防機關
劃定目的	維持火災現場秩序	預防火災爆炸
採取措施	限制人車進入，並得疏散或強制疏散區內人車	限制人車進入，強制疏散，並得限制或禁止該區使用火源

7. 請依消防法之規定，詳述有關液化石油氣容器檢驗之規定及違反規定之罰則各為何？（25 分）
（109 年消防三等外軌）

【解說】

第 15-4 條　容器應定期檢驗，零售業者應於檢驗期限屆滿前，將容器送經中央主管機關登錄之容器檢驗機構實施檢驗，經檢驗合格並附加合格標示後，始得繼續使用，使用年限屆滿應汰換之。前項所定容器檢驗機構辦理容器檢驗所需費用，由零售業者負擔。

第 42-2 條　零售業者、專業機構、容器製造、輸入業者或容器檢驗機構有下列情形之一者，處新臺幣二萬元以上十萬元以下罰鍰，並通知限期改善，屆期未改善者，得按次處罰：零售業者違反第十五條之四第一項規定，未於容器之檢驗期限屆滿前送至檢驗機構進行定期檢驗仍繼續使用，或容器逾使用年限仍未汰換。

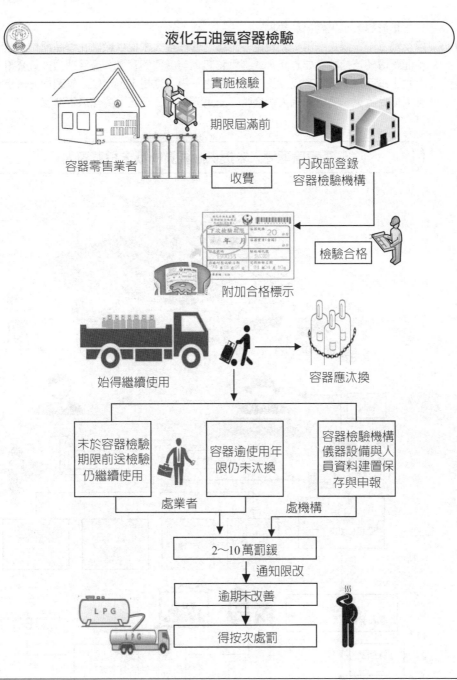

液化石油氣容器檢驗

實施檢驗

期限屆滿前

容器零售業者

收費

內政部登錄
容器檢驗機構

檢驗合格

附加合格標示

始得繼續使用

容器應汰換

| 未於容器檢驗期限前送檢驗仍繼續使用 | 容器逾使用年限仍未汰換 | 容器檢驗機構儀器設備與人員資料建置保存與申報 |

處業者　　　　　　　　處機構

2～10萬罰鍰

通知限改

逾期未改善

得按次處罰

8. 請依消防法之規定，詳述有關消防指揮人員搶救工廠火災時，工廠之管理權人應辦理之相關規定及違反規定之罰則各為何？（25分）（109年消防三等外軌）

【解說】

第21-1條　消防指揮人員搶救工廠火災時，工廠之管理權人應依下列規定辦理：
　　　　　一、提供廠區化學品種類、數量、位置平面配置圖及搶救必要資訊。

二、指派專人至現場協助救災。

第 43-1 條　違反第二十一條之一第一款規定，工廠之管理權人未提供廠區化學品種類、數量、位置平面配置圖及搶救必要資訊，或提供資訊內容虛偽不實者，處管理權人新臺幣三萬元以上六十萬元以下罰鍰。違反第二十一條之一第二款規定，工廠之管理權人未指派專人至現場協助救災，處管理權人新臺幣五十萬元以上一百五十萬元以下罰援。

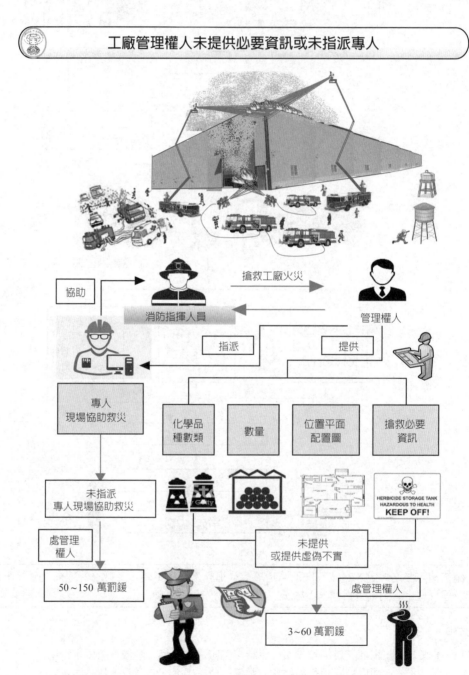

工廠管理權人未提供必要資訊或未指派專人

1.2　消防法施行細則

（108/09/30修正）

第 1 條　本細則依消防法（以下簡稱本法）第四十六條規定訂定之。

第 2 條　本法第三條所定消防主管機關，其業務在內政部，由消防署承辦；在直轄市、縣（市）政府，由消防局承辦。

　　　　在縣（市）消防局成立前，前項業務暫由縣（市）警察局承辦。

第 3 條　直轄市、縣（市）政府每年應訂定年度計畫經常舉辦防火教育及防火宣導。

第 4 條　（刪除）

第 5 條　（刪除）

第 5-1 條　本法第七條第一項所定消防安全設備之設計、監造、裝置及檢修，其工作項目如下：

　　　　一、設計：指消防安全設備種類及數量之規劃，並製作消防安全設備圖說。

　　　　二、監造：指消防安全設備施工中須經試驗或勘驗事項之查核，並製作紀錄。

　　　　三、裝置：指消防安全設備施工完成後之功能測試，並製作消防安全設備測試報告書。

　　　　四、檢修：指依本法第九條第一項規定，受託檢查各類場所之消防安全設備，並製作消防安全設備檢修報告書。

第 6 條　（刪除）

第 7 條　依本法第十一條第三項規定申請防焰性能認證者，應檢具下列文件及繳納審查費，向中央主管機關提出，經審查合格後，始得使用防焰標示：

　　　　一、申請書。

　　　　二、營業概要說明書。

　　　　三、公司登記或商業登記證明文件影本。

　　　　四、防焰物品或材料進、出貨管理說明書。

五、經中央主管機關評鑑合格之試驗機構出具之防焰性能試驗合格報告書。但防焰物品及其材料之裁剪、縫製、安裝業者，免予檢具。

六、其他經中央主管機關指定之文件。

前項認證作業程序、防焰標示核發、防焰性能試驗基準及指定文件，由中央主管機關定之。

第　8　條　（刪除）

第　9　條　（刪除）

第　10　條　（刪除）

第　11　條　（刪除）

第　12　條　（刪除）

第　13　條　本法第十三條第一項所定一定規模以上供公眾使用建築物，其範圍如下：

一、電影片映演場所（戲院、電影院）、演藝場、歌廳、舞廳、夜總會、俱樂部、保齡球館、三溫暖。

二、理容院（觀光理髮、視聽理容等）、指壓按摩場所、錄影節目帶播映場所（MTV等）、視聽歌唱場所（KTV等）、酒家、酒吧、PUB、酒店（廊）。

三、觀光旅館、旅館。

四、總樓地板面積在五百平方公尺以上之百貨商場、超級市場及遊藝場等場所。

五、總樓地板面積在三百平方公尺以上之餐廳。

六、醫院、療養院、養老院。

七、學校、總樓地板面積在二百平方公尺以上之補習班或訓練班。

八、總樓地板面積在五百平方公尺以上，其員工在三十人以上之工廠或機關（構）。

九、其他經中央主管機關指定之供公眾使用之場所。

第　14　條　本法第十三條所定防火管理人，應為管理或監督層次人員，並經中央消防機關認可之訓練機構或直轄市、縣（市）消防機關講習訓練合格領有證書始得充任。

前項講習訓練分為初訓及複訓。初訓合格後，每三年至少應接受複訓

一次。

第一項講習訓練時數，初訓不得少於十二小時；複訓不得少於六小時。

第 15 條　本法第十三條所稱消防防護計畫應包括下列事項：

一、自衛消防編組：員工在十人以上者，至少編組滅火班、通報班及避難引導班；員工在五十人以上者，應增編安全防護班及救護班。

二、防火避難設施之自行檢查：每月至少檢查一次，檢查結果遇有缺失，應報告管理權人立即改善。

三、消防安全設備之維護管理。

四、火災及其他災害發生時之滅火行動、通報聯絡及避難引導等。

五、滅火、通報及避難訓練之實施：每半年至少應舉辦一次，每次不得少於四小時，並應事先通報當地消防機關。

六、防災應變之教育訓練。

七、用火、用電之監督管理。

八、防止縱火措施。

九、場所之位置圖、逃生避難圖及平面圖。

十、其他防災應變上之必要事項。

遇有增建、改建、修建、室內裝修施工時，應另定消防防護計畫，以監督施工單位用火、用電情形。

第 16 條　依本法第十三條第二項規定應協議製定共同消防防護計畫者，由各管理權人互推一人為召集人協議製定，並將協議內容記載於共同消防防護計畫；其共同消防防護計畫應包括事項，由中央主管機關另定之。

無法依前項規定互推召集人時，管理權人得申請直轄市、縣（市）消防機關指定之。

第 17 條　山林、田野引火燃燒，以開墾、整地、驅除病蟲害等事由為限。

前項引火燃燒有延燒之虞或於森林區域、森林保護區內引火者，引火人應於五日前向當地消防機關申請許可後，於引火前在引火地點四周設置三公尺寬之防火間隔，及配置適當之滅火設備，並將引火日期、時間、地點通知鄰接地之所有人或管理人。其於森林區域或森林保護區引火者，並應通知森林主管機關。

　　　　　　　前項引火應在上午六時後下午六時前為之，引火時並應派人警戒監視，俟火滅後始得離開。

第　18　條　（刪除）

第　19　條　（刪除）

第 19-1 條　本法第十五條之二第一項所稱定期向轄區消防機關申報，指於每年四月及十月向轄區消防機關各申報一次。

第 19-2 條　本法第十五條之二第一項第五款所定安全技術人員，應經直轄市、縣（市）消防機關，或由中央消防機關認可之專業機構，講習訓練合格並領有證書，始得充任。

　　　　　　　前項講習訓練時間不得少於十六小時。

　　　　　　　安全技術人員每二年應接受複訓一次，每次複訓時數不得少於八小時。

第 19-3 條　本法第十五條之二第一項第六款所定用戶安全檢查資料，包括用戶地址、檢測項目及檢測結果。

第　20　條　依本法第十七條設置之消防栓，以採用地上雙口式為原則，附近應設明顯標誌，消防栓規格由中央主管機關定之。

　　　　　　　當地自來水事業應依本法第十七條規定，負責保養、維護消防栓。直轄市、縣（市）消防機關並應定期會同當地自來水事業全面測試其性能，以保持堪用狀態。

第　21　條　直轄市、縣（市）政府對轄內無自來水供應或消防栓設置不足地區，應籌建或整修蓄水池及其他消防水源，並由當地消防機關列管檢查。

第　22　條　直轄市、縣（市）轄內之電力、公用氣體燃料事業機構及自來水事業應指定專責單位，於接獲消防指揮人員依本法第二十一條、第二十二條所為之通知時，立即派員迅速集中供水或截斷電源、瓦斯。

第　23　條　消防指揮人員、直轄市、縣（市）消防機關依本法第二十條、第二十三條劃定警戒區後，得通知當地警察分局或分駐（派出）所協同警戒之。

第　24　條　依本法第三十二條請求補償時，應以書面向該轄消防主管機關請求之。

　　　　　　　消防主管機關對於前項請求，應即與請求人進行協議，協議成立時，應作成協議書。

第　25　條　直轄市、縣（市）消防機關依本法第二十六條第一項規定調查、鑑定火災原因後，應即製作火災原因調查鑑定書，移送當地警察機關依法處理。

直轄市、縣（市）消防機關調查、鑑定火災原因，必要時，得會同當地警察機關辦理。

第一項火災原因調查鑑定書應於火災發生後十五日內完成，必要時，得延長至三十日。

第　26　條　檢察、警察機關或消防機關得封鎖火災現場，於調查、鑑定完畢後撤除之。

火災現場尚未完成調查、鑑定者，應保持現場狀態，非經調查、鑑定人員之許可，任何人不得進入或變動。但遇有緊急情形或有進入必要時，得由調查、鑑定人員陪同進入，並於火災原因調查鑑定書中記明其事由。

第　27　條　火災受害人或利害關係人得向直轄市、縣（市）消防機關申請火災證明。

前項證明內容以火災發生時間及地點為限。

第　28　條　各級消防機關為配合救災及緊急救護需要，對於政府機關、公民營事業機構之消防、救災、救護人員、車輛、船舶、航空器及裝備，得舉辦訓練及演習。

第　29　條　本法及本細則所規定之各種書表格式，由中央消防機關定之。

第　30　條　本細則自發布日施行。

自我成長測驗

1. 為確保施工安全，防止施工中發生火災，依消防法施行細則相關規定，管理權人應製定施工中消防防護計畫，並向當地消防機關申報。有關施工中消防防護計畫對於施工期間「有停止消防安全設備機能必要時」之相關規定為何？管理權人如未依規定提報，處分規定為何？請分別說明之。（25分）（109年消防設備師）

【解說】

依製定現有建築物（場所）施工中消防防護計畫指導須知：

（一）停止機能之消防安全設備種類、停止時間及停止部分，應在最小必要限度。

（二）火警自動警報設備、緊急廣播設備或標示設備停止使用時，應視工程狀況，採臨時裝設方式，使其發揮作用。

（三）滅火器、避難器具、標示設備等有使用障礙時，應移設至能確保使用機能之場所。

（四）自動撒水設備或水霧滅火設備等自動滅火設備之機能停止時，應增設滅火器或室內消防栓之水帶等。

（五）應採取增加巡邏次數等強化監視體制之措施。

（六）停止消防安全設備機能之工程，應儘量在營業時間以外進行，但飯店、旅館及醫院等全天營業之場所，應在日間進行。

　管理權人如未依規定提報，依第 40 條違反第十三條規定，經通知限期改善逾期不改善者，處其管理權人新臺幣一萬元以上五萬元以下罰鍰；經處罰鍰後仍不改善者，得連續處罰，並得予以三十日以下之停業或停止其使用之處分。

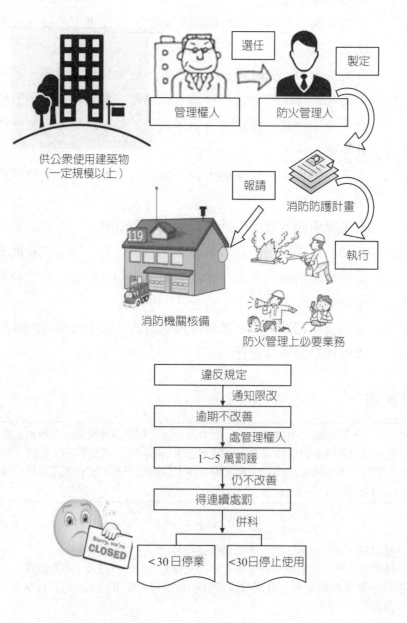

2. 依消防法及其施行細則之規定，試述：消防設備士的資格取得方式及執行業務之工作項目內容。
（25分）（105年消防設備士）

【解說】
（一）依消防法第8條中華民國國民經消防設備士考試及格並依本法領有消防設備士證書者，得充消防設備士。請領消防設備師或消防設備士證書，應具申請書及資格證明文件，送請中央主管機關核發之。
（二）依消防法第7條，依各類場所消防安全設備設置標準設置之裝置、檢修應由消防設備師或消防設備士為之。又依消防法施行細則第5-1條本法第七條第一項所定消防安全設備之置及檢修，工作項目如下：
　　1. 裝置：指消防安全設備施工完成後之功能測試，並製作消防安全設備測試報告書。
　　2. 檢修：指依本法第九條第一項規定，受託檢查各類場所之消防安全設備，並製作消防安全設備檢修報告書。

3. 依消防法及其施行細則規定，請說明為進行火災調查與鑑定，有關火災調查鑑定人員之權限與職責。（25分）（109年消防四等）

【解說】
第26條　直轄市、縣（市）消防機關，為調查、鑑定火災原因，得派員進入有關場所勘查及採取、保存相關證物並向有關人員查詢。火災現場在未調查鑑定前，應保持完整，必要時得予封鎖。
第25條　直轄市、縣（市）消防機關依本法第二十六條第一項規定調查、鑑定火災原因後，應即製作火災原因調查鑑定書，移送當地警察機關依法處理。直轄市、縣（市）消防機關調查、鑑定火災原因，必要時，得會同當地警察機關辦理。第一項火災原因調查鑑定書應於火災發生後十五日內完成，必要時，得延長至三十日。
第26條　檢察、警察機關或消防機關得封鎖火災現場，於調查、鑑定完畢後撤除之。火災現場尚未完成調查、鑑定者，應保持現場狀態，非經調查、鑑定人員之許可，任何人不得進入或變動。但遇有緊急情形或有進入必要時，得由調查、鑑定人員陪同進入，並於火災原因調查鑑定書中記明其事由。

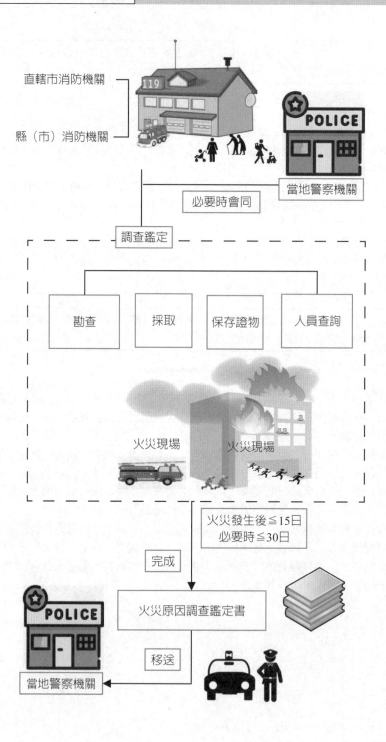

1.3 消防設備師及消防設備士管理辦法

（104/10/06修正）

第一章 總則

第 1 條 本辦法依消防法（以下簡稱本法）第七條第四項規定訂定之。

第 2 條 消防設備師或消防設備士應經考試及格持有考試及格證明文件，領有消防設備師或消防設備士證書者，始得執行業務。

消防設備師及消防設備士於執行業務前，應填具執業通訊資料表（格式如附件一），並檢附國民身分證及消防設備師或消防設備士證書影本，送請中央主管機關備查及公告；執業通訊資料異動者，亦同。

前項公告內容，包括消防設備師或消防設備士姓名、證書字號、執業通訊電話及所在行政區域。

第 3 條 依專門職業及技術人員考試法規定，經撤銷考試及格資格者，不得請領消防設備師或消防設備士證書，其已領取者撤銷之。

第 4 條 請領消防設備師及消防設備士證書，應檢附下列文件，向中央主管機關申請核發之。

一、申請書。

二、消防設備師或消防設備士考試及格證明文件。

三、國民身分證影本。

四、本人最近三個月內正面脫帽二吋半身照片三張。

第二章 業務及責任

第 5 條 消防設備師及消防設備士執行業務，應備業務登記簿，以書面簿冊形式或電子檔案方式，記載委託人姓名或名稱、住所、委託事項及辦理情形之詳細紀錄，並應妥善保存，以備各級消防機關之查核。

前項業務登記簿至少應保存五年。

第 6 條 消防設備師及消防設備士受委託辦理各項業務，應遵守誠實信用之原則，不得有不正當行為及違反或廢弛其業務上應盡之義務。

第 7 條 消防設備師及消防設備士，不得有下列之行為：

一、違反法令執行業務。

二、允諾他人假藉其名義執行業務。

三、以不正當方法招攬業務。

四、無正當理由洩漏因業務知悉之秘密。

第　8　條　各級消防機關得檢查消防設備師及消防設備士之業務或令其報告、提出證明文件、表冊及有關資料，消防設備師及消防設備士不得規避、妨礙或拒絕。

消防設備師或消防設備士違反前項規定，主管機關應命其限期改善；屆期未改善者，依行政執行法間接強制方法執行之。

第　9　條　消防設備師及消防設備士，應受各級消防機關之監督。

第　10　條　消防設備師及消防設備士執行業務時，應攜帶資格證件。

第三章　講習

第　11　條　消防設備師及消防設備士，自取得證書日起每三年應接受講習一次或取得累計積分達一百六十分以上之訓練證明文件。

消防設備師及消防設備士因重病或重大事故無法接受前項講習或取得累計積分達一百六十分以上訓練證明文件時，得檢具證明文件向中央主管機關申請核准延期。

第　11-1　條　前條所稱訓練證明文件，指消防設備師及消防設備士參加下列與消防安全設備設計、監造、裝置及檢修相關之技術研討活動或訓練取得之積分證明：

一、中央主管機關舉辦或認可之講習會、研討會或專題演講，每小時積分十分，每項課程或講題總分以四十分爲限。

二、消防專技人員公會或全國聯合會之年會及當次達一小時以上之技術研討會，每次積分二十分。

三、中央主管機關舉辦或認可之專業訓練課程，每小時積分十分。

四、於國外參加專業機構或團體舉辦國際性之講習會、研討會或專題演講領有證明文件者，每小時積分十分，每項課程或講題總分以四十分爲限。

五、於國內外專業期刊或學報發表論文或翻譯專業文獻經登載者，論

文每篇六十分，翻譯每篇二十分，作者或譯者有二人以上者，平均分配積分。

六、研究所以上之在職進修或推廣教育，取得學分或結業證明者，每一學分積分十分，單一課程以三十分爲限。

擔任前項第一款至第四款講習會、研討會、專題演講或專業訓練課程講座者，每小時積分十分，每項課程或講題總分以四十分爲限。

第一項第一款至第四款講習會、研討會、專題演講或專業訓練之時數計算以小時爲單位，滿五十分鐘以一小時計算，連續九十分鐘以二小時計算。

第一項第五款所稱國內外專業期刊或學報之種類，由中央主管機關公告之。

第 11-2 條　第十一條第一項之講習、前條第一項第一款及第三款所定中央主管機關舉辦之講習會、研討會、專題演講及專業訓練，中央主管機關得委託專業機構辦理。

前項受委託辦理第十一條第一項講習之專業機構應擬訂講習計畫，報請中央主管機關核定實施。

第 11-3 條　第十一條之一第一項第一款至第三款技術研討活動或訓練，其辦理機關（構）、團體應於舉辦二個月前，檢附下列文件向中央主管機關申請認可，中央主管機關並於舉辦一個月前准駁之：

一、申請函（格式如附件二）。

二、研討活動或訓練資料，其內容包括：

　　(一) 名稱。

　　(二) 時間、地點及預定參加人數。

　　(三) 課程或講題之名稱、內容大綱、時數及申請積分。

　　(四) 講座簡歷。

前項辦理機關（構）、團體於技術研討活動或訓練結束後一個月內應檢附參加之消防設備師及消防設備士簽到表（格式如附件三）及參加時數清冊（格式如附件四），向中央主管機關申請訓練積分審查及登記，經審查合格並登記完竣後，由辦理機關（構）、團體發給受訓人員訓練證明文件（格式如附件五）。

消防設備師及消防設備士於參加第十一條之一第一項第四款至第六款

之技術研討活動或訓練後，應檢附訓練證明文件向中央主管機關申請訓練積分審查及登記。

前二項之積分審查及登記，中央主管機關得委託專業機構辦理。

第 12 條 講習實施之科目、日期、場所、報名方法及其他相關之必要事項，由中央主管機關事先公告周知。

第 13 條 （刪除）

第 14 條 講習所需經費由受訓人員自行負擔，其金額由講習單位報請中央主管機關核定後實施。

第 14-1 條 直轄市、縣（市）之消防設備師或消防設備士達三十人以上者，得組織直轄市、縣（市）消防設備師公會或消防設備士公會。

第 14-2 條 消防設備師或消防設備士公會全國聯合會應由過半數之直轄市、縣（市）消防設備師公會或消防設備士公會完成組織後，始得發起組織。但經中央主管機關核准者，不在此限。

第 14-3 條 各級消防設備師公會及消防設備士公會之組織及活動，依人民團體法及前二條之規定辦理。

第四章　獎懲

第 15 條 消防設備師及消防設備士有下列情事之一者，直轄市、縣（市）主管機關得予以獎勵；特別優異者，並得層報中央主管機關獎勵：

一、對消防法規襄助研究及建議，有重大貢獻。

二、對公共安全或預防災害等有關消防事項襄助辦理，成績卓著。

三、對消防安全設計或學術研究，有卓越表現。

四、對協助推行消防實務，著有成績。

前項獎勵方式如下：

一、公開表揚。

二、頒發獎狀或獎牌。

第 16 條 （刪除）

第 17 條 （刪除）

第五章　附則

第　18　條　消防設備師及消防設備士證書之格式及證書費金額，由中央主管機關定之。

第　19　條　依本法第七條第二項規定，暫行從事消防安全設備設計、監造、裝置及檢修者，除第十四條之一至第十四條之三規定外，準用本辦法之規定。

第　20　條　本辦法自發布日施行。

自我成長測驗

1. 依據「消防設備師及消防設備士管理辦法」，消防設備師及消防設備士參加與消防安全設備設計、監造、裝置及檢修相關之技術研討活動或訓練取得之積分證明規定為何？（102年消防設備師）

【解說】

第 11 條　消防設備師及消防設備士，自取得證書日起每三年應接受講習一次或取得累計積分達一百六十分以上之訓練證明文件。

消防設備師及消防設備士因重病或重大事故無法接受前項講習或取得累計積分達一百六十分以上訓練證明文件，得檢具證明文件向中央主管機關申請核准延期。

第 11-1 條　前條所稱訓練證明文件，指消防設備師及消防設備士參加下列與消防安全設備設計、監造、裝置及檢修相關之技術研討活動或訓練取得之積分證明：

1. 中央主管機關舉辦或認可之講習會、研討會或專題演講，每小時積分十分，每項課程或講題總分以四十分為限。

2. 消防專技人員公會或全國聯合會之年會及當次達一小時以上之技術研討會，每次積分二十分。

3. 中央主管機關舉辦或認可之專業訓練課程，每小時積分十分。

4. 於國外參加專業機構或團體舉辦國際性之講習會、研討會或專題演講領有證明文件者，每小時積分十分，每項課程或講題總分以四十分為限。

5. 於國內外專業期刊或學報發表論文或翻譯專業文獻經登載者，論文每篇六十分，翻譯每篇二十分，作者或譯者有二人以上者，平均分配積分。

6. 研究所以上之在職進修或推廣教育，取得學分或結業證明者，每一學分積分十分，單一課程以三十分為限。

擔任前項第一款至第四款講習會、研討會、專題演講或專業訓練課程講座者，每小時積分十分，每項課程或講題總分以四十分為限。第一項第一款至第四款講習會、研討會、專題演講或專業訓練之時數計算以小時為單位，滿五十分鐘以一小時計算，連續九十分鐘以二小時計算。

項目	每小時積分	每項總分
中央主管機關舉辦或認可之講習會、研討會或專題演講	10	40
中央主管機關舉辦或認可之專業訓練課程	10	
國外參加專業機構或團體舉辦國際性之講習會、研討會或專題演講	10	40
公會或全國聯合會之年會及技術研討會		20
國內外專業期刊或學報發表論文或翻譯專業文獻	論文 60 分／翻譯 20 分	
研究所以上之在職進修或推廣教育	10（每學分）	30（每課程）

（ D ）　1. 依消防設備師及消防設備士管理辦法的規定，對於消防設備師及消防設備士管理的敘述，下列何者有誤？
　　　　(A) 執行業務應備的業務登記簿至少保留 5 年
　　　　(B) 自取得證書日起每 3 年應接受講習 1 次
　　　　(C) 講習所需經費由受訓人員自行負擔
　　　　(D) 消防設備師及消防設備士證書向所在地縣市政府申請核發
　　　　【解說】消防設備師及消防設備士證書向內政部申請核發

（ B ）　2. 依消防設備師及消防設備士管理辦法之規定，消防設備師（士）執行業務，應備有詳細業務登記簿，以備各級消防機關之查核，並至少應保存幾年？
　　　　(A)3　(B)5　(C)7　(D)10

應備業務登記簿

應保存 ≧ 5 年

消防設備師士執行業務

（ A ）　3. 依消防設備師及消防設備士管理辦法規定，直轄市、縣（市）之消防設備師或消防設備士達多少人以上者，得組織直轄市、縣（市）消防設備師公會或消防設備士公會？
　　　　(A)30 人　(B)25 人　(C)20 人　(D)15 人

組織直轄市縣市消防設備師（士）公會

消防設備師（士）≧ 30人

（ D ）　4. 依消防設備師及消防設備士管理辦法規定，各級消防設備師公會及消防設備士公會之組織及活動，應依下列何者之規定辦理？
　　　　(A) 社會團體法　(B) 職業團體法　(C) 公會團體法　(D) 人民團體法

（ A ）　5. 依據消防設備師及消防設備士管理辦法，消防設備師自取得證書日起每三年應接受講習一次

或取得累計積分之訓練證明文件，訓練證明文件取得之積分何者說明為正確？

(A) 中央主管機關舉辦或認可之講習會、研討會或專題演講，每小時積分十分
(B) 消防專技人員公會或全國聯合會之年會及當次達一小時以上之技術研討會，每次積分十分
(C) 中央主管機關舉辦或認可之專業訓練課程，每小時積分二十分
(D) 於國外參加專業機構或團體舉辦國際性之講習會、研討會或專題演講領有證明文件者，每小時積分二十分

項目	每小時積分	每項總分
中央主管機關舉辦或認可之講習會、研討會或專題演講	10	40
中央主管機關舉辦或認可之專業訓練課程	10	
國外參加專業機構或團體舉辦國際性之講習會、研討	10	40
會或專題演講		20
公會或全國聯合會之年會及技術研討會		
國內外專業期刊或學報發表論文或翻譯專業文獻	論文 60 分 / 翻譯 20 分	
研究所以上之在職進修或推廣教育	10（每學分）	30（每課程）

1.4　消防安全設備檢修專業機構管理辦法

（108/11/18修正）

第　1　條　本辦法依消防法（以下簡稱本法）第九條第三項規定訂定之。

第　2　條　本辦法所稱消防安全設備檢修專業機構（以下簡稱檢修機構），指依本辦法規定，經中央主管機關許可辦理高層建築物或地下建築物消防安全設備定期檢修業務之專業機構。

第　3　條　申請檢修機構許可者（以下稱申請人），應符合下列資格：

一、法人組織。

二、實收資本額、資本總額或登記財產總額在新臺幣五百萬元以上。

三、營業項目或章程載有消防安全設備檢修項目。

四、置有消防設備師及消防設備士合計十人以上，均為專任，其中消防設備師至少二人。

五、具有執行檢修業務之必要設備及器具，其種類及數量如附表一。

第　4　條　申請人應檢具下列文件，向中央主管機關申請許可：

一、申請書（如附表二）。

二、法人登記證明文件、章程及實收資本額、資本總額或登記財產總額證明文件。

三、代表人身分證明文件。

四、消防設備師、消防設備士證書（以下簡稱資格證書）、名冊及講習或訓練證明文件。

五、檢修設備及器具清冊。

六、業務執行規範：包括檢修機構組織架構、內部人員管理、檢修客體管理、防止不實檢修及其他檢修相關業務執行規範。

七、檢修作業手冊：包括檢修作業流程、製作檢修報告書及改善計畫書等事項。

八、依消防安全設備檢修專業機構審查費及證書費收費標準（以下簡稱收費標準）繳納審查費及證書費證明文件。

第　5　條　中央主管機關受理前條之申請，經書面審查合格者，應實地審查；經實地審查合格者，應以書面通知申請人於一定期限內，檢具已投保專

業責任保險證明文件後，予以許可並發給消防安全設備檢修專業機構證書（以下簡稱證書）。

前項所定專業責任保險之最低保險金額如下：

一、每一次事故：新臺幣一千二百萬元。

二、保險期間內累計金額：新臺幣二千四百萬元。

第一項所定專業責任保險應於證書有效期限內持續有效，不得任意終止；專業責任保險期間屆滿時，檢修機構應予續保。

經書面審查、實地審查不合格或未檢具已投保專業責任保險證明文件者，中央主管機關應以書面通知申請人限期補正；屆期未補正或補正未完全者，駁回其申請並退回證書費。

第　6　條　證書有效期限爲三年，其應記載之事項如下：

一、檢修機構名稱。

二、法人組織登記字號或統一編號。

三、地址。

四、代表人。

五、有效期限。

六、其他經中央主管機關規定之事項。

前項證書記載事項變更時，檢修機構應自事實發生之日起三十日內，依收費標準繳納證書費，並檢具申請書（如附表二）及變更事項證明文件，向中央主管機關申請換發證書。

第一項證書遺失或毀損者，得向中央主管機關申請補發或換發；其有效期限至原證書有效期限屆滿之日止。

第　7　條　檢修機構有下列情形之一者，中央主管機關應撤銷或廢止許可並註銷證書：

一、申請許可所附資料有重大不實。

二、違反第三條第一款規定。

三、違反第三條第二款至第五款規定，經通知限期改善，屆期不改善。

四、違反第八條規定情節重大。

五、檢修場所發生火災事故致人員死亡或重傷，且經當地消防主管機關查有重大檢修不實情事。

六、執行業務造成重大傷害或危害公共安全。

第　8　條　檢修機構應依下列規定執行業務：
一、不得有違反法令之行為。
二、不得以詐欺、脅迫或其他不正當方法招攬業務。
三、不得無故洩漏因業務而知悉之秘密。
四、由消防設備師或消防設備士親自執行職務，並據實填寫檢修報告書。
五、依審查通過之業務執行規範及檢修作業手冊，確實執行檢修業務。
六、由二名以上之消防設備師或消防設備士共同執行高層建築物或地下建築物檢修業務。

第　9　條　檢修機構出具之檢修報告書應由執行檢修業務之消防設備師或消防設備士簽章，並經代表人簽署。

第　10　條　檢修機構之消防設備師或消防設備士執行業務時，應佩帶識別證件，其格式如附表三。

第　11　條　檢修機構於證書有效期限內，其消防設備師或消防設備士有僱用、解聘、資遣、離職、退休、死亡或其他異動情事者，應於事實發生之日起十五日內，檢具下列文件，報請中央主管機關備查：
一、僱用：資格證書、講習或訓練證明及加退勞工保險證明文件。
二、解聘、資遣、離職或退休：加退勞工保險證明文件。
三、其他異動情事：相關證明文件。

第　12　條　檢修機構應備置檢修場所清冊及相關檢修報告書書面文件或電子檔，並至少保存五年。
前項電子檔應以PDF或縮影檔案格式製作，且不得以任何方式修改。

第　13　條　檢修機構應於年度開始前二個月至一個月內，檢具下列書表，報請中央主管機關備查：
一、次年度檢修業務計畫書：包括計畫目標、實施內容及方法、標準作業程序及資源需求。
二、次年度人員訓練計畫書：包括每半年至少舉辦一次訓練、訓練地點、師資及課程。
三、次年度消防設備師及消防設備士名冊：包括姓名、資格證書、講

習或訓練證明文件、勞工保險被保險人資料明細及全民健康保險證明影本。

第 14 條　檢修機構應於年度終結後五個月內，檢具下列書表，報請中央主管機關備查：

一、上年度檢修業務執行報告書：包括執行狀況、檢修申報清冊、檢討及改善對策。

二、上年度消防設備師與消防設備士薪資明細及薪資扣繳憑證。

三、上年度人員訓練成果：包括訓練地點、師資、課程、簽到表及訓練實況照片。

四、符合第五條第三項規定之證明文件。

前項第一款所定檢修申報清冊，包括檢修場所名稱、地址、檢修日期、樓層別、檢修之消防設備師或消防設備士及結果。

第 15 條　中央主管機關得檢查檢修機構之業務、勘查其檢修場所或令其報告、提出證明文件、表冊及有關資料，檢修機構不得規避、妨礙或拒絕。

第 16 條　檢修機構於證書有效期限屆滿前二個月至一個月內，得檢具下列文件，向中央主管機關申請延展許可，每次延展期限為三年：

一、申請書（如附表二）。

二、證書正本。

三、第四條第四款及第五款所定文件。

四、符合第五條第三項規定之證明文件。

五、消防設備師及消防設備士薪資扣繳憑證、薪資資料、勞工保險及全民健康保險資料。

六、離職人員清冊。

七、依收費標準繳納審查費及證書費證明文件。

第 17 條　前條申請之審查程序，準用第五條規定。

經審查合格者，由中央主管機關予以許可並發給證書。

第 18 條　檢修機構自行停業、受停業處分或逾三個月不辦理檢修業務時，應報中央主管機關備查，並將原領證書送中央主管機關註記後發還之；復業時，亦同。

檢修機構歇業或解散時，應將原領證書送繳中央主管機關註銷；未送繳者，中央主管機關得逕行廢止許可並註銷其證書。

第　19　條　檢修機構於證書有效期間內有下列情形之一者，不予許可其延展；且於各款所定期間內不得重新申請許可：

一、有第七條第四款至第六款情形之一，三年內不得重新申請。

二、所屬消防設備師或消防設備士檢修不實經裁罰達五件以上，一年內不得重新申請。

三、違反第八條規定情節輕微或違反前條規定，六個月內不得重新申請。

經中央主管機關依第七條第一款規定撤銷許可或依本法第三十八條第四項規定廢止許可者，自撤銷或廢止許可次日起，三年內不得重新申請。

第　20　條　中央主管機關得建置檢修機構資料庫，登錄下列事項：

一、檢修機構名稱、地址、電話、實收資本額、資本總額或登記財產總額。

二、代表人姓名、性別、身分證明文件字號、出生年月日、住所。

三、證書字號與其核發、延展之年月日及效期。

四、所屬專任消防設備師及消防設備士姓名、性別、身分證明文件字號、出生年月日、住所、專技種類、證書字號、勞工保險投保日期。

五、執行檢修業務有違規或不實檢修，經主管機關裁罰之相關資料。

前項事項，除第二款與第四款之身分證明文件字號、出生年月日及住所外，中央主管機關得基於增進公共利益之目的公開之。

第　21　條　本辦法施行前，經中央主管機關許可並領有消防安全設備檢修專業機構合格證書者，於本辦法施行後，其許可於該合格證書有效期間內繼續有效；其許可之撤銷、廢止、延展與檢修業務之執行、管理、應報備查及書表等事項，適用本辦法之規定。

第　22　條　本辦法自發布日施行。

附表一

執行檢修業務必要設備及器具數量表

名稱	數量	名稱	數量	名稱	數量
加熱試驗器	三組	噪音計	三個	糖度計	二個
加煙試驗器	三組	空氣注入試驗器	二組	電流計	三個
煙感度試驗器	二組	減光罩	一組	交直流一千伏特絕緣電阻計（得測二百五十及五百伏特）	二個
加瓦斯試驗器	二組	三用電表	三個	扭力扳手	三個
流體壓力計	二組	電壓計	三個	風速計	三組
水壓表（比托計）	四姐	光電管照度計	二組	儀表繼電器試驗器	二組
泡沫試料採集器	二組	相序計	二組	接地電阻計	二組
比重計	三個	轉速計	二組	火焰式探測器試驗器（紅外線式及紫外線式各一組）	二組
消防水帶耐水壓試驗機	一組				

附表二

消防安全設備檢修專業機構合格證書核發（變更、延展）申請書

茲依消防安全設備檢修專業機構管理辦法第五條、第七條及第十五條規定，檢向有關書件，申請：

□核發消防安全設備檢修專業機構合格證書。

□變更消防安全設備檢修專業機構合格證書記載事項。

□延展消防安全設備檢修專業機構合格證書有效期限。

　此致　內政部

申請人　　　　　　（簽章）
年　　月　　日

一、申請事由	□新設申請審查 □有效期限屆滿申請延展 □變更記載事項（說明）：＿＿＿＿＿＿＿＿ □其他（說明）：＿＿＿＿＿＿＿＿

二、檢附書件	□公司登記證明文件或財團法人登記證書	正（影）本	件
	□實收資本額或登記資產總額證明文件	正（彩）本	件
	□代表人身分證明文件	正（影）本	件
	□責任保險證明文件		件
	□消防設備師、消防設備士證書、名冊及接受講習或訓練證明文件		
		正（影）本	件
	□檢修設備及器具清冊		冊
	□業務執行規範		份
	□檢修作業手冊		份
	□變更事項證明文件		份
	□原領合格證書		式
	□薪資扣繳憑證及薪資資料		份
	□勞工保險及全民健康保險資料		份

三、消防安全設備檢修專業機構	機械名稱			
	代表人		國民身分證統一編號	
	登記字號		統一編號（無則免填）	
	機構地址			
	聯絡電話	（　　　）	傳真	（　　　）
	電子信箱			

附表三

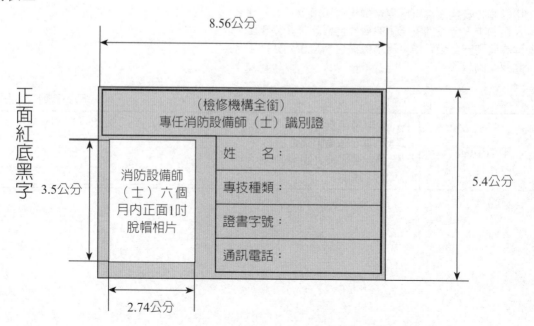

檢修機構名稱	
證 書 字 號	
有 效 期 限	
代 表 人	
地 　 　 址	
通 訊 電 話	

反面白底黑字

自我成長測驗

（C）　1. 依消防安全設備檢修專業機構管理辦法之規定，檢修機構應於年度終結後幾個月內，檢具相關書表，報請內政部備查？

(A)1 個月　(B)2 個月　(C)5 個月　(D)6 個月

（C）　2. 依「消防安全設備檢修專業機構管理辦法」之規定，下列敘述何者正確？

(A) 檢修機構聘用、資遣、解聘消防設備師或消防設備士，應於 30 日內，報請內政部備查

(B) 檢修機構合格證書變更時，應於 15 日內向內政部申請變更登記

(C) 檢修機構應備置檢修場所清冊及相關檢修報告，並至少保存 5 年

(D) 檢修機構應具備實收資本額在新臺幣 1000 萬元以上之公司

（A）　3. 消防安全設備檢修專業機構應於年度開始前 x 個月，並於年度終結後 y 個月內，分別檢具相關書表，報請內政部備查；至於其檢修場所清冊及相關檢修報告，並至少保存 z 年。則 x、

y、z 各為何？
(A) x = 2、y = 5、z = 5
(B) x = 1、y = 2、z = 5
(C) x = 2、y = 3、z = 7
(D) x = 1、y = 2、z = 7

檢修場所清冊
檢修報告書

保存 5 年　　消防安全設備檢修專業機構

（A）4. 根據消防安全設備檢修專業機構管理辦法之規定，合格證書之有效期限為 A 年，期限屆滿前 B 個月，得檢附下列文件向內政部申請延展，每次延展期限為 C 年。則 A，B，C 各值為何？
(A) A = 3，B = 2，C = 3
(B) A = 1，B = 1，C = 1
(C) A = 3，B = 3，C = 1
(D) A = 3，B = 3，C = 3

次年度業務計畫書　　　　上年度業務執行報告書
年度開始前 2 至 1 個月內　　年度終結後 ≦ 5 個月

報請中央主管機關備查　　報請中央主管機關備查
消防安全設備檢修專業機構

（C）5. 依消防安全設備檢修專業機構管理辦法之規定，成立消防安全設備檢修專業機構，必須聘僱多少專技人員？
(A)6 人　(B)8 人　(C)10 人　(D)15 人

（B）6. 依消防安全設備檢修專業機構管理辦法之規定，消防安全設備檢修專業機構所屬消防設備師或消防設備士檢修不實經裁罰達 5 件以上者，多久時間內不得重新申請證書？
(A)6 個月　(B)1 年　(C)2 年　(D)3 年

消防設備師士

≧5 件檢修不實　　　　≦1 年
　　　　　　　　　　不得重新申請
消防安全設備檢修專業機構

1.5 公共危險物品暨可燃性高壓氣體製造儲存處理場所設置標準暨安全管理辦法

（108/06/11修正）

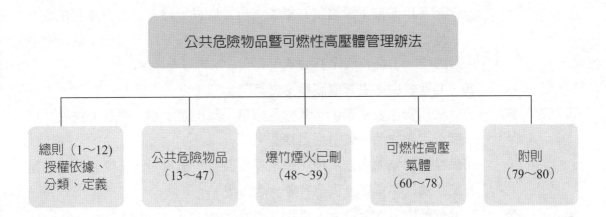

第一章　總則

第 1 條　本辦法依消防法（以下簡稱本法）第十五條第二項規定訂定之。

第 2 條　公共危險物品及可燃性高壓氣體之製造、儲存或處理場所之位置、構造、設備之設置標準及儲存、處理、搬運之安全管理，依本辦法之規定。但因場所用途、構造特殊，或引用與本辦法同等以上效能之技術、工法、構造或設備，適用本辦法確有困難，於檢具具體證明經中央主管機關認可者，不在此限。

第 3 條　公共危險物品之範圍及分類如下：

一、第一類：氧化性固體。

二、第二類：易燃固體。

三、第三類：發火性液體、發火性固體及禁水性物質。

四、第四類：易燃液體及可燃液體。

五、第五類：自反應物質及有機過氧化物。

六、第六類：氧化性液體。

前項各類公共危險物品之種類、分級及管制量如附表一。

第 4 條　可燃性高壓氣體，係指符合下列各款規定之一者：

一、在常用溫度下或溫度在攝氏三十五度時，表壓力達每平方公分十公斤以上或一百萬帕斯卡（MPa）以上之壓縮氣體中之氫氣、乙烯、甲烷及乙烷。

二、在常用溫度下或溫度在攝氏十五度時，表壓力達每平方公分二公斤以上或零點二百萬帕斯卡（MPa）以上之壓縮乙炔氣。

三、在常用溫度下或溫度在攝氏三十五度以下時，表壓力達每平方公分二公斤以上或零點二百萬帕斯卡（MPa）以上之液化氣體中之丙烷、丁烷及液化石油氣。

四、其他經中央主管機關指定之氣體。

第　5　條　公共危險物品製造場所，係指從事第一類至第六類公共危險物品（以下簡稱六類物品）製造之作業區。

可燃性高壓氣體製造場所，係指從事製造、壓縮、液化或分裝可燃性高壓氣體之作業區及供應其氣源之儲槽。

第　6　條　公共危險物品儲存場所，係指下列場所：

一、室外儲存場所：位於建築物外以儲槽以外方式儲存六類物品之場所。

二、室內儲存場所：位於建築物內以儲槽以外方式儲存六類物品之場所。

三、室內儲槽場所：在建築物內設置容量超過六百公升且不可移動之儲槽儲存六類物品之場所。

四、室外儲槽場所：在建築物外地面上設置容量超過六百公升且不可移動之儲槽儲存六類物品之場所。

五、地下儲槽場所：在地面下埋設容量超過六百公升之儲槽儲存六類物品之場所。

可燃性高壓氣體儲存場所，係指可燃性高壓氣體製造或處理場所設置之容器儲存室。

第　7　條　公共危險物品處理場所，指下列場所：

一、販賣場所：

(一) 第一種販賣場所：販賣裝於容器之六類物品，其數量未達管制量十五倍之場所。

(二) 第二種販賣場所：販賣裝於容器之六類物品，其數量達管制

　　　量十五倍以上，未達四十倍之場所。

二、一般處理場所：除前款以外，其他一日處理六類物品數量達管制
　　量以上之場所。

可燃性高壓氣體處理場所，指下列場所：

一、販賣場所：販賣裝於容器之可燃性高壓氣體之場所。

二、容器檢驗場所：檢驗供家庭用或營業用之液化石油氣容器之場
　　所。

三、容器串接使用場所：使用液化石油氣作為燃氣來源，其串接使用
　　量達八十公斤以上之場所。

第 8 條　本辦法所稱高閃火點物品，指閃火點在攝氏一百度以上之第四類公共
　　　　危險物品。

本辦法所定擋牆，應符合下列規定：

一、設置位置距離場所外牆或相當於該外牆之設施外側二公尺以上。
　　但室內儲存場所儲存第五類公共危險物品之有機過氧化物及A
　　型、B型自反應物質，其位置、構造及設備符合第二十八條規定
　　者，不得超過該場所應保留空地寬度之五分之一，其未達二公尺
　　者，以二公尺計。

二、高度能有效阻隔延燒。

三、厚度在十五公分以上之鋼筋或鋼骨混凝土牆；或厚度在二十公分
　　以上之鋼筋或鋼骨補強空心磚牆；或堆高斜度不超過六十度之土
　　堤。

本辦法所稱室內，指具有頂蓋且三面以上有牆，或無頂蓋且四周有牆
者。

本辦法所定保留空地，以具有土地所有權或土地使用權者為限。

依本辦法應設置超過三公尺保留空地寬度之場所，其保留空地面臨海
洋、湖泊、水堰或河川者，得縮減為三公尺。

第 9 條　公共危險物品及可燃性高壓氣體之製造、儲存或處理場所，其消防安
　　　　全設備之設置，依各類場所消防安全設備設置標準（以下簡稱設備標
　　　　準）及其他有關法令規定辦理。

第 10 條　公共危險物品及可燃性高壓氣體之製造、儲存或處理場所之位置、構
　　　　造及設備圖說，應由直轄市、縣（市）消防機關於主管建築機關許可

開工前，審查完成。

前項場所完工後，直轄市、縣（市）主管建築機關應會同消防機關檢查其位置、構造及設備合格後，始得發給使用執照。

儲存液體公共危險物品之儲槽應於申請完工檢查前，委託中央主管機關指定之專業機構完成下列檢查，並出具合格證明文件。

一、滿水或水壓檢查。

二、儲槽容量在一千公秉以上者，應實施地盤、基礎及熔接檢查。

前項滿水、水壓、地盤、基礎及熔接檢查之基準，由中央主管機關定之。

第 11 條 經營公共危險物品及可燃性高壓氣體之公司商號，商業主管機關核准登記後應副知當地消防機關。

第 12 條 無法依第三條第二項附表一判定類別或分級者，應由經財團法人全國認證基金會認證通過之測試實驗室或中央主管機關公告之機構進行判定。但經中央主管機關公告之國外實驗室判定報告、原廠物質安全資料表或相關證明資料，足資判定者，不在此限。

第二章　公共危險物品場所設置及安全管理

第一節　六類物品場所設置及安全管理

第 13 條 六類物品製造場所一般處理場所，其外牆或相當於該外牆之設施外側，與廠區外鄰近場所之安全距離如下：

一、與下列場所之距離，應在五十公尺以上：

　　(一) 古蹟。

　　(二) 設備標準第十二條第二款第四目所列場所。

二、與下列場所之距離，應在三十公尺以上：

　　(一) 設備標準第十二條第一款第一目至第五目、第七目、第二款第一目、第二目及第五目至第十一目規定之場所，其收容人員在三百人以上者。

　　(二) 設備標準第十二條第一款第六目、第二款第三目及第十二目規定之場所，其收容人員在二十人以上者。

三、與公共危險物品及可燃性高壓氣體製造、儲存或處理場所、加

　　　　　油站、加氣站、天然氣儲槽、可燃性高壓氣體儲槽、爆竹煙火製
　　　　　造、儲存、販賣場所及其他危險性類似場所之距離，應在二十公
　　　　　尺以上。

四、與前三款所列場所以外場所之距離，應在十公尺以上。

五、與電壓超過三萬五千伏特之高架電線之距離，應在五公尺以上。

六、與電壓超過七千伏特，三萬五千伏特以下之高架電線之距離，應
　　在三公尺以上。

前項安全距離，於製造場所設有擋牆防護或具有同等以上防護性能
者，得減半計算之。

一般處理場所之作業型態、處理數量及建築物內使用部分之構造符合
第十五條之一規定者，不適用第一項規定。

第　14　條　六類物品製造場所或一般處理場所四周保留空地寬度應在三公尺以
　　　　　上；儲存量達管制量十倍以上者，四周保留空地寬度應在五公尺以
　　　　　上。但僅處理高閃火點物品且其操作溫度未滿攝氏一百度，四周保留
　　　　　空地寬度在三公尺以上者，不在此限。

前項場所有下列情形之一，於設有高於屋頂，為不燃材料建造，具二
小時以上防火時效之防火牆，且與相鄰場所有效隔開者，得不受前項
距離規定之限制：

一、僅製造或處理高閃火點物品且其操作溫度未滿攝氏一百度者。

二、因作業流程具有連接性，四周依規定保持距離會嚴重妨害其作業
　　者。

一般處理場所之作業型態、處理數量及建築物內使用部分之構造符合
第十五條之一規定者，不適用第一項規定。

第　15　條　六類物品製造場所或一般處理場所之構造，除本辦法另有規定外，應
　　　　　符合下列規定：

一、不得設於建築物之地下層。

二、牆壁、樑、柱、地板及樓梯，應以不燃材料建造；外牆有延燒之
　　虞者，除出入口外，不得設置其他開口，且應採用防火構造。

三、建築物之屋頂，應以不燃材料建造，並以輕質金屬板或其他輕質
　　不燃材料覆蓋。但有下列情形之一者，得免以輕質金屬板或其他
　　輕質不燃材料覆蓋。

　　　　　（一）僅處理高閃火點物品且其操作溫度未滿攝氏一百度。

　　　　　（二）僅處理第二類公共危險物品（不含粉狀物及易燃性固體）。

　　　　　（三）設置設施使該場所無產生爆炸之虞。

四、窗戶及出入口應設置三十分鐘以上防火時效之防火門窗；牆壁開
　　口有延燒之虞者，應設置一小時以上防火時效之常時關閉式防火
　　門。

五、窗戶及出入口裝有玻璃時，應為鑲嵌鐵絲網玻璃或具有同等以上
　　防護性能者。

六、製造或處理液體六類物品之建築物地板，應採用不滲透構造，且
　　作適當之傾斜，並設置集液設施。但設有洩漏承接設施及洩漏檢
　　測設備，能立即通知相關人員有效處理者，得免作適當之傾斜及
　　設置集液設施。

七、設於室外之製造或處理液體六類物品之設備，應在周圍設置距地
　　面高度在十五公分以上之圍阻措施，或設置具有同等以上效能之
　　防止流出措施；其地面應以混凝土或六類物品無法滲透之不燃材
　　料鋪設，且作適當之傾斜，並設置集液設施。處理易燃液體及可
　　燃液體中不溶於水之物質，應於集液設施設置油水分離裝置，以
　　防止直接流入排水溝。

六類物品製造場所或一般處理場所內，未處理或儲存六類物品部分，
其構造符合下列規定者，該部分得不適用前項各款規定：

一、牆壁、樑、柱、地板、屋頂及樓梯，應以不燃材料建造；與場
　　所內處理六類物品部分，應以二小時以上防火時效之牆壁、樑、
　　柱、地板及上層之地板區劃分隔。區劃分隔牆壁除出入口外，不
　　得設置其他開口。

二、區劃分隔牆壁之出入口，應設置二小時以上防火時效之常時關閉
　　式防火門；對外牆面之開口有延燒之虞者，應設置一小時以上防
　　火時效之防火門窗。

涉及製造或處理公共危險物品部分經區劃分隔，至少應有一對外牆
面。

第 15-1 條　　一般處理場所之作業型態及處理數量符合下列規定，且於建築物內使
　　　　　　　用部分之構造符合附表一之一規定者（一般處理場所使用部分範例示

意圖如附圖一），該部分得不適用前條第一項第二款至第五款及第七款規定：

一、噴漆、塗裝及印刷作業場所，使用第二類或第四類公共危險物品（不含特殊易燃物），且處理數量未達管制量三十倍。

二、清洗作業場所，使用閃火點在攝氏四十度以上之第四類公共危險物品，且處理數量未達管制量三十倍。

三、淬火作業場所，使用閃火點在攝氏七十度以上之第四類公共危險物品，且處理數量未達管制量三十倍。

四、鍋爐設備場所，使用閃火點在攝氏四十度以上之第四類公共危險物品，且處理數量未達管制量三十倍。

五、油壓設備場所，使用高閃火點物品其操作溫度未滿攝氏一百度，且處理數量未達管制量五十倍。

六、切削及研磨設備場所，使用高閃火點物品其操作溫度未滿攝氏一百度，且處理數量未達管制量三十倍。

七、熱媒油循環設備場所，使用高閃火點物品，且處理數量未達管制量三十倍。

一般處理場所之作業型態及處理數量符合下列規定，且於建築物內使用部分之構造符合一定安全規範者（附圖二），該部分得不適用前條第一項第二款至第七款規定：

一、清洗作業場所，使用閃火點在攝氏四十度以上之第四類公共危險物品，且處理數量未達管制量十倍。

二、淬火作業場所，使用閃火點在攝氏七十度以上之第四類公共危險物品，且處理數量未達管制量十倍。

三、鍋爐設備場所，使用閃火點在攝氏四十度以上之第四類公共危險物品，且處理數量未達管制量十倍。

四、油壓設備場所，使用高閃火點物品其操作溫度未滿攝氏一百度，且處理數量未達管制量三十倍。

五、切削及研磨設備場所，使用高閃火點物品其操作溫度未滿攝氏一百度，且處理數量未達管制量十倍。

前項所稱一定安全規範如下：

一、設於一層建築物。

二、建築物之牆壁、樑、柱、地板及屋頂，應以不燃材料建造，且不得設置天花板。

三、處理設備應固定於地板。

四、處理設備四周應有寬度三公尺以上之保留空地（保留空地範例示意圖如附圖三）。但符合下列各款規定者，不在此限：

(一)因牆壁及柱致無法保有三公尺以上之保留空地，且牆壁及柱均為防火構造。

(二)前目牆壁除出入口外，不得設置其他開口，且出入口應設置一小時以上防火時效之常時關閉式防火門。

五、處理設備下方之地板及四周保留空地，應採用不滲透構造，且作適當之傾斜，並設置集液設施。但設有洩漏承接設施及洩漏檢測設備，能立即通知相關人員有效處理者，得免作適當傾斜及設置集液設施。

附表一之一

一般處理場所以建築物使用區劃認定之應符規範一覽表

作業型態及處理數量　　　　　　建築物使用部分之構造應符規範	噴漆、塗裝及印刷作業，第2類或第4類（不含特殊易燃物），且管制量<30倍	清洗作業，閃火點在≥40℃之第4類，且管制量<30倍	淬火作業，閃火點在≥70℃之第4類，且管制量<30倍	鍋爐設備，閃火點在≥40℃之第4類，且管制量<30倍	油壓設備，高閃火點物品其操作溫度<100℃，且管制量<50倍	切削及研磨設備，高閃火點物品其操作溫度<100℃，且管制量<30倍	熱媒油循環設備，高閃火點物品，且管制量<30倍
					擇一設置		
牆壁、樑、柱、地板及屋頂（如有上層時，為上層之地板）應為防火構造，除出入口外不得設置其他開口，並以≥1小時時效之牆壁與建築物其他部分區劃分隔。	○	○					
牆壁、樑、柱及地板應為防火構造，其上有樓層時，上層之地板應為防火構造，其上無樓層時，屋頂應以不燃材料建造，除出入口以外不得設置其他開口，並以≥1小時時效之牆壁與建築物其他部分區劃分隔。			○	○			○

作業型態及處理數量／建築物使用部分之構造應符規範	噴漆、塗裝及印刷作業，第2類或第4類（不含特殊易燃物），且管制量<30倍	清洗作業，閃火點在≥40℃之第4類，且管制量<30倍	淬火作業，閃火點在≥70℃之第4類，且管制量<30倍	鍋爐設備，閃火點在≥40℃之第4類，且管制量<30倍	油壓設備，高閃火點物品其操作溫度<100℃，且管制量<50倍	切削及研磨設備，高閃火點物品其操作溫度<100℃，且管制量<30倍	熱媒油循環設備，高閃火點物品，且管制量<30倍
					擇一設置		
牆壁、樑、柱及地板應為防火構造，其上有樓層時，上層之地板應為防火構造，其上無樓層時，屋頂應以不燃材料建造。					○	○	
應設於一層建築物內，牆壁、樑、柱、地板及屋頂應為不燃材料，於建築物內使用部分之牆壁、樑、柱及地板應為不燃材料，外牆有延燒之虞部分應為防火構造，且除出入口外，不得設置其他開口。						○	
不得設置窗戶，出入口應設置≥1小時時效之防火門，外牆有延燒之虞部分設置之出入口及該部分以外之牆壁與隔壁區劃設置之出入口，應設置≥1小時時效之常時關閉式防火門。	○	○	○	○	○	○	○
窗戶及出入口應設置≥30分鐘時效之防火門窗，外牆有延燒之虞之出入口，應設置≥1小時時效之常時關閉式防火門。						○	

【解說】「○」為應符規範項目。如「噴漆、塗裝及印刷作業場所，使用第2類或第4類公共危險物品（不含特殊易燃物），且管制量<30倍」，欲以建築物使用區劃認定為一般處理場所，其應符規範為「場所於建築物內使用部分之牆壁、樑、柱、地板及屋頂（如有上層時，為上層之地板）應為防火構造，除出入口外不得設置其他開口，並以≥1小時防火時效之牆壁與建築物其他部分區劃分隔」及「場所於建築物內使用部分不得設置窗戶，出入口應設置≥1小時防火時效之防火門，外牆有延燒之虞部分出入口及該部分以外之牆壁區劃設置之出入口，應設置≥1小時防火時效之常時關閉式防火門」。

附圖一：

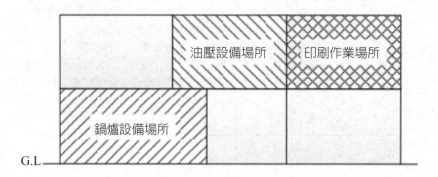

附圖二

一般處理場所使用部分範例

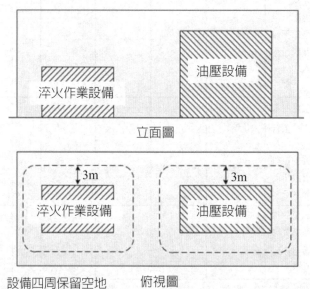

附圖三

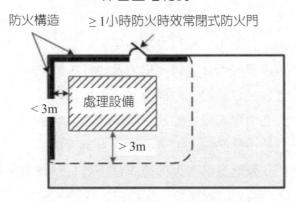

保留空地範例

第　16　條　六類物品製造場所或一般處理場所之設備，應符合下列規定：

一、應有充分之採光、照明及通風設備。

二、有積存可燃性蒸氣或可燃性粉塵之虞之建築物，應設置將蒸氣或粉塵有效排至屋簷以上或室外距地面四公尺以上高處之設備。

三、機械器具或其他設備，應採用可防止六類物品溢漏或飛散之構造。但設備中設有防止溢漏或飛散之附屬設備者，不在此限。

四、六類物品之加熱、冷卻設備或處理六類物品過程會產生溫度變化之設備，應設置適當之測溫裝置。

五、六類物品之加熱或乾燥設備，應採不直接用火加熱之構造。但加熱或乾燥設備設於防火安全處所或設有預防火災之附屬設備者，不在此限。

六、六類物品之加壓設備或於處理中會產生壓力上昇之設備，應設置適當之壓力計及安全裝置。

七、製造或處理六類物品之設備有發生靜電蓄積之虞者，應設置有效消除靜電之裝置。但僅處理高閃火點物品且其操作溫度未滿攝氏一百度者，不在此限。

八、處理六類物品達管制量十倍者，避雷設備應符合中華民國國家標準（以下簡稱CNS）一二八七二規定，或以接地方式達同等以上防護性能者。但有下列情形之一者，不在此限：

(一) 因周圍環境，無致生危險之虞。

(二) 僅處理高閃火點物品且其操作溫度未滿攝氏一百度。

　　　　　　九、電動機及六類物品處理設備之幫浦、安全閥、管接頭等，應裝設
　　　　　　　　於不妨礙火災之預防及搶救位置。

　　　　六類物品製造場所或一般處理場所內，未處理或儲存六類物品部分，
　　　　其構造符合第十五條第二項規定者，該部分不適用前項各款規定。

第　17　條　第一種販賣場所之位置、構造及設備，應符合下列規定：
　　　　一、應設於建築物之地面層。
　　　　二、應在明顯處所，標示有關消防之必要事項。
　　　　三、其使用建築物之部分，應符合下列規定：
　　　　　　(一)牆壁應為防火構造或以不燃材料建造。但與建築物其他使用
　　　　　　　　部分之隔間牆，應為防火構造。
　　　　　　(二)樑及天花板應以不燃材料建造。
　　　　　　(三)上層之地板應為防火構造；其上無樓層者，屋頂應為防火構
　　　　　　　　造或以不燃材料建造。
　　　　　　(四)窗戶及出入口應設置三十分鐘以上防火時效之防火門窗。
　　　　　　(五)窗戶及出入口裝有玻璃時，應為鑲嵌鐵絲網玻璃或具有同等
　　　　　　　　以上防護性能者。
　　　　四、內設六類物品調配室者，應符合下列規定：
　　　　　　(一)樓地板面積應在六平方公尺以上，十平方公尺以下。
　　　　　　(二)應以牆壁分隔區劃。
　　　　　　(三)地板應為不滲透構造，並設置適當傾斜度及集液設施。
　　　　　　(四)出入口應設置一小時以上防火時效之防火門。
　　　　　　(五)有積存可燃性蒸氣或可燃性粉塵之虞者，應設置將蒸氣或粉
　　　　　　　　塵有效排至屋簷以上或室外距地面四公尺以上高處之設備。

第　18　條　第二種販賣場所之位置、構造及設備，除準用前條第一款、第二款、
　　　　第三款第五目及第四款規定外，其使用建築物之部分，並應符合下列
　　　　規定：
　　　　一、牆壁、樑、柱及地板應為防火構造。設有天花板者，應以不燃材
　　　　　　料建造。
　　　　二、上層之地板應為防火構造，並設有防止火勢向上延燒之設施；其
　　　　　　上無樓層者，屋頂應為防火構造。
　　　　三、窗戶應設置三十分鐘以上防火時效之防火窗。但有延燒之虞者，
　　　　　　不得設置。

四、出入口應設置三十分鐘以上防火時效之防火門。但有延燒之虞
　　者，應設置一小時以上防火時效之常時關閉式防火門。

第　19　條　六類物品製造、儲存及處理場所應設置標示板；其內容、顏色、大小
　　　　　　及設置位置，由中央主管機關定之。

第　20　條　儲存六類物品達管制量以上者，應依其性質設置儲存場所儲存。

第　21　條　六類物品室內儲存場所除第二十二條至第二十九條規定外，其位置、
　　　　　　構造及設備，應符合下列規定：

一、外牆或相當於該外牆之設施外側，與廠區外鄰近場所之安全距離
　　準用第十三條規定。

二、儲存六類物品之建築物（以下簡稱儲存倉庫）四周保留空地寬
　　度，應依下表規定。但有下列情形之一者，不在此限：

　　(一) 儲存量超過管制量二十倍之室內儲存場所，與設在同一建築
　　　　基地之其他儲存場所間之保留空地寬度，得縮減至規定寬度
　　　　之三分之一，最小以三公尺為限。

　　(二) 同一建築基地內，設置二個以上相鄰儲存第一類公共危險物
　　　　品之氯酸鹽類、過氯酸鹽類、硝酸鹽類、第二類公共危險物
　　　　品之硫磺、鐵粉、金屬粉、鎂、第五類公共危險物品之硝酸
　　　　酯類、硝基化合物或含有任一種成分物品之儲存場所，其場
　　　　所間保留空地寬度，得縮減至五十公分。

區分	保留空地寬度	
	建築物之牆壁、柱及地板為防火構造者	建築物之牆壁、柱或地板為非防火構造者
未達管制量五倍者		零點五公尺以上
達管制量五倍以上未達十倍者	一公尺以上	一點五公尺以上
達管制量十倍以上未達二十倍者	二公尺以上	三公尺以上
達管制量二十倍以上未達五十倍者	三公尺以上	五公尺以上
達管制量五十倍以上未達二百倍者	五公尺以上	十公尺以上
達管制量二百倍以上者	十公尺以上	十五公尺以上

三、儲存倉庫應爲獨立、專用之建築物。

四、儲存倉庫應爲一層建築物，其高度不得超過六公尺。但儲存第二類或第四類公共危險物品，且符合下列規定者，其高度得爲二十公尺以下。

　　(一) 牆壁、樑、柱及地板爲防火構造。

　　(二) 窗戶及出入口，設置一小時以上防火時效之防火門窗。

　　(三) 避雷設備應符合CNS一二八七二規定，或以接地方式達同等以上防護性能者。但因周圍環境，無致生危險之虞者，不在此限。

五、每一儲存倉庫樓地板面積不得超過一千平方公尺。

六、儲存倉庫之牆壁、柱及地板應爲防火構造，且樑應以不燃材料建造；外牆有延燒之虞者，其牆壁除出入口外，不得設置開口。但儲存六類物品未達管制量十倍、易燃性固體以外之第二類公共危險物品或閃火點在攝氏七十度以上之第四類公共危險物品，且外牆無延燒之虞者，其牆壁、柱及地板得以不燃材料建造。

七、儲存倉庫之屋頂應以不燃材料建造，並以輕質金屬板或其他輕質不燃材料覆蓋，且不得設置天花板。但設置設施使該場所無產生爆炸之虞者，得免以輕質金屬板或其他輕質不燃材料覆蓋；儲存粉狀及易燃性固體以外之第二類公共危險物品者，其屋頂得爲防火構造；儲存第五類公共危險物品，得以耐燃材料或不燃材料設置天花板，以保持內部適當溫度。

八、儲存倉庫之窗戶及出入口應設置三十分鐘以上防火時效之防火門窗。

　　但有延燒之虞者，出入口應設置一小時以上防火時效之常時關閉式防火門。

九、前款之窗戶及出入口裝有玻璃時，應爲鑲嵌鐵絲網玻璃或具有同等以上防護性能者。

十、儲存第一類公共危險物品之具鹼金屬成分之無機過氧化物、第二類公共危險物品之鐵粉、金屬粉、鎂、第三類公共危險物品之禁水性物質及第四類公共危險物品者，其地板應採用防水滲透之構造。

十一、儲存液體六類物品者，其地面應以混凝土或該物品無法滲透之不燃材料鋪設，且作適當之傾斜，並設置集液設施。

十二、儲存倉庫設置架臺者，應符合下列規定：

(一) 架臺應以不燃材料建造，並定著在堅固之基礎上。

(二) 架臺及其附屬設備，應能負載所儲存物品之重量並承受地震所造成之影響。

(三) 架臺應設置防止儲放物品掉落之措施。

十三、儲存倉庫應有充分之採光、照明及通風設備。儲存閃火點未達攝氏七十度之第四類公共危險物品，且有積存可燃性蒸氣之虞者，應設置將蒸氣有效排至屋簷以上或室外距地面四公尺以上高處之設備。

十四、儲存量達管制量十倍以上之儲存倉庫，應設置避雷設備並符合CNS一二八七二規定，或以接地方式達同等以上防護性能者。但因周圍環境，無致生危險之虞者，不在此限。

十五、儲存第五類公共危險物品有因溫度上升而引起分解、著火之虞者，其儲存倉庫應設置通風裝置、空調裝置或維持內部溫度在該物品自燃溫度以下之裝置。

第 22 條　室內儲存場所儲存易燃性固體以外之第二類公共危險物品或閃火點達攝氏七十度以上之第四類公共危險物品者，其位置、構造及設備除應符合前條第一款至第三款及第七款至第十四款規定外，其儲存倉庫得設於二層以上建築物，並應符合下列規定：

一、最低層樓地板應高於地面，且各樓層高度不得超過六公尺。

二、總樓地板面積不得超過一千平方公尺。

三、牆壁、樑、柱及地板應為防火構造，樓梯應以不燃材料建造，外牆有延燒之虞者，除出入口外，不得設置開口。

四、第二層以上之地板不得設有開口。但樓梯隔間牆為防火構造，且設有三十分鐘以上防火時效之防火門區劃分隔者，不在此限。

第 23 條　儲存六類物品之數量在管制量二十倍以下者，建築物之一部分得供作室內儲存場所使用，其位置、構造及設備除應符合第二十一條第十款至第十五款規定外，並應符合下列規定：

一、應設於牆壁、柱及地板均為防火構造建築物之第一層或第二層。

二、供作室內儲存場所使用之部分，應符合下列規定：

(一) 地板應高於地面，且樓層高度不得超過六公尺。

(二) 樓地板面積不得超過七十五平方公尺。

(三) 牆壁、樑、柱、地板及上層之地板應為防火構造，且應以厚度七公分以上鋼筋混凝土或具有一小時以上防火時效之地板或牆壁與其他場所區劃，外牆有延燒之虞者，除出入口外，不得設置開口。

(四) 出入口應設置一小時以上防火時效之常時關閉式防火門。

(五) 不得設置窗戶。

(六) 通風及排出設備，應設置防火閘門。但管路以不燃材料建造，或內部設置撒水頭防護，或設置達同等以上防護性能之措施者，不在此限。

(七) 同一樓層不得相臨設置。

於供作六類物品製造場所或一般處理場所使用之建築物，一部分供作前項場所使用時，其位置、構造及設備符合下列規定者，該部分得不適用前項第二款第三目及第四目規定：

一、牆壁、樑、柱、地板及上層之地板應為防火構造，且具有二小時以上防火時效，外牆有延燒之虞者，除出入口外，不得設置開口。

二、出入口應設置二小時以上防火時效之常時關閉式防火門。

第　24　條　室內儲存場所儲存六類物品之數量，未達管制量五十倍者，其位置、構造及設備除應符合第二十一條第三款、第四款及第九款至第十五款規定外，並應符合下列規定：

一、儲存倉庫周圍保留空地寬度：

(一) 未達管制量五倍者，免設保留空地。

(二) 達管制量五倍以上未達二十倍者，保留空地寬度應在一公尺以上。

(三) 達管制量二十倍以上未達五十倍者，保留空地寬度應在二公尺以上。

二、儲存倉庫樓地板面積，不得超過一百五十平方公尺。

三、儲存倉庫之牆壁、柱、地板及屋頂應為防火構造。

四、儲存倉庫之出入口，應設置一小時以上防火時效之常時關閉式防火門。

五、儲存倉庫不得設置窗戶。

　　前項室內儲存場所，其高度在六公尺以上二十公尺以下時，其位置、構造及設備，除應符合第二十一條第二款至第四款及第九款至第十五款規定外，並應符合前項第二款至第五款規定。

第　25　條　室內儲存場所儲存高閃火點物品者，其位置、構造及設備除應符合第二十一條第三款至第六款及第八款至第十三款規定外，並應符合下列規定：

一、與廠區外鄰近場所之安全距離準用第十三條規定。但儲存數量未達管制量二十倍者，不在此限。

二、儲存倉庫四周保留空地寬度應依下表之規定：

區分	保留空地寬度	
	建築物之牆壁、柱及地板為防火構造者	建築物之牆壁、柱或地板為非防火構造者
未達管制量二十倍者	免設	零點五公尺以土
達管制量二十倍以上未達五十倍者	一公尺以上	一點五公尺以上
達管制量五十倍以上未達二百倍者	二公尺以上	三公尺以上
達管制量二百倍以上者	三公尺以上	五公尺以上

三、儲存倉庫屋頂應以不燃材料建造。

第　26　條　室內儲存場所儲存高閃火點物品，其儲存倉庫為二層以上建築物者，其位置、構造及設備，除應符合第二十一條第三款、第八款至第十三款、第二十二條第一款、第二款、第四款及前條第一款至第三款規定外，其儲存倉庫之牆壁、樑、柱、地板及樓梯應以不燃材料建造；外牆有延燒之虞者，牆壁應為防火構造，除出入口外，不得設置其他開口。

第　27　條　室內儲存場所儲存高閃火點物品之數量，未達管制量五十倍者，其位

置、構造及設備應符合第二十一條第三款、第四款、第九款至第十三款及第二十四條第一項第二款至第五款規定。

前項室內儲存場所，其高度超過六公尺在二十公尺以下者，應符合第二十四條第一項規定。

第 28 條　室內儲存場所儲存第五類公共危險物品之有機過氧化物及A型、B型自反應物質，其位置、構造及設備，除應符合第二十一條規定外，並應符合下列規定：

一、其外牆與廠區外鄰近場所之安全距離如附表二。但儲存量未達管制量五倍，且外牆為厚度三十公分以上之鋼筋或鋼骨混凝土構造者，其與廠區外鄰近場所之安全距離得以周圍已設有擋牆者計算；周圍另設有擋牆防護者，其與第十三條第一項第三款及第四款所列場所之安全距離得縮減為十公尺。

二、儲存倉庫周圍保留空地寬度如附表三。

三、儲存倉庫應以分隔牆區劃，每一區劃面積應在一百五十平方公尺以下，分隔牆應為厚度三十公分以上之鋼筋或鋼骨混凝土構造，或厚度四十公分以上之鋼筋或鋼骨補強空心磚構造，且應突出屋頂五十公分以上、二側外壁一公尺以上。

四、儲存倉庫外壁應為厚度二十公分以上之鋼筋或鋼骨混凝土構造，或厚度三十公分以上之鋼筋或鋼骨補強空心磚構造。

五、儲存倉庫屋頂應符合下列規定之一：

(一) 構架屋頂面之木構材，其跨度應在三十公分以下。

(二) 屋頂下方以圓型鋼或輕型鋼材質之格子樑構造，其邊長在四十五公分以下。

(三) 屋頂下設置金屬網，應與不燃材料建造之屋樑、橫樑等緊密結合。

(四) 設置厚度在五公分以上，寬度在三十公分以上之木材作為屋頂之基礎。

六、儲存倉庫出入口應為一小時以上防火時效之防火門。

七、儲存倉庫窗戶距離地板應在二公尺以上，設於同一壁面窗戶之總面積不得超過該壁面面積之八十分之一，且每一窗戶之面積不得超過零點四平方公尺。

第　29　條　室內儲存場所儲存下列物品者，不適用第二十二條至第二十四條規定：

一、第三類公共危險物品之烷基鋁、烷基鋰。

二、第四類公共危險物品之乙醛、環氧丙烷。

三、第五類公共危險物品之有機過氧化物及A型、B型自反應物質。

四、其他經中央主管機關公告之六類物品。

第　30　條　室外儲存場所儲存之六類物品，以第二類公共危險物品中之硫磺、閃火點在攝氏二十一度以上之易燃性固體或第四類公共危險物品中之第二石油類、第三石油類、第四石油類或動植物油類爲限，並應以容器裝置，其位置、構造及設備應符合下列規定：

一、其外圍或相當於外圍設施之外側，與廠區外鄰近場所之安全距離準用第十三條規定。但儲存高閃火點物品者，不在此限。

二、應設置於不潮濕且排水良好之位置。

三、場所外圍，應以圍欄區劃。

四、前款圍欄四周保留空地寬度應依下表之規定。但儲存硫磺者，其保留空地寬度得縮減至規定寬度之三分之一：

區分	保留空地寬度
未達管制量十倍者	三公尺以上
達管制量十倍以上未達二十倍者	六公尺以上
達管制量二十倍以上未達五十倍者	十公尺以上
達管制量五十倍以上未達二百倍者	二十公尺以上
達管制量二百倍以上者	三十公尺以上

五、儲存高閃火點物品，圍欄周圍保留空地寬度，應依下表規定：

區分	保留空地寬度
未達管制量五十倍以上	三公尺以上
達管制量五十倍以上未達二百倍者	六公尺以上
達管制量二百倍以上者	十公尺以上

六、設置架臺者，其構造及設備應符合下列規定：

(一) 架臺應以不燃材料建造，並定著於堅固之基礎上。

(二) 架臺應能負載其附屬設備及所儲存物品之重量，並承受風力、地震等造成之影響。

(三) 架臺之高度不得超過六公尺。

(四) 架臺應設置防止儲存物品掉落之措施。

七、儲存硫磺及閃火點在攝氏二十一度以上之易燃性固體者，其容器堆積高度不得超過三公尺。

八、儲存閃火點在攝氏二十一度以上之第四類公共危險物品中之第二石油類、第三石油類、第四石油類或動植物油類時，內部應留有寬度一點五公尺以上之走道，且走道分區範圍內儲存數量及容器堆積高度應符合下列規定：

區分	分區內儲存數量上限	容器堆積高度上限
閃火點在攝氏二十一度以上未達攝氏三十七點八度者	一萬六千八百公升	三點六公尺
閃火點在攝氏三十七點八度以上未達攝氏六十度者	三萬三千六百公升	三點六公尺
閃火點在攝氏六十度以上者	八萬三千六百公升	五點四公尺

第　31　條　室外儲存場所儲存塊狀之硫磺，放置於地面者，其位置、構造及設備，除依前條規定外，並應符合下列規定：

一、每一百平方公尺（含未達）應以圍欄區劃，圍欄高度應在一點五公尺以下。

二、設有二個以上圍欄者，其內部之面積合計應在一千平方公尺以下，且圍欄間之距離，不得小於前條保留空地寬度之三分之一。

圖示如下：

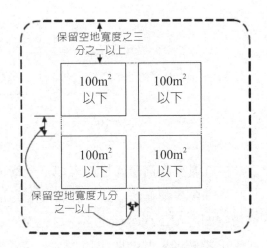

三、圍欄應以不燃材料建造，並有防止硫磺洩漏之構造。

四、圍欄每隔二公尺，最少應設一個防水布固定裝置，以防止硫磺溢出或飛散。

五、儲存場所周圍，應設置排水溝及分離槽。

第 32 條 六類物品儲槽之容量不得大於儲槽之內容積扣除其空間容積後所得之量。

儲槽之內容積計算方式如下：

一、橢圓形儲槽：

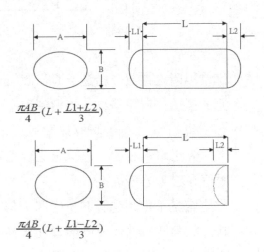

$$\frac{\pi AB}{4}(L+\frac{L1+L2}{3})$$

$$\frac{\pi AB}{4}(L+\frac{L1-L2}{3})$$

二、圓筒形儲槽

(一) 臥型之圓筒形儲槽：

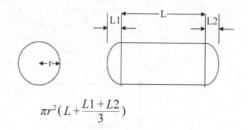

$$\pi r^2(L+\frac{L1+L2}{3})$$

　　(二) 豎型圓筒形儲槽內容積不含槽頂部分。

　　(三) 內容積無法以公式計算者，得用近似之算法。

儲槽空間容積爲內容積之百分之五至百分之十。但儲槽上部設有固定
式滅火設備者，其空間容積以其滅火藥劑放出口下方三十公分以上，
未達一公尺之水平面上部計算之。圖例如下：

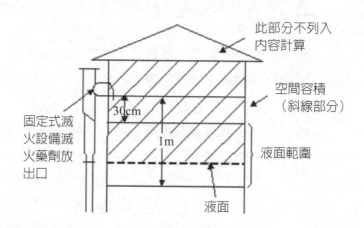

第　33　條　　室內儲槽場所之位置、構造及設備應符合下列規定：

一、應設置於一層建築物之儲槽專用室。

二、儲槽專用室之儲槽側板外壁與室內牆面之距離應在五十公分以
　　上。專用室內設置二座以上之儲槽時，儲槽側板外壁相互間隔距
　　離應在五十公分以上。

三、儲槽容量不得超過管制量之四十倍，且儲存第四類公共危險物品
　　時，除第四石油類及動植物油類外，不得超過二萬公升。同一儲
　　槽專用室設置二座以上儲槽時，其容量應合併計算。

四、儲槽構造：

　　(一) 儲槽材質應爲厚度三點二毫米以上之鋼板或具有同等以上性

　　　能者。

　　(二) 正負壓力超過五百毫米水柱壓力之儲槽（以下簡稱壓力儲槽）應經常用壓力之一點五倍進行耐壓試驗十分鐘，不得洩漏或變形。但儲存固體六類物品者，不在此限。

　　(三) 非壓力儲槽，經滿水試驗後，不得洩漏或變形。

五、儲槽表面應有防蝕功能。

六、壓力儲槽，應設置安全裝置；非壓力儲槽應設置通氣管。

七、儲槽應設置自動顯示儲量裝置。

八、儲槽儲存第四類公共危險物品者，其注入口應符合下列規定：

　　(一) 不得設於容易引起火災或妨礙避難逃生之處。

　　(二) 可與注入軟管或注入管結合，且不得有洩漏之情形。

　　(三) 應設置管閥或盲板。

　　(四) 儲存物易引起靜電災害者，應設置有效除去靜電之接地裝置。

九、儲槽閥應為鑄鋼或具有同等以上性能之材質，且不得有洩漏之情形。

十、儲槽之排水管應設在槽壁。但排水管與儲槽之連接部分，於發生地震或地盤下陷時，無受損之虞者，得設在儲槽底部。

十一、儲槽專用室之牆壁、柱及地板應為防火構造，樑應以不燃材料建造，外牆有延燒之虞者，除出入口外，不得設置開口。但儲存閃火點在攝氏七十度以上之第四類公共危險物品無延燒之虞者，其牆壁、柱及地板得以不燃材料建造。

十二、儲槽專用室之屋頂應以不燃材料建造，且不得設置天花板。

十三、儲槽專用室之窗戶及出入口，應設置三十分鐘以上防火時效之防火門窗。但外牆有延燒之虞者，出入口應設置一小時以上防火時效之常時關閉式防火門。

十四、前款之窗戶及出入口裝有玻璃時，應為鑲嵌鐵絲網玻璃或具有同等以上防護性能者。

十五、儲存液體六類物品者，其地板應為不滲透構造，並有適當傾斜度及集液設施。

十六、儲槽專用室出入口應設置二十公分以上之門檻，或設置具有同

等以上效能之防止流出措施。

十七、儲槽專用室應有充分採光、照明及通風設備。儲存閃火點未達攝氏七十度之六類物品，有積存可燃性蒸氣或可燃性粉塵之虞者，應設置將蒸氣或粉塵有效排至屋簷以上或室外距地面四公尺以上高處之設備。

第 34 條　室內儲槽場所儲存閃火點在攝氏四十度以上第四類公共危險物品者，其位置、構造及設備除應符合前條第二款至第十款、第十五款及第十七款規定外，並應符合下列規定：

一、儲槽應設置於儲槽專用室。

二、儲槽注入口附近應設置自動顯示儲量裝置。但從外部觀察容易者，得免設。

三、儲槽專用室得設於一層以上之建築物，其牆壁、樑、柱及地板應為防火構造。

四、儲槽專用室上層之地板應為防火構造，並不得設置天花板；其上無樓層時，屋頂應以不燃材料建造。

五、儲槽專用室不得設置窗戶。

六、儲槽專用室之出入口應設置一小時以上防火時效之常時關閉式防火門。

七、儲槽專用室之通風及排出設備，應設置防火閘門。但管路以不燃材料建造，或內部設置撒水頭防護，或設置具有同等以上防護性能之措施者，不在此限。

八、儲槽專用室應具有防止六類物品流出之措施。

於供作六類物品製造場所或一般處理場所使用之建築物，設置前項場所時，其位置、構造及設備符合下列規定者，該部分得不適用前項第三款、第四款及第六款規定：

一、儲槽專用室牆壁、樑、柱、地板及上層之地板，應為防火構造，具有二小時以上防火時效，並不得設置天花板；其上無樓層時，屋頂應以不燃材料建造。

二、儲槽專用室之出入口應設置二小時以上防火時效常時關閉式防火門。

第 35 條　室內儲槽場所之幫浦設備應符合下列規定：

一、室內儲槽設於地面一層建築物，其幫浦設備位於儲槽專用室所在
建築物以外之場所時：

(一) 幫浦設備應定著於堅固基礎上。

(二) 供幫浦及其電動機使用之建築物或工作物（以下簡稱幫浦
室），應符合下列規定：

1.牆壁、樑、柱及地板應以不燃材料建造。

2.屋頂應以不燃材料建造，並以輕質金屬板或其他輕質不燃
材料覆蓋。但設置設施使幫浦室無產生爆炸之虞者，得免
以輕質金屬板或其他輕質不燃材料覆蓋。

3.窗戶及出入口，應設置三十分鐘以上防火時效之防火門
窗。

4.窗戶及出入口裝有玻璃時，應為鑲嵌鐵絲網玻璃或具有同
等以上防護性能者。

5.地板應採用不滲透之構造，並設置適當之傾斜度及集液設
施，且其周圍應設置高於地面二十公分以上之圍阻措施，
或設置具有同等以上效能之防止流出措施。

6.應設計處理六類物品時，必要之採光、照明及通風設備。

7.有可燃性蒸氣滯留之虞者，應設置可將該蒸氣有效排至屋
簷以上或室外距地面四公尺以上高處之設備。

(三) 於幫浦室以外之場所設置幫浦設備時，應符合下列規定：

1.應於幫浦設備周圍地面上設置高於地面十五公分以上之圍
阻措施，或設置具有同等以上效能之防止流出措施。

2.地面應以混凝土或六類物品無法滲透之不燃材料鋪設，且
作適當之傾斜，並設置集液設施。

3.幫浦處理不溶於水之第四類公共危險物品者，應設置油水
分離裝置，並防止該物品直接流入排水溝。

二、室內儲槽設於地面一層建築物，且幫浦設備設於儲槽專用室所在
之建築物者：

(一) 設於儲槽專用室以外之場所時，應符合前款第一目及第二目
規定。

(二) 設於儲槽專用室時，應以不燃材料在幫浦設備周圍設置高於

儲槽專用室出入口門檻之圍阻措施，或設置具有同等以上效能之防止流出措施，或使幫浦設備之基礎，高於儲槽專用室出入口門檻。但洩漏時無產生火災或爆炸之虞者，不在此限。

三、室內儲槽設於地面一層建築物以外，且幫浦設備設於儲槽專用室所在建築物以外之場所時，應符合第一款規定。

四、室內儲槽設於地面一層建築物以外，且幫浦設備設於儲槽專用室所在之建築物者：

（一）設於儲槽專用室以外場所時，除應符合第一款第一目及第二目之5至第二目之7規定外，其幫浦室並應符合下列規定：

　　1.牆壁、樑、柱及地板應為防火構造。

　　2.其上有樓層時，上層之地板應為防火構造並不得設置天花板；其上無樓層時，屋頂應為不燃材料建造。

　　3.不得設置窗戶。

　　4.出入口應設置一小時以上防火時效之防火門。

　　5.通風設備及排出設備應設置防火閘門。但管路以不燃材料建造，或內部設置撒水頭防護，或設置達同等以上防護性能之措施者，不在此限。

（二）設於儲槽專用室內時：

　　1.幫浦設備應定著於堅固基礎上。

　　2.以不燃材料在其周圍設置高度二十公分以上之圍阻措施，或設置具有同等以上效能之防止流出措施。但洩漏時無產生火災或爆炸之虞者，不在此限。

於供作六類物品製造場所或一般處理場所使用之建築物，依前條第二項規定設置儲槽專用室，其幫浦設備設於儲槽專用室所在建築物，且設於儲槽專用室以外場所時，其符合下列規定者，得不適用前項第四款第一目之1、第一目之2及第一目之4規定：

一、牆壁、樑、柱、地板及上層之地板應為防火構造，具有二小時以上防火時效，並不得設置天花板；其上無樓層時，屋頂應以不燃材料建造。

二、出入口應設置二小時以上防火時效之防火門。

第 36 條　室內儲槽場所輸送液體六類物品之配管應符合下列規定：

一、應為鋼製或金屬製。但鋼製或金屬製配管會造成作業污染者，得設置塑材雙套管。

二、應經該配管最大常用壓力之一點五倍以上水壓進行耐壓試驗十分鐘，不得洩漏或變形。但以水壓進行耐壓試驗確有困難者，得以該配管最大常用壓力之一點一倍以上氣壓進行耐壓試驗。設置塑材雙套管者，其耐壓試驗以內管為限。

三、設於地上者，不得接觸地面，且外部應有防蝕功能。

四、埋設於地下者，外部應有防蝕功能；接合部分，應有可供檢查之措施。但以熔接接合者，不在此限。

五、設有加熱或保溫之設備者，應具有預防火災之安全構造。

第 37 條　室外儲槽場所之位置、構造及設備應符合下列規定：

一、儲槽側板外壁與廠區外鄰近場所之安全距離，準用第十三條規定。

二、儲存液體儲槽側板外壁與儲存場所廠區之境界線距離，應依附表四規定。但有下列情形之一者，不在此限。

(一) 以不燃材料建造具二小時以上防火時效之防火牆。

(二) 不易延燒者。

(三) 設置防火水幕者。

三、儲槽之周圍保留空地應符合下列規定：

(一) 儲存閃火點未達攝氏二十一度之六類物品，其容量未達二公秉者，應在一公尺以上；二公秉以上未達四公秉者，應在二公尺以上；四公秉以上未達十公秉者，應在三公尺以上；十公秉以上未達四十公秉者，應在五公尺以上；四十公秉以上者，應在十公尺以上。

(二) 儲存閃火點在攝氏二十一度以上未達七十度之六類物品，其容量未達十公秉者，應在一公尺以上；十公秉以上未達二十公秉者，應在二公尺以上；二十公秉以上未達五十公秉者，應在三公尺以上；五十公秉以上未達二百公秉者，應在五公尺以上；二百公秉以上者，應在十公尺以上。

(三) 儲存閃火點在攝氏七十度以上之六類物品，其容量未達二十

公秉者，應在一公尺以上；二十公秉以上未達四十公秉者，應在二公尺以上；四十公秉以上未達一百公秉者，應在三公尺以上；一百公秉以上者，應在五公尺以上。

四、相鄰儲槽側板外壁間之距離應符合下列規定：

(一) 儲存閃火點未達攝氏六十度之六類物品：

1.浮頂式儲槽直徑未達四十五公尺者，為相鄰二座儲槽直徑和之六分之一，最低為九十公分；儲槽直徑四十五公尺以上者，為相鄰二座儲槽直徑和之四分之一。

2.固定式儲槽直徑未達四十五公尺者，為相鄰二座儲槽直徑和之六分之一，最低為九十公分；儲槽直徑四十五公尺以上者，為相鄰二座儲槽直徑和之三分之一。

(二) 儲存閃火點在攝氏六十度以上之六類物品：

1.浮頂式儲槽直徑未達四十五公尺者，為相鄰二座儲槽直徑和之六分之一，最低為九十公分；儲槽直徑四十五公尺以上者，為相鄰二座儲槽直徑和之四分之一。

2.固定式儲槽直徑未達四十五公尺者，為相鄰二座儲槽直徑和之六分之一，最低為九十公分；儲槽直徑四十五公尺以上者，為相鄰二座儲槽直徑和之四分之一。

3.防液堤內部儲槽均儲存閃火點在攝氏九十三度以上之六類物品者，應在九十公分以上。

五、應定著在堅固基礎上，並不得設於岩盤斷層等易滑動之地形。

六、儲槽構造除準用第三十三條第四款規定外，並應具有耐震及耐風壓之結構；其支柱應以鋼筋混凝土、鋼骨混凝土或其他具有同等以上防火性能之材料建造。

七、儲槽內壓力異常上升時，有能將內部氣體及蒸氣由儲槽上方排出之構造。

八、儲槽表面應有防蝕功能。

九、儲槽底板與地面相接者，底板外表應有防蝕功能。

十、壓力儲槽，應設置安全裝置；非壓力儲槽，應設置通氣管。

十一、儲槽應設置自動顯示儲量裝置。

十二、儲槽儲存第四類公共危險物品，其注入口準用第三十三條第八

　　款規定。

十三、幫浦設備除準用第三十五條第一款規定外，並應符合下列規定：

　　(一) 周圍保留空地寬度不得小於三公尺。但設有具二小時以上防火時效之防火牆或儲存六類物品數量未達管制量十倍者，不在此限。

　　(二) 與儲槽側板外壁之距離不得小於儲槽保留空地寬度之三分之一。

十四、儲槽閥應為鑄鋼或具有同等以上性能之材質，且不得有洩漏之情形。

十五、儲槽之排水管應置於槽壁。但排水管與儲槽之連接部分，於發生地震或地盤下陷時，無受損之虞者，得設在儲槽底部。

十六、浮頂式儲槽設置於槽壁或浮頂之設備，於地震等災害發生時，不得損傷該浮頂或壁板。但設置保安管理上必要設備者，不在此限。

十七、配管設置準用第三十六條規定。

十八、避雷設備應符合CNS一二八七二規定，或以接地方式達同等以上防護性能者。但六類物品儲存量未達管制量十倍，或因周圍環境，無致生危險之虞者，不在此限。

十九、儲存液體六類物品，應設置防液堤。但儲存二硫化碳者，不在此限。

二十、儲存固體第三類公共危險物品禁水性物質之儲槽，其投入口上方防止雨水之設備，應以防水性不燃材料製造。

二十一、儲存二硫化碳之儲槽，應沒入於槽壁厚度二十公分以上且無漏水之虞之鋼筋混凝土水槽中。

第　38　條　室外儲槽場所儲槽儲存第四類公共危險物品者，其防液堤應符合下列規定：

一、單座儲槽周圍所設置防液堤之容量，應為該儲槽容量百分之一百一十以上；同一地區設有二座以上儲槽者，其周圍所設置防液堤之容量，應為最大之儲槽容量百分之一百一十以上。

二、防液堤之高度應在五十公分以上。但儲槽容量合計超過二十萬公秉者，高度應在一公尺以上。

三、防液堤內面積不得超過八萬平方公尺。

四、防液堤內部設置儲槽，不得超過十座。但其儲槽容量均在二百公
　　秉以下，且所儲存物之閃火點在攝氏七十度以上未達二百度者，
　　得設置二十座以下；儲存物之閃火點在攝氏二百度以上者，無設
　　置數量之限制。

五、防液堤周圍應設道路並與區內道路連接，道路寬度不得小於六公尺。
　　但有下列各款情形之一，且設有足供消防車輛迴車用之場地者，
　　其設置之道路得為二面以上：
　　(一)防液堤內部儲槽之容量均在二百公秉以下。
　　(二)防液堤內部儲槽儲存物之閃火點均在攝氏二百度以上。
　　(三)周圍設置道路確有困難。

六、室外儲槽之直徑未達十五公尺者，防液堤與儲槽側板外壁間之距
　　離，不得小於儲槽高度之三分之一；其為十五公尺以上者，不得
　　小於儲槽高度之二分之一。但儲存物之閃火點在攝氏二百度以上
　　者，不在此限。

七、防液堤應以鋼筋混凝土造或土造，並應具有防止儲存物洩漏及滲
　　透之構造。

八、儲槽容量超過一萬公秉者，應在各個儲槽周圍設置分隔堤，並應
　　符合下列規定：
　　(一)分隔堤高度應在三十公分以上，且至少低於防液堤二十公分。
　　(二)分隔堤應以鋼筋混凝土造或土造。

九、防液堤內部除與儲槽有關之配管及消防用配管外，不得設置任何
　　配管。

十、防液堤不得被配管貫通。但不損傷防液堤構造性能者，不在此限。

十一、防液堤應設置能排放內部積水之排水設備，且操作閥應設在防
　　　液堤之外部，平時應保持關閉狀態。

十二、室外儲槽容量在一千公秉以上者，其排水設備操作閥開關，應
　　　容易辨別。

十三、室外儲槽容量在一萬公秉以上者，其防液堤應設置洩漏檢測設
　　　備，並應於可進行處置處所設置警報設備。

十四、高度一公尺以上之防液堤，每間隔三十公尺應設置出入防液堤

之階梯或土質坡道。

儲存前項以外液體六類物品儲槽之防液堤，其容量不得小於最大儲槽容量，且應符合前項第二款、第七款至第十二款及第十四款規定。

第　39　條　室外儲槽儲存高閃火點物品者，其位置、構造及設備得依下列規定辦理：

一、準用第三十七條第一項第一款、第四款至第十二款、第十四款至第十七款規定。

二、周圍保留空地寬度，應依下表規定：

儲槽容量	保留空地寬度
未達管制量二千倍者	三公尺以上
達管制量二千倍以上者	五公尺以上

三、幫浦設備周圍保留空地寬度，應在一公尺以上。

四、周圍應設置防止儲存物外洩及滲透之防液堤，且防液堤之容量，不得小於最大儲槽之容量。

第　40　條　室外儲槽儲存第三類公共危險物品之烷基鋁、烷基鋰、第四類公共危險物品之乙醛、環氧丙烷及中央主管機關公告之六類物品者，除依第三十七條規定外，並應符合下列規定：

一、應設置用惰性氣體或有同等效能予以封阻之設備。

二、儲存烷基鋁或烷基鋰者，應設置能將洩漏之儲存物侷限於特定範圍，並導入安全槽或具有同等以上效能之設施。

三、儲存乙醛或環氧丙烷者，其儲槽材質不得含有銅、鎂、銀、水銀、或含該等成份之合金，且應設置冷卻裝置或保冷裝置。

第　41　條　地下儲槽場所之位置、構造及設備應符合下列規定：

一、儲槽應置於地下槽室。但儲存第四類公共危險物品且符合下列規定者，得直接埋設於地下。

(一) 距離地下鐵道、地下隧道或中央主管機關指定場所之水平距離在十公尺以上。

(二) 儲槽應以水平投影長及寬各大於六十公分以上，厚度為

　　　　　　二十五公分以上之鋼筋混凝土蓋予以覆蓋。

　　(三) 頂蓋之重量不可直接加於該地下儲槽上。

　　(四) 地下儲槽應定著於堅固基礎上。

二、儲槽側板外壁與槽室之牆壁間應有十公分以上之間隔，且儲槽周圍應填塞乾燥砂或具有同等以上效能之防止可燃性蒸氣滯留措施。

三、儲槽頂部距離地面應在六十公分以上。

四、二座以上儲槽相鄰者，其側板外壁間隔應在一公尺以上。但其容量總和在管制量一百倍以下者，其間隔得減為五十公分以上。

五、儲槽應以厚度三點二毫米以上之鋼板建造，並具氣密性。非壓力儲槽以每平方公分零點七公斤之壓力、壓力儲槽以最大常用壓力之一點五倍之壓力，實施十分鐘之水壓試驗，不得洩漏或變形。

六、儲槽外表應有防蝕功能。

七、壓力儲槽應設置安全裝置，非壓力儲槽應設置通氣管。

八、儲存液體六類物品時，應有自動顯示儲量裝置或計量口。設置計量口時不得造成槽底受損。

九、儲槽注入口應設置於室外，並準用第三十三條第八款規定。

十、幫浦設備設置於地面者，準用第三十五條第一款規定；幫浦設備設於儲槽之內部者，應符合下列規定：

　　(一) 幫浦設備之電動機構造應符合下列規定：

　　　　1.定子為金屬製容器，並充填不受六類物品侵害之樹脂。

　　　　2.於運轉中能冷卻定子之構造。

　　　　3.電動機內部有防止空氣滯留之構造。

　　(二) 連接電動機之電線，應有保護措施，不得與六類物品直接接觸。

　　(三) 幫浦設備有防止電動機運轉升溫之功能。

　　(四) 幫浦設備在下列情形時，電動機能自動停止：

　　　　1.電動機溫度急遽升高時。

　　　　2.幫浦吸引口外露時。

　　(五) 幫浦設備應與儲槽凸緣接合。

　　(六) 應設於保護管內。但有足夠強度之外裝保護者，不在此限。

　　　　(七) 幫浦設備設於地下儲槽上部部分，應有六類物品洩漏檢測設備。

十一、配管準用第三十六條規定。

十二、儲槽配管應裝設於儲槽頂部。

十三、儲槽周圍應在適當位置設置四處以上之測漏管或具有同等以上效能之洩漏檢測設備。

十四、槽室之牆壁及底部應採用厚度三十公分以上之混凝土構造或具有同等以上強度之構造，並有適當之防水措施；其頂蓋應採用厚度二十五公分以上之鋼筋混凝土構造。

第　42　條　儲槽爲雙重殼之地下儲槽場所，其位置、構造及設備應符合下列規定：

一、應符合前條第三款、第四款、第五款後段及第七款至第十二款規定。

二、直接埋設於地下者，並應符合前條第一款第二目至第四目規定。

三、置於地下槽室者，並應符合前條第二款及第十四款規定。

四、儲槽應於雙重殼間設置液體洩漏檢測設備。

五、儲槽應具有氣密性，並使用下列材料之一：

　　(一) 厚度三點二毫米以上之鋼板或具有同等以上性能之材質。

　　(二) 經中央主管機關指定之強化塑料。

六、使用強化塑料之儲槽者，應具有能承受荷重之安全構造。

七、使用鋼板之儲槽者，其外表應有防蝕功能。

第　43　條　地下儲槽場所儲存第三類公共危險物品之烷基鋁、烷基鋰、第四類公共危險物品之乙醛、環氧丙烷及中央主管機關公告之六類物品者，其位置、構造及設備除應符合第四十一條第二款至第十四款規定外，並應符合下列規定：

一、儲槽應置於地下槽室。

二、準用第四十條第三款規定。但儲槽構造具有可維持物品於適當溫度者，可免設冷卻裝置或保冷裝置。

第　44　條　中央主管機關公告之容器，非經檢驗合格不得使用；其檢驗工作得委託專業機關（構）辦理。

前項檢驗項目及基準，由中央主管機關定之。

第　45　條　六類物品之儲存及處理，應遵守下列規定：

一、第一類公共危險物品應避免與可燃物接觸或混合，或與具有促成其分解之物品接近，並避免過熱、衝擊、摩擦。無機過氧化物應避免與水接觸。

二、第二類公共危險物品應避免與氧化劑接觸混合及火焰、火花、高溫物體接近及過熱。金屬粉應避免與水或酸類接觸。

三、第三類公共危險物品之禁水性物質不可與水接觸。

四、第四類公共危險物品不可與火焰、火花或高溫物體接近，並應防止其發生蒸氣。

五、第五類公共危險物品不可與火焰、火花或高溫物體接近，並避免過熱、衝擊、摩擦。

六、第六類公共危險物品應避免與可燃物接觸或混合，或具有促成其分解之物品接近，並避免過熱。

第　46　條　六類物品製造、儲存及處理場所，其安全管理應遵守下列規定：

一、儲存或處理公共危險物品，不得超過規定之數量。

二、嚴禁火源。

三、經常整理及清掃，不得放置空紙箱、內襯紙、塑膠袋、紙盒等包裝用餘材料，或其他易燃易爆之物品。

四、儲存或處理公共危險物品，應依其特性使用不會破損、腐蝕或產生裂縫之容器，並應有防止傾倒之固定措施，避免倒置、掉落、衝擊、擠壓或拉扯。

五、維修可能殘留公共危險物品之設備、機械器具或容器時，應於安全處所將公共危險物品完全清除後為之。

六、嚴禁無關人員進入。

七、集液設施或油水分離裝置內如有積存公共危險物品時，應隨時清理。

八、廢棄之公共危險物品應適時清理。

九、應使公共危險物品處於合適之溫度、溼度及壓力。

十、有積存可燃性蒸氣或粉塵之虞場所，不得使用易產生火花之設備。

十一、指派專人每月對場所之位置、構造及設備自主檢查，檢查紀錄

至少留存一年。

第　47　條　製造、儲存或處理六類物品達管制量三十倍以上之場所，應由管理權人選任管理或監督層次以上之幹部為保安監督人，擬訂消防防災計畫，報請當地消防機關核定，並依該計畫執行六類物品保安監督相關業務。

保安監督人選任後十五日內，應報請當地消防機關備查；異動時，亦同。

第一項保安監督人應經直轄市、縣（市）消防機關，或中央主管機關認可之專業機構，施予二十四小時之訓練領有合格證書者，始得充任，任職期間並應每二年接受複訓一次。

第一項消防防災計畫內容及前項講習訓練要點，由中央主管機關定之。

第二節（刪除）

第　48　條　（刪除）

第　49　條　（刪除）

第　50　條　（刪除）

第　51　條　（刪除）

第　52　條　（刪除）

第　53　條　（刪除）

第　54　條　（刪除）

第　55　條　（刪除）

第　56　條　（刪除）

第　57　條　（刪除）

第　58　條　（刪除）

第　59　條　（刪除）

第三章　可燃性高壓氣體場所設置及安全管理

第　60　條　本章所稱儲槽，係指固定於地盤之可燃性高壓氣體儲槽。

第　61　條　本章所稱容器，係指純供灌裝可燃性高壓氣體之移動式壓力容器。

第　62　條　本章所稱處理設備，係指以壓縮、液化及其他方法處理可燃性高壓氣體之高壓氣體製造設備。

第　63　條　本章所稱儲存能力，係指儲存設備可儲存之可燃性高壓氣體之數量，

其計算式如下：

一、壓縮氣體儲槽：$Q=(10P+1)\times V1$

二、液化氣體儲槽：$W=C1\times w\times V2$

三、液化氣體容器：$W=V2/C2$

算式中：

Q：儲存設備之儲存能力（單位：立方公尺）值。

P：儲存設備之溫度在攝氏三十五度（乙炔氣為攝氏十五度）時之最高灌裝壓力（單位：百萬巴斯卡Mpa）值。

V1：儲存設備之內容積（單位：立方公尺）值。

V2：儲存設備之內容積（單位：公升）值。

W：儲存設備之儲存能力（單位：公斤）值。

W：儲存設備於常用溫度時液化氣體之比重（單位：每公升之公斤數）值。

C1：0.9（在低溫儲槽，為對應其內容積之可儲存液化氣體部分容積比之值）

C2：中央主管機關指定之值。

第 64 條 本章所稱處理能力，係指處理設備以壓縮、液化或其他方法一日可處理之氣體容積（換算於溫度在攝氏零度、壓力為每平方公分零公斤狀態時之容積）值。

第 65 條 本章所稱之第一類保護物及第二類保護物如下：

一、第一類保護物係指下列場所：

　(一) 古蹟。

　(二) 設備標準第十二條第二款第四目所列之場所。

　(三) 設備標準第十二條第一款第六目、第二款第三目及第十二目所列之場所，其收容人員在二十人以上者。

　(四) 設備標準第十二條第一款第一目、第二款第五目及第八目所列之場所，其收容人員在三百人以上者。

　(五) 設備標準第十二條第二款第一目所列之場所，每日平均有二萬人以上出入者。

　(六) 設備標準第十二條第一款第二目至第五目及第七目所列之場所，總樓地板面積在一千平方公尺以上者。

二、第二類保護物：係指第一類保護物以外供人居住或使用之建築
　　物。但與製造、處理或儲存場所位於同一建築基地者，不屬之。

第　66　條　可燃性高壓氣體製造場所，其外牆或相當於該外牆之設施外側，與場
　　　　　　外第一類保護物及第二類保護物之安全距離如下：

儲存能力或處理能力單位：壓縮氣體為立方公尺、液化氣體為公斤。	第二類保護物	第一類保護物	對象物 安全距離 單位：公尺　　儲存能力或處理能力（X）
	$8\sqrt{2}$	$12\sqrt{2}$	$0 \leq X < 10000$
	$0.08\sqrt{X+10000}$	$0.12\sqrt{X+10000}$	$10000 \leq X < 52500$
	20（但低溫儲槽為 $0.08\sqrt{X+10000}$ ）	30（但低溫儲槽為 $0.12\sqrt{X+10000}$ ）	$52500 \leq X < 990000$
	20（但低溫儲槽為80）	30（但低溫儲槽為120）	$990000 \leq X$

第　67　條　可燃性高壓氣體儲存場所，其外牆或相當於該外牆之設施外側，與場
　　　　　　外第一類及第二類保護物之安全距離如下：

第二類保護物	第一類保護物	對象物 安全距離 單位：公尺　　儲存面積（Y）單位：平方公尺
$6\sqrt{2}$	$9\sqrt{2}$	$0 \leq Y < 8$
$3\sqrt{Y}$	$4.5\sqrt{Y}$	$8 \leq Y < 25$
15	22.5	$25 \leq Y$

前項儲存場所設有防爆牆或同等以上防護性能者，其與第一類保護物
及第二類保護物安全距離得縮減如下：

第二類保護物	第一類保護物	對象物 ╱ 安全距離 單位：公尺 儲存面積（Y） 單位：平方公尺
0	0	$0 \leq Y < 8$
$1.5\sqrt{Y}$	$2.25\sqrt{Y}$	$8 \leq Y < 25$
7.5	11.25	$25 \leq Y$

前項防爆牆之基準，由中央主管機關定之。

第 68 條　液化石油氣製造場所，其外牆或相當於該外牆之設施外側，與場外第一類及第二類保護物之安全距離應分別符合表一之L1及L4之規定。但與場外第一類或第二類保護物之安全距離未達L1或L4，而達表二所列之距離，並依表二規定設有保安措施者，不在此限。

前項所稱之保安措施如下：

一、儲槽或處理設備埋設於地盤下者。

二、儲槽或處理設備設置水噴霧裝置或具有同等以上防火性能者。

三、儲槽或處理設備與第一類或第二類保護物間設有防爆牆或具有同等以上之防護性能者。

表一

$990000 \leq Z$	$52500 \leq Z < 990000$	$10000 \leq Z < 52500$	$0 \leq Z < 10000$	儲存或處理 能力（z） 距離（m）
30 （但低溫儲槽為120）	30（但低溫儲槽為 $0.12\sqrt{Z+10000}$）	$0.12\sqrt{Z+10000}$	$12\sqrt{2}$	L1
24	24	$0.096\sqrt{Z+10000}$	$9.6\sqrt{2}$	L2
21	21	$0.084\sqrt{Z+10000}$	$8.4\sqrt{2}$	L3
20 （但低溫儲槽為80）	20（但低溫儲槽為 $0.08\sqrt{Z+10000}$）	$0.08\sqrt{Z+10000}$	$8\sqrt{2}$	L4
16	16	$0.064\sqrt{Z+10000}$	$6.4\sqrt{2}$	L5
14	14	$0.056\sqrt{Z+10000}$	$5.6\sqrt{2}$	L6

表二

保安措施	與第二類保護物距離 （單位：公尺）	與第一類保護物距離 （單位：公尺）	區分
應設有第二類第一款及第三款規定之設施	L6以上未達L5	L2以上	儲槽
	L6以上	L3以上未達L2	
下列二者擇一設置： 一、第二項第一款及第三款規定之設施。 二、第二項第二款及第三款規定之設施。	L5以上未達L4	L1以上	
	L5以上	L2以上未達L1	
	L5以上未達L4	L1以上	處理設備
	L5以上	L2以上未達L1	

第　69　條　　可燃性高壓氣體處理場所之位置、構造、設備及安全管理，應符合下列規定：

一、販賣場所：

(一) 應設於建築物之地面層。

(二) 建築物供販賣場所使用部分，應符合下列規定：

1.牆壁應為防火構造或不燃材料建造。但與建築物其他使用部分之隔間牆，應為防火構造。

2.樑及天花板應以不燃材料建造。

3.其上有樓層者，上層之地板應為防火構造；其上無樓層者，屋頂應為防火構造或以不燃材料建造。

(三) 不得使用火源。

(四) 儲氣量八十公斤以上者，應設置氣體漏氣警報器。

二、容器檢驗場所：

(一) 應符合前款第一目至第二目規定。

(二) 有洩漏液化石油氣之虞之設施，應設置氣體漏氣警報器。

(三) 使用燃氣設備者，應連動緊急遮斷裝置。

(四) 不得使用火源。但因檢驗作業需要者，不在此限。

第　70　條　　可燃性高壓氣體儲存場所之構造、設備及安全管理，應符合下列規定：

一、設有警戒標示及防爆型緊急照明設備。

二、設置氣體漏氣自動警報設備。

三、設置防止氣體滯留之有效通風裝置。

四、採用不燃材料構造之地面一層建築物，屋頂應以輕質金屬板或其他輕質不燃材料覆蓋，屋簷並應距離地面二點五公尺以上。

五、保持攝氏四十度以下之溫度；容器並應防止日光之直射。

六、灌氣容器與殘氣容器，應分開儲存，並直立放置，且不可重疊堆放。灌氣容器並應採取防止因容器之翻倒、掉落引起衝擊或損傷附屬之閥等措施。

七、通路面積至少應占儲存場所面積之百分之二十以上。

八、周圍二公尺範圍內，應嚴禁煙火，且不得存放任何可燃性物質。但儲存場所牆壁以厚度九公分以上鋼筋混凝土造或具有同等以上強度構築防護牆者，不在此限。

九、避雷設備應符合CNS一二八七二規定，或以接地方式達同等以上防護性能者。但因周圍環境，無致生危險之虞者，不在此限。

十、人員不得攜帶可產生火源之機具或設備進入。

十一、設有專人管理。

十二、供二家以上販賣場所使用者，應製作平面配置圖，註明場所之面積、數量、編號及商號名稱等資料，並懸掛於明顯處所。

十三、場所專用，且不得儲放逾期容器。

第　71　條　液化石油氣分裝場及販賣場所應設置儲存場所，其所屬液化石油氣容器之儲存，除本辦法另有規定外，應於儲存場所為之。

第　72　條　液化石油氣儲存場所僅供一家販賣場所使用之面積，不得少於十平方公尺；供二家以上共同使用者，每一販賣場所使用之儲存面積，不得少於六平方公尺。

前項儲存場所設置位置與販賣場所距離不得超過五公里。但儲存場所設有圍牆防止非相關人員進入，並有二十四小時專人管理時，其距離得為二十公里內。

第　72-1　條　液化石油氣分裝場、儲存或販賣場所之管理權人，應向直轄市、縣（市）主管機關申請核發液化石油氣儲存場所證明書，其內容應包括：

一、儲存場所之名稱、地址及管理權人姓名。

二、使用儲存場所之分裝場或販賣場所之名稱、地址及管理權人姓名。

三、儲存場所建築物使用執照字號。

四、儲存場所面積。

五、分裝場或販賣場所使用之儲存場所之儲放地點編號。

前項證明書記載事項有變更時，管理權人應於事實發生之日起一個月內，向直轄市、縣（市）主管機關申請變更。

第一項儲存場所與販賣場所間之契約終止或解除時，終止或解除一方之管理權人應於三個月前通知他方及轄區直轄市、縣（市）主管機關，並由儲存場所管理權人依前項規定申請變更儲存場所證明書；販賣場所之管理權人應向轄區直轄市、縣（市）主管機關申請廢止儲存場所證明書。

第 73 條　液化石油氣販賣場所儲放之液化石油氣，總儲氣量不得超過一二八公斤。

液化石油氣備用量，供營業使用者，不得超過八十公斤；供家庭使用者，不得超過四十公斤。

第 73-1 條　容器串接使用場所串接使用量不得超過1000kg，其安全設施及管理並應符合下列規定：

一、串接使用量在80kg～120kg者：

(一) 容器應放置於室外。但放置於室外確有困難，且設置防止氣體滯留之有效通風裝置者，不在此限。

(二) 有嚴禁煙火標示及滅火器。

(三) 場所之溫度應經常保持40℃以下，並有防止日光直射措施。

(四) 使用及備用之容器應直立放置且有防止傾倒之固定措施。採鐵鏈方式固定者，應針對個別容器於桶身部分予以圈鏈固定。

(五) 串接容器之燃氣導管應由領有氣體燃料導管配管技術士證照之人員，依建築技術規則建築設備編第79條規定安裝，並以固定裝置固著於牆壁或地板；安裝完工後，應製作施工標籤，並以不易磨滅與剝離方式張貼於配管之適當及明顯位置。

(六) 燃氣橡膠管長度不得超過1.8m，且最小彎曲半徑為110 mm以上，不得扭曲及纏繞；超過1.8m，應設置串接容器之燃氣

導管。燃氣橡膠管及燃氣導管應符合國家標準，銜接處應有防止脫落裝置。

(七) 設置氣體漏氣警報器。

(八) 以書面向當地消防機關陳報。

(九) 應每月自行檢查第1~7目規定事項至少一次，檢查資料並應保存2年。

二、串接使用量在120kg～300kg者，除應符合前款規定外，容器並應與用火設備保持2 m以上距離。

三、串接使用量在300kg～600kg者，除應符合前2款規定外，並應符合下列規定：

(一) 設置自動緊急遮斷裝置。

(二) 容器放置於室外者，應設有柵欄或圍牆，其上方應以輕質金屬板或其他輕質不燃材料覆蓋，並距離地面2.5m以上。

(三) 應設置標示板標示緊急聯絡人姓名及電話。

四、串接使用量在600kg～1000kg以下者，除應符合前3款規定外，其容器與第1類保護物最近之安全距離應在16.97 m以上，與第2類保護物最近之安全距離應在11.31 m以上。但設有防爆牆者，不在此限。

前項第1款第8目所定書面應記載事項如下：

一、場所名稱及地址。

二、場所負責人姓名及國民身分證統一編號。

三、液化石油氣使用量。

四、其他經中央主管機關公告之事項。

第1項場所以無開口且具1小時以上防火時效之牆壁、樓地板區劃分隔者，串接使用量得分別計算。

液化石油氣販賣場所之經營者發現供氣之容器串接使用場所有下列情形之一者，不得供氣：

一、容器置於地下室。

二、無嚴禁煙火標示或滅火器。

三、使用或備用之容器未直立放置或未有防止傾倒之固定措施。

四、未設置氣體漏氣警報器。

第　74　條　液化石油氣容器，應經中央主管機關型式認可及個別認可合格，並附加合格標示後始可使用。

前項認可之申請、發給、容器規格、容器合格標示與不合格處理、作業人員之教育訓練及其他應遵行事項之管理要點，由中央主管機關定之。

第一項認可基準，由中央主管機關定之。

第一項之認可，中央主管機關得委託專業機構辦理。

第　75　條　液化石油氣分裝場及販賣場所之經營者應於容器檢驗期限屆滿前，將容器送往中央主管機關認可之液化石油氣容器檢驗場（以下簡稱檢驗場），依定期檢驗基準實施檢驗；經檢驗合格並附加合格標示後，始得繼續使用。

第 75-1 條　檢驗場應依液化石油氣容器定期檢驗基準執行容器檢驗，不合格容器及容器閥應予銷毀，銷毀時並應報請轄區消防機關監毀。

檢驗場應將檢驗紀錄保存六年以上，每月並應申報中央主管機關及轄區消防機關備查。

檢驗場應設置監控系統攝錄容器檢驗情形，錄影資料並應保存一個月以上。

檢驗場應維護場內檢驗及安全設施之正常功能，並定期辦理校正及自主檢查；其檢驗員並應每半年接受教育訓練一次。

第 75-2 條　檢驗場實施檢驗應向中央主管機關申請認可，經審查合格發給認可證書後，始得為之。認可證書應記載下列事項：

一、檢驗場名稱、代號、公司或行號登記字號、營利事業登記證明文件字號、地址。

二、代表人姓名。

三、有效期限。

前項應記載事項有變更時，檢驗場應於變更後十五日內申請變更。

第一項認可證書之有效期限為三年，期限屆滿三個月前得向中央主管機關申請展延，每次展延期間為三年。

檢驗場經依本法規定處以三十日以下停業或停止其使用之處分者，應繳回未使用之合格標示，並應於轄區消防機關檢查合格後，始得繼續實施檢驗。

第 76 條 液化石油氣販賣場所之經營者應於容器明顯位置標示可供辨識之商號及電話。

第 77 條 家庭或營業用液化石油氣之灌氣裝卸，應於分裝場為之。

第 78 條 液化石油氣分裝場應確認容器符合下列事項，始得將容器置於灌裝臺並予以灌氣：

一、容器應標示或檢附送驗之販賣場所之商號及電話等資料。

二、容器仍在檢驗合格有效期限內。

三、實施容器外觀檢查，確認無腐蝕變形且容器能直立者。

不符合前項規定之容器不得灌氣或置於灌裝臺，分裝場之經營者並應迅速通知販賣場所之經營者處理。

第四章　附則

第 79 條 本辦法中華民國九十五年十一月一日修正施行前，已設置之製造、儲存或處理公共危險物品及可燃性高壓氣體之場所，應自修正施行之日起六個月內，檢附場所之位置、構造、設備圖說及改善計畫陳報當地消防機關，並依附表五所列改善項目，於修正施行之日起二年內改善完畢，屆期未辦理且無相關文件足資證明係屬既設合法場所、逾期不改善，或改善仍未符附表五規定者，依本法第四十二條之規定處分。

第 79-1 條 經中央主管機關公告、附表一修正增列為公共危險物品或附表五修正增列為改善項目者，於公告日、附表一中華民國102年11月21日修正生效日或附表五108年6月11日修正生效日前已設置之製造、儲存或處理該物品達管制量以上之合法場所，應自公告日或本辦法該次修正生效日起6個月內，檢附場所之位置、構造、設備圖說及改善計畫陳報當地消防機關，並依附表五所列改善項目，於公告日或本辦法該次修正生效日起2年內改善完畢，屆期不改善或改善仍未符附表五規定者，依本法第42條之規定處分。

第 80 條 本辦法自發布日施行。

第三條附表一　公共危險物品之種類、分級及管制量

分類	名稱	種類	分級	管制量
第一類	氧化性固體	一、氯酸鹽類 二、過氯酸鹽類 三、無機過氧化物 四、次氯酸鹽類 五、溴酸鹽類 六、硝酸鹽類 七、碘酸鹽類	第一級	五十公斤
		八、過錳酸鹽類 九、重鉻酸鹽類 十、過碘酸鹽類 十一、過碘酸 十二、三氧化鉻 十三、二氧化鉛	第二級	三百公斤
		十四、亞硝酸鹽類 十五、亞氯酸鹽類 十六、三氯異三聚氰酸 十七、過硫酸鹽類 十八、過硼酸鹽類 十九、其他經中央主管機關公告者 二十、含有任一種成分之物品者	第三級	一千公斤
第二類	易燃固體	一、硫化磷 二、赤磷 三、硫磺		一百公斤
		四、鐵粉：指鐵的粉末。但以孔徑五十三微米（μm）篩網進行篩選，通過比例未達百分之五十者，不屬之。		五百公斤
		五、金屬粉：指導鹼金屬、鹼土金屬、鐵、鎂、銅、鎳以外之金屬粉。但以孔徑一百五十微米（μm）篩網進行篩選，通過比例未達百分之五十者，不屬之。 六、鎂：指其塊狀物或棒狀物能通過孔徑二毫米篩網者。	第一級	一百公斤
		七、三聚甲醛 八、其他經中央主管機關公告者。 九、含有任一種成分之物品者。	第二級	五百公斤
		十、易燃性固體：指固態酒精或一大氣壓下閃火點未達攝氏四十度之固體。		一千公斤

分類	名稱	種類	分級	管制量
第三類	發火性液體、發火性固體及禁水性物質	一、鉀 二、鈉 三、烷基鋁 四、烷基鋰		十公斤
		五、黃磷		二十公斤
		六、鹼金屬（鉀和鈉除外）及鹼土金屬 七、有機金屬化合物（烷基鋁、烷基鋰除外） 八、金屬氫化物	第一級	十公斤
		九、金屬磷化物 十、鈣或鋁的碳化物 十一、三氯矽甲烷	第二級	五十公斤
		十二、其他經中央主管機關公告者。 十三、含有任一種成分之物品者。	第三級	三百公斤
第四類	易燃液體及可燃液體	易燃液體：指在一大氣壓時，閃火點在攝氏九十三度以下之液體。　一、特殊易燃物：指一大氣壓時，自燃溫度在攝氏一百度以下之物品，或閃火點低於攝氏零下二十度，且沸點在攝氏四十度以下物之物品。		五十公升
		二、第一石油類：指一大氣壓時，閃火點未達攝氏二十一度者。	非水溶性液體	二百公升
			水溶性液體	四百公升
		三、酒精類：指一個分子的碳原子數在一到三之間，並含有一個飽和的羥基（含變性酒精）。但下列物品不在此限： (一)酒精含量未達百分之六十之水溶液。 (二)易燃液體及可燃液體含量未達百分之六十，其閃火點與燃燒點超過酒精含量百分之六十水溶液之閃火點及燃燒點。		四百公升
		可燃液體：指在一大氣壓時，閃火點超過攝氏九十三度未滿攝氏二百五十度之液體。　四、第二石油類：指一大氣壓時，閃火點在攝氏二十一度以上，未達七十度者。但易燃液體及可燃液體含量在百分之四十以下，閃火點在攝氏四十度上，燃燒點在攝氏六十度以上，不在此限。	非水溶性液體	一千公升
			水溶性液體	二千公升
		五、第三石油類：指一大氣壓時，閃火點在攝氏七十度上，未達二百度者。但易燃液體及可燃液體含量在百分之四十以下者，不在此限。	非水溶性液體	二千公升
			水溶性液體	四千公升

分類	名稱	種類	分級	管制量
		六、第四石油類：指一大氣壓時，閃火點在攝氏二百度以上，未滿二百五十度者。但易燃液體及可燃液體含量在百分之四十以下者，不在此限。		六千公升
		七、動植物油類：從動物的脂肪、植物的種子或果肉抽取之油脂，一大氣壓時，閃火點未滿攝氏二百五十度者。但依中央主管機關指定之方式儲存保管者，不在此限。		一萬公升
第五類	自反應物質及有機過氧化物	一、有機過氧化物 二、硝酸酯類 三、硝基化合物 四、亞硝基化合物 五、偶氮化合物 六、重氮化合物 七、聯胺的誘導體 八、金屬疊氮化合物 九、硝酸胍 十、丙烯基縮水甘油醚 十一、倍羥烯 十二、其他經中央主管機關公告者 十三、含有任一種成分之物品者	A型 B型	十公斤
			C型 D型	一百公斤
第六類	氧化性液體	一、過氯酸 二、過氧化氫 三、硝酸 四、鹵素間化合物 五、其他經中央主管機關公告者 六、含有任一種成分之物品者	第一級 第二級	三百公斤

一、本表所稱之「第一級」、「第二級」、「第三級」、「A型」、「B型」、「C型」及「D型」指區分同類物品之危險程度，應依中華民國國家標準CNS 15030進行分類。未完成分類前，基於安全考量，其危險分級程度，得認定為第一級或A型。

二、儲存公共危險物品種類在二種以上時，計算其是否達管制量之方法，應以各該公共危險品數量除以其管制量，以得商數之和如大於一時，則儲存總量即達管制量以上。例如過氧化鈉數量二十公斤，其管制量為五十公斤；二硫化碳數量四十公升，其管制量為五十公升，計算式如下：

$$\frac{過氧化鈉現有量\ 20\ 公斤}{過氧化鈉管制量\ 20\ 公斤} + \frac{二硫化碳現有量\ 40\ 公升}{二硫化碳管制量\ 50\ 公升} = \frac{2}{4} + \frac{4}{5} = \frac{6}{5} > 1$$

三、本表第四類易燃液體之酒精類、第二石油類、第三石油類及第四石油類所列但書規定之酒精含量及可燃性液體含量，均指重量百分比。

四、本表所稱之水溶性液體，指在一大氣壓下攝氏二十度時與同容量之純水一起緩慢攪拌，當該混合液停止轉動後，呈現顏色均一無分層現象者；非水溶性液體，指水溶性液體以外者。

第二十八條附表二

區分	室內儲存場所（儲存第五類公共危險物品之有機過氧化物或A型、B型自反應物質）與廠區外鄰近場所安全距離					
	第十三條第三款及第四款所列場所		第十三條第二款所列場所		第十三條第一款所列場所	
	周圍設置擋牆	周圍未設置擋牆	周圍設置擋牆	周圍未設置擋牆	周圍設置擋牆	周圍未設置擋牆
未達管制量十倍者	二十公尺	四十公尺	三十公尺	五十公尺	五十公尺	六十公尺
達管制量十倍以上未達二十倍者	二十二公尺	四十五公尺	三十三公尺	五十五公尺	五十四公尺	六十五公尺
達管制量二十倍以上未達四十倍者	二十四公尺	五十公尺	三十六公尺	六十公尺	五十八公尺	七十公尺
達管制量四十倍以上未達六十倍者	二十七公尺	五十五公尺	三十九公尺	六十五公尺	六十二公尺	七十五公尺
達管制量六十倍以上未達九十倍者	三十二公尺	六十五公尺	四十五公尺	七十五公尺	七十公尺	八十五公尺
達管制量九十倍以上未達一百五十倍者	三十七公尺	七十五公尺	五十一公尺	八十五公尺	七十九公尺	九十五公尺
達管制量一百五十倍以上未達三百倍者	四十二公尺	八十五公尺	五十七公尺	九十五公尺	八十七公尺	一百零五公尺
達管制量三百倍以上者	四十七公尺	九十五公尺	六十六公尺	一百一十公尺	一百公尺	一百二十公尺

第二十八條附表三

區分	保留空地寬度	
	周圍設置擋牆	周圍未設置擋牆
未達管制量五倍	三公尺以上	十公尺以上
達管制量五倍以上未達十倍者	五公尺以上	十五公尺以上
達管制量十倍以上未達二十倍者	六點五公尺以上	二十公尺以上
達管制量二十倍以上未達四十倍者	八公尺以上	二十五公尺以上
達管制量四十倍以上未達六十倍者	十公尺以上	三十公尺以上
達管制量六十倍以上未達九十倍者	十一點五公尺以上	三十五公尺以上
達管制量九十倍以上未達一百五十倍者	十三公尺以上	四十公尺以上
達管制量一百五十倍以上未達三百倍者	十五公尺以上	四十五公尺以上
達管制量三百倍以上者	十六點五公尺以上	五十公尺以上

第三十七條附表四

室外儲槽之區分	公共危險物品之閃火點	儲槽側板外壁至其廠區境界線距離（單位：公尺）
儲存室外儲槽所在之廠區，儲存或管理六類物品或可燃性高壓氣體之數量，達下列各款之一者。 一、儲存或處理六類物品之總數量除以一萬公秉所得數值為一以上。 二、每日處理之可燃性高壓氣體總數量除以二百萬立方公尺所得數值為一以上。 三、前地款之合計值為一以上之場所。	未達攝氏二十一度	為儲槽水平截面之最大直徑（臥型者則為其橫長）乘以一點八所得數值。但不得小於儲槽高度或五十公尺之較大值。
	攝氏二十一度以上未達七十度者	為儲槽水平截面之最大直徑（臥型者則為其橫長）乘以一點六所得數值。但不得小於儲槽高度或四十公尺之較大值。
	攝氏七十度以上	為儲槽水平截面之最大直徑（臥型者則為其橫長）之數值。但不得小於儲槽高度或三十公尺之較大值。
右列以外之室外儲槽。	未達攝氏二十一度	為儲槽水平截面之最大直徑（臥型者則為其橫長）乘以一點八所得數值。但不得小於儲槽高度之值。
	攝氏二十一度以上未達七十度者	為儲槽水平截面之最大直徑（臥型者則為其橫長）乘以一點六所得數值。但不得小於儲槽高度之值。
	攝氏七十度以上	為儲槽水平截面之最大直徑（臥型者則為其橫長）之數值。但不得小於儲槽高度之值。

第七十九條附表五

場所類別	改善項目
(一) 公共危險物品製造場所、一般處理場所	1. 圍阻措施或同等以上效能之防止流出措施。（第十五條第七款） 2. 油水分離裝置。（第十五條第七款） 3. 採光、照明及通風設備。（第十六條第一款） 4. 排出設備。（第十六條第二款） 5. 防止溢漏或飛散構造。（第十六條第三款） 6. 測溫裝置。（第十六條第四款） 7. 不直接用火加熱構造。（第十六條第五款） 8. 壓力計及安全裝置。（第十六條第六款） 9. 有效消除靜電裝置。（第十六條第七款） 10.避雷設備或同等以上防護性能設備。（第十六條第八款） 11.標示板。（第十九條）

場所類別	改善項目
(二) 公共危險物品販賣場所	1. 排出設備。（第十七條第四款第五目、第十八條本文） 2. 在明顯處所標示有關消防之必要事項。（第十七條第二款、第十八條本文） 3. 標示板。（第十九條）
(三) 公共危險物品室內儲存場所	1. 採光、照明及通風設備。（第二十一條第十三款、第二十二條及第二十三條之本文、第二十四條第一項本文及第二項、第二十五條本文、第二十六條、第二十七條、第二十八條第一項本文） 2. 排出設備。（第二十一條第十三款、第二十二條及第二十三條之本文、第二十四條第一項本文及第二項、第二十五條本文、第二十六條、第二十七條、第二十八條第一項本文） 3. 通風裝置、空調裝置或維持內部溫度在該物品著火溫度以下之裝置。（第二十一條第十五款、第二十三條本文、第二十四條第一項本文及第二項、第二十七條第二項、第二十八條第一項本文）。 4. 防火閘門。（第二十三條第二款第六目）。 5. 架臺（不燃材料建造、定著堅固基礎上、載重、防止儲放物品掉落裝置）。（第二十一條第十二款、第二十二條及第二十三條之本文、第二十四條第一項本文及第二項、第二十五條本文、第二十六條、第二十七條、第二十八條第一項本文）。 6. 避雷設備或同等以上防護性能設備。（第二十一條第四款第三目、第十四款、第二十二條及第二十三條之本文、第二十四條第一項本文及第二項、第二十五條本文、第二十七條、第二十八條第一項本文）。 7. 標示板。（第十九條）。
(四) 公共危險物品室外儲存場所	1. 圍欄（圍欄高度、區劃面積、不燃材料建造、防止硫磺洩漏構造、防水布固定裝置）。（第三十條第三款、第三十一條第一款至第四款） 2. 架臺（不燃材料建造、定著堅固基礎上、載重、防止儲放物品掉落裝置、架臺高度）。（第三十條第六款、第三十一條本文） 3. 容器堆積高度。（第三十條第七款、第三十一條本文） 4. 排水溝、分離槽。（第三十一條第五款） 5. 標示板。（第十九條）
(五) 公共危險物品室內儲槽場所（含幫浦室）	1. 防止六類物品流出之措施。（第三十四條第八款） 2. 儲槽專用室出入口門檻或同等以上效能之防止流出措施。（第三十三條第十六款） 3. 圍阻措施或同等以上效能之防止流出措施、幫浦設備之基礎高度。（第三十五條第一款第二目第五子目、第三目第一子目、第二款、第三款、第四款第一目本文及第二目第二子目） 4. 油水分離裝置。（第三十五條第一款第三目第三子目、第三款） 5. 採光、照明及通風設備。（第三十三條第十七款、第三十四條本文、第三十五條第一款第二目第六子目、第二款第一目、第三款、第四款第一目本文） 6. 排出設備。（第三十三條第十七款、第三十四條本文、第三十五條第一款第二目第七子目、第二款第一目、第三款、第四款第一目本文） 7. 防火閘門。（第三十四條第七款、第三十五條第四款第一目第五子目） 8. 安全裝置、通氣管。（第三十三條第六款、第三十四條本文）

場所類別	改善項目
	9. 自動顯示儲量裝置。（第三十三條第七款、第三十四條本文及第二款） 10. 注入口及儲槽閥（含不得洩漏、管閥或盲板、有效除去靜電之接地裝置）。（第三十三條第八款第二目至第四目、第九款、第三十四條本文） 11. 幫浦設備定著堅固基礎上。（第三十五條第一款第一目、第二款第一目、第三款、第四款第一目本文及第二目第一子目） 12. 儲槽或地上配管應有防蝕功能。（第三十三條第五款、第三十四條本文、第三十六條第三款） 13. 標示板。（第十九條）
(六) 公共危險物品室外儲槽場所（含幫浦室）	1. 防液堤（含容量、分隔堤高度、排水設備、洩漏檢測設備、警報設備、出入之階梯或坡道）。（第三十七條第十八款、第三十八條第一項第八款第一目、第十一款至第十四款、第三十八條第二項、第三十九條第四款、第四十條本文。但儲存第四類公共危險物品儲槽之防液堤，其容量不得小於最大儲槽之容量。） 2. 圍阻措施或同等以上效能之防止流出措施。（第三十七條第十二款本文、第四十條本文） 3. 油水分離裝置。（第三十七條第十二款本文、第四十條本文） 4. 採光、照明及通風設備。（第三十七條第十二款本文、第四十條本文） 5. 排出設備。（第三十七條第十二款本文、第四十條本文） 6. 安全裝置、通氣管。（第三十七條第十款、第三十九條第一款、第四十條本文） 7. 自動顯示儲量裝置。 8. 注入口及儲槽閥（含不得洩漏、管閥或盲板、有效除去靜電之接地裝置）。（第三十七條第十一款、第十三款、第三十九條第一款、第四十條本文） 9. 投入口上方防止雨水設備。（第三十七條第十九款、第四十條本文） 10. 侷限洩漏之儲存物並導入安全槽之設備、惰性氣體封阻設備、冷卻裝置或保冷裝置。（第四十條） 11. 避雷設備或同等以上防護性能設備。（第三十七條第十七款、第四十條本文） 12. 幫浦設備定著堅固基礎上。（第三十七條第十二款本文、第四十條本文） 13. 儲槽或地上配管應有防蝕功能。（第三十七條第八款、第十六款、第三十九條第一款、第四十條本文） 14. 標示板。（第十九條）
(七) 公共危險物品地下儲槽場所（含幫浦室）	1. 圍阻措施或同等以上效能之防止流出措施。（第四十一條第十款本文、第四十二條第一款、第四十三條本文） 2. 油水分離裝置。（第四十一條第十款本文、第四十二條第一款、第四十三條本文） 3. 採光、照明及通風設備。（第四十一條第十款本文、第四十二條第一款、第四十三條本文） 4. 排出設備。（第四十一條第十款本文、第四十二條第一款、第四十三條本文） 5. 安全裝置、通氣管。（第四十一條第七款、第四十二條第一款、第四十三條本文） 6. 自動顯示儲量裝置或計量口。（第四十一條第八款、第四十二條第一款、第四十三條本文）

場所類別	改善項目
	7. 注入口（含不得洩漏、管閥或盲板、有效除去靜電之接地裝置）。（第四十一條第九款、第四十二條第一款、第四十三條本文） 8. 測漏管或同等以上效能之洩漏檢測設備。（第四十一條第十三款、第四十三條本文） 9. 幫浦設備定著堅固基礎上。（第四十一條第十款本文、第四十二條第一款、第四十三條本文） 10. 地上配管應有防蝕功能。（第四十一條第十一款、第四十二條第一款、第四十三條本文） 11. 標示板。（第十九條）
(八) 可燃性高壓氣體儲存場所	1. 警戒標示、防爆型緊急照明設備。（第七十條第一項第一款） 2. 防止氣體滯留之有效通風裝置。（第七十條第一項第三款） 3. 通路面積。（第七十條第一項第七款） 4. 避雷設備或同等以上防護性能設備。（第七十條第一項第九款）
(九) 液化石油氣製造場所、處理場所	1. 通風裝置。 2. 防止傾倒之固定措施。 3. 防止脫落裝置。 4. 標示及滅火器。（第七十三條之一第一項第一款第二目、第二款本文、第三款本文、第四款） 5. 容器與用火設備距離。（第七十三條之一第一項第二款第一目、第三款本文、第四款） 6. 氣體漏氣警報器。（第七十三條之一第一項第二款第二目、第三款本文、第四款） 7. 自動緊急遮斷裝置。（第七十三條之一第一項第三款第二目、第四款） 8. 柵欄或圍牆（含上方覆蓋、與地面距離）。（第七十三條之一第一項第三款第三目、第四款）

一、本辦法第七十九條及第七十九條之一所定已設置之製造、儲存或處理公共危險物品及可燃性高壓氣體之場所，應依場所建築型態，就上列改善項目進行改善，對於位置、構造或設備未列舉之項目得免改善。

二、依上列改善項目進行改善確有困難，且經地方主管機關同意者，得採其他同等以上效能之措施。

自我成長測驗

1. 第一類公共危險物品應避免與可燃物接觸或混合，或與具有促成其分解之物品接近，並避免過熱、衝擊、摩擦。無機過氧化物應避免 22. 依「公共危險物品及可燃性高壓氣體設置標準暨安全管理辦法」之規定，有關公共危險物品一般處理場所其構造及設備應符合那些規定，違反規定時，有何處罰方式？試說明之。（25 分）（108 年消防設備士）

【解說】

一、在構造規定：
   1. 不得設於建築物之地下層。
   2. 牆壁、樑、柱、地板及樓梯，應以不燃材料建造。
   3. 建築物之屋頂，應以不燃材料建造，並以輕質金屬板覆蓋。
   4. 窗戶及出入口應設置三十分鐘以上防火時效之防火門窗。
   5. 窗戶及出入口裝有玻璃時，應為鑲嵌鐵絲網玻璃或具有同等以上防護性能者。
   6. 製造或處理液體六類物品之建築物地板，應採用不滲透構造，且作適當之傾斜，並設置集液設施。
   7. 設於室外之製造或處理液體六類物品之設備，應在周圍設置距地面高度在十五公分以上之圍阻措施；其地面應以混凝土或六類物品無法滲透之不燃材料鋪設，且作適當之傾斜，並設置集液設施。處理易燃液體及可燃液體中不溶於水之物質，應於集液設施設置油水分離裝置。

二、在設備規定：
   1. 應有充分之採光、照明及通風設備。
   2. 有積存可燃性蒸氣或可燃性粉塵之虞之建築物，應設置將蒸氣或粉塵有效排至屋簷以上或室外距地面四公尺以上高處之設備。
   3. 機械器具或其他設備，應採用可防止六類物品溢漏或飛散之構造。
   4. 六類物品之加熱、冷卻設備或處理六類物品過程會產生溫度變化之設備，應設置適當之測溫裝置。
   5. 六類物品之加熱或乾燥設備，應採不直接用火加熱之構造。
   6. 六類物品之加壓設備或於處理中會產生壓力上昇之設備，應設置適當之壓力計及安全裝置。
   7. 製造或處理六類物品之設備有發生靜電蓄積之虞者，應設置有效消除靜電之裝置。
   8. 處理六類物品達管制量十倍者，應設避雷設備或以接地方式達同等以上防護性能者。
   9. 電動機及六類物品處理設備之幫浦、安全閥、管接頭等，應裝設於不妨礙火災之預防及搶救位置。

三、違反規定時，依消防法第 42 條，處其管理權人或行為人新臺幣二萬元以上十萬元以下罰鍰；經處罰鍰後仍不改善者，得連續處罰，並得予以三十日以下停業或停止其使用之處分。

---

2. 依公共危險物品及可燃性高壓氣體設置標準暨安全管理辦法之規定，公共危險物品一般處理場所之定義為何？該一般處理場所之構造應符合那些規定？（25 分）（108 年消防四等特考）

【解說】

一、一般處理場所：除前款以外，其他一日處理六類物品數量達管制量以上之場所。
二、一般處理場所之構造應符合下列規定：
   1. 不得設於建築物之地下層。
   2. 牆壁、樑、柱、地板及樓梯，應以不燃材料建造。
   3. 建築物之屋頂，應以不燃材料建造，並以輕質金屬板覆蓋。
   4. 窗戶及出入口應設置三十分鐘以上防火時效之防火門窗。
   5. 窗戶及出入口裝有玻璃時，應為鑲嵌鐵絲網玻璃或具有同等以上防護性能者。
   6. 製造或處理液體六類物品之建築物地板，應採用不滲透構造，且作適當之傾斜，並設置集液設施。

7. 設於室外之製造或處理液體六類物品之設備，應在周圍設置距地面高度在十五公分以上之圍阻措施；其地面應以混凝土或六類物品無法滲透之不燃材料鋪設，且作適當之傾斜，並設置集液設施。處理易燃液體及可燃液體中不溶於水之物質，應於集液設施設置油水分離裝置。

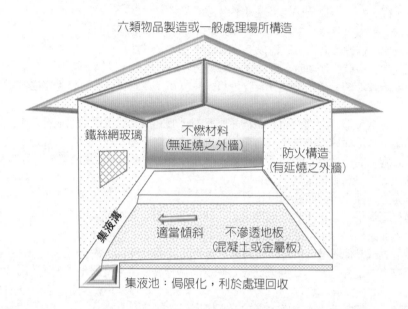

六類物品製造或一般處理場所構造

鐵絲網玻璃

不燃材料
（無延燒之外牆）

防火構造
（有延燒之外牆）

集液溝

適當傾斜　　不滲透地板
（混凝土或金屬板）

集液池：侷限化，利於處理回收

---

3. 由於工商業的發展十分迅速，對於各種公共危險物品的流通需求也日益迫切，使得相關販賣場所日漸增多。請依據「公共危險物品及可燃性高壓氣體設置標準暨安全管理辦法」的規定，說明何謂「第一種販賣場所」？對於第一種販賣場所的位置、構造及設備，應符合那些規定？（25 分）（107 年消防設備師）

【解說】
一、第一種販賣場所：販賣裝於容器之六類物品數量未達管制量十五倍場所。
二、第一種販賣場所之位置、構造及設備，應符合下列規定：
　1. 應設於建築物之地面層。
　2. 應在明顯處所，標示有關消防之必要事項。
　3. 其使用建築物之部分，應符合下列規定：
　　(1) 牆壁應為防火構造或以不燃材料建造。但與建築物其他使用部分之隔間牆，應為防火構造。
　　(2) 樑及天花板應以不燃材料建造。
　　(3) 上層之地板應為防火構造；其上無樓層者，屋頂應為防火構造或以不燃材料建造。
　　(4) 窗戶及出入口應設置三十分鐘以上防火時效之防火門窗。
　　(5) 窗戶及出入口裝有玻璃時，應為鑲嵌鐵絲網玻璃或具有同等以上防護性能者。
　4. 內設六類物品調配室者，應符合下列規定：
　　(1) 樓地板面積應在六平方公尺以上，十平方公尺以下。
　　(2) 應以牆壁分隔區劃。①②③④⑤
　　(3) 地板應為不滲透構造，並設置適當傾斜度及集液設施。

(4) 出入口應設置一小時以上防火時效之防火門。

(5) 有積存可燃性蒸氣或可燃性粉塵之虞者，應設置將蒸氣或粉塵有效排至屋簷以上或室外距地面四公尺以上高處之設備。

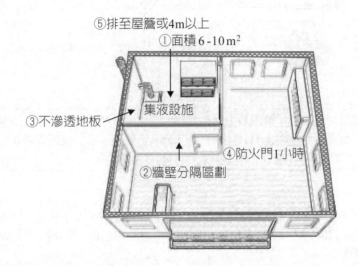

⑤排至屋簷或4m以上
①面積6-10m²
集液設施
③不滲透地板
④防火門1小時
②牆壁分隔區劃

4. 依公共危險物品及可燃性高壓氣體設置標準暨安全管理辦法規定，有關瓦斯行對於其持有容器之相關管理規定為何？並請詳述瓦斯行設置之容器儲存室，其構造、設備及安全管理規定為何？（25分）（108年三等外軌）

【解說】

第73條　液化石油氣販賣場所儲放液化石油氣，總儲氣量不得超過一二八公斤，超過部分得設容器保管室儲放之。但總儲氣量以一千公斤為限。

容器保管室應符合下列規定：

(1) 符合第七十條第一款至第三款、第五款、第六款、第十款及第十三款規定。

(2) 為販賣場所專用。

(3) 位於販賣場所同一建築基地之地面一層建築物。

(4) 屋頂應以輕質金屬板或其他輕質不燃材料覆蓋，並距離地面二點五公尺以上；如有屋簷者，亦同。

(5) 四周應有牆壁，且牆壁、地板應為防火構造。

(6) 外牆與第一類保護物及第二類保護物之安全距離在八公尺以上。

(7) 出入口應設置三十分鐘以上防火時效之防火門。液化石油氣備用量，供營業使用者，不得超過八十公斤；供家庭使用者，不得超過四十公斤。

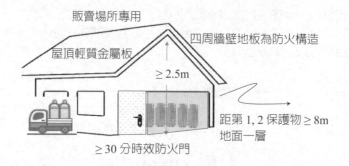

販賣場所專用

四周牆壁地板為防火構造

屋頂輕質金屬板

≥ 2.5m

距第 1, 2 保護物 ≥ 8m
地面一層

≥ 30 分時效防火門

5. 依公共危險物品及可燃性高壓氣體製造儲存處理場所設置標準暨安全管理辦法規定，公共危險物品室外儲存場所僅限於儲存那些公共危險物品？另該室外儲存場所設置架臺者，其構造及設備應符合那些規定？（25 分）（109 年消防設備士）

【解說】

(1) 第 30 條室外儲存場所儲存之 6 類物品，以第 2 類公共危險物品中之硫磺、閃火點在 21℃以上之易燃性固體或第 4 類公共危險物品中之第 2 石油類、第 3 石油類、第 4 石油類或動植物油類為限，並應以容器裝置。

(2) 設置架臺者，其構造及設備應符合下列規定：

甲、架臺應以不燃材料建造，並定著於堅固之基礎上。

乙、架臺應能負載其附屬設備及所儲存物品之重量，並承受風力、地震等造成之影響。

丙、架臺之高度不得超過 6m。

丁、架臺應設置防止儲存物品掉落之裝置

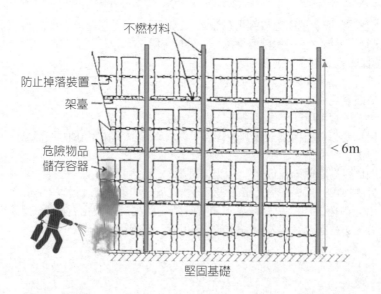

不燃材料

防止掉落裝置

架臺

危險物品
儲存容器

< 6m

堅固基礎

6. 請依公共危險物品及可燃性高壓氣體製造儲存處理場所設置標準暨安全管理辦法，詳述六類物品製造、儲存及處理場所，其安全管理應遵守之規定為何？（25 分）（109 年消防三等內軌）

【解說】

第 46 條　安全管理應遵守下列規定：

(1) 儲存或處理公共危險物品，不得超過規定之數量。

(2) 嚴禁火源。

(3) 經常整理及清掃，不得放置空紙箱、內襯紙、塑膠袋、紙盒等包裝用餘材料，或其他易燃易爆之物品。

(4) 儲存或處理公共危險物品，應依其特性使用不會破損、腐蝕或產生裂縫之容器，並應有防止傾倒之固定措施，避免倒置、掉落、衝擊、擠壓或拉扯。

(5) 維修可能殘留公共危險物品之設備、機械器具或容器時，應於安全處所將公共危險物品完全清除後為之。

(6) 嚴禁無關人員進入。

(7) 集液設施或油水分離裝置內如有積存公共危險物品時，應隨時清理。

(8) 廢棄之公共危險物品應適時清理。

(9) 應使公共危險物品處於合適之溫度、溼度及壓力。

(10) 有積存可燃性蒸氣或粉塵之虞場所，不得使用易產生火花之設備。

(11) 指派專人每月對場所之位置、構造及設備自主檢查，檢查紀錄至少留存一年。

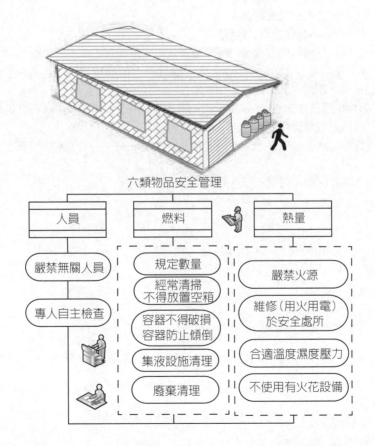

六類物品安全管理

7. 依據公共危險物品及可燃性高壓氣體製造儲存處理場所設置標準暨安全管理辦法規定，某一餐廳串接使用 50 公斤液化石油氣鋼瓶 10 支，請詳述該場所應設置之安全設施及管理相關規定。（25 分）（109 年消防四等）

【解說】

串接使用 50 公斤液化石油氣鋼瓶 10 支，50×10 = 500 公斤

第 73-1 條　容器串接使用場所串接使用量不得超過 1000kg，並符合下列規定：

　　1. 串接使用量在 80kg～120kg 者：

　　　(1) 容器應放置於室外。

　　　(2) 有嚴禁煙火標示及滅火器。

　　　(3) 場所之溫度應經常保持 40℃以下，並有防止日光直射措施。

　　　(4) 使用及備用之容器應直立放置且有防止傾倒之固定措施。採鐵鏈方式固定者，應針對個別容器於桶身部分予以圈鏈固定。

　　　(5) 串接容器之燃氣導管應由領有氣體燃料導管配管技術士證照之人員。

　　　(6) 燃氣橡膠管長度不得超過 1.8m，且最小彎曲半徑為 110mm 以上；超過 1.8m，應設置串接容器之燃氣導管。

　　　(7) 設置氣體漏氣警報器。

　　　(8) 以書面向當地消防機關陳報。

　　　(9) 應每月自行檢查至少一次，檢查資料並應保存 2 年。

　　2. 串接使用量在 120kg～300kg 者，除應符合前款規定外，容器並應與用火設備保持 2m 以上距離。

　　3. 串接使用量在 300kg～600kg 者，除應符合前 2 款規定外，並符合規定：

　　　(1) 設置自動緊急遮斷裝置。

　　　(2) 容器放置於室外者，應設有柵欄或圍牆，其上方應以輕質金屬板覆蓋，並距離地面 2.5m 以上。

　　　(3) 應設置標示板標示緊急聯絡人姓名及電話。

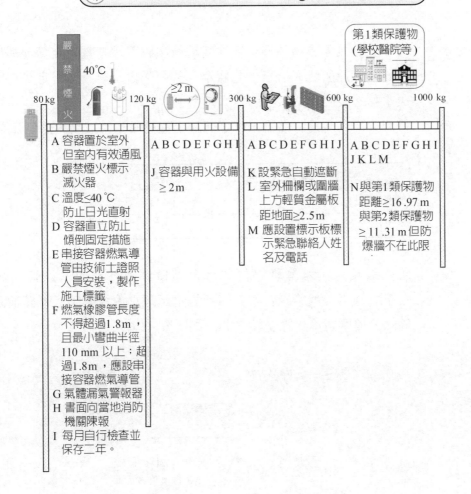

LPG 容器連接燃氣 80~1000 kg 設施場所規定

80 kg | 120 kg | 300 kg | 600 kg | 1000 kg

40℃

嚴禁煙火

≥2 m

第1類保護物
(學校醫院等)

A 容器置於室外
　但室內有效通風
B 嚴禁煙火標示
　滅火器
C 溫度≦40℃
　防止日光直射
D 容器直立防止
　傾倒固定措施
E 串接容器燃氣導
　管由技術士證照
　人員安裝，製作
　施工標籤
F 燃氣橡膠管長度
　不得超過1.8m，
　且最小彎曲半徑
　110 mm 以上；超
　過1.8m，應設串
　接容器燃氣導管
G 氣體漏氣警報器
H 書面向當地消防
　機關陳報
I 每月自行檢查並
　保存二年。

ABCDEFGHI

J 容器與用火設備
　≧2m

ABCDEFGHIJ

K 設緊急自動遮斷
L 室外柵欄或圍牆
　上方輕質金屬板
　距地面≧2.5m
M 應設置標示板標
　示緊急聯絡人姓
　名及電話

ABCDEFGHI
JKLM

N 與第1類保護物
　距離≧16.97 m
　與第2類保護物
　≧ 11.31 m 但防
　爆牆不在此限
　　。

1.6 防火牆及防火水幕設置基準

第 1 點　爲規範公共危險物品及可燃性高壓氣體設置標準暨安全管理辦法（以下簡稱管理辦法）第三十七條第二款第一目及第三目所定防火牆及防火水幕之設置基準，特訂定本基準。

第 2 點　假想火面高度爲將儲槽水平剖面最大直徑乘以下表所列之數值。

公共危險物品之閃火點	數值
未達攝氏七十度	1.5
達攝氏七十度以上	1.0

第 3 點　防火牆及防火水幕設置位置爲自儲槽側板外壁起，以管理辦法第三十七條第一項第二款附表四所規定距離之邊緣線（以下簡稱距離邊緣線）與廠區境界線交點之間（如附圖一）。

附圖一：防護位置

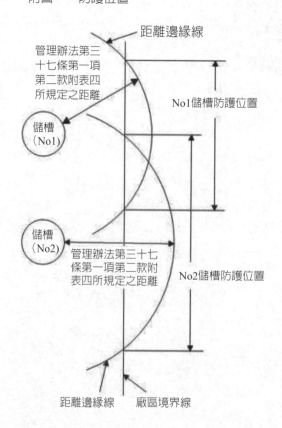

第　4　點　防火牆及防火水幕防護高度為儲槽側板外壁假想火面與距離邊緣線
所成連線，和地面廠區境界線所延伸垂線交點之垂直高度（如附圖
二）；如距離邊緣線位於海洋、湖泊、河川等時，其防護高度則為自
儲槽側板外壁假想火面與其岸邊所成連線，和地面廠區境界線所延伸
垂線交點之垂直高度（如附圖三）。但防護高度未滿二公尺者，以二
公尺計算。

附圖二：防護高度

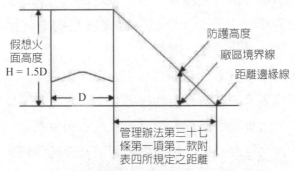

備註：儲存公共危險品閃火點達攝氏七十度以上
　　　者，其假想火面高度為H＝D

附圖三：距離邊緣線位於海洋、湖泊、河川等
　　　　時之防護位置及高度

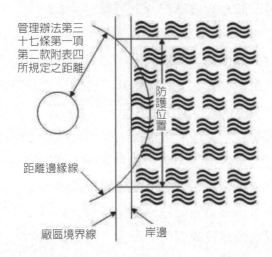

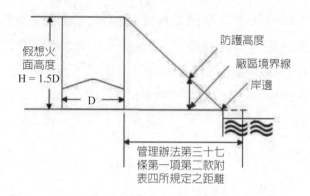

第　5　點　　防火水幕之防護高度在十公尺以下時，其每公尺水幕長度放水量應在
　　　　　　　每分鐘一百公升以上；其防護高度超過十公尺者，高度每增加一公
　　　　　　　尺，放水量每分鐘應增加十公升。

第　6　點　　沿防火水幕設有能以仰角八十五度以上放水之固定式放水槍，且符合
　　　　　　　下列規定者，其防護高度超過二十五公尺者，以二十五公尺計算。
　　　　　　　(一) 放水槍與防護位置平行，且左右角度範圍在四十五度以上，其放
　　　　　　　　　 水高度應高於防護高度。但該高度超過四十公尺者，以四十公尺
　　　　　　　　　 計算。
　　　　　　　(二) 放水槍之出水量每分鐘一千五百公升以上。
　　　　　　　(三) 放水槍之設置應能有效防護防火水幕設置位置。
　　　　　　　(四) 前項放水槍防護範圍指放水槍放水時所形成放水圓弧與地面
　　　　　　　　　 二十五公尺高度處延伸線之兩交點間。

第　7　點　　防火水幕配管之設置應符合下列規定：
　　　　　　　(一) 應為專用。
　　　　　　　(二) 應符合國家標準六四四五、四六二六或具同等以上強度、耐腐蝕
　　　　　　　　　 性及耐熱性者。乾式配管部分應施予鍍鋅等防腐蝕處理。
　　　　　　　(三) 管徑應依水力計算配置。
　　　　　　　(四) 應裝置於不受外來損傷及火災不易殃及之位置。
　　　　　　　(五) 配管管系竣工時，應做加壓試驗，試驗壓力為加壓送水裝置全閉
　　　　　　　　　 揚程一點五倍以上之水壓，須持續兩小時無漏水現象。
　　　　　　　(六) 防火水幕設備僅防護一個儲槽者（即單一水幕設備），其配管應
　　　　　　　　　 設置過濾器及開關閥，配置方式如附圖四。防火水幕設備防護二
　　　　　　　　　 個以上儲槽者（即同系列水幕設備），其配管應設置過濾器、選

擇閥及止水閥；其防護位置相鄰時，配置方式如附圖五；其防護
位置重疊時，配置方式如附圖六。

(七) 防火水幕設備之配管平時應充滿水。但自開關閥或選擇閥以下至
防火水幕噴頭之配管，不在此限。

(八) 配管應設於地面上。但其接合部分及閥類設有可供檢查、維修之
措施者，不在此限。

(九) 開關閥及選擇閥應設於儲槽發生火災時得以接近之位置。

(十) 開關閥及選擇閥附近配管應標示防護儲槽編號。

附圖四

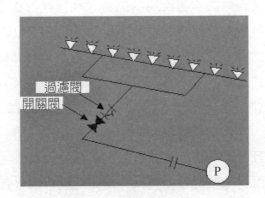

附圖五

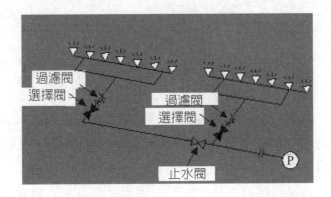

附圖六

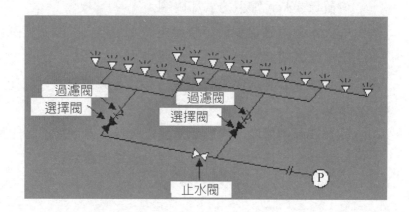

第　8　點　防火水幕設備之水源應連結加壓送水裝置，並符合下列規定：

(一) 加壓送水裝置應採用消防幫浦。

(二) 應為專用。但與其他消防設備並用，無妨礙其他設備之性能時，不在此限。

(三) 應連接緊急電源。但加壓送水裝置之驅動系統為引擎或渦輪機者，免設緊急電源。

(四) 應設在便於檢修，且無受火災等災害損害之處。

(五) 加壓送水裝置啟動後六分鐘內應能形成水幕。

(六) 加壓送水裝置之幫浦全揚程不得小於下列計算值：

$$H = h1 + h2 + h3$$

H：幫浦全揚程（單位：m）

h1：將噴頭設計壓力換算成水頭之值（單位：m）

h2：配管摩擦損失水頭（單位：m）

h3：落差（單位：m）

第　9　點　防火水幕設備之緊急電源，應使用發電機設備、蓄電池設備或具有相同效果之引擎動力系統，其供電容量時間應符合下列規定：

(一) 儲槽容量未達一萬公秉者為一百八十分鐘。

(二) 儲槽容量達一萬公秉以上者為三百六十分鐘。

第　10　點　防火水幕設備之水源容量應符合下列規定：

(一) 儲槽容量未達一萬公秉者，不得小於防護該儲槽連續放水一百二十分鐘之水量；儲槽容量達一萬公秉以上者，不得小於防

護該儲槽連續放水二百四十分鐘之水量。

(二) 消防用水與普通用水合併使用者，應採取必要措施，確保前款水
源容量，在有效水量範圍內。

(三) 第一款之水源得與其他滅火設備水源併設。但其總容量不得小於
防護同一儲槽各滅火設備應設水量之合計。

第 11 點　防火水幕設備之緊急電源、消防幫浦加壓送水裝置及配管摩擦損失
等，本基準未規定者，準用「緊急電源容量計算基準」及「消防幫浦
加壓送水裝置等及配管摩擦損失計算基準」之規定。

自我成長測驗

1. 依「公共危險物品及可燃性高壓氣體設置標準暨安全管理辦法」及「防火牆及防火水幕設置基準」
之規定，針對公共危險物品場所設置及安全管理中，有關室外儲槽設置之防火牆及防火水幕者，
其防火水幕設備之緊急電源供電容量時間為何？又其水源容量應符合那些規定？請試說明之。(25
分)(103 年消防設備士)

【解說】

(一) 防火水幕設備之緊急電源供電容量時間

防火水幕設備之緊急電源，應使用發電機設備、蓄電池設備或具有相同效果之引擎動力系
統，其供電容量時間應符合下列規定：

1. 儲槽容量未達一萬公秉者為一百八十分鐘。

2. 儲槽容量達一萬公秉以上者為三百六十分鐘。

(二) 防火水幕設備之水源容量應符合下列規定

1. 儲槽容量未達一萬公秉者，不得小於防護該儲槽連續放水一百二十分鐘之水量；儲槽容量
達一萬公秉以上者，不得小於防護該儲槽連續放水二百四十分鐘之水量。

2. 消防用水與普通用水合併使用者，應採取必要措施，確保前款水源容量，在有效水量範圍
內。

3. 第一款之水源得與其他滅火設備水源併設。但其總容量不得小於防護同一儲槽各滅火設備
應設水量之合計。

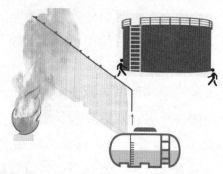

儲槽容量＜10000 公秉，設備水源容量 ≧ 120 min
儲槽容量 ≧ 10000 公秉，設備水源容量 ≧ 240 min

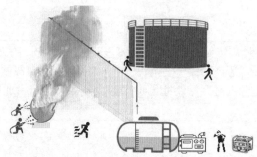

儲槽容量＜10000公秉，供電容量≧180 min
儲槽容量≧10000公秉，供電容量≧360 min

（ C ）　1. 防火水幕之防護高度在十公尺以下時，依防火牆及防火水幕設置基準規定，其每公尺水幕長
度放水量應在每分鐘幾公升以上？
(A) 35 公升以上　　　　　　　　(B) 70 公升以上
(C) 100 公升以上　　　　　　　(D) 130 公升以上

防護高度 ≦ 10 m，每公尺水幕長度放 水量 ≧ 100 L/min
防護高度＞10 m，每增1 m放水量增10 L/min

（ A ）　2. 依照「防火牆及防火水幕設置基準」之規定，防火水幕設備的緊急電源之供電容量時間，儲
存容量未達 1 萬公秉者，至少為 X 分鐘；儲存容量達 1 萬公秉以上者，至少為 Y 分鐘，請
問前述 X，Y 為何？

(A)180，360　(B)150，270　(C)120，240　(D)90，180

(C)　3. 依防火牆及防火水幕設置基準規定，防火水幕配管之設置其配管管系竣工時，應做加壓試驗，試驗壓力為加壓送水裝置全閉揚程幾倍以上之水壓？又須持續幾小時無漏水現象？

(A) 3 倍以上之水壓且 1.5 小時無漏水

(B) 2 倍以上之水壓且 1 小時無漏水

(C) 1.5 倍以上之水壓且 2 小時無漏水

(D) 1 倍以上之水壓且 1 小時無漏水

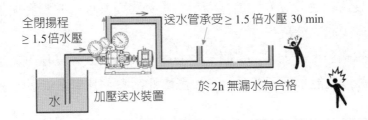

(B)　4. 依據「防火牆及防火水幕設置基準」之規定，加壓送水裝置啓動後幾分鐘內應能形成水幕？

(A) 5　(B) 6　(C) 7　(D) 8

(C)　5. 依「防火牆及防火水幕設置基準」之規定，沿防火水幕設有能以仰角八十五度以上放水之固定式放水槍之出水量每分鐘多少公升以上？

(A) 500　(B) 1000　(C) 1500　(D) 2000

【解說】沿防火水幕設有能以仰角八十五度以上放水之固定式放水槍，且符合下列規定者，其防護高度超過二十五公尺者，以二十五公尺計算。(一) 放水槍與防護位置平行，且左右角度範圍在四十五度以上，其放水高度應高於防護高度。但該高度超過四十公尺者，以四十公尺計算。(二) 放水槍之出水量每分鐘一千五百公升以上。

(B)　6. 依防火牆及防火水幕設置基準，防火水幕防護高度為 5 公尺，防護對象為儲存 8000 公秉第四類公共危險物品儲槽，依規定核算其水源容量應在多少立方公尺以上？

(A) 40　(B) 60　(C) 80　(D) 100

【解說】$5m \times (100L/min \times m) \times 120min = 60000L = 60m^3$

防火水幕之防護高度在十公尺以下時，其每公尺水幕長度放水量應在每分鐘一百公升以上；其防護高度超過十公尺者，高度每增加一公尺，放水量每分鐘應增加十公升。儲槽容量未達一萬公秉者，不得小於防護該儲槽連續放水一百二十分鐘之水量；儲槽容量達一萬公秉以上者，不得小於防護該儲槽連續放水二百四十分鐘之水量。

1.7　可燃性高壓氣體儲存場所防爆牆設置基準

（94/08/26修正）

一、本基準依據公共危險物品及可燃性高壓氣體設置標準暨安全管理辦法（以下簡稱管理辦法）第六十七條第三項規定訂定之。

二、防爆牆長度應超過設置方位儲存場所建築物牆面長度。其牆腳與儲存場所建築物之距離不得少於二公尺。

三、防爆牆分為鋼筋混凝土製、混凝土空心磚製及鋼板製等三種，並應設置於堅固基礎上，其強度應能承受可能預料之氣體爆炸衝擊，其構造依下表規定：

防爆牆種類	厚度	高度	補強材料及構造
鋼筋混凝土製	150mm以上	2000mm以上	鋼筋直徑：16mm以上 配筋：雙層鋼筋縱橫間隔200mm以下
混凝土空主磚製	200mm以上	2000mm以上 3000mm以上	鋼筋直徑：16mm以上 配筋：雙層鋼筋縱橫間隔200mm以下，且於空胴部分充填混凝土漿。
鋼板製	6.0mm以上	2000mm以上	角鋼：30mm×30mm以上之等邊角鋼 補強：縱橫間400mm以下 支柱：1800mm以下之間隔（50mm×50mm×5mm以上方柱）
備考	防爆牆之端部或隙角部分須用直徑19mm以上鋼筋。		

防爆牆除依前項規定外，應符合下列規定：

(一) 鋼筋混凝土製防爆牆之基礎及牆之計算依建築技術規則建築構造編之相關規定。

(二) 混凝土空心磚製防爆牆

　　1.加固牆：

　　(1) 加固牆應與混凝土空心磚製防爆牆本體成直角，其長度自防爆牆側面突出400mm以上、厚度150mm以上、高度不可低於混凝土空心磚製防爆牆頂部400mm以上、配置間隔應在3200mm以下（如附圖1）。

附圖1 加固強尺寸及配置

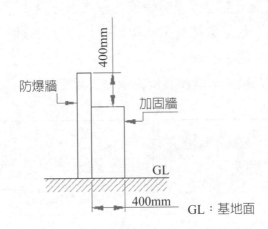

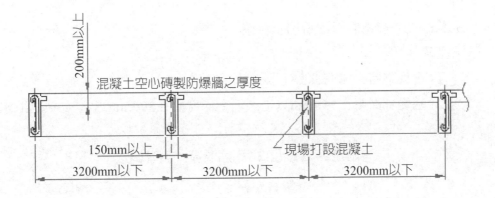

(2) 加固牆與混凝土空心磚製防爆牆之結合處所應一次澆置完成，並於牆體之構組時預設相當於圍牆之厚度以上空間，將現場打設之鋼筋混凝土製之加固牆成L形或T形結合之構造。

2. 配筋

(1) 插入於加固牆之縱筋及橫筋應為D13（或ϕ13mm）以上之鋼筋，橫筋之間隔應在200mm以下並彎鉤在縱筋上。

(2) 加固牆之外側端部之縱筋除應固定於加固牆基礎外，應繞過加固牆頂部，彎鉤於牽條位置之混凝土空心磚製防爆牆之縱筋。

(3) 插入於混凝土空心磚製防爆牆牆頂之橫筋應為D16（或ϕ16mm）以上之鋼筋。

(4) 混凝土空心磚製防爆牆之縱筋除應固定在基礎外，並應彎鉤在牆頂橫

筋上。

(5) 混凝土空心磚製防爆牆之橫筋之接頭及固定，應於加固牆位置爲之，如在加固牆位置未能取得充分固定長度時，應將橫筋之彎鉤掛在加固牆位置之縱筋。

(6) 鋼筋接頭之搭接長度應依下表規定：

接頭	固定	接頭或固定部分之長度 （D：標稱直徑）		
		異形鋼筋		固鋼
		無鉤	有鉤	有鉤
橫筋在加固牆位置接觸之情況	縱筋埋入基礎之情況	40D以上	30D以上	30D以上

3. 牆縫：牆縫塗裝面應粉刷水泥漿。

4. 基礎

(1) 應爲整體之鋼筋混凝土製之水平基礎。

(2) 基礎身高應在350mm以上，埋入深度應在300mm以上。（如附圖2）

附圖2　T形及L形鋼筋混凝土製基礎

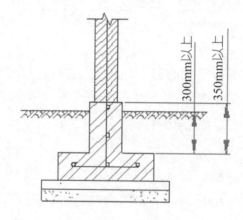

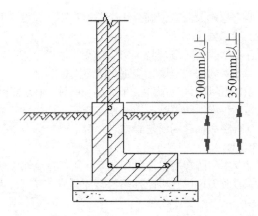

300mm以上

350mm以上

(3) 基礎之計算依建築技術規則建築構造編之相關規定。

(4) 混凝土空心磚材料應符合國家標準（以下簡稱CNS）八九〇五「混凝土空心磚」之規定，且不得有龜裂、變形、損傷之情形。

(三) 鋼板製防爆牆

　　1. 基礎及牆之計算依建築技術規則建築構造編之相關規定。

　　2. 鋼板應施以防鏽處理，將鋼板表面清掃，油漆防鏽塗料二次後，作修整油漆。

四、混凝土之配合與強度，除應符合CNS三〇九〇「預拌混凝土」之規定外，其強度並應符合下表規定：

種　類	經過二十八日養生後之抗壓強度
基礎混凝土	140 kgf/cm^{2}以上
鋼筋混凝土	210 kgf/cm^{2}以上

五、防爆牆之耐地震力：依建築技術規則及建築物耐震設計及解說之相關規定辦理。

六、防爆牆之耐風壓力：依建築技術規則建築構造編之相關規定。

七、防爆牆之設置應與各設備保持適當距離，不得妨礙火災時之滅火行動。

自我成長測驗

(D) 1. 依可燃性高壓氣體儲存場所防爆牆設置基準之規定，防爆牆長度應超過設置方位儲存場所建築物牆面長度，其牆腳與儲存場所建築物之距離不得少於多少公尺？
(A) 5　(B) 4　(C) 3　(D) 2

【解說】防爆牆長度應超過設置方位儲存場所建築物牆面長度。其牆腳與儲存場所建築物之距離不得少於二公尺。

(C) 2. 可燃性高壓氣體儲存場所設有防爆牆時，防爆牆應設置於堅固基礎上，其強度應能承受可能預料之氣體爆炸衝擊，下列何者不屬於規定之防爆牆種類？

(A) 鋼筋混凝土製　　(B) 混凝土空心磚製　　(C) 加強磚製　　(D) 鋼板製

(B) 3. 根據可燃性高壓氣體儲存場所防爆牆設置基準之規定，防爆牆長度應超過設置方位儲存場所建築物牆面長度。其牆腳與儲存場所建築物之距離不得少於多少公尺？

(A) 1　　(B) 2　　(C) 3　　(D) 5

(A) 4. 依可燃性高壓氣體儲存場所防爆牆設置基準規定，可燃性高壓氣體儲存場所設置防爆牆時，該防爆牆長度應超過設置方位儲存場所建築物牆面長度。其牆腳與儲存場所建築物之距離，依規定不得少於多少公尺？

(A) 2 公尺　　(B) 4 公尺　　(C) 5 公尺　　(D) 10 公尺

(C) 5. 依可燃性高壓氣體儲存場所防爆牆設置基準之規定，防爆牆若採混凝土空心磚製，下列有關構造之規定，何者正確？

(A) 厚度 150mm 以上

(B) 高度 300mm 以上

(C) 端部或隙角部分須用直徑 19mm 以上鋼筋

(D) 雙層鋼筋縱橫間隔應充填保麗龍板

(D) 6. 依可燃性高壓氣體儲存場所防爆牆設置基準規定，防爆牆分為鋼筋混凝土製、混凝土空心磚製及鋼板製等三種，並應設置於堅固基礎上，其強度應能承受可能預料之氣體爆炸衝擊。下列有關其構造規定何者錯誤？

(A) 鋼筋混凝土製防爆牆，其厚度應在 150mm 以上，高度應在 2000mm 以上

(B) 混凝土空心磚製防爆牆，其厚度應在 200mm 以上，高度應在 2000mm 以上，3000mm 以下

(C) 鋼板製防爆牆，其厚度應在 6.0mm 以上，高度應在 2000mm 以上

(D) 防爆牆之端部或隙角部分須用直徑 10mm 以上鋼筋

1.8 可燃性高壓氣體儲存場所防護牆設置基準

（95/12/08修正）

一、為規範公共危險物品及可燃性高壓氣體設置標準暨安全管理辦法第七十條第八款所定防護牆之設置基準，特訂定本基準。

二、防護牆分為鋼筋混凝土製、混凝土空心磚製及鋼板製等三種，並應設置於堅固基礎上，對被波及處之耐火及延燒應具有充分阻絕效果，其構造依下表規定：

防爆牆種類	厚度	高度	補強材料及構造
鋼筋混凝土製	90mm以上	2000mm以上	鋼筋直徑：9mm以上 配筋：縱橫間隔200mm以下，角隅之鋼筋確實綁紮。
混凝土空主磚製	120mm以上	2000mm以上 3000mm以上	鋼筋直徑：9mm以上 配筋：縱橫間隔300mm以下，角隅之鋼筋確實綁紮且於空胴部充填凝土漿。
鋼板製A	3.2mm以上	2000mm以上	角鋼：30mm×30mm以上之等邊角鋼 補強：縱橫間400mm以下，以交錯斷續填角熔接裝設。 支柱：1800mm以下之間隔設置，（50mm×50mm×5mm以上方柱）
鋼板製B	4.5mm以上	2000mm以上	支柱：1800mm以下之間隔設置，（50mm×50mm×5mm以上方柱）

三、防護牆之基礎及牆之計算依建築技術規則建築構造編之相關規定。

四、混凝土空心磚製防護牆之牆縫塗裝面均應粉刷水泥漿，其混凝土空心磚材料應符合國家標準（以下簡稱CNS）八九○五混凝土空心磚之規定，且不得有龜裂、變形、損傷之情形。

五、鋼板製防護牆之鋼板應施以防鏽處理，將鋼板表面清掃，油漆防鏽塗料二次後，作修整油漆。

六、混凝土等之配合與強度，除應符合CNS三○九○「預拌混凝土」之規定外，其強度並應符合下表規定：

種　類	經過二十八日養生後之抗壓強度
基礎混凝土	140 kgf/cm²以上
鋼筋混凝土	210 kgf/cm²以上

七、防護牆之耐地震力：依建築技術規則及建築物耐震設計規範及解說之相關規定辦理。

八、防護牆之耐風壓力：依建築技術規則建築構造編之相關規定。

九、防護牆之設置應與各設備保持適當距離，不得使洩漏之氣體滯留或妨礙日常作業。

自我成長測驗

(C)　1. 依可燃性高壓氣體儲存場所防護牆設置基準之規定，下列敘述何者正確？
　　　(A) 防護牆分為鋼筋混凝土製、混凝土空心磚製、鋼板製及土堤製等 4 種
　　　(B) 混凝土空心磚製防護牆之牆縫塗裝面均應粉刷油漆
　　　(C) 鋼板製防護牆之鋼板應施以防銹處理，將鋼板表面清掃，油漆防銹塗料 2 次後，作修整油漆
　　　(D) 高度 1 公尺以上之防護牆，每間隔 30 公尺應設置出入護牆之階梯或土質坡道
　　　【解說】防護牆分為鋼筋混凝土製、混凝土空心磚製及鋼板製等三種，並應設置於堅固基礎上，對被波及處之耐火及延燒應具有充分阻絕效果；混凝土空心磚製防護牆之牆縫塗裝面均應粉刷水泥漿；高度一公尺以上之防液堤，每間隔三十公尺應設置出入防液堤之階梯或土質坡道。

(D)　2. 依可燃性高壓氣體儲存場所防爆牆設置基準，防爆牆種類鋼板製，請問其厚度、高度各應多少 mm 以上？
　　　(A) 厚度為 3mm 以上，高度為 1400mm 以上
　　　(B) 厚度為 4mm 以上，高度為 1600mm 以上
　　　(C) 厚度為 5mm 以上，高度為 1800mm 以上
　　　(D) 厚度為 6mm 以上，高度為 2000mm 以上

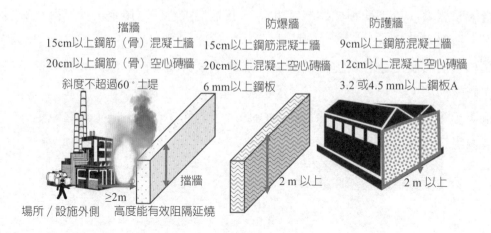

第 **2** 章

消防安全設備總論

2.1 消防機關辦理建築物消防安全設備審查及查驗作業基準

（109/04/17修正）

一、為利消防機關執行消防法第十條所定建築物消防安全設備圖說（以下簡稱消防圖說）之審查及建築法第七十二條、第七十六條所定建築物之竣工查驗工作，特訂定本作業基準。

二、建築物消防安全設備圖說審查作業程序如下：

(一) 起造人填具申請書，檢附建築、消防圖說、建造執照申請書、消防安全設備概要表、相關證明文件資料等，向當地消防機關提出。其中消防圖說由消防安全設備設計人依滅火設備、警報設備、避難逃生設備、消防搶救上之必要設備等之順序依序繪製並簽章，圖說內所用標示記號，依消防圖說圖示範例註記。

(二) 消防機關受理申請案於掛號分案後，即排定審查日期，通知該件建築物起造人及消防安全設備設計人，並由消防安全設備設計人攜帶其資格證件及當地建築主管機關審訖建築圖說，配合審查（申請案如係分別向建築及消防機關申請者，其送消防機關部分，得免檢附審訖建築圖說），消防安全設備設計人無正當理由未會同審查者，得予退件。但新建、增建、改建、修建、變更用途、室內裝修或變更設計等，申請全案僅涉滅火器、標示設備及緊急照明設備等非系統式消防安全設備時，設計人得免會同審查。

(三) 消防圖說審查不合規定者，消防機關應製作審查紀錄表，依第十二點規定之期限，將不合規定項目詳為列舉一次告知起造人，起造人於修正後應將消防圖說送回消防機關複審，複審程序準用前款之規定，其經複審仍不符合規定者，消防機關得將該申請案函退。

(四) 消防機關審訖消防圖說後，其有修正者，交消防安全設備設計人攜回清圖修正。消防圖說經審訖修改完成，送消防機關加蓋驗訖章後，消防機關留存一份，餘交起造人（即申請人）留存。並將消防圖說電子檔以PDF或縮影檔案格式製作一併送消防機關備查。

(五) 建築物消防安全設備圖說審查申請書格式、各種消防安全設備概要表、消防圖說圖示範例、審查紀錄表格式、消防圖說審查作業流程如圖一。

三、消防設備師核算避難器具支固器具及固定部之結構強度等之結果資料，應以書面知會負責結構之專門職業及技術人員供納入建築結構整合設計考量。

四、消防設備師依「緊急電源容量計算基準」核算供消防安全設備所須之緊急電源容量後，應以書面知會電機技師供納入整合緊急發電系統設計容量考量，電機技師於接獲前揭消防用緊急電源容量計算結果資料，應於七日內確認有無影響建築整體緊急發電設備設計之虞，並以書面通知知會之消防設備師，逾七日未通知時視為無意見。

五、有關依各類場所消防安全設備設置標準規定設置之耐燃保護、耐熱保護措施，室內消防栓、室外消防栓、自動撒水、水霧、泡沫、乾粉、二氧化碳滅火設備、連結送水管設備等之配管，於實施施工、加壓試驗及配合建築物樓地板、樑、柱、牆施工須預埋消防管線時，消防安全設備監造人應一併拍照建檔存證以供消防機關查核，消防機關並得視需要隨時派員前往查驗。

六、建築物消防安全設備竣工查驗程序如下：

(一) 起造人填具申請書，檢附消防安全設備測試報告書（應由消防安全設備裝置人於各項設備施工完成後依報告書內項目實際測試其性能，並填寫其測試結果）、安裝施工測試佐證資料及電子檔光碟、證明文件（含審核認可書等）、使用執照申請書、原審訖之消防圖說等，向當地消防機關提出，資料不齊全者，消防機關通知限期補正。

(二) 消防機關受理申請案於掛號分案後，即排定查驗日期，通知該件建築物之起造人及消防安全設備裝置人，並由消防安全設備裝置人攜帶其資格證件至竣工現場配合查驗，消防安全設備裝置人無正當理由未會同查驗者，得予退件。

(三) 竣工現場消防安全設備查驗不合規定者，消防機關應製作查驗紀錄表，依第十二點規定之期限，將不合規定項目詳為列舉一次告知起造人，起造人於完成改善後應通知消防機關複查，複查程序準用前款之規定，其經複查仍不符合規定者，消防機關得將該申請案函退。

(四) 竣工現場設置之消防安全設備與原審訖消防圖說之設備數量或位置有異動時，於不影響設備功能及性能之情形下，得直接修改竣工圖（另有關建築部分之立面、門窗、開口等位置之變更如不涉面積增減時，經建築師簽證後，亦得一併直接修改竣工圖），並於申請查驗時，備具完整竣工消防圖說，一次報驗。

(五) 消防機關完成建築物消防安全設備竣工查驗後，其須修正消防圖說者，消防

安全設備設計人、監造人應將原審訖之消防圖說清圖修正製作竣工圖。完成竣工查驗者，其消防圖說應標明「竣工圖」字樣，送消防機關加蓋驗訖章後，消防機關留存二份列管檢查，餘交起造人（即申請人）留存。並將消防圖說電子檔以PDF或縮影檔案格式製作一併送消防機關備查。

(六) 建築物消防安全設備竣工查驗申請書格式、各種消防安全設備測試報告書、安裝施工測試佐證資料項目表、查驗紀錄表格式、竣工查驗作業流程如附件六、七、八、九、十（略）。

七、申請建築物修建、室內裝修等涉及消防安全設備變更之審查及查驗案件，其消防安全設備有關變更部分，僅為探測器、撒水頭、蜂鳴器、水帶等系統部分配件之增減及位置之變動者，申請審查時，應檢附變更部分之設備概要表及平面圖等相關必要文件；申請查驗時，應檢附變更部分之設備測試報告書、設備器材等相關必要證明文件；其涉及緊急電源、加壓送水裝置、受信總機、廣播主機等系統主要構件變動或計算時，變動部分依本基準辦理。

八、原有合法建築物辦理變更使用，仍應依本基準規定，就變更使用部分檢附圖說、文件等資料。無法檢附原核准消防安全設備圖說時，得由消防設備師依使用執照核准圖面之面積或現場實際勘查認定繪製之。

九、依「消防法」第六條第三項規定，取得內政部核發之審核認可書，經認可其具同等以上效能之消防安全設備，其查驗比照本基準規定辦理，至測試報告書得就所替代設備之測試報告書項目內容，由消防安全設備裝置人直接增刪修改使用。

十、經本部公告應實施認可之消防機具器材及設備，消防機關於竣工查驗時，應查核其認可標示；其為依各類場所消防安全設備設置標準第三條規定，經內政部審議領有審核認可書者，除應查核該審核認可書影本及安裝完成證明文件（工地進出貨文件等）外，並注意應於審核認可書記載有效期限屆滿前安裝完成，至於在審核認可書有效期限內已製造出廠或進口尚未安裝完成者，應查核其審核認可書影本、出廠或進口證明與出貨、交易或完稅證明文件，從嚴從實查證，以防造假蒙混之情事。

十一、申請消防圖說審查及竣工查驗，各項圖紙均須摺疊成A4尺寸規格，並裝訂成冊俾利審查及查驗。圖紙摺疊時，圖說之標題欄須摺疊於封面。

十二、消防安全設備圖說審查及竣工查驗之期限，以受理案件後七至十日內結案為原則。但供公眾使用建築物或構造複雜者，得視需要延長，並通知申請人，最長不得超過二十日。

建築物消防安全設備圖說審查作業流程

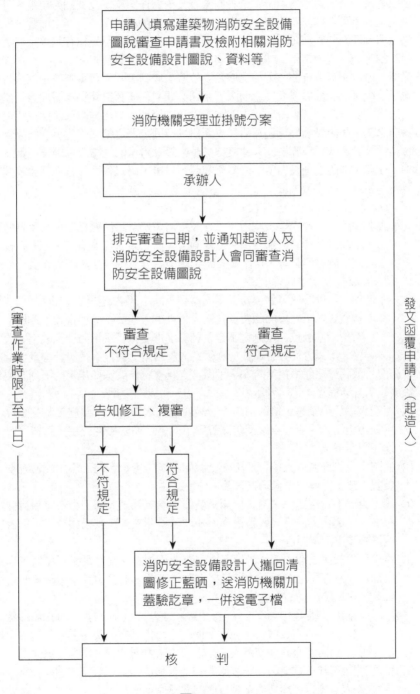

圖一

自我成長測驗

（ C ）　1. 依消防機關辦理建築物消防安全設備審查及查驗作業基準及其補充規定，有關審查及接士查驗規定，下列敘述何者錯誤？①室內消防桂、自動撒水、……等之配管，配合建築物結構體施工須預埋消防管線峙，消防安全設備監造人應一併拍照建檔存證以供消防機關查核②申請建築物修建、室內裝修等涉及消防安全設備變更之審查及查驗案件，有關變更部分，僅為探測器、撒水頭等系統部分配件之增減及位置之變動者，申請審查時，應檢附修建、室內裝修案全部範圍之設備概要表及平面圖等相關必要文件③舊有建築物辦理變更使用，無法檢附原核准消防安全設備圖說時，得由消防設備師依使用執照核准圖面之面積或現場實際勘查認定繪製之④消防設備師核算避難器具支固器具及固定部之結構強度等之結果資料，應以書面知會結構技師或機械技師供納入建築結構整合設計考量⑤消防設備師依「緊急電源容量計算基準」核算供消防安全設備所須之緊急電源容量後，應以書面知會電氣設備技師供納入整合緊急發電系統設計容量考量
　　　　(A) ①②④⑤　(B) ②③⑤　(C) ②④⑤　(D) ④⑤
　　　　【解說】申請建築物修建、室內裝修等涉及消防安全設備變更之審查及查驗案件，其消防安全設備有關變更部分，僅為探測器、撒水頭、蜂鳴器、水帶等系統部分配件之增減及位置之變動者，申請審查時，應檢附變更部分之設備概要表及平面圖等相關必要文件。
　　　　　　　　消防設備師核算避難器具支固器具及固定部之結構強度等之結果資料，應以書面知會負責結構之專門職業及技術人員供納入建築結構整合設計考量。
　　　　　　　　消防設備師依「緊急電源容量計算基準」核算供消防安全設備所須之緊急電源容量後，應以書面知會電機技師供納入整合緊急發電系統設計容量考量。

（ B ）　2. 依據消防機關辦理建築物消防安全設備審查及查驗作業基準規定，下列有關建築物消防安全設備竣工查驗程序敘述何者錯誤？
　　　　(A) 起造人填具申請書，檢附消防安全設備測試報告書、安裝施工測試照片、證明文件、使用執照申請書、原審訖之消防圖說等，向當地消防機關提出，資料不齊全者，消防機關通知限期補正
　　　　(B) 消防安全設備裝置人攜帶消防安全設備測試報告書至竣工現場配合查驗，消防安全設備裝置人無正當理由未會同查驗者，得予退件
　　　　(C) 竣工查驗不合規定者，消防機關應製作查驗紀錄表，將不合規定項目詳為列舉一次告知起造人，起造人於完成改善後應通知消防機關複查，其經複查仍不符合規定者，消防機關得將該申請案函退
　　　　(D) 竣工現場設置之消防安全設備與原審訖消防圖說之設備數量或位置有異動時，於不影響設備功能及性能之情形下，得直接修改竣工圖，並於申請查驗時，備具完整竣工消防圖說，一次報驗
　　　　【解說】消防機關受理申請案於掛號分案後，即排定查驗日期，通知該件建築物之起造人及消防安全設備裝置人，並由消防安全設備裝置人攜帶其資格證件至竣工現場配合查驗，消防安全設備裝置人無正當理由未會同查驗者，得予退件。

（ C ）　3. 依消防機關辦理建築物消防安全設備審查及查驗作業基準規定，消防安全設備圖說審查及竣工查驗之期限，應以受理案件後幾日內結案為原則？
　　　　(A) 3 至 5 日　(B) 5 至 7 日　(C) 7 至 10 日　(D) 11 至 14 日
　　　　【解說】消防安全設備圖說審查及竣工查驗之期限，以受理案件後七至十日內結案為原則。

但供公眾使用建築物或構造複雜者，得視需要延長，並通知申請人，最長不得超過二十日

圖說審查及竣工查驗期限

受理後 7-10 日結案

最長≦20 日

消防安全設備

(D)　4. 依消防機關辦理建築物消防安全設備審查及查驗作業基準，救助袋載重大小之性能測試為多少公斤以上？

(A) 100　(B) 195　(C) 250　(D) 300

(C)　5. 依消防機關辦理建築物消防安全設備審查及查驗作業基準中建築物樓層檢討表，非屬無開口樓層，則為：

(A) 普通樓層　(B) 有開口樓層　(C) 一般樓層　(D) 地上樓層

(A)　6. 依消防機關辦理建築物消防安全設備審查及查驗作業基準規定，下列有關建築物消防安全設備竣工查驗程序何者錯誤？

(A) 起造人填具申請書，檢附消防安全設備測試報告書、安裝施工測試照片、證明文件、使用執照申請書、原審訖之消防圖說等，向當地消防機關提出，資料不齊全者，消防機關得予退件

(B) 消防機關受理申請案於掛號分案後，即排定查驗日期，通知該件建築物之起造人及消防安全設備裝置人，並由消防安全設備裝置人攜帶其資格證件至竣工現場配合查驗，消防安全設備裝置人無正當理由未會同查驗者，得予退件

(C) 竣工現場消防安全設備查驗不合規定者，消防機關應製作查驗紀錄表，依規定之期限，將不合規定項目詳為列舉一次告知起造人，起造人於完成改善後應通知消防機關複查，其經複查仍不符合規定者，消防機關得將該申請案函退

(D) 竣工現場設置之消防安全設備與原審訖消防圖說之設備數量或位置有異動時，於不影響設備功能及性能之情形下，得直接修改竣工圖，並於申請查驗時，備具完整竣工消防圖說，一次報驗

(D)　7. 依消防機關辦理建築物消防安全設備審查及查驗作業基準規定，消防安全設備圖說審查及竣工查驗之期限，以受理案件後 X 至 Y 日內結案為原則。但供公眾使用建築物或構造複雜者，得視需要延長，並通知申請人，最長不得超過 Z 日，請問下列何者正確？

(A) X = 5，Y = 10，Z = 20　　　　(B) X = 7，Y = 15，Z = 20
(C) X = 7，Y = 10，Z = 30　　　　(D) X = 7，Y = 10，Z = 20

(A)　8. 依消防法及消防機關辦理建築物消防安全設備審查及查驗作業基準，有關消防安全設備圖說審查規定，下列何者正確？

(A) 竣工現場設置之消防安全設備與原審訖消防圖說之設備數量或位置有異動時，於不影響設備功能及性能之情形下，得直接修改竣工圖，並於申請查驗時，備具完整竣工消防圖說，一次報驗

(B) 供公眾使用建築物變更為非供公眾使用時，主管建築機關應會同消防機關審查其消防安

全設備圖說

(C) 消防安全設備圖說審查及竣工查驗之期限，以受理案件後 14 日內結案爲原則

(D) 非供公眾使用建築物之消防安全設備圖說，應由直轄市、縣（市）消防機關於主管建築機關許可開工前審查完成

(B) 9. 依消防機關辦理建築物消防安全設備審查及查驗作業基準之規定，消防安全設備圖說審查及竣工查驗之期限，以受理案件後 X 日內結案爲原則。但供公眾使用建築物或構造複雜者，得視需要延長，最長不得超過 Y 日。請問 X、Y 爲下列何者？

(A) 10 至 14，20　(B) 7 至 10，20　(C) 7 至 10，30　(D) 10 至 20，30

(D) 10. 依消防法及消防機關辦理建築物消防安全設備審查及查驗作業基準及其補充規定，有關消防安全設備圖說之審查規定，下列何者正確？

(A) 消防安全設備圖說審查及竣工查驗之期限，以受理案件後 7 至 10 日內結案爲限

(B) 供公眾使用建築物變更爲非供公眾使用時，主管建築機關應會同消防機關審查其消防安全設備圖說

(C) 變更設計或變更用途，非系統式設備僅變動滅火器、緊急照明燈等簡易設備者，設計人應配合審查

(D) 消防設備師核算避難器具支固器具及固定部之結構強度等之結果資料，應以書面知會結構技師供納入建築結構整合設計考量

申論題

1. 由於建築物施工過程中，可能將應設置的消防安全設備及相關設施埋沒或掩蔽，導致消防機關進行完工檢查上的困擾。有鑑於此，建築物消防安全設備監造人根據「消防機關辦理建築物消防安全設備審查及查驗作業基準」之規定，應如何具體因應？試申述之。（25 分）（105 年消防設備士）

【解說】

　　有關依各類場所消防安全設備設置標準規定設置之耐燃保護、耐熱保護措施，室內消防栓、室外消防栓、自動撒水、水霧、泡沫、乾粉、二氧化碳滅火設備、連結送水管設備等之配管，於實施施工、加壓試驗及配合建築物樓地板、樑、柱、牆施工須預埋消防管線時，消防安全設備監造人應一併拍照建檔存證以供消防機關查核，消防機關並得視需要隨時派員前往查驗。

2.2 消防安全設備及必要檢修項目檢修基準

（109/08/21修正）

2.2.1 滅火器檢修及申報作業基準

一、一般注意事項

(一) 應無性能上之障礙，如有污垢，應以撢子或其他適當工具清理。

(二) 合成樹脂製容器或構件，不得以辛那（二甲苯）或汽油等有機溶劑加以清理。

(三) 開啓護蓋或栓塞時，應注意容器內殘壓，須排出容器內殘壓後，始得開啓。

(四) 護蓋之開關，應使用適當之拆卸扳手（如圖2-1），不得以鐵鎚或以鑿刀敲擊。

(五) 乾粉藥劑極易因受潮而影響滅火之動作及效能，滅火器本體容器內壁及構件之清理及保養時，應充分注意。

(六) 除二氧化碳及鹵化物滅火器之重量檢查或確認壓力指示計之指針位置等性能檢查外，各類型滅火器之性能檢查（包括檢查結果有不良狀況之處置措施，諸如藥劑更換充填、加壓用氣體容器之氣體充填），應由專業廠商專任之消防專技人員為之。

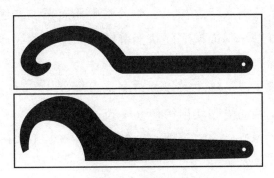

圖2-1 拆卸扳手

(七) 進行檢查保養，滅火器自原設置位置移開時，應暫時以其他滅火器替代之。

(八) 性能檢查完成後之滅火器應依表1-1格式張貼標示，且該標示不得覆蓋、換

表1-1　滅火器性能檢查及藥劑更換充填標示

滅火器設置場所名稱		
場所地址		
廠商名稱		
廠商證書號碼		
消防專技人員姓名	○○○（消○證字第號）	
地址： 電話：		
品名	□乾粉滅火器　　　　　□水滅火器 □二氧化碳滅火器　　　□機械泡沫滅火器 □強化液滅火器　　　　□鹵化物滅火器	
規格	□5型　　□10型　　□20型　　□其他	
製造日期		流水編號	
性能檢查日期	年月日	
檢查情形	□ 檢查合格（無需更換藥劑） □ 更換藥劑後合格 □ 水壓測試合格（10年以上或無法辨識日期滅火器）	
下次性能檢查日期	年　　月　　日	
委託服務廠商	名稱： 電話：	

←――――――――――――――――11cm――――――――――――――――→

貼或變更原新品出廠時之標示，並於滅火器瓶頸加裝檢修環，檢修環上應標
註年份，材質以一體成型之硬質無縫塑膠、壓克力或鐵環製作，且尺寸以非
經拆卸滅火器無法取出或直接以內徑不得大於滅火器瓶口1mm方式辦理，
以顏色紅、橙、黃、綠、藍交替更換，自一百一十年度起開始使用紅色檢修
環，後續依年度別依序採用橙色（一百一十一年度）、黃色（一百一十二年
度）、綠色（一百一十三年度）、藍色（一百一十四年度）之檢修環，依此
類推，標準色系如下：

紅	橙	黃	綠	藍

二、外觀檢查

(一)設置狀況

1.設置數量（核算最低滅火效能值）

(1)檢查方法

以目視確認之。

(2)判定方法

應依規定核算其最低滅火效能值。

2.設置場所

(1)檢查方法

以目視或簡易之測定方法確認之。

(2)判定方法

A.應無造成通行或避難上之障礙。

B.應固定放置於取用方便之明顯處所。

C.滅火器本體上端與樓地板面之距離，十八公斤以上者不得超過一公尺，未滿十八公斤者不得超過一·五公尺。

D.應設置於滅火器上標示使用溫度範圍內之處所，如設置於使用溫度範圍外之處所時，應採取適當之保溫措施。

E.容易對本體容器或其構件造成腐蝕之設置場所（如化工廠、電鍍廠、溫泉區）、濕氣較重之處所（如廚房等）或易遭海風、雨水侵襲之設置場所，應採取適當之保護措施。

3.設置間距

(1)檢查方法

以目視或簡易之測定方法確認之。

(2)判定方法

A.設有滅火器之樓層或場所，自樓面居室任一點或防護對象任一點至滅火器之步行距離不得超過二十公尺。但公共危險物品等場所與第一種、第二種、第三種或第四種滅火設備併設者，不在此限。

B.公共危險物品等場所達顯著滅火困難、一般滅火困難者設置之第四種滅火設備（大型滅火器），距防護對象任一點之步行距離，應在三十公尺以下。但與第一種、第二種或第三種滅火設備併設者，不在此

　　　限。

　　C.設有滅火器之可燃性高壓氣體儲存場所，任一點至滅火器之步行距離
　　　應在十五公尺以下，並不得妨礙出入作業。

　4.適用性

　　(1)檢查方法

　　　以目視確認滅火器設置種類是否適當。

　　(2)判定方法

　　　設置之滅火器應符合現場需求。

(二)標示

　1.標示

　　(1)檢查方法

　　　以目視確認之。

　　(2)判定方法

　　A.應無超過有效使用期限。

　　B.應依規定張貼標示銘牌。

　　(3)注意事項

　　A.已超過有效使用期限或未附銘牌者，得不須再施以性能檢查，即可予
　　　更換新品。

　　B.滅火器應於其設置場所之明顯處所，標明「滅火器」之字樣。

(三)滅火器

　1.本體容器

　　(1)檢查方法

　　　以目視確認有無變形、腐蝕之情形。

　　(2)判定方法

　　　應無滅火藥劑洩漏、顯著之變形、損傷及腐蝕等情形。

　　(3)注意事項

　　A.如發現熔接部位受損或容器顯著變形時，因恐對滅火器之性能造成障
　　　礙，應即予汰換。

　　B.如發現有顯著之腐蝕情形時，應即予汰換。

C.如發現鐵鏽似有剝離現象者，應即予汰換。

D.如有A至C之情形時，得不須再施以性能檢查，即可予汰換。

2.安全插梢

(1)檢查方法

以目視確認有無變形、損傷之情形。

(2)判定方法

A.安全裝置應無脫落。

B.應無妨礙操作之變形或損傷。

(3)注意事項

如發現該裝置有產生妨礙操作之變形或損傷時，應加以修復或更新。

3.壓把（壓板）

(1)檢查方法

以目視確認有無變形、損傷之情形。

(2)判定方法

應無變形、損傷，且確實裝置於容器上。

(3)注意事項

如發現該裝置有產生妨礙操作之變形、損傷時，應加以修理或更新。

4.護蓋

(1)檢查方法

以目視及用手旋緊之動作，確認有無變形、鬆動之現象。

(2)判定方法

A.應無強度上障礙之變形、損傷。

B.應與本體容器緊密接合。

(3)注意事項

A.如發現有強度上障礙之變形、損傷者，應即加以更新。

B.護蓋有鬆動者，應即重新予以旋緊。

5.皮管

(1)檢查方法

以目視及用手旋緊之動作，確認有無變形或鬆動之現象。

(2) 判定方法

A. 應無變形、損傷或老化之現象，且內部應無阻塞。

B. 應與本體容器緊密接合。

(3) 注意事項

A. 如發現有顯著之變形、損傷或老化者，應即予以更新。

B. 如有阻塞者，應即實施性能檢查。

C. 皮管裝接部位如有鬆動，應即重新旋緊。

6. **噴嘴、喇叭噴管及噴嘴栓**

(1) 檢查方法

以目視及用手旋緊之動作，確認有無變形、鬆動之現象。

(2) 判定方法

A. 應無變形、損傷或老化之現象，且內部應無阻塞。

B. 應與噴射皮管緊密接合。

C. 噴嘴栓應無脫落之現象。

D. 喇叭噴管握把（僅限二氧化碳滅火器）應無脫落之現象。

(3) 注意事項

A. 如發現有顯著之變形、損傷或老化者，應即予以更新。

B. 螺牙接頭鬆動時，應即予旋緊；噴嘴栓脫落者，應重新加以裝配。

C. 喇叭噴管握把脫落者，應即予以修復。

7. **壓力指示計**

(1) 檢查方法

以目視確認有無變形、損傷之現象。

(2) 判定方法

A. 應無變形、損傷之現象。

B. 壓力指示值應依圖2-2，定在綠色範圍內。

(3) 注意事項

如發現有性能上障礙之變形、損傷者，應即加以更新。

綠色範圍

圖2-2　蓄壓式滅火器之壓力表

8.壓力調整器（限大型加壓式滅火器）

(1)檢查方法

以目視確認有無變形、損傷之現象。

(2)判定方法

應無變形、損傷之現象。

(3)注意事項

如發現有變形、損傷者，應即加以修復或更新。

9.安全閥

(1)檢查方法

以目視及用手旋緊之動作，確認有無變形、鬆動之現象。

(2)判定方法

A.應無變形、損傷之現象。

B.應緊密裝接在滅火器上。

(3)注意事項

如發現有顯著之變形、損傷者，應即予以更新。

10.保持裝置

(1)檢查方法

A.以目視確認有無變形、腐蝕之現象。

B.確認是否可輕易取用。

(2)判定方法

A.應無變形、損傷或顯著腐蝕之現象。

B.可方便取用。

(3) 注意事項

　　如發現有變形、損傷或顯著腐蝕現象者，應即加以修復或更新。

11. 車輪（限大型滅火器）

(1) 檢查方法

　A. 以目視確認其是否有變形、損傷之現象。

　B. 以手實地操作，確認是否可圓滑轉動。

(2) 判定方法

　A. 應無變形、損傷之現象。

　B. 應可圓滑轉動。

(3) 注意事項

　A. 如發現有變形、損傷或無法圓滑轉動者，應即加以修復。

　B. 檢查時，應先加黃油（或潤滑油），以使其能圓滑滾動。

12. 氣體導入管（限大型滅火器）

(1) 檢查方法

　　以目視及用手旋緊之動作，確認有無變形、鬆動之現象。

(2) 判定方法

　A. 應無變形、損傷之現象。

　B. 應緊密裝接在滅火器上。

(3) 注意事項

　A. 如發現有彎折、壓扁等之變形、損傷者，應即予以更新。

　B. 裝接部位如有鬆動者，應即重新裝配。

三、性能檢查

(一) 檢查抽樣

1. 檢查頻率

依滅火器種類，化學泡沫滅火器應每年實施一次性能檢查，其餘類型滅火器應每三年實施一次性能檢查，並依表2-1之規定進行。

2. 檢查結果之判定

(1) 未發現缺點時

　　滅火器視為良好。

(2) 發現有缺點時

依據性能檢查各項規定，發現有缺點之滅火器應即進行檢修或更新。泡沫滅火藥劑因經較長時間後會產生變化，應依滅火器銘板上所標示之時間或依製造商之使用規範，定期加以更換。其餘類型滅火器之滅火藥劑若無固化結塊、異物、沉澱物、變色、污濁或異臭者等情形，滅火藥劑可繼續使用。

表2-1　檢查試樣個數表

滅火器之區分			性能檢查項目	
種類	加壓方式	對象	除放射能力外之項目	放射能力
水	手動泵浦式	自製造年份起超過三年以上者	全數	全數之5%以上
	加壓式			
	蓄壓式			全數之50%以上
強化液	加壓式	自製造年份起超過三年以上者	全數	
	蓄壓式			
化學泡	加壓式	設置達一年以上者	全數	全數之5%以上
機械泡	加壓式	自製造年份起超過三年以上者		
	蓄壓式			全數之50%以上
鹵化物			如重量及指示壓力值無異常時，其他項目可予省略	
二氧化碳		自製造年份起超過三年以上者	如重量及指示壓力值無異常時，其他項目可予省略	
乾粉	加壓式		全數	全數之50%以上
	蓄壓式			
全部之滅火器		如經外觀檢查有缺點者，須進行性能檢查	全數	

備註：製造日期超過十年或無法辨識製造日期之水滅火器、機械泡沫滅火器或乾粉滅火器，應予報廢，
　　　非經水壓測試合格，不得再行更換及充填藥劑。

(二)各加壓方式檢查之順序

1. 化學反應式滅火器

(1) 檢查順序

A. 打開護蓋，取出內筒、支撐架及活動蓋。

B. 確認滅火藥劑量是否達到液面標示之定量位置。

C. 將滅火藥劑取出，移置到另一容器內。

D. 本體容器內外、護蓋、噴射皮管、噴嘴、虹吸管、內筒及支撐架等用清水洗滌。

E. 確認各部構件。

2. 加壓式滅火器

(1) 檢查順序

A. 滅火藥劑量以重量表示者，應以磅秤確認滅火藥劑之總重量。

B. 有排氣閥者，應先將其打開，使容器內壓完全排出。

C. 卸下護蓋，取出加壓用氣體容器之支撐裝置及加壓用氣體容器。

D. 滅火藥劑量以容量表示者，確認藥劑量是否達到液面標示之定量位置。

E. 將滅火藥劑取出，移置到另一容器內。

F. 清理

(A)水系的滅火器，本體容器內外、護蓋、噴射皮管、噴嘴、虹吸管等應使用清水洗滌。

(B)鹵化物滅火器或乾粉滅火器，屬嚴禁水分之物質，應以乾燥之壓縮空氣，對本體容器內外、護蓋、噴射皮管、噴嘴、虹吸管進行清理。

G. 確認各構件。

3. 蓄壓式滅火器

(1) 檢查順序

A. 秤重以確認其滅火藥劑量。

B. 確認壓力指示計之指針位置。

C. 有排氣閥者，應先將其打開，無排氣閥者，應將其倒置，按下壓把，使容器內壓完全排出。（二氧化碳滅火器及海龍滅火器除外）

D. 自容器本體將護蓋或栓塞取下。

E. 將滅火藥劑取出，移置到另一容器內。

F. 依前項加壓式之清理要領，對本體容器內外、護蓋、噴射皮管、噴嘴、虹吸管進行清理。

G. 確認各構件。

(2) **注意事項**

對二氧化碳滅火器及海龍滅火器進行重量檢查時，如失重超過10%以上或壓力表示值在綠色範圍外時，應予以更新。

(三)本體容器及內筒

1.檢查方法

(1) **本體容器**

將內部檢視用照明器具如（圖2-3）插入本體容器內部，並對內部角落不易檢視之部位，使用反射鏡（圖2-4）檢查，以確認其有無腐蝕之情形。

圖2-3　內部檢查用照明器具

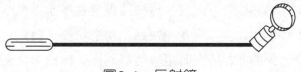

圖2-4　反射鏡

(2)**內筒及活動板**

以目視確認化學泡沫滅火器之內筒、內筒蓋板，有無變形。

(3) **液面標示**

以目視確認有無因腐蝕致標示不明確。

2.判定方法

(1) 應無顯著之腐蝕或內壁塗膜剝離之情形。

(2) 應無變形、損傷之情形。

(3) 液面表示應明確。

3. 注意事項

如發現本體容器內壁有顯著腐蝕或內壁塗膜剝離者，應即汰換。

(四) 滅火藥劑

1. 檢查方法

(1) 性狀

A. 乾粉滅火藥劑應個別放入塑膠袋等及防止其有飛揚情形，以確認有無固化之情形。

B. 泡沫滅火藥劑，應個別取出至塑膠桶，以確認有無異常之情形。

(2) 滅火藥劑量

以液面標示表示藥劑量者，在取出藥劑前，應先確認有無達液面水平線；如以重量表示者，應秤其重量，以確認有無達定量。

2. 判定方法

(1) 應無固化之現象

(2) 應無變色、腐敗、沉澱或污損之現象。

(3) 重量應在規定量（如表2-2）之容許範圍內。

3. 注意事項

(1) 有固化結塊者應予更換。

(2) 有異物、沉澱物、變色、污濁或異臭者應予更換。

(3) 與液面標示明顯不符者，如為化學泡沫滅火藥劑，應予全部更換。

(4) 供補充或更換之滅火藥劑應使用銘板上所標示之滅火藥劑。

(5) 泡沫滅火藥劑因經較長時間後會產生變化，故應依滅火器銘板上所標示之時間或依製造商之指示，定期加以更換。

(6) 二氧化碳滅火器及鹵化物滅火器，經依前述(二)檢查發現無任何異常現象者，其滅火藥劑之試驗可予省略。

(7) 新更換及充填之滅火藥劑應為經內政部登錄機構認可之產品，於充填完成時其噴射性能須能噴射所充填滅火藥劑容量或重量90%以上之量，而使用期限內噴射性能須能噴射所充填滅火藥劑容量或重量80%

以上之量，且滅火藥劑主成分應符合滅火器用滅火藥劑認可基準規定；二氧化碳滅火器所充之滅火藥劑，應採一般工業用之液體二氧化碳，純度應為99%以上，並有相關證明文件。

(8) 滅火藥劑充填量及灌充壓力應符合滅火器認可基準規定。

(9) 高壓氣體灌充作業需符合高壓氣體相關法令規定；灌充後之滅火器本體容器，應符合滅火器認可基準之氣密試驗。

表2-2　總重量容許範圍

藥劑標示重量	總重量容許範圍
1kg未滿	＋80g～－40g
1kg以上　2kg未滿	＋100g～－80g
2kg以上　5kg未滿	＋200g～－100g
5kg以上　8kg未滿	＋300g～－200g
8kg以上　10kg未滿	＋400g～－300g
10kg以上　20kg未滿	＋600g～－400g
20kg以上　40kg未滿	＋1,000g～－600g
40kg以上　100kg未滿	＋1,600g～－800g
100kg以上	＋2,400g～－1,000g

(五) 加壓用氣體容器

1. 檢查方法

(1) 以目視確認有無變形、腐蝕，及其封板有無損傷。

(2) 如為二氧化碳，應以磅秤測定其總重量，如為氮氣，應測定其內壓，以確認有無異常之情形。

2. 判定方法

(1) 應無變形、損傷或顯著之腐蝕現象。

(2) 封板應無損傷之情形。

(3) 二氧化碳應在表2-3所示之容許範圍，氮氣應在圖2-5壓力之容許範圍內。

表2-3　重量容許範圍

充填量	容許範圍
5g以上　10g未滿	＋0.6g～－1.0g
10g以上　20g未滿	±3g
20g以上　50g未滿	±5g
50g以上　200g未滿	±10g
200g以上　500g未滿	±20g
500g以上	±30g

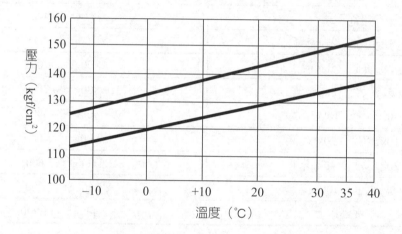

圖2-5　氮氣壓力之容許範圍

3. 注意事項

(1) 二氧化碳之重量如超過容許範圍者，應以同型之加壓用氣體容器予以更換。

(2) 氮氣氣體如超過規定壓力之容許範圍者，應加以調整或再行充填。

(3) 裝接螺牙接頭計有順時針及逆時針兩種方式，裝配時應注意。

(六) 壓把（壓板）

1. 檢查方法

確認加壓用氣體容器已取下後，經由壓板及握把之操作，以確認動作狀況是否正常。

2. 判定方法

(1) 應無變形、損傷。

(2) 應能順暢、確實地正常動作。

3. 注意事項

(1) 如發現有變形、損傷者，應即修復或予以更換。

(2) 無法順暢確實動作者，應予修復或更換。

(七)皮管

1. 檢查方法

將噴射皮管取下，確認其有無阻塞之情形。

2. 判定方法

皮管與皮管接頭應無阻塞之情形。

3. 注意事項

如發現有阻塞時，應即加以清除。

(八)開閉式噴嘴及切換式噴嘴

1. 檢查方法

操作握把以確認噴嘴之開、關及切換是否可輕易操作。

2. 判定方法

應能順暢、確實動作。

3. 注意事項

無法順暢、確實動作者，應予修復或更換。

(九)壓力指示計

1. 檢查方法

排出容器內壓時，壓力指針是否能正常動作。

2. 判定方法

壓力指針之動作應正常。

3. 注意事項

壓力指針無法正常動作者，應予更換。

(十) 壓力調整器

1. 檢查方法

應依下列規定加以確認：

(1) 關閉滅火器本體容器連接閥門。

(2) 打開加壓用氣體容氣閥，確認壓力計之指度及指針之動作情形。

(3) 關閉加壓用氣體容器閥，確認高壓側（一次測）之壓力表指度是否下降，如有下降，應確認其氣體洩漏之部位。

(4) 鬆開調整器之排氣閥或氣體導入管之結合部，將氣體放出，再恢復為原來狀態。

2. 判定方法

(1) 壓力指針之動作應正常。

(2) 調整壓力值應在綠色範圍內。

3. 注意事項

壓力指針無法正常動作或調整壓力值在綠色範圍外者，應予修復或更換。

(十一) 安全閥

1. 檢查方法

(1) 以目視確認安全閥有無變形、阻塞之情形。

(2) 有排氣閥者，確認操作排氣閥後，動作有無障礙。

(3) 彈簧式安全閥，應依圖2-6所示，將皮管裝接於水壓試驗機，加水壓後，確認其動作壓力是否正常。

2. 判定方法

(1) 應無變形、損傷或阻塞之情形。

(2) 應能確實動作。

(3) 動作壓力應為規定值。

3. 注意事項

(1) 有顯著之變形、損傷者，應予更換。

(2) 有阻塞者，應加以清除。

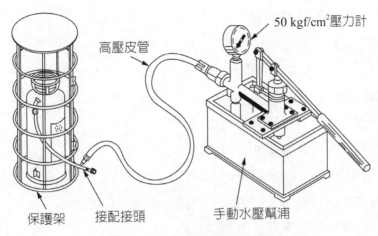

圖2-6　水壓試驗機及保護架

(3) 未確實動作或未依銘板所標示之動作壓力範圍內動作者，應予以修
復。

(十二)封板及墊圈

1.防止乾粉上升封板

(1) 檢查方法

以目視確認有無變形、損傷，及是否確實裝設於滅火器上。

(2) 判定方法

A. 應無變形、損傷之情形。

B. 應確實裝設於滅火器上。

(3) 注意事項

A. 如發現有變形或損傷者，應予更換。

B. 裝置不確實者，應再確實安裝。

2.墊圈

(1) 檢查方法

以目視確認有無變形、損傷或老化之現象。

(2) 判定方法

應無變形、損傷或老化之情形。

(3) 注意事項

如發現有變形、損傷或老化者，應予更換。

(十三)虹吸管及氣體導入管

1.檢查方法

以目視或通氣方式確認。

2.判定方法

(1) 應無變形、損傷或阻塞之情形。

(2) 裝接部位應無鬆動之情形。

3.注意事項

(1) 如發現有變形、損傷者，應即修復或予以更換。

(2) 如發現有阻塞者，應加以清除。

(3) 裝接部位之螺牙如有鬆動者，應即加以旋緊。但如為銲接或接著劑鬆動，及其他裝接不良者，應予更換。

(十四)過濾網

1.檢查方法

以目視確認有無損傷、腐蝕或阻塞之情形。

2.判定方法

應無損傷、腐蝕或阻塞之情形。

3.注意事項

(1) 如發現有損傷或腐蝕者，應予更換。

(2) 如發現有阻塞者，應予以清除。

滅火器檢查表

檢修項目		檢修結果							處置措施
		滅火器的種別					判定	不良狀況	
		A	B	C	D	E			
外觀檢查									
設置狀況	設置數量								
	設置場所								
	設置間隔								
	適用性								

檢修項目		檢修結果							處置措施
		滅火器的種別					判定	不良狀況	
		A	B	C	D	E			
標示									
滅火器	本體容器								
	安全插梢								
	壓把（加壓式）								
	皮管								
	噴嘴等								
	壓力指示計								
	壓力調整器（輪架型）								
	安全閥								
	保持裝置（掛勾或放置箱）								
	車輪（輪架型）								
	氣體導入管（輪架型）								
性能檢查									
本體容器內筒	本體容器								
	內筒								
	液面指示								
滅火藥劑	性狀								
	滅火藥劑量								
加壓用氣體容器									
壓把（壓板）									
皮管									
開閉式噴嘴等									
壓力指示計									
壓力調整器（輪架型）									
安全閥									

檢修項目	檢修結果							處置措施
	滅火器的種別					判定	不良狀況	
	A	B	C	D	E			
封板								
墊圈								
虹吸管及所體導入管								
過濾網								
放射能力								

備註	

檢查器材	機器名稱	型式	校正年月日	製造廠商	機器名稱	型式	校正年月日	製造廠商

檢查日期	自民國　　年　　　月　　　日　至民國　　　年　　　月　　　日

檢修人員	姓名		消防設備師（士）	證書字號		簽章	
	姓名		消防設備師（士）	證書字號		簽章	
	姓名		消防設備師（士）	證書字號		簽章	
	姓名		消防設備師（士）	證書字號		簽章	

備註：A：乾粉滅火器、B：泡沫滅火器。C：二氧化碳滅火器、D：海龍滅火器、E：火滅火器、F：強化液滅火器、G：大型滅火器。

1. 應於「種別・容量等情形」欄內填入適當之項目。

2. 檢查合格者於判定欄內打「○」；有不良情形時於判定欄內打「╳」，並將不良情形填載於「不良狀況」欄。

3. 將不良狀況所採取之處置情形應填載於「處置措施」欄。

4. 欄內有選擇項目時應以「○」圈選之。

2.2.2 室內消防栓設備檢修及申報作業基準

一、外觀檢查

(一)水源

1. 檢查方法

(1) 水箱、蓄水池

由外部以目視確認有無變形、漏水、腐蝕等。

(2) 水量

由水位計確認或打開人孔蓋用檢尺測量。

(3) 水位計及壓力表

以目視確認有無變形、損傷，指示值是否正確。

(4) 閥類

以目視確認排水管、補給水管、給氣管等之閥類，有無洩漏、變形、損傷等，及其開、關位置是否正常。

2. 判定方法

(1) 水箱、蓄水池

應無變形、損傷、漏水、漏氣及顯著腐蝕等痕跡。

(2) 水量

應確保在規定量以上。

(3) 水位計及壓力表

應無變形、損傷，且指示值應正常。

(4) 閥類

A. 應無洩漏、變形、損傷等。

B. 「常時開」或「常時關」之標示及開關位置應保持正常。

(二)電動機之控制裝置

1. 檢查方法

(1) 控制盤

A. 周圍狀況

確認周圍有無檢查及使用上之障礙。

B. 外形

以目視確認有無變形、腐蝕等。

(2) 電壓表

A. 以目視確認有無變形、損傷等。

B. 確認電源、電壓是否正常。

(3) 各開關

以目視確認有無變形、損傷及開關位置是否正常。

(4) 標示

確認是否正確標示。

(5) 預備品

確認是否備有保險絲、燈泡、回路圖及說明書等。

2. 判定方法

(1) 控制盤

A. 周圍狀況

應設置於火災不易波及之位置，且周圍應無檢查及使用上之障礙。

B. 外形

應無變形、損傷或顯著腐蝕等。

(2) 電壓表

A. 應無變形、損傷等。

B. 電壓表之指示值應在所定之範圍內。

C. 無電壓表者，電源表示燈應亮著。

(3) 各開關

應無變形、損傷、脫落等，且開、關位置應正常。

(4) 標示

A. 各開關之名稱標示應無污損及不明顯部分。

B. 標示銘板應無剝落。

(5) 預備品

A. 應備有保險絲、燈泡等預備品。

B. 應備有回路圖及操作說明書等。

(三) 啓動裝置

  1. 直接操作部

    (1) 檢查方法

     A. 周圍狀況

      以目視確認周圍有無檢查及使用上之障礙，及標示是否適當。

     B. 外形

      以目視確認直接操作部有無變形、損傷。

    (2) 判定方法

     A. 周圍狀況

    (A) 應無檢查及使用上之障礙。

    (B) 標示應無污損及不明顯部分。

     B. 外形

      開關部分應無變形、損傷之情形。

  2. 遠隔操作部

    (1) 檢查方法

     A. 周圍狀況

      以目視確認周圍有無檢查及使用上之障礙，設於消防栓箱附近之手動啓動裝置，標示是否適當正常。

     B. 外形

      以目視確認遠隔操作部有無變形、損傷等情形。

    (2) 判定方法

     A. 周圍狀況

    (A) 應無檢查上及使用上之障礙。

    (B) 標示應無污損或不明顯部分。

     B. 外形

      按鈕、開關應無損傷、變形。

(四) 啓動用水壓開關裝置

  1. 檢查方法

    (1) 壓力開關

      以目視確認如圖2-7之圖例所示壓力開關，有無變形、損傷等。

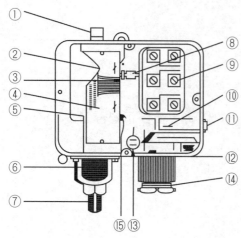

①設定壓力調整用螺栓　　⑨微動開關
②設定壓力調整用彈簧　　⑩壓力差調整彈簧
③指針　　　　　　　　　⑪壓力差調整螺栓
④刻度板　　　　　　　　⑫連結桿（操作開關）
⑤動作用主桿　　　　　　⑬本體推桿
⑥動作接點箱　　　　　　⑭配絲接線部
⑦配管用螺絲　　　　　　⑮動作用推桿
⑧調整螺絲

圖2-7　壓力開關圖例

(2) 啟動用壓力槽

以目視確認如圖2-8之圖例所示啟動用壓力槽有無變形、漏水、腐蝕等，及壓力表之指示值是否適當正常。

2. 判定方法

(1) 壓力開關

應無變形、損傷等。

(2) 啟動用壓力槽

應無變形、腐蝕、漏水、漏氣及顯著腐蝕等，且壓力表之指示值應正常。

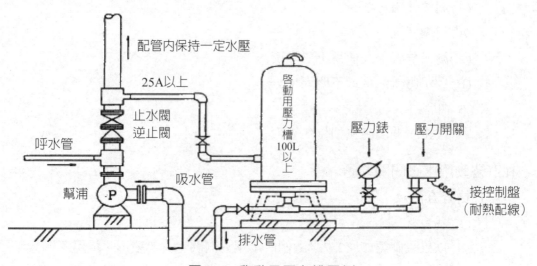

圖2-8　啟動用壓力槽圖例

(五)加壓送水裝置

1.檢查方法

以目視確認圖2-9所示之幫浦及電動機等有無變形、腐蝕等。

2.判定方法

應無變形、損傷、顯著腐蝕及銘板剝落等。

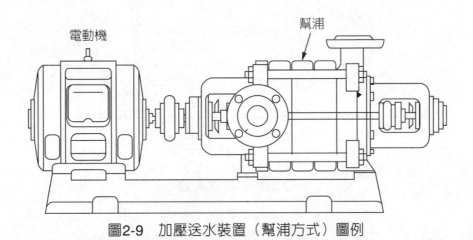

圖2-9　加壓送水裝置（幫浦方式）圖例

(六)呼水裝置

1.檢查方法

(1)呼水槽

以目視確認如圖2-10之呼水槽，有無變形、漏水、腐蝕，及水量是否在規定量以上。

(2)閥類

以目視確認給水管之閥類有無洩漏、變形等，及其開關位置是否正常。

2.判定方法

(1)呼水槽

應無變形、損傷、漏水、顯著腐蝕等，及水量應在規定量以上。

(2)閥類

A.應無洩漏、變形、損傷等。

B.「常時開」或「常時關」之標示及開關位置應正常。

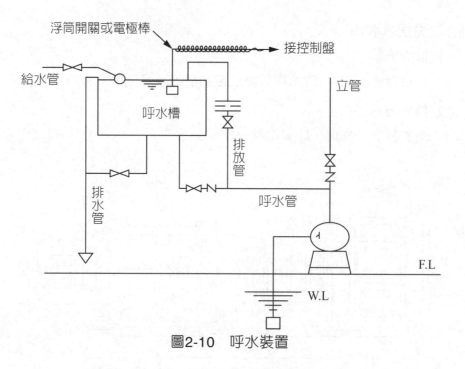

圖2-10　呼水裝置

(七)配管

　　1.檢查方法

　　(1) 立管及接頭

　　　　以目視確認有無洩漏、變形等及被利用做為其他東西之支撐、吊架
　　　　等。

　　(2) 立管固定用之支撐及吊架

　　　　以目視及手觸摸確認有無脫落、彎曲、鬆動等。

　　(3) 閥類

　　　　以目視確認有無洩漏、變形等，及開、關位置是否正常。

　　(4) 過濾裝置

　　　　以目視確認如圖2-11所示之過濾裝置有無洩漏、變形等。

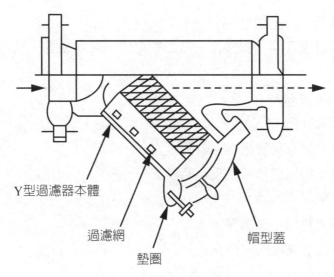

Y型過濾器本體

過濾網

墊圈

帽型蓋

圖2-11　過濾裝置圖例

2. 判定方法

(1) 立管及接頭

A. 應無洩漏、變形、損傷等。

B. 應無被利用做為其他東西之支撐及吊架等。

(2) 立管固定用之支撐及吊架

應無脫落、彎曲、鬆動等。

(3) 閥類

A. 應無洩漏、變形、損傷等。

B. 「常時開」或「常時關」之表示及開、關位置應正常。

(4) 過濾裝置

應無洩漏、變形、損傷等。

(八) 消防栓箱等

1. 消防栓箱

(1) 檢查方法

A. 周圍狀況

確認周圍有無檢查及使用上之障礙,及「消防栓」之標示字樣是否適當正常。

B. 外形

以目視及開、關操作，確認有無變形、損傷等，及箱門是否能確實開關。

(2) 判定方法

A. 周圍狀況

(A)應無檢查及使用上之障礙。

(B)標示字樣應無污損及不明顯部分。

B. 外形

(A)應無變形、損傷等。

(B)箱面之開關狀況應良好。

2. 水帶及瞄子

(1) 檢查方法

A. 第一種消防栓

以目視確認置於箱內之瞄子及水帶有無變形、損傷等，及有無法規規定之數量、型式。

B. 第二種消防栓

以目視確認皮管、瞄子及瞄子之開關裝置有無變形、損傷，及能否正常收入箱內。

(2) 判定方法

A. 第一種消防栓

(A)應無變形、損傷等。

(B)設置數目及型式應依法規規定。

(C)應能正常收置於消防栓箱內。

B. 第二種消防栓

(A)應無變形、損傷等。

(B)應能正常收置於消防栓箱內。

3. 消防栓及測試出水口

(1) 檢查方法

以目視確認有無洩漏、變形等。

(2) 判定方法

應無洩漏、變形、損傷等。

4.幫浦啓動表示燈

　(1)檢查方法

　　以目視確認有無變形、損傷及是否亮燈等。

　(2)判定方法

　A.應無變形、損傷、脫落、燈泡損壞等。

　B.每一消防栓箱上均應設有紅色幫浦表示燈。

二、性能檢查

(一)水源

　1.檢查方法

　(1)水質

　　打開人孔蓋以目視及水桶採水，確認有無腐敗、浮游物、沉澱物等。

　(2)給水裝置

　A.確認有無變形、腐蝕等，及操作排水閥確認給水功能是否正常。

　B.如不便用操作排水閥檢查給水功能時，可使用下列方法：

　(A)使用水位電極控制給水者，拆掉其電極回路之配線，形成減水狀態，確認其是否能自動給水；其後再將拆掉之電極回路配線接上復原，形成滿水狀態，確認其給水能否自動停止。

　(B)使用浮球水栓控制給水者，以手動操作將浮球沒入水中，形成減水狀態，使其自動給水；其後使浮球復原，形成滿水狀態，使給水自動停止。

　(3)水位計及壓力表

　A.水位計之量測係打開人孔蓋，用檢尺測量水位，並確認水位計之指示值。

　B.壓力表之量測係關閉壓力表開關及閥類，並放出壓力表之水，使指針歸零後，再打開壓力表開關及閥類，並確認指針之指示值。

　(4)閥類

　　以手操作確認開、關動作是否容易進行。

　2.判定方法

　(1)水質

　　應無顯著腐蝕、浮游物、沉澱物等。

(2) 給水裝置

A. 應無變形、損傷、顯著腐蝕。

B. 於減水狀態能自動給水，於滿水狀態能自動停止供水。

(3) 水位計及壓力表

A. 水位計之指示值應正常。

B. 在壓力表歸零的位置、指針的動作狀況及指示值應正常。

(4) 閥類

開、關操作應能容易進行。

(二) 電動機之控制裝置

1. 檢查方法

(1) 各開關

以螺絲起子及開、關操作，確認端子有無鬆動及開關性能是否正常。

(2) 保險絲

確認有無損傷、熔斷及是否為所規定之種類及容量。

(3) 繼電器

確認有無脫落、端子鬆動、接點燒損、灰塵附著，並操作各開關使繼電器動作，確認性能。

(4) 表示燈

操作各開關確認有無亮燈。

(5) 結線接續

以目視及螺絲起子確認有無斷線、端子鬆動等。

(6) 接地

以目視或回路計確認有無腐蝕、斷線等。

2. 判定方法

(1) 各開關

A. 端子應無鬆動、發熱。

B. 開、關性能應正常。

(2) 保險絲

A. 應無損傷、熔斷。

B. 應依回路圖所規定種類及容量設置。

(3) 繼電器

　A. 應無脫落、端子鬆動、接點燒損、灰塵附著等。

　B. 動作應正常。

(4) 表示燈

　　應無顯著劣化，且應能正常亮燈。

(5) 結線接續

　　應無斷線、端子鬆動、脫落、損傷等。

(6) 接地

　　應無顯著腐蝕、斷線等。

(三)啓動裝置

1.檢查方法

(1) 啓動操作部

　　操作直接操作部及遠隔操作部之開關，確認加壓送水裝置是否能啓動。

(2) 啓動用水壓開關裝置

　A. 以目視及螺絲起子，確認壓力開關之端子有無鬆動。

　B. 確認設定壓力值是否恰當，且由操作排水閥使加壓送水裝置啓動，確認動作壓力值是否適當。

2.判定方法

(1) 啓動操作部

　　加壓送水裝置應能確實啓動。

(2) 啓動用水壓開關裝置

　A. 壓力開關之端子應無鬆動。

　B. 設定壓力值應適當，且加壓送水裝置應依設定壓力正常啓動。

(四)加壓送水裝置

1.幫浦方式

(1) 電動機

　A. 檢查方法

(A)回轉軸

　　用手轉動，確認是否能圓滑地回轉。

(B)軸承部

　　確認潤滑油有無污損、變質及是否達必要量。

(C)軸接頭

　　以板手確認有無鬆動及性能是否正常。

(D)本體

　　操作啟動裝置使其啟動，確認性能是否正常。

B.判定方法

(A)回轉軸

　　應能圓滑地回轉。

(B)軸承部

　　潤滑油應無污損、變質，且達必要量。

(C)軸接頭

　　應無脫落、鬆動，且接合狀態牢固。

(D)本體

　　應無顯著發熱、異常振動、不規則或不連續之雜音，且回轉方向正
確。

C.注意事項

　　除需操作啟動檢查性能外，其餘均需先切斷電源。

(2) 幫浦

A.檢查方法

(A)回轉軸

　　用手轉動確認是否能圓滑地轉動。

(B)軸承部

　　確認潤滑油有無污損、變質及是否達必要量。

(C)底部

　　確認有無顯著的漏水。

(D)連成表及壓力表

　　關掉表計之控制水閥將水排出，確認指針是否指在0之位置，再打開
表計之控制水閥，操作啟動裝置確認指針是否正常動作。

(E)性能

先將幫浦吐出側之制水閥關閉之後，使幫浦啓動，然後緩緩的打開性能測試用配管之制水閥，由流量計及壓力表確認額定負荷運轉及全開點時之性能。

B. 判定方法

(A)回轉軸

應能圓滑地轉動。

(B)軸承部

潤滑油應無污損、變質、混入異物等，且達必要量。

(C)底座

應無顯著漏水。

(D)連成表及壓力表

位置及指針之動作應正常。

(E)性能

應無異常振動、不規則或不連續的雜音，且於額定負荷運轉及全開點時之吐出壓力及吐出水量均達規定值以上。

C. 注意事項

除需操作啓動檢查性能外，其餘均需先行切斷電源。

2. 重力水箱方式

(1) 檢查方法

以壓力表測試重力水箱最近及最遠的消防栓開關閥之靜水壓力，確認是否爲所定之壓力。

(2) 判定方法

應爲設計上之壓力值。

3. 壓力水箱方式

(1) 檢查方法

打開排氣閥，確認是否能自動啓動加壓。

(2) 判定方法

壓力降低應能自動啓動，壓力達到時應能自動停止。

(3) 注意事項

在打開排氣閥時，爲防止高壓所造成的危害，閥類應慢慢開啓。

4.減壓措施

(1) 檢查方法

A. 以目視確認減壓閥等有無洩漏、變形。

B. 打開距加壓送水裝置最近及最遠的消防栓開關閥，確認壓力是否在規定之範圍。

(2) 判定方法

A. 應無洩漏、變形、損傷等。

B. 放水壓力在1.7kgf/cm^{2}以上7kgf/cm^{2}以下。但公共危險物品等場所達顯著滅火困難者設置之第一種滅火設備之消防栓，其放水壓力應在3.5kgf/cm^{2}以上7kgf/cm^{2}以下。

(五)呼水裝置

1.檢查方法

(1) 閥類

用手操作確認開、關動作是否容易進行。

(2) 自動給水裝置

A. 確認有無變形、腐蝕等。

B. 打開排水閥，確認自動給水性能是否正常。

(3) 減水警報裝置

A. 確認有無變形、腐蝕等

B. 關閉補給水閥，再打開排水閥，確認減水警報功能是否正常。

(4) 底閥

A. 拉上吸水管或檢查用鍊條，確認有無異物附著或阻塞。

B. 打開幫浦本體上呼水漏斗之制水閥，確認有無從漏斗連續溢水出來。

C. 打開幫浦本體上呼水漏斗之制水閥，然後關閉呼水管之制水閥，確認底閥之逆止效果是否正常。

2.判定方法

(1) 閥類

開、關動作應能容易進行。

(2) 自動給水裝置

A. 應無變形、損傷、顯著腐蝕等。

B.當呼水槽之水量減少時，應能自動給水。

(3) 減水警報裝置

A.應無變形、損傷、顯著腐蝕等。

B.當水量減少至一半前應發出警報。

(4) 底閥

A.應無異物附著、阻塞等吸水障礙。

B.呼水漏斗應能連續溢水出來。

C.呼水漏斗的水應無減少。

(六)配管

1.檢查方法

(1) 閥類

用手操作確認開、關動作是否容易進行。

(2) 過濾裝置

分解打開確認過濾網有無變形、異物堆積。

(3) 排放管（防止水溫上升裝置）

使加壓送水裝置啟動呈關閉運轉狀態，確認排放管排水是否正常。

2.判定方法

(1) 閥類

開、關操作應能容易進行。

(2) 過濾裝置

過濾網應無變形、損傷、異物堆積等。

(3) 排放管

排放水量應在下列公式求出量以上。

$$q = \frac{Ls \times C}{60 \times \Delta t}$$

q：排放水量（L/min）

Ls：幫浦關閉運轉時之出力。（kw）

C：860kcal（1kw-hr時水之發熱量）

Δt：30℃（幫浦內部之水溫上升限度）

(4) 注意事項

排放管之排放水量與設置時之排水量比較應無太大之差異。

(七)消防栓箱等

1. 水帶及瞄子

(1) 檢查方法

A. 第一種消防栓檢查方法

以目視確認有無腐蝕、損傷及用手操作確認是否容易拆接。

B. 第二種消防栓檢查方法

以目視確認有無腐蝕、損傷及瞄子開閉裝置操作是否容易。

(2) 判定方法

A. 應無損傷及腐蝕。

B. 第一種消防栓應能容易拆接。

C. 第二種消防栓開關裝置應能容易操作。

2. 消防栓及測試出水口

(1) 檢查方法

用手操作確認是否容易開、關。

(2) 判定方法

開、關操作應能容易進行。

(八)耐震措施

1. 檢查方法

(1) 牆壁或地板上貫通部分有無變形、損傷等，並確認防震軟管接頭有無變形、損傷、顯著腐蝕等。

(2) 以目視及板手確認加壓送水裝置等之裝配固定是否有異常。

2. 判定方法

(1) 防震軟管應無變形、損傷、顯著腐蝕等，且牆壁或地板上貫通部分的間隙、充填部分均保持原來施工時之狀態。

(2) 加壓送水裝置的安裝部分所使用之基礎螺絲、螺絲帽，應無變形、損傷、鬆動、顯著腐蝕等，且安裝固定部分應無損傷。

三、綜合檢查

(一) 檢查方法

切換成緊急電源供電之狀態，操作直接操作部或遠隔操作啟動裝置，確認各項性能。而有關放水壓力及放水量之檢查方法如下：

1. 於裝置消防栓最多之最高樓層做放水試驗，以該樓層全部消防栓放水為準，但消防栓超過二支時，以二支同時放水。另公共危險物品等場所達顯著滅火困難者設置消防栓之數量超過五支時，以五支同時放水。

2. 測量瞄子直線放水之壓力時，如圖2-12所示將壓力表之進水口，放置於瞄子前端瞄子口徑的二分之一距離處，或採圖2-13所示方式讀取壓力表的指示值。

3. 放水量依下列計算式計算

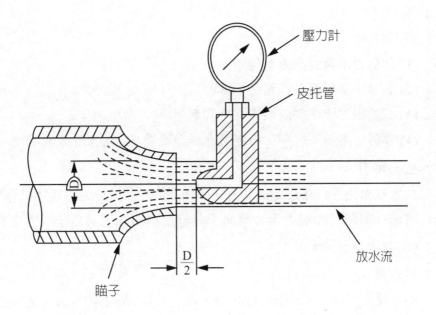

$$Q = 0.653D^2\sqrt{P}$$

Q：瞄子放水量（l/min）
D：瞄子口徑（mm）
P：瞄子壓力（kgf/cm²）

圖2-12

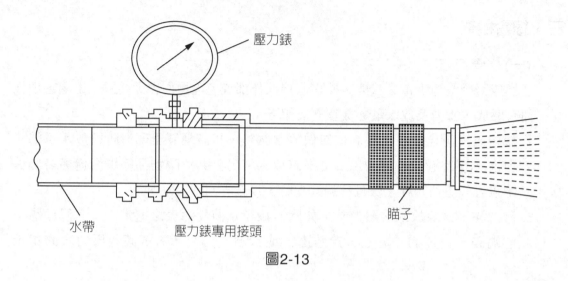

圖2-13

(二)判定方法

1. 啟動性能

(1) 加壓送水裝置應確實啟動。

(2) 表示、警報等動作應正常。

(3) 電動機之運轉電流值應在容許範圍內。

(4) 運轉中應無不規則、不連續之雜音或異常之振動、發熱等。

2. 放水壓力

放水壓力應在1.7kgf/cm²以上7kgf/cm²以下。但公共危險物品等場所達顯著滅火困難者設置之第一種滅火設備之消防栓，其放水壓力應在3.5kgf/cm²以上7kgf/cm²以下。

3. 放水量

第一種消防栓放水量應在130L/min以上，第二種消防栓放水量應在60L/min以上。但公共危險物品等場所達顯著滅火困難者設置之第一種滅火設備之消防栓，其放水量應在260L/min以上。

(三)注意事項

於檢查類似醫院之場所，因切換成緊急電源可能會產生困擾時，得使用常用電源檢查。

室內消防栓檢查表

檢修設備名稱	幫浦	製造商： 型　號：		電動機	製造商： 型　號：

檢修項目		檢修結果			處置措施
		種別、容量等內容	判定	不良狀況	
外觀檢查					
水源	蓄水池	類別			
	水量	cm^3			
	水位計、壓力計				
	閥類				
電動機	控制盤 周圍狀況				
	控制盤 外形				
	電壓表	V			
	各開關				
	標示				
	預備品等				
啟動裝置	直接操作部 周圍狀況				
	直接操作部 外形				
	遠隔操作部 周圍狀況				
	遠隔操作部 外形				
啟動用水壓開關裝置	壓力開關	kgf/cm^2			
	壓力槽	L　　　kgf/cm^2			
加壓送水裝置					
呼水裝置	呼水槽				
	閥類				
配管					
消防栓箱等	消防栓箱 周圍狀況				
	消防栓箱 外形				
	水帶瞄子 第一種消防栓				
	水帶瞄子 第二種消防栓				
	消防栓開關閥				
	啟動表示燈	□專用　□兼用			
	屋頂測試出水口				

性能檢查					
水源	水質				
	給水裝置				
	閥類				
	水位計、壓力表				
電動機控制裝置	各開關				
	保險絲		A		
	繼電器				
	表示燈				
	結線接續				
	接地				
啓動裝置	啓動操作部				
	水壓開關裝置	設定壓力　kgf/cm^2 動作壓力　kgf/cm^2			
加壓送水裝置	幫浦方式	電動機	回轉軸		
			軸承部		
			軸接頭		
			本體		
		幫浦	回轉軸		
			軸承部		
			底部		
			連成表、壓力表		
			性能　kgf/cm^2　　L/min		
	重力水箱方式	kgf/cm^2			
	壓力水箱方式	kgf/cm^2			
	減壓措施				
呼水裝置	閥類				
	自動給水裝置				
	減水警報裝置				
	底閥				
配管	閥類				
	過濾裝置				
	排放管				
消防栓箱等	水帶瞄子	第一種消防栓			
		第二種消防栓			
	消防栓開關閥				
	屋頂測試出水口				

		耐震措施				
			綜合檢查			
幫浦方式	啟動性能	加壓送水裝置				
		表示、警報等				
		運轉電流	A			
		運轉狀況				
		放大壓力	kgf/cm^2			
		放水量	L/min			
重力水箱等		放大壓力	kgf/cm^2	/		
		放水量	L/min	/		
備註						

檢查器材	機器名稱	型式	校正年月日	製造廠商	機器名稱	型式	校正年月日	製造廠商

檢修人員	檢查日期	自民國		年	月	日 至民國	年	月	日	
	姓名		消防設備師（士）	證書字號			簽章		（簽章）	
	姓名		消防設備師（士）	證書字號			簽章			
	姓名		消防設備師（士）	證書字號			簽章			
	姓名		消防設備師（士）	證書字號			簽章			

1. 應於「種別・容量等情形」欄內填入適當之項目。

2. 檢查合格者於判定欄內打「○」；有不良情形時於判定欄內打「×」，並將不良情形填載於「不良狀況」欄。

3. 對不良狀況所採取之處置情形應填載於「處置措施」欄。

4. 欄內有選擇項目時應以「○」圈選之。

2.2.3 室外消防栓設備檢修及申報作業基準

一、外觀檢查（略）

二、性能檢查

(一)水源

1.檢查方法

(1)水質

打開人孔蓋以目視及水桶採水，確認有無腐敗、浮游物、沉澱物等。

(2)給水裝置

A.確認有無變形、腐蝕等，及操作排水閥確認給水功能是否正常。

B.如不便用操作排水閥檢查給水功能時，可使用下列方法：

(A)使用水位電極控制給水者，拆除其電極回路之配線，形成減水狀態，確認其是否能自動給水；其後再將拆掉之電極回路線接上復原，形成滿水狀態，確認其給水能否自動停止。

(B)使用浮球水栓控制給水者，以手動操作將浮球沒入水中，形成減水狀態，使其自動給水；其後使浮球復原，形成滿水狀態，使給水自動停止。

(3)水位計及壓力表

A.水位計之量測係打開人孔蓋，用檢尺測量水位，並確認水位計之指示值。

B.壓力表之量測係關閉壓力表開關及閥類，並放出壓力表之水，使指針歸零後，再打開壓力表開關及閥類，並確認指針之指示值。

(4)閥類

用手操作確認開、關動作是否能容易進行。

2.定方法

(1)水質

應無腐臭、浮游物、沉澱物之堆積等。

(2)給水裝置

A.應無變形、損傷、顯著腐蝕。

　　　B. 於減水狀態能自動給水，於滿水狀態能自動停止供水。

　　(3) 水位計及壓力表

　　　A. 水位計之指示值應正常。

　　　B. 在壓力表歸零的位置、指針的動作狀況及指示值應正常。

　　(4) 閥類

　　　開、關操作應能容易地進行。

(二) 電動機之控制裝置

1. 檢查方法

　　(1) 各開關

　　　以螺絲起子及開、關操作，確認端子有無鬆動及開關性能是否正常。

　　(2) 保險絲

　　　確認有無損傷、熔斷及是否為所規定之種類及容量。

　　(3) 繼電器

　　　確認有無脫落、端子鬆動、接點燒損、灰塵附著，並操作各開關使繼
　　　電器動作，確認機能。

　　(4) 表示燈

　　　操作各開關確認有無亮燈。

　　(5) 結線接續

　　　以目視及螺絲起子確認有無斷線、端子鬆動等。

　　(6) 接地

　　　以目視或回路計確認有無腐蝕、斷線等。

2. 判定方法

　　(1) 各開關

　　　A. 端子應無鬆動、發熱。

　　　B. 開、關性能應正常。

　　(2) 保險絲

　　　A. 應無損傷、熔斷。

　　　B. 應依回路圖所規定種類及容量設置。

　　(3) 繼電器

　　　A. 應無脫落、端子鬆動、接點燒損、灰塵附著等。

B.動作應正常。

(4)表示燈

應無顯著劣化，且能正常點燈。

(5)結線接續

應無斷線、端子鬆動、脫落、損傷等。

(6)接地

應無顯著腐蝕、斷線等。

(三)啓動裝置

1.檢查方法

(1)啓動操作部

操作直接操作部及遠隔操作部之開關，確認加壓送水裝置能否啓動。

(2)啓動用水壓開關裝置

A.以目視及螺絲起子，確認壓力開關之端子有無鬆動。

B.確認設定壓力值是否恰當，且由操作排水閥使加壓送水裝置啓動，確認動作壓力值是否適當。

2.判定方法

(1)啓動操作部

加壓送水裝置應能確實啓動。

(2)啓動用水壓開關裝置

A.壓力開關之端子應無鬆動。

B.設定壓力值適當，且加壓送水裝置依設定壓力正常啓動。

(四)加壓送水裝置（限幫浦方式）

1.電動機

(1)檢查方法

A.回轉軸

用手轉動，確認是否能圓滑地回轉。

B.軸承部

確認潤滑油有無污損、變質及是否達必要量。

C.軸接頭

以扳手確認有無鬆動、性能是否正常。

D. 本體

操作啓動裝置使其啓動，確認性能是否正常。

(2) 判定方法

A. 回轉軸

應能圓滑的回轉。

B. 軸承部

潤滑油應無污損、變質且達必要量。

C. 軸接頭

應無脫落、鬆動，且接合狀態牢固。

D. 本體

應無顯著發熱、異常振動、不規則或不連續之雜音，且回轉方向正確。

(3) 注意事項

除需操作啓動檢查性能外，其餘均需先切斷電源。

2. 幫浦

(1) 檢查方法

A. 回轉軸

用手轉動確認是否能圓滑地回轉。

B. 軸承部

確認潤滑油有無污損、變質及是否達必要量。

C. 底座

認有無顯著漏水。

D. 連成表及壓力表

關掉表計之控制水閥將水排出，確認指針是否指在0之位置，再打開表計之控制水閥，操作啓動裝置確認指針是否正常動作。

E. 性能

先將幫浦吐出側之制水閥關閉之後，使幫浦啓動，然後緩緩的打開性能測試用配管之制水閥，由流量計及壓力表確認額定負荷運轉及全開點時之性能。

(2) 判定方法

A. 回轉軸

應能圓滑地轉動。

B. 軸承部

潤滑油應無污損、變質，且達必要量。

C. 底座

應無顯著漏水。

D. 連成表及壓力表

位置及指針動作應正常。

E. 性能

應無異常振動、不規則或不連續之雜音，且於額定負荷運轉及全開點時之吐出壓力及吐出水量均達規定值以上。

(3) 注意事項

除需操作啓動檢查性能外，其餘均需先行切斷電源。

3. 減壓措施

(1) 檢查方法

以目視確認減壓閥等有無變形、洩漏等。

(2) 判定方法

A. 應無洩漏、變形、損傷等。

B. 放水壓力應在$2.5kgf/cm^2$以上$6kgf/cm^2$以下。但公共危險物品等場所達顯著滅火困難者、爆竹煙火製造場所有火藥區之作業區或庫存區及爆竹煙火儲存場所設置第一種滅火設備之室外消防栓，其放水壓力應在$3.5kgf/cm^2$以上。

(五) 呼水裝置

1. 檢查方法

(1) 閥類

用手操作確認開關動作是否容易進行。

(2) 自動給水裝置

A. 確認有無變形、腐蝕等。

B. 打開排水閥，檢查自動給水功能是否正常。

(3) 減水警報裝置

A. 確認有無變形、腐蝕等。

B. 關閉補給水閥,再打開排水閥,確認減水警報功能是否正常。

(4) 底閥

A. 拉上吸水管或檢查用鍊條,確認有無異物附著或阻塞。

B. 打開幫浦本體上呼水漏斗之制水閥,確認有無從漏斗連續溢水出來。

C. 打開幫浦本體上呼水漏斗之制水閥,然後關閉呼水管之制水閥,確認底閥之逆止效果是否正常。

2. 判定方法

(1) 閥類

開、關動作應能容易地進行。

(2) 自動給水裝置

A. 應無變形、損傷、顯著腐蝕等。

B. 當呼水槽之水量減少時,應能自動給水。

(3) 減水警報裝置

A. 應無變形、損傷、顯著腐蝕等。

B. 當水量減少到二分之一時應發出警報。

(4) 底閥

A. 應無異物附著、阻塞等吸水障礙。

B. 呼水漏斗應能連續溢水出來。

C. 呼水漏斗的水應無減少。

(六) 配管

1. 檢查方法

(1) 閥類

用手操作確認開、關動作是否容易進行。

(2) 過濾裝置

分解打開確認過濾網有無變形、異物堆積。

(3) 排放管 (防止水溫上升裝置)

使加壓送水裝置啟動呈關閉運轉狀態,確認排放管排水是否正常。

2.判定方法

(1)閥類

開、關操作應能容易進行。

(2)過濾裝置

過濾網應無變形、損傷、異物堆積等。

(3)排放管

排放水量應在下列公式求得量以上。

$$q = \frac{Ls \times C}{60 \times \Delta t}$$

q：排放水量（L/min）

Ls：幫浦關閉運轉時之出力。（kw）

C：860kcal（1kw-hr時水之發熱量）

Δt：30℃（幫浦內部之水溫上升限度）

(七)室外消防栓箱等

1.檢查方法

(1)水帶及瞄子

以目視確認有無損傷、腐蝕，及用手操作確認是否容易拆接。

(2)室外消防栓

用手操作確認開、關操作是否容易。

2.判定方法

(1)水帶及瞄子

A.應無損傷、腐蝕。

B.應能容易拆、接。

(2)室外消防栓

開、關操作應能容易進行。

(八)耐震措施

1.檢查方法

(1)牆壁或地板上貫通部分有無變形、損傷等，並確認防震軟管接頭有無

變形、損傷、顯著腐蝕等。

(2) 以目視及扳手確認加壓送水裝置等之裝配固定是否有異常。

2. 判定方法

(1) 防震軟管應無變形、損傷、顯著腐蝕等，且牆壁或地板上貫通部分的間隙、充填部分均保持原來施工時之狀態。

(2) 加壓送水裝置的安裝部分所使用之基礎螺絲、螺絲帽，應無變形、損傷、鬆動、顯著腐蝕等，且安裝固定部分應無損傷。

三、綜合檢查

(一) 檢查方法

切換成緊急電源供電狀態，操作直接操作部及遠隔操作部啟動裝置，確認各項性能。其放水壓力及放水量之檢查方法如下：

1. 選擇配管上最遠最高處之二具室外消防栓做放水試驗。但公共危險物品等場所達顯著滅火困難者、爆竹煙火製造場所有火藥區之作業區或庫存區及爆竹煙火儲存場所超過四具時，選擇配管上最遠最高處之四具室外消防栓做放水試驗。

2. 測量瞄子直線放水之壓力時，將壓力表之進水口，放置於瞄子前端瞄子口徑的二分之一距離處，讀取壓力表的指示值。

3. 放水量依下列計算式計算

$$Q = 0.653D^2\sqrt{P}$$

Q：瞄子放水量（L/min）

D：瞄子口徑（mm）

P：瞄子壓力（kgf/cm^2）

(二) 判定方法

1. 啟動性能

(1) 加壓送水裝置應確實啟動。

(2) 表示、警報等應正常。

(3) 電動機之運轉電流值應在容許範圍內。

(4) 運轉中應無不規則、不連續之雜音或異常之振動、發熱等。

2. 放水壓力

應在2.5kgf/cm²以上6kgf/cm²以下。但公共危險物品等場所達顯著減火困難者、爆竹煙火製造場所有火藥區之作業區或庫存區及爆竹煙火儲存場所，其放水壓力應在3.5kgf/cm²以上。

3. 放水量

應在350L/min以上。但公共危險物品等場所達顯著減火困難者、爆竹煙火製造場所有火藥區之作業區或庫存區及爆竹煙火儲存場所，應在450L/min以上。

(三) 注意事項

於檢查類似醫院之場所，因切換成緊急電源可能會產生困擾時，得使用常用電源檢查。

室外消防栓檢查表

檢修設備名稱	幫浦	製造商： 型　號：		電動機	製造商： 型　號：	
檢修項目		檢修結果				處置措施
		種別、容量等內容	判定	不良狀況		
外觀檢查						
水源	蓄水池	類別				
	水量	m³				
	水位計、壓力計					
	閥類					
電動機	控制盤 周圍狀況					
	外形					
	電壓表	V				
	各開關					
	標示					
	預備品等					

啓動裝置	直接操作部	周圍狀況				
		外形				
	水壓開關裝置	周圍狀況				
		壓力槽	L　　　kgf/cm^2			
	加壓送水裝置					
呼水裝置		呼水槽	L			
		閥類				
	配管					
水帶箱等	水帶箱	周圍狀況				
		外形				
	水帶					
	瞄子					
	室外消防栓	周圍狀況				
		外形				
性能檢查						
水源	水質					
	給水裝置					
	閥類					
	水位計、壓力表					
電動機控制裝置	各開關					
	保險絲		A			
	繼電器					
	表示燈					
	結線接續					
	接地					
啓動裝置	啓動操作部		□專用　□兼用			
	水壓開關裝置		設定壓力　　　kgf/cm^2 動作壓力　　　kgf/cm^2			

加壓送水裝置	幫浦方式	電動機	回轉軸			
			軸承部			
			軸接頭			
			本體			
		幫浦	回轉軸			
			軸承部			
			底部			
			連成表、壓力表			
			性能	kgf/cm^2　　　L/min		
	重力水箱方式			kgf/cm^2		
	壓力水箱方式			kgf/cm^2		
	減壓措施					
呼水裝置	閥類					
	自動給水裝置					
	減水警報裝置					
	底閥					
配管	閥類					
	過濾裝置					
	排放管					
室外消防栓箱等	水帶、瞄子					
	室外消防栓					
耐震措施						
綜合檢查						
幫浦方式	啓動性能	加壓送水裝置				
		表示、警報等				
		運轉電流		A		
		運轉狀況				
	放大壓力			kgf/cm^2		
	放水量			L/min		
重力水箱等	放大壓力			kgf/cm^2		
	放水量			L/min		

備註									
檢查器材	機器名稱	型式	校正年月日	製造廠商	機器名稱	型式	校正年月日	製造廠商	
檢查日期	自民國92年4月11日至民國92年4月12日								
檢修人員	姓名		消防設備師（士）	證書字號			簽章		（簽章）
	姓名		消防設備師（士）	證書字號			簽章		
	姓名		消防設備師（士）	證書字號			簽章		
	姓名		消防設備師（士）	證書字號			簽章		

1. 應於「種別‧容量等情形」欄內填入適當之項目。
2. 檢查合格者於判定欄內打「○」；有不良情形時於判定欄內打「×」，並將不良情形填載於「不良狀況」欄。
3. 對不良狀況所採取之處置情形應填載於「處置措施」欄。
4. 欄內有選擇項目時應以「○」圈選之。

2.2.4 自動撒水設備檢修及申報作業基準

一、外觀檢查

(一)水源

　　1.檢查方法

　　　(1)水箱、蓄水池

　　　　由外部以目視確認有無變形、漏水、腐蝕等。

　　　(2)水量

　　　　由水位計確認或打開人孔蓋用檢尺測量。

(3) 水位計及壓力表

用目視確認有無變形、損傷，指示值是否正常。

(4) 閥類

以目視確認排水管、補給水管、給氣管等之閥類，有無漏水、變形、損傷等，及其開、關位置是否正常。

2. 判定方法

(1) 水箱、蓄水池

應無變形、損傷、漏水、漏氣及顯著腐蝕等痕跡。

(2) 水量

應確保在規定量以上。

(3) 水位計及壓力表

應無變形、損傷，且指示值應正常。

(4) 閥類

A. 應無漏水、變形、損傷等。

B.「常時開」或「常時關」之標示及開、關位置應保持正常。

(二) 電動機之控制裝置

1. 檢查方法

(1) 控制盤

A. 周圍狀況

確認周圍有無檢查及使用上之障礙。

B. 外形

以目視確認有無變形、腐蝕。

(2) 電壓計

A. 以目視確認有無變形、損傷。

B. 確認電源、電壓是否正常。

(3) 各開關

以目視確認有無變形、損傷及開、關位置是否正常。

(4) 標示

確認是否正確標示。

(5) 預備品

確認是否備有保險絲、燈泡、回路圖及說明書等。

2. 判定方法

(1) 控制盤

A. 周圍狀況

應設置於火災不易波及之位置，且周圍應無檢查及使用上之障礙。

B. 外形

應無變形、損傷、顯著腐蝕等。

(2) 電壓表

A. 應無變形、損傷等。

B. 電壓表之指示值應在所定之範圍內。

C. 無電壓表者，電源指示燈應亮著。

(3) 各開關

應無變形、損傷、脫落等，且開關位置應正常。

(4) 標示

A. 各開關之名稱標示應無污損及不明顯部分。

B. 標示銘板應無剝落。

(5) 預備品

A. 應備有保險絲、燈泡等預備品。

B. 應備有回路圖及操作說明書等。

(三) 啟動裝置

1. 手動啟動裝置

(1) 檢查方法

A. 周圍狀況

以目視確認周圍有無檢查及使用上之障礙，及標示是否適當。

B. 外形

以目視確認有無變形、損傷等。

(2) 判定方法

A. 周圍狀況

(A) 應無檢查及使用上之障礙。

　　　(B)標示應無污損及不明顯部分。

　　　B.外形

　　　　開關閥應無損傷、變形。

　2.自動啟動裝置

　　(1)檢查方法

　　　A.啟動用水壓開關裝置

　　　(A)壓力開關

　　　　以目視確認有無變形、損傷等。

　　　(B)啟動用壓力水槽

　　　　以目視確認有無變形、損傷、漏水、腐蝕等，及壓力表指示值是否適當正常。

　　　B.火警感知裝置

　　　(A)探測器

　　　　a.外形

　　　　　以目視確認有無變形、腐蝕等。

　　　　b.感知區域

　　　　　確認探測器範圍設定是否恰當。

　　　　c.適應性

　　　　　確認是否設置適當型式之探測器。

　　　　d.性能障礙

　　　　　以目視確認感知部分有無被塗上油漆，或因裝潢而妨礙熱氣流等。

　　　(B)密閉式撒水頭

　　　　以目視確認有無火警感知障礙，及因裝修油漆、異物附著等動作障礙。

　　(2)判定方法

　　　A.啟動用水壓開關裝置

　　　(A)壓力開關

　　　　應無變形、損傷等。

　　　(B)啟動用壓力水槽

　　　　應無變形、損傷、漏水、漏氣、顯著腐蝕等，且壓力表之指示值應正常。

B. 火警感知裝置

(A)探測器

a. 外形

應無變形、損傷、脫落、顯著腐蝕等。

b. 感知區域

設置的型式、探測範圍面積及裝置高度均符合規定。

c. 適應性

應為適合設置場所之探測器。

d. 性能障礙

應無被油漆及裝修妨礙熱氣流或煙之流動現象。

(B)密閉式撒水頭

a. 撒水頭周圍應無感熱障礙。

b. 應無被油漆、異物附著、漏水、變形等。

(四)加壓送水裝置

1. 檢查方法

以目視確認幫浦及電動機等有無變形、腐蝕等。

2. 判定方法

應無變形、損傷、顯著腐蝕及銘板剝落等。

(五)呼水裝置

1. 檢查方法

(1) 呼水槽

以目視確認有無變形、漏水、腐蝕，及水量是否在規定量以上。

(2) 閥類

以目視確認給水管等之閥類有無漏水、變形等，及其開、關位置是否正常。

2. 判定方法

(1) 呼水槽

應無變形、損傷、漏水、顯著腐蝕等，及水量應在規定量以上。

(2)閥類

A.應無漏水、變形、損傷等。

B.「常時開」或「常時關」之標示及開、關位置應正常。

(六)配管

1.檢查方法

(1)立管及接頭

以目視確認有無洩漏、變形等及被利用爲支撐、吊架等。

(2)立管固定用支架

以目視及手觸摸確認有無脫落、彎曲、鬆動等。

(3)閥類

以目視確認有無洩漏、變形等，及開、關位置是否正常。

(4)過濾裝置

以目視確認有無洩漏、變形等。

(5)標示

確認「制水閥」、「末端查驗閥」等之標示是否適當正常。

2.判定方法

(1)立管及接頭

A.應無洩漏、變形、損傷等。

B.應無被利用爲支撐、吊架等。

(2)立管固定用之支架

應無脫落、彎曲、鬆動等。

(3)閥類

A.應無洩漏、變形、損傷等。

B.「常時開」或「常時關」之標示及開、關位置應正常。

(4)過濾裝置

應無洩漏、變形、損傷等。

(5)標示

應無損傷、脫落、污損等。

(七)送水口

1.檢查方法

(1)周圍狀況

A.確認周圍有無使用上及消防車接近之障礙。

B.確認「自動撒水送水口」之標示是否正常。

(2)外形

以目視確認有無漏水、變形、異物阻塞等。

2.判定方法

(1)周圍狀況

A.應無消防車接近及消防活動上之障礙。

B.標示應無損傷、脫落、污損等。

(2)外形

A.快速接頭應無生鏽。

B.應無漏水及砂、垃圾等異物阻塞現象。

(八)撒水頭

1.檢查方法

(1)外形

A.以目視確認有無洩漏、變形等。

B.以目視確認有無被利用為支撐、吊架使用等。

(2)感熱及撒水分布障礙

以目視確認周圍有無感熱及撒水分布之障礙。

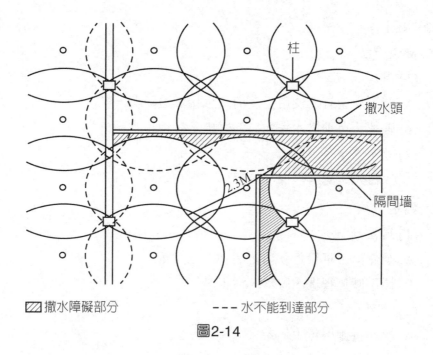

圖2-14

(3) 未警戒部分

　　確認有無如圖2-15所示，因隔間變更應無設置撒水頭，而造成未警戒之部分。

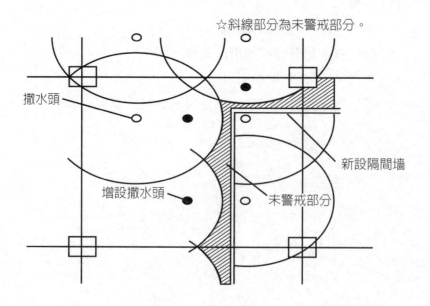

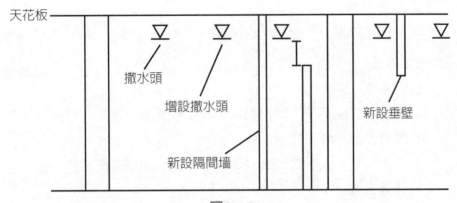

圖2-15

2.判定方法

(1) 外形

A.應無洩漏、變形等。

B.應無被利用為支撐、吊架使用。

(2) 感熱及撒水分布障礙

A.撒水頭周圍應無感熱、撒水分布之障礙。

B.撒水頭應無被油漆、異物附著等。

C.於設有撒水頭防護蓋之場所,其防護蓋應無損傷、脫落等。

(3) 未警戒部分

應無因隔間、垂壁、風管管道等之變更、增設、新設等,而造成未警戒部分。

(九)自動警報逆止閥及流水檢知裝置

1.檢查方法

(1) 閥本體

A.以目視確認本體、附屬閥類、配管及壓力表等有無漏水、變形等。

B.確認壓力表指示值是否正常。

C.以目視確認附屬閥類之開關位置是否正常。

(2) 延遲裝置

以目視確認有無變形、腐蝕等。

(3) 壓力開關

以目視確認有無變形、損傷等。

2. 判定方法

(1) 閥本體

A. 本體、附屬閥類、壓力表及配管應無漏水、變形、損傷等。

B. 壓力表指示值正常。

C. 「常時開」或「常時關」之標示及開、關位置應正常。

(2) 延遲裝置

應無變形、損傷、顯著腐蝕等。

(3) 壓力開關

應無變形、損傷等。

(十) 一齊開放閥（含電磁閥）

1. 檢查方法

以目視確認有無洩漏、變形、腐蝕等。

2. 判定方法

應無洩漏、變形、顯著腐蝕等。

(十一) 補助撒水栓箱等

1. 補助撒水栓箱

(1) 檢查方法

A. 周圍狀況

以目視確認周圍有無檢查及使用上之障礙，又「補助撒水栓」之標示是否正常。

B. 外形

以目視及開、關操作確認有無變形、損傷，及箱門是否能確實開、關。

(2) 判定方法

A. 周圍狀況

(A) 應無檢查及使用上之障礙。

(B) 標示應無污損或不明顯部分。

  B. 外形

(A)應無變形、損傷。

(B)箱門開、關狀況應良好。

2. 皮管及瞄子

 (1)檢查方法

  以目視確認有無變形、損傷。

 (2)判定方法

 A. 應無變形、損傷。

 B. 應有長二十公尺皮管及直線水霧兩用瞄子一具。

3. 消防栓開關閥

 (1)檢查方法

  以目視確認有無洩漏、變形等。

 (2)判定方法

  應無洩漏、變形等。

4. 標示燈

 (1)檢查方法

  以目視確認有無變形、損傷及亮燈。

 (2)判定方法

 A. 應無變形、損傷、脫落等。

 B. 在距離十公尺十五度角處亦能容易辨識。

5. 使用標示

 (1)檢查方法

  確認標示是否適當及明顯。

 (2)判定方法

  應無污損、不明顯部分。

二、性能檢查

(一)水源

1.檢查方法

(1)水質

打開人孔蓋以目視及水桶採水，確認有無腐敗、浮游物、沉澱物等。

(2)給水裝置

A.確認有無變形、腐蝕等，及操作排水閥確認給水功能是否正常。

B.如不便用操作排水閥檢查給水功能時，可使用下列方法：

(A)使用水位電極控制給水者，拆除其電極回路之配線，形成減水狀態，確認其是否能自動給水；其後再將拆掉之電極回路配線接上復原，形成滿水狀態，確認其給水能否自動停止。

(B)使用浮球水栓控制給水者，以手動操作將浮球沒入水中，形成減水狀態，使其自動給水；其後使浮球復原，形成滿水狀態，使給水自動停止。

(3)水位計及壓力表

A.水位計之量測係打開人孔蓋，用檢尺測量水位，並確認水位計之指示值。

B.壓力表之量測係關閉壓力表開關及閥類，並放出壓力表之水，使指針歸零後，再打開壓力表開關及閥類，並確認指針之指示值。

(4)閥類

用手操作確認開、關動作是否容易進行。

2.判定方法

(1)水質

應無顯著腐蝕、浮游物、沉澱物等。

(2)給水裝置

A.應無變形、損傷、顯著腐蝕。

B.於減水狀態應能自動給水，於滿水狀態應能自動停止供水。

(3)水位計及壓力表

A.水位計之指示值應正常。

B.在壓力表歸零的位置、指針的動作狀況及指示值應正常。

(4) 閥類

開、關操作應能容易進行。

(二)電動機之控制裝置

1.檢查方法

(1) 各開關

以螺絲起子及開、關操作，確認端子有無鬆動及開、關性能是否正常。

(2) 保險絲

確認有無損傷、熔斷及是否為所規定之種類及容量。

(3) 繼電器

確認有無脫落、端子鬆動、接點燒損、灰塵附著，並操作各開關使繼電器動作，確認其性能。

(4) 表示燈

操作各開關確認有無亮燈。

(5) 結線接續

以目視及螺絲起子確認有無斷線、端子鬆動等。

(6) 接地

以目視或回路計確認有無腐蝕、斷線等。

2.判定方法

(1) 各開關

A. 端子應無鬆動、發熱。

B. 開、關性能應正常。

(2) 保險絲

A. 應無損傷、熔斷。

B. 應依回路圖所規定種類及容量設置。

(3) 繼電器

A. 應無脫落、端子鬆動、接點燒損、灰塵附著等。

B. 動作應正常。

(4) 標示燈

應無顯著劣化，且應能正常亮燈。

(5) 結線接續

應無斷線、端子鬆動、脫落、損傷等。

(6) 接地

應無顯著腐蝕、斷線等。

(三)啟動裝置

1.手動啟動裝置

(1) 檢查方法

A. 使用開放式撒水頭者。

將一齊開放閥二次側之止水閥關閉，再打開測試用排水閥然後操作手動啟動開關，確認加壓送水裝置是否啟動。

B. 使用密閉式撒水頭者

直接操作控制盤上啟動按鈕，確認加壓送水裝置是否啟動。

(2) 判定方法

閥的操作應容易進行，且加壓送水裝置應能確實啟動。

2.自動啟動裝置

(1) 檢查方法

A. 啟動用水壓開關裝置

(A)以目視及螺絲起子，確認壓力開關之端子有無鬆動。

(B)確認設定壓力值是否恰當，且由操作排水閥使加壓送水裝置啟動，確認動作壓力值是否適當。

B. 火警感知裝置

使用加熱試驗器把探測器加熱，使探測器動作，確認加壓送水裝置是否啟動。

(2) 判定方法

A. 啟動用水壓開關裝置

(A)壓力開關之端子應無鬆動。

(B)設定壓力值應適當，且加壓送水裝置應能依設定壓力正常啟動。

B. 火警探測器

(A)依火警自動警報設備之檢查要領判定。

(B)加壓送水裝置應能確實啟動。

(四)加壓送水裝置

1. 幫浦方式

(1) 電動機

A. 檢查方法

(A)回轉軸

用手轉動，確認是否能圓滑地回轉。

(B)軸承部

確認潤滑油有無污損、變質及是否達必要量。

(C)軸接頭

以扳手確認有無鬆動及性能是否正常。

(D)本體

操作啓動裝置使其啓動，確認性能是否正常。

B. 判定方法

(A)回轉軸

應能圓滑地回轉。

(B)軸承部

潤滑油應無污損、變質等，且達必要量。

(C)軸接頭

應無脫落、鬆動，且接合狀態牢固。

(D)本體

應無顯著發熱、異常振動、不規則或不連續之雜音，且回轉方向正確。

C. 注意事項

除需操作啓動檢查性能外，其餘均需先切斷電源。

(2) 幫浦

A. 檢查方法

(A)回轉軸

用手轉動確認是否能圓滑的轉動。

(B)軸承部

確認潤滑油有無污損、變質及是否達必要量。

　　　(C)底部

　　　　確認有無顯著的漏水。

　　　(D)連成表及壓力表

　　　　關掉表計之控制水閥將水排出，確認指針是否指在0之位置，再打開
　　　　表計之控制水閥，操作啓動裝置確認指針是否正常動作。

　　　(E)性能

　　　　先將幫浦吐出側之制水閥關閉之後，使幫浦啓動，然後緩緩的打開性
　　　　能測試用配管之制水閥，由流量計及壓力表確認額定負荷運轉及全開
　　　　點時之性能。

　　B.判定方法

　　　(A)回轉軸

　　　　應能圓滑轉動。

　　　(B)軸承部

　　　　潤滑油應無污損、變質、混入異物等，且達必要量。

　　　(C)底座

　　　　應無顯著的漏水。

　　　(D)連成表及壓力表

　　　　位置及指針之動作應正常。

　　　(E)性能

　　　　應無異常振動、不規則或不連續的雜音，且於額定負荷運轉及全開點
　　　　時之吐出壓力及吐出水量均達規定值以上。

　　C.注意事項

　　　除需操作啓動檢查性能外，其餘均需先行切斷電源。

2.重力水箱方式

　(1)檢查方法

　　打開末端查驗閥測定最高點及最低點的壓力，確認其壓力值。

　(2)判定方法

　　應爲設計上之壓力值。

3.壓力水箱方式

　(1)檢查方法

　　在打開排氣閥的狀況下，確認能否自動啓動加壓。

(2) 判定方法

壓力降低自動啓動裝置應能自動啓動及停止。

(3) 注意事項

排氣閥打開的狀況下，爲防止高壓造成危害，閥類需慢慢開啓。

4. 減壓措施

(1) 檢查方法

A. 以目視確認減壓閥有無洩漏、變形。

B. 使用密閉式撒水頭者，應打開距加壓送水裝置最近及最遠端的末端查驗閥，確認壓力是否在規定之範圍內。

C. 使用補助撒水栓，打開加壓送水裝置最近及最遠開關閥，確認是否在規定之範圍內。

(2) 判定方法

A. 應無洩漏、變形、損傷等。

B. 撒水頭放水壓力應在1kgf/cm^{2}以上10kgf/cm^{2}以下。

C. 補助撒水栓放水壓力應在2.5kgf/cm^{2}以上10kgf/cm^{2}以下。

(五)呼水裝置

1. 檢查方法

(1) 閥類

用手操作確認開、關動作是否容易進行。

(2) 自動給水裝置

A. 確認有無變形、腐蝕等。

B. 打開排水閥，確認其性能是否正常。

(3) 減水警報裝置

A. 確認有無變形、腐蝕等。

B. 關閉補給水閥，再打開排水閥，確認減水警報功能是否正常。

(4) 底閥

A. 拉上吸水管或檢查用鍊條，確認有異物附著或阻塞。

B. 打開幫浦本體上呼水漏斗之制水閥，確認有無從漏斗連續溢水出來。

C. 打開幫浦本體上呼水漏斗之制水閥，然後關閉呼水管之制水閥，確認底閥之閥止效果是否正常。

2. 判定方法

(1) 閥類

開、關動作應容易進行。

(2) 自動給水裝置

A. 應無變形、損傷、顯著腐蝕等。

B. 當呼水槽之水量減少到一半時，應能自動給水。

(3) 減水警報裝置

A. 應無變形、損傷、顯著腐蝕等。

B. 當水量減少到一半時應發出警報。

(4) 底閥

A. 應無異物附著、阻塞等吸水障礙。

B. 呼水漏斗應能連續溢水出來。

C. 呼水漏斗的水應無減少。

(六) 配管

1. 檢查方法

(1) 閥類

用手操作確認開、關動作是否容易進行。

(2) 過濾裝置

分解打開確認過濾網有無變形、異物堆積。

(3) 排放管（防止水溫上升裝置）

使加壓送水裝置啓動呈關閉運轉狀態，確認排放管排水是否正常。

(4) 流水檢知裝置之二次側配管

關閉乾式或預動式一次側之制水閥後，打開二次側配管之排水閥，確認是否能適當之排水。

2. 判定方法

(1) 閥類

開、關操作能容易進行。

(2) 過濾裝置

過濾網應無變形、損傷、異物堆積等。

(3) 排放管

排放水量應在下列公式求得量以上

$$q = \frac{Ls \times C}{60 \times \Delta t}$$

q：排放水量

Ls：幫浦關閉運轉時之出力。（kw）

C：860cal（1kw時水之發熱量）

Δt：30℃（幫浦內部之水溫上升限度）

(4) 流水檢知裝置之二次側配管

配管之二次側應無積水。

(七) 送水口

1. 檢查方法

(1) 檢查襯墊有無老化等。

(2) 確認快速接頭及水帶是否容易接上及分開。

2. 判定方法

(1) 襯墊應無老化、損傷等。

(2) 與水帶之接合及分開應容易進行。

(八) 自動警報逆止閥（或流水檢知裝置）

1. 檢查方法

(1) 閥本體

操作警報逆止閥（或檢知裝置）之試驗閥或末端查驗閥，確認閥本體、附屬閥類及壓力表等之性能是否正常。

對於二次側需要預備水者，需確認預備水之補給水源需達到必要之水位。

(2) 延遲裝置

確認延遲作用及自動排水裝置是否能有效排水。

(3) 壓力開關

A. 以螺絲起子確認端子有無鬆動。

B. 確認壓力值是否適當及動作壓力是否適當正常。

(4) 音響警報裝置及表示裝置

A. 操作排水閥確認警報裝置之警鈴、蜂鳴器或水鐘等是否確實鳴動。

B. 檢查表示裝置之表示燈等有無損傷，並確認標示是否確實。

(5) 減壓警報裝置

關閉制水閥及加壓閥後，打開排氣閥減壓，確認達到設定壓力後能否發出警報。

2. 判定方法

(1) 閥本體

性能應保持正常。

(2) 延遲裝置

A. 延遲作用應正常。

B. 自動排水裝置應能有效排水。

(3) 壓力開關

A. 端子應無鬆動。

B. 設定壓力值應適當。

C. 應依設定壓力值正常動作。

(4) 音響警報裝置及表示裝置

應能確實鳴動及正常表示。

(5) 減壓警報裝置

A. 動作壓力應正常。

B. 應能確實發出警報。

(九) 一齊開放閥

1. 檢查方法

(1) 以螺絲起子確認電磁閥之端子是否鬆動。

(2) 關閉一齊閥放閥二次側之止水閥，再打開測試用排水閥，然後操作手動啓動開關，檢查其性能是否正常。

2. 判定方法

(1) 端子應無鬆動脫落。

(2) 一齊開放閥應能確實開啓放水。

(十) 補助撒水栓箱

　　1. 檢查方法

　　　(1) 皮管及瞄子

　　　　以目視及手操作確認有無損傷、腐蝕，及瞄子的手動開關裝置是否能容易操作。

　　　(2) 消防栓開關閥

　　　　用手操作確認消防栓開關閥是否容易進行。

　　2. 判定方法

　　　(1) 皮管及瞄子

　　　A. 應無損傷及顯著腐蝕等。

　　　B. 開、關操作應能容易進行。

　　　(2) 消防栓開關閥

　　　　開、關操作應能容易進行。

　　3. 注意事項

　　　檢查後，關閉消防栓開關閥，並排出皮管內之水，關閉瞄子開關，並將水帶及瞄子收置於補助撒水栓箱內。

(十一) 耐震措施

　　1. 檢查方法

　　　(1) 牆壁或地板上貫通部分有無變形、損傷等，並確認防震軟管接頭有無變形、損傷、顯著腐蝕等。

　　　(2) 以目視及扳手確認儲水槽及加壓送水裝置等之裝配固定有無異常。

　　2. 判定方法

　　　(1) 防震軟管應無變形、損傷、顯著腐蝕等，且牆壁或地板上貫通部分的間隙、充填部分均保持原來施工時之狀態。

　　　(2) 儲水槽及加壓送水裝置安裝部分所使用之基礎螺絲、螺絲帽，應無變形、損傷、鬆動、顯著腐蝕等，且安裝固定部分應無損傷。

三、綜合檢查

(一)密閉式撒水設備

1.檢查方法

切換成緊急電源供電狀態，然後於最遠支管末端，打開查驗閥，確認系統性能是否正常。並由下列步驟確認放水壓力。

(1) 應設有與撒水頭同等放水性能之限流孔（如圖2-16）。

(2) 打開末端查驗閥，啟動加壓送水裝置後，確認壓力表之指示值。

(3) 對加壓送水裝置最近及最遠的末端查驗閥進行放水試驗。

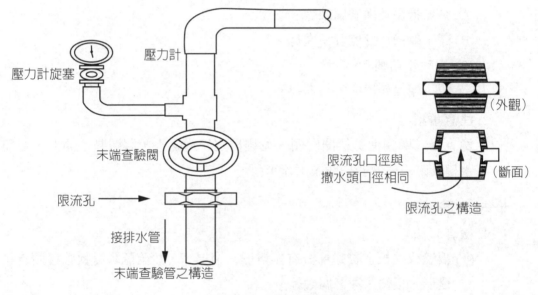

圖2-16　末端查驗閥

2.判定方法

(1)幫浦方式

A. 啟動性能

(A)加壓送水裝置應能確實啟動。

(B)表示、警報等正常。

(C)電動機之運轉電流值應在容許範圍內。

(D)運轉中應無不規則、不連續及異常發熱及振動。

B. 放水壓力。

末端查驗管之放水壓力應在1kgf/cm^{2}以上10kgf/cm^{2}以下。

(2) 重力水箱及壓力水箱方式

A. 表示、警報等

表示、警報等應正常。

B. 放水壓力

末端查驗管之放水壓力應在1kgf/cm^{2}以上10kgf/cm^{2}以下。

3. 注意事項

於檢查類似醫院之場所時，因切換成緊急電源可能會造成困擾時，得使用常用電源檢查。

(二) 開放式撒水設備

1. 檢查方法

切換成緊急電源供電狀態，然後於最遠一區，依下列步驟確認性能是否正常。

(1) 關閉一齊開放閥二次側之止水閥。

(2) 由操作手動啟動裝置或自動啟動裝置，使加壓送水裝置啟動。

2. 判定方法

(1) 幫浦方式

A. 啟動性能等

(A) 加壓送水裝置應確實啟動。

(B) 表示、警報等應正常。

(C) 電動機之運轉電流應在容許範圍內。

(D) 運轉中應無不規則、不連續之雜音或異常之振動、發熱等。

B. 一齊開放閥

一齊開放閥動作應正常。

(2) 重力水箱及壓力水箱方式

A. 表示、警報等

表示及警報等應正常。

B. 一齊開放閥

一齊開放閥應正常動作。

C. 注意事項

　於檢查類似醫院之場所，因切換成緊急電源可能會造成困擾時，得使用常用電源檢查。

(三) 補助撒水栓

　1. 檢查方法

　(1) 切換成緊急電源狀況，用任一補助撒水栓確認其操作性能是否正常。

　(2) 放水試驗依下列程序確認

　A. 打開補助撒水栓，確認加壓送水裝置是否能啓動。

　B. 放水壓力用下列方法測試：

　(A)測量瞄子直線放水壓力時，如圖2-12所示將壓力表之進水口，放置於瞄子前端瞄子口徑的二分之一距離處，讀取壓力表的指示值。

　(B)放水量依下列計算式計算：

$$Q = 0.653D^2\sqrt{P}$$

　　Q = 瞄子放水量（L/min）

　　D = 瞄子口徑（mm）

　　P = 瞄子壓力（kgf/cm^2）

　(3) 操作性

　　確認皮管之延長及收納是否能容易進行。

　2. 判定方法

　(1) 幫浦方式

　A. 啓動性能

　(A)加壓送水裝置應能確實啓動。

　(B)表示、警報等應正常。

　(C)電動機之運轉電流值應在容許的範圍內。

　(D)運轉中應無不連續、不規則之雜音及異常之振動、發熱現象。

　B. 放水壓力

　　應在2.5kgf/cm^{2}以上10kgf/cm^{2}以下。

C. 放水量

應在60L/min以上。

(2) 重力水箱方式及壓力水箱方式

A. 表示、警報等

表示、警報應正常。

B. 放水壓力

應在2.5kgf/cm²以上10kgf/cm²以下。

C. 放水量

應在60L/min以上。

(3) 操作性

應能容易延長及收納。

自動撒水設備檢查表

檢修設備名稱		幫浦	製造商： 型　號：			電動機	製造商： 型　號：
檢修項目			檢修結果				處置措施
			種別、容量等內容	判定	不良狀況		
外觀檢查							
水源	蓄水池		類別				
	水量		m³				
	水位計、壓力計						
	閥類						
電動機	控制盤	周圍狀況					
		外形					
	電壓表		V				
	各開關						
	標示						
	預備品等						
啟動裝置	手動啟動	周圍狀況					
		外形					
	自動啟動	水壓開關裝置	壓力開關	設定壓力　　kgf/cm²			
			壓力水槽	L　　kgf/cm²			
		火警感知裝置	探測器				
			密閉式撒水頭				

	加壓送水裝置			
呼水裝置	呼水槽	L		
	閥類			
配管	外形			
	標示			
送水口	周圍狀況			
	外形			
撒水頭	外形			
	感熱及撒水分佈障礙			
	未警戒部分			
自動警報	閥本體	個 kgf/cm^2		
	延遲裝置			
逆止閥	壓力開關			
一齊開放閥（含電磁閥）				
輔助撒水栓箱等	輔助撒水栓箱	周圍狀況			
		外形			
	皮管、瞄子			
	消防栓開關閥			
	標示燈			
	使用標示			
性能檢查				
水源	水質			
	給水裝置			
	閥類			
	水位計、壓力計			
電動機控制裝置	各開關			
	保險絲	A		
	繼電器			
	表示燈			
	結線接續			
	接地			
啓動裝置	手動啓動裝置				
	自動啓動裝置	水壓開關裝置	設定壓力 kgf/cm^2 動作壓力 kgf/cm^2		
		火警感知裝置	□專用 □兼用		

加壓送水裝置	幫浦方式	電動機	回轉軸				
			軸承部				
			軸接頭				
			本體				
		幫浦	回轉軸				
			軸承部				
			底部				
			連成表、壓力表				
			性能	kgf/cm^2　　　L/min			
	重力水箱方式			kgf/cm^2			
	壓力水箱方式			kgf/cm^2			
	減壓措施						
呼水裝置	閥類						
	自動給水裝置						
	減水警報裝置						
	底閥						
配管	閥類						
	過濾裝置						
	排放管						
	流水檢知裝置二次側配管						
送水口							
自動警報逆止閥等	閥本體						
	延遲裝置						
	壓力開關			設定壓力　　　kgf/cm^2 動作壓力　　　kgf/cm^2			
	音響警報裝置						
	減壓警報裝置						
一齊開放閥（含電磁閥）							
輔助撒水栓箱等	皮管及瞄子						
	消防栓開關閥						
耐震措施							

綜合檢查						
密閉式撒水設備	幫浦方式	啓動性能	加壓送水裝置			
			表示、警報等			
			運轉電流	A		
			運轉狀況			
		放水壓力		kgf/cm^2		
	重力水箱方式	表示警報等				
		放水壓力		kgf/cm^2		
開放式撒水設備	幫浦方式	啓動性能	加壓送水裝置			
			表示、警報等			
			運轉電流	A		
			運轉狀況			
		一齊開放閥				
	重力水箱方式	表示警報等				
		一齊開放閥				
輔助撒水栓	幫浦方式	啓動性能	加壓送水裝置			
			表示、警報等			
			運轉電流	A		
			運轉狀況			
		放水壓力		kgf/cm^2		
		放水量		L/min		
	重力水箱方式	表示警報等				
		放水壓力		kgf/cm^2		
		放水量		L/min		
	操作性					
備註						

檢查器材	機器名稱	型式	校正年月日	製造廠商	機器名稱	型式	校正年月日	製造廠商

	檢查日期	自民國	年	月	日 至民國	年	月	日
檢修人員	姓名		消防設備師（士）	證書字號		簽章		（簽章）
	姓名		消防設備師（士）	證書字號		簽章		
	姓名		消防設備師（士）	證書字號		簽章		
	姓名		消防設備師（士）	證書字號		簽章		

1. 應於「種別‧容量等情形」欄內填入適當之項目。
2. 檢查合格者於判定欄內打「○」；有不良情形時於判定欄內打「×」，並將不良情形填載於「不良狀況」欄。
3. 對不良狀況所採取之處置情形應填載於「處置措施」欄。
4. 欄內有選擇項目時應以「○」圈選之。

2.2.5 水道連結型自動撒水設備

一、外觀檢查

(一)水源

1. 檢查方法

(1) 水箱、蓄水池檢查方法

由外部以目視確認有無變形、漏水、腐蝕等。

(2) 水量

由水位計確認或打開人孔蓋用檢尺測量。

(3) 水位計

以目視確認有無變形、損傷、指示值是否正常。

(4) 閥類

以目視確認排水管、補給水管等之閥類，有無漏水、變形、損傷等，及其開、關位置是否正常。

2. 判定方法

(1) 水箱、蓄水池

應無變形、損傷、漏水及顯著腐蝕等痕跡。

(2)水量

應確保在規定量以上。

(3)水位計

應無變形、損傷，且指示值應正常。

(4)閥類

A.應無漏水、變形、損傷等。應無造成通行或避難上之障礙。

B.「常時開」或「常時關」之標示及開、關位置應保持正常。

(二)增壓供水裝置（限有裝設者）

1.檢查方法

以目視確認有無變形、腐蝕等，及是否為取得經濟部標準檢驗局商品檢驗標識之產品。

2.判定方法

應無變形、腐蝕等，且貼有商品檢驗合格標識。

(三)配管、配件及閥類

1.檢查方法

(1)立管及接頭

以目視確認有無洩漏、變形等及被利用作為其他東西之支撐、吊架等。

(2)立管固定用之支撐及吊架

以目視及手觸摸確認有無脫落、彎曲、鬆動等。

(3)閥類

以目視確認有無洩漏、變形等，及開、關位置是否正常。

(4)過濾裝置

以目視確認有無洩漏、變形等。

2.判定方法

(1)立管及接頭

A.應無洩漏、變形、損傷等。

B.應無被利用為支撐、吊架等。

(2)立管固定用之支撐及吊架

應無脫落、彎曲、鬆動等。

(3) 閥類

A. 應無洩漏、變形、損傷等。

B. 「常時開」或「常時關」之標示及開、關位置應保持正常。

(4) 過濾裝置

應無洩漏、變形、損傷等。

(四) 撒水頭

1. 檢查方法

(1) 外形

A. 以目視確認有無洩漏、變形等。

B. 以目視確認有無被利用作為支撐、吊架使用等。

(2) 感熱及撒水分布障礙

以目視確認周圍有無感熱及撒水分布之障礙。

2. 判定方法

(1) 外形

A. 應無洩漏、變形等。

B. 應無被利用作為支撐、吊架使用。

(2) 感熱及撒水分布障礙

A. 撒水頭周圍應無感熱、撒水分布之障礙。

B. 撒水頭應無被油漆、異物附著等。

C. 於設有撒水頭防護蓋之場所，其防護蓋應無損傷、脫落等。

(3) 未警戒部分

應無因隔間、垂壁、風管管道等之變更、增設、新設等，而造成未警戒部分。

(五) 末端查驗閥（限有裝設者）

1. 檢查方法

以目視確認有無洩漏、變形等，及開、關位置與「末端查驗閥」標示是否適當正常。

2. 判定方法

(1) 應無洩漏、變形、損傷等。

(2) 開、關位置應正常，且標示應無損傷、脫落、污損等。

(六) 使用標示

1. 檢查方法

確認標示是否適當及明顯。

2. 判定方法

應無污損、不明顯部分。

二、性能檢查

(一) 水源

1. 檢查方法

(1) 水質

打開人孔蓋以目視及水桶採水，確認有無腐敗、浮游物、沉澱物等。

(2) 給水裝置

A. 確認有無變形、腐蝕等，及操作排水閥確認給水功能是否正常。

B. 如不使用操作排水閥檢查給水功能時，可使用下列方法：

(A) 使用水位電極控制給水者，拆除其電極回路之配線，形成減水狀態，確認其是否能自動給水；其後再將拆掉之電極回路配線接上復原，形成滿水狀態，確認其給水能否自動停止。

(B) 使用浮球水栓控制給水者，以手動操作將浮球沒入水中，形成減水狀態，使其自動給水；其後使浮球復原，形成滿水狀態，使給水自動停止。

(3) 水位計

水位計之量測係打開人孔蓋，用檢尺測量水位，並確認水位計之指示值。

(4) 閥類

用手操作確認開、關動作是否容易進行。

2. 判定方法

(1) 水質

應無顯著腐敗、浮游物、沉澱物等。

(2) 給水裝置

A. 應無變形、損傷、顯著腐蝕。

B. 於減水狀態應能自動給水，於滿水狀態應能自動停止供水。

(3) 水位計

水位計之指示值應正常。

(4) 閥類

開、關操作應能容易進行。

(二) 配管、配件及閥類

1. 檢查方法

(1) 閥類

用手操作確認開、關動作是否容易進行。

(2) 過濾裝置

分解打開確認過濾網有無變形、異物堆積。

2. 判定方法

(1) 閥類

開、關操作能容易進行。

(2) 過濾裝置

過濾網應無變形、損傷、異物堆積等。

三、綜合檢查

(一) 檢查方法

於建築物各層放水壓力最低之最遠支管末端，打開末端查驗閥或連結之水龍頭等日常生活用水設施，確認系統性能是否正常及壓力表之指示值。另設置末端查驗閥者，應設有與撒水頭同等放水性能之限流孔；設有增壓供水裝置者，於打開末端查驗閥或連結之水龍頭等日常生活用水設施降低配管內的壓力後，該增壓供水裝置應開始動作。

(二)判定方法

1. 放水壓力

末端查驗閥或連結之水龍頭等日常生活用水設施配置的壓力表，其放水壓力應在0.5kgf/cm²以上10 kgf/cm²以下。

2. 增壓供水裝置（限有裝設者）

增壓供水裝置應能確實啟動，且運轉中應無不規則、不連續之雜音或異常之振動、發熱等。

附件

水道連結型自動撒水設備檢查表					
方式	□民生水箱共用式（A） □獨立水箱式—地面水箱型（C） □獨立水箱式—樓層水箱型（E）			□民生水箱共用式（B） □獨立水箱式—屋頂水箱型（D）	
檢修項目	檢修結果				處置措施
	種別、容量等內容	判定	不良狀況		
外觀檢查					
水源　蓄水池	類別				
水源　水量	m³				
水源　水位計					
水源　閥類					
增壓供水裝置（限有裝設者）					
配管　外形					
配管　標示					
撒水頭　外形					
撒水頭　感熱及撒水分布障礙					
撒水頭　未警戒部份					
使用標示					

性能檢查				
水源	水質			
	給水裝置			
	閥類			
	水位計			
配管	閥類			
	過濾裝置			
綜合檢查				
放水壓力		kgf/cm^2		
增壓供水裝置（限有裝設者）				

	機器名稱	型式	校正年月日	製造廠商	機器名稱	型式	校正年月日	製造廠商
備註								
檢查器材								

檢查日期		自民國　　　年　　　月　　　日　至民國　　　年　　　月　　　日					
檢修人員	姓名		消防設備師（士）	證書字號		簽章	（簽章）
	姓名		消防設備師（士）	證書字號		簽章	
	姓名		消防設備師（士）	證書字號		簽章	
	姓名		消防設備師（士）	證書字號		簽章	

1. 應於「種別‧容量等情形」欄內填入適當之項目。

2. 檢查合格者於判定欄內打「○」；有不良情形時於判定欄內打「×」，並將不良情形填載於「不良狀況」欄。

3. 對不良狀況所採取之處置情形應填載於「處置措施」欄。

4. 欄內有選擇項目時應以「○」圈選之。

2.2.6 泡沫滅火設備檢修及申報作業基準

一、外觀檢查（略）

二、性能檢查

(一)水源

1. **檢查方法**

(1) **水質**

打開人孔蓋以目視及水桶採水，確認有無腐敗、浮游物、沉澱物等。

(2) **給水裝置**

A. 確認有無變形、腐蝕等，及操作排水閥確認給水功能是否正常。

B. 如不便用操作排水閥檢查給水功能時，可使用下列方法：

(A) 使用水位電極控制給水者，拆除其電極回路之配線，形成減水狀態，確認其是否能自動給水；其後再將拆掉之電極回路配線接上復原，形成滿水狀態，確認其給水能否自動停止。

(B) 使用浮球水栓控制給水者，由手動操作將浮球沒入水中，形成減水狀態，確認能否自動給水；其後使浮球復原，形成滿水狀態，確認給水能否自動停止。

(3) **水位計及壓力表**

A. 水位計之量測係打開人孔蓋，用檢尺測量水位，並確認水位計之指示值。

B. 壓力表之量測係關閉壓力表開關及閥類，並放出壓力表之水，使指針歸零後，再打開壓力表開關及閥類，並認確指針之指示值。

(4) **閥類**

用手操作確認開、關動作能否容易進行。

2. **判定方法**

(1) **水質**

應無顯著腐蝕、浮游物、沉澱物等。

(2) **給水裝置**

A. 應無變形、損傷、顯著腐蝕等。

　　B. 於減水狀態應能自動給水，於滿水狀態應能自動停止供水。

　(3) 水位計及壓力表

　A. 水位計之指示值應正常。

　B. 壓力表歸零之位置、指針之動作狀況及指示值應正常。

　(4) 閥類

　　開、關操作應能容易地進行。

(二) 電動機之控制裝置

　1. 檢查方法

　(1) 各開關

　　以螺絲起子及開、關操作，檢查端子有無鬆動及開、關性能是否正常。

　(2) 保險絲

　　確認有無損傷、熔斷及是否為所規定之種類、容量。

　(3) 繼電器

　　確認有無脫落、端子鬆動、接點燒損、灰塵附著，並操作各開關使繼電器動作，確認其性能。

　(4) 表示燈

　　操作各開關確認有無亮燈。

　(5) 結線接續

　　以目視及螺絲起子確認有無斷線、端子鬆動等。

　(6) 接地

　　以目視或三用電表確認有無腐蝕、斷線等。

　2. 判定方法

　(1) 各開關

　A. 應無端子鬆動及發熱之情形。

　B. 開、關性能應正常。

　(2) 保險絲

　A. 應無損傷、熔斷。

　B. 應依回路圖所規定之種類及容量設置。

(3) 繼電器

　A. 應無脫落、端子鬆動、接點燒損、灰塵附著等。

　B. 動作應正常。

(4) 表示燈

　　應無顯著劣化，且能正常亮燈。

(5) 結線接續

　　應無斷線、端子鬆動、脫落、損傷等。

(6) 接地

　　應無顯著腐蝕、斷線等之損傷。

(三)啟動裝置

1. 手動啟動裝置

(1) 檢查方法

　　操作直接操作部及手動啟動開關，確認加壓送水裝置能否啟動。

(2) 判定方法

　　加壓送水裝置應能確實啟動。

2. 自動啟動裝置

(1) 檢查方法

　A. 啟動用水壓開關裝置

(A)以目視及螺絲起子確認壓力開關之端子有無鬆動。

(B)確認設定壓力值是否恰當，且由操作排水閥使加壓送水裝置啟動，確認動作壓力值是否適當正常。

　B. 火警感知裝置

　　探測器之性能依據火警自動警報設備之檢修基準進行確認，再使探測器動作，確認加壓送水裝置是否啟動。

(2) 判定方法

　A. 啟動用水壓開關裝置

(A)壓力開關之端子應無鬆動。

(B)設定壓力值適當，且加壓送水裝置應能依設定之壓力正常啟動。

　B. 火警感知裝置

(A)依火警自動警報設備檢修基準判定。

(B)加壓送水裝置應能確實啓動。

(四)加壓送水裝置

1.幫浦方式

(1)電動機

A.檢查方法

(A)回轉軸

用手轉動,確認是否能圓滑地回轉。

(B)軸承部

確認潤滑油有無污損、變質及是否達必要量。

(C)軸接頭

以扳手確認有無鬆動及性能是否正常。

(D)本體

操作啓動裝置使其啓動,確認性能是否正常。

B.判定方法

(A)回轉軸

應能圓滑地回轉。

(B)軸承部

潤滑油應無污損、變質且達必要量。

(C)軸接頭

應無脫落、鬆動,且接合狀態牢固。

(D)本體

應無顯著發熱、異常振動、不規則或不連續之雜音,且回轉方向應正確。

C.注意事項

除需操作啓動檢查性能外,其餘均需先切斷電源。

(2)幫浦

A.檢查方法

(A)回轉軸

用手轉動確認是否能圓滑地轉動。

(B)軸承部

確認潤滑油有無污損、變質及是否達必要量。

(C) 底部

確認有無顯著漏水。

(D) 連成表及壓力表

關掉表計之控制水閥將水排出，檢視指針是否指在0之位置，再打開表計之控制水閥，操作啓動裝置確認指針是否正常地動作。

(E) 性能

先將幫浦吐出側之制水閥關閉之後，使幫浦啓動，然後緩緩地打開性能測試用配管之制水閥，由流量計及壓力表確認額定負荷運轉及全開點運轉時之性能。

B. 判定方法

(A) 回轉軸

應能圓滑地轉動。

(B) 軸承部

潤滑油應無污損、變質、混入異物等，且達必要量。

(C) 底座

應無顯著的漏水。

(D) 連成表及壓力表

位置及指針之動作應正常。

(E) 性能

應無異常振動、不規則或不連續之雜音，且於額定負荷運轉及全開點時之吐出壓力及吐出水量均達規定值以上。

C. 注意事項

除需操作啓動檢查性能外，其餘均需先行切斷電源。

2. 重力水箱方式

(1) 檢查方法

由最近及最遠之試驗閥，以壓方表測定其靜水壓力，確認是否爲所定之壓力值。

(2) 判定方法

應爲設計上之壓力值。

3. 壓力水箱方式

(1) 檢查方法

打開排氣閥確認能否自動啓動加壓。

(2) 判定方法

壓力降低自動啓動裝置應能自動啓動及停止。

(3) 注意事項

打開排氣閥時，爲防止高壓造成之危害，關類應慢慢地開啓。

(五) 呼水裝置

1. 檢查方法

(1) 閥類

用手實地操作確認開、關動作是否容易進行。

(2) 自動給水裝置

A. 確認有無變形、腐蝕等。

B. 打開排水閥，檢查自動給水功能是否正常。

(3) 減水警報裝置

A. 確認有無變形、腐蝕等

B. 關閉補給水閥，再打開排水閥，確認減水警報功能是否正常。

(4) 底閥

A. 拉上吸水管或檢查用鍊條，確認有無異物附著或阻塞等。

B. 打開幫浦本體上之呼水漏斗的制水閥，確認有無從漏斗連續溢水出來。

C. 打開幫浦本體上之呼水漏斗的制水閥，然後關閉呼水管之制水閥，確認底閥之逆止效果是否正常。

2. 判定方法

(1) 閥類

開、關操作應容易進行。

(2) 自動給水裝置

A. 應無變形、損傷、顯著腐蝕等。

B. 當呼水槽水量減少時，應能自動給水。

(3) 減水警報裝置

A. 應無變形、損傷、顯著腐蝕等。

B. 當呼水槽水量減少到一半時，應發出警報。

(4) 底閥

A. 應無異物附著、阻塞等吸水障礙。

B. 應能由呼水漏斗連續溢水出來。

C. 呼水漏斗的水應無減少。

(六) 配管

1. 檢查方法

(1) 閥類

用手操作確認開、關動作是否容易。

(2) 過濾裝置

分解打開過濾網確認有無變形、異物堆積等。

(3) 排放管（防止水溫上升裝置）

使加壓送水裝置啟動呈關閉運轉狀態，確認排放管排水是否正常。

2. 判定方法

(1) 閥類

開、關操作應能容易進行。

(2) 過濾裝置

過濾網應無變形、損傷、異物堆積等。

(3) 排放管（防止水溫上升裝置）

排放水量應在下列公式求得量以上。

$$q = \frac{Ls \times C}{60 \times \Delta t}$$

q = 排放水量（L/min）

Ls = 幫浦關閉運轉時之出力（kw）

C = 860kcal（1kw-hr時水之發熱量）

Δt = 30℃（幫浦內部之水溫上昇限度）

(七)泡沫原液槽等

　1. **檢查方法**

　　(1) **泡沫原液**

　　　打開原液槽之排液口制水閥，用燒杯或量筒採取泡沫原液（最好能由上、中、下三個位置採液），以目視確認有無變質、污損。

　　(2) **壓力表**

　　　關掉表計之控制水閥將水排出，確認指針是否在0之位置；再打開表針控制水閥，操作啟動裝置確認指針是否正常動作。

　　(3) **閥類**

　　　用手操作確認開、關動作是否容易進行。

　2. **判定方法**

　　(1) **泡沫原液**

　　　應無變質、明顯污損等。

　　(2) **壓力表**

　　　歸零之位置，指針之動作狀況及指示值應正常。

　　(3) **閥類**

　　　應能容易開、關操作。

(八)混合裝置及加壓送液裝置

　1. **檢查方法**

　　(1) **泡沫混合裝置**

　　　因有數種混合方式，且各廠牌性能不一，所以應參照原廠所附之相關資料，確認其性能是否正常。

　　(2) **加壓送液裝置**

　　A. 確認有無漏液。

　　B. 使用幫浦加壓者，依加壓送水裝置之檢查方法確認。

　2. **判定方法**

　　(1) **泡沫混合裝置**

　　　配置及性能應與設置時相同。

　　(2) **加壓送液裝置**

　　A. 運轉中應無明顯漏液。

B. 使用幫浦加壓者，依加壓送水裝置之判定方法判定之。

3. 注意事項

(1) 要操作設於混合配管之閥類時，應依相關資料熟知其各裝置後再動手。

(2) 由加壓送液裝置之運轉，造成原液還流原液槽時，應注意在原液槽內之起泡及溢出現象。

(九) 泡沫消防栓箱等

1. 檢查方法

(1) 水帶、瞄子及水帶接頭

以手操作及目視確認有無損傷、腐蝕及是否容易拆接。

(2) 開關閥

確認開關是否容易操作。

2. 判定方法

(1) 水帶、瞄子及水帶接頭

A. 應無損傷、腐蝕等。

B. 應能容易拆接。

(2) 開關閥

開關應能容易操作。

(十) 自動警報逆止閥

1. 檢查方法

(1) 閥本體

操作試驗閥，確認閥本體、附屬閥類及壓力表等之性能是否正常。

(2) 延遲裝置

確認延遲作用及自動排水裝置之排水能否有效地進行。

(3) 壓力開關

A. 以螺絲起子確認端子有無鬆動。

B. 確認壓力值是否適當，及動作壓力值是否適當正常。

(4) 音響警報裝置及表示裝置

A. 操作排水閥確認警報裝置之警鈴、蜂鳴器或水鐘等是否確實鳴動。

B. 確認表示裝置之標示燈等有無損傷，及是否能確實表示。

2. 判定方法

(1) 閥本體

性能應正常。

(2) 延遲裝置

A. 延遲作用應正常。

B. 自動排水裝置應能有效排水。

(3) 壓力開關

A. 端子應無鬆動。

B. 設定壓力值應適當正常。

C. 於設定壓力值應能動作。

(4) 音響警報裝置及標示裝置

應能確實鳴動及正常表示。

(十一) 一齊開放閥（含電磁閥）

1. 檢查方法

(1) 以螺絲起子確認電磁閥之端子有無鬆動。

(2) 關閉一齊開放閥二次側的止水閥，再打開測試用排水閥，然後操作手動啓動開關，確認其性能是否正常。

2. 判定方法

(1) 端子應無鬆動、脫落等。

(2) 一齊開放閥應能確實開放放水。

(十二) 緊急停止裝置（限於用高發泡之設備）

1. 檢查方法

以手操作及目視確認有無變形、損傷及性能是否正常。

2. 判定方法

(1) 操作部、傳達部及啓動部應無變形、損傷等。

(2) 用電動機驅動風扇方式發泡之發泡機，該停止電動機運轉及停止泡沫水溶液輸送之裝置應能正常動作。

(3) 用水流驅動風扇方式發泡之發泡機，該停止泡沫水溶液輸送裝置應能正常動作。

(4) 用其他裝置發泡時，該停止發泡之裝置應能正常動作。

(十三) 防護區域（限於用高發泡之設備）

1. 檢查方法

操作啓動裝置確認開口部之自動關閉裝置能否正常動作。

2. 判定方法

應能正常動作。

(十四) 耐震措施

1. 檢查方法

(1) 牆壁或地板上貫通部分有無變形、損傷等，並確認防震軟管接頭有無變形、損傷、顯著腐蝕等。

(2) 以目視及扳手確認蓄水池及加壓送水裝置等之裝配固定是否有異常。

2. 判定方法

(1) 防震軟管應無變形、損傷、顯著腐蝕等，且牆壁或地板上貫通部分的間隙、充填部分均保持原來施工時之狀態。

(2) 蓄水池及加壓送水裝置的安裝部分所使用之基礎螺絲、螺絲帽，應無變形、損傷、鬆動、顯著腐蝕等，且安裝固定部分應無損傷。

(十五) 連結送液口

1. 檢查方法

(1) 檢查襯墊有無老化等。

(2) 確認快速接頭及水帶是否容易接上及分開。

2. 判定方法

(1) 襯墊應無老化、損傷等。

(2) 與水帶之接合及分開應容易進行。

(十六) 泡沫射水槍

1. 檢查方法

以目視確認有無損傷、腐蝕，及用手操作確認開、關操作是否容易。

2. 判定方法

(1) 應無損傷、腐蝕。

(2) 開、關操作應能容易進行。

三、綜合檢查

(一)固定式泡沫滅火設備（低發泡）

1. 檢查方法

切換成緊急電源供電狀態，藉由手動啟動裝置之操作或自動啟動裝置之動作，確認系統之性能是否正常。另外，放射分布、發泡倍率、放射壓力及混合比率依下列方法確認。

(1) 設置泡沫頭者，每次選擇全部放射區域數之20%以上之放射區域，進行逐區放水試驗，測其放射分布及放射壓力。

(2) 在上述之放射區域中，於距加壓送水裝置最遠之放射區域進行泡沫放射，再依附表之發泡倍率及25%還原時間測定方法，測其發泡倍率及25%還原時間。並在測定發泡倍率時，使用其所採取之泡水溶液，利用糖度計法或比色計法，測其混合比率。

2. 判定方法

(1) **幫浦方式**

A. 啟動性能

(A)加壓送水裝置應能確實啟動。

(B)表示、警報等性能應正常。

(C)電動機之運轉電流應在容許範圍內。

(D)運轉中應無不規則‧不連續之雜音或異常之震動、發熱等。

B. 一齊開放閥

一齊開放閥應正常動作。

C. 放射分布等

(A)在進行泡沫頭放水試驗時，其放射分布及放射壓力應符合設計圖說。

(B)在進行泡沫放射檢查時，其發泡倍率應在5倍以上，其混合比率應為設計時之稀釋容量濃度。

(2) **重力水箱及壓力水箱**

A. 表示、警報等

表示、警報等應正常。

B. 一齊開放閥

　一齊開放閥應正常動作。

C. 分布

(A)在進行泡沫頭放水試驗時，其放射分布及放射壓力應符合設計圖說。

(B)在進行泡沫放射檢查時，其發泡倍率應在5倍以上，其混合比率應為設計時之稀釋容量濃度。

3. 注意事項

於檢查類似醫院之場所，因切換緊急電源可能造成因擾時，得使用常用電源檢查。

(二)移動式泡沫滅火設備

1. 檢查方法

切換成緊急電源供電狀態，藉由直接操作啓動裝置或遠隔啓動裝置使幫浦啓動，確認系統之性能是否正常。另外，發泡倍率、放射壓力及混合比率依下列方法確認。

(1) 由任一泡沫消防栓進行放射試驗。

(2) 依附表之發泡倍率及25%還原時間測定方法，測其發泡倍率及25%還原時間。並在測定發泡倍率時，使用其所採取之泡水溶液，利用糖度計法或比色計法，測其混合比率（稀釋容量濃度）。

2. 判定方法

(1) 幫浦方式

A. 啓動性能

(A)加壓送水裝置能確實啓動。

(B)表示、警報等性能應正常。

(C)電動機之運轉電流應在容許範圍內。

(D)運轉中應無不規則、不連續之雜音或異常之震動、發熱等。

B. 發泡倍率等

　放射壓力應符合設計圖說；發泡倍率應在5倍以上，其混合比率應為設計時之稀釋容量濃度。

(2) 重力水箱及壓力水箱

A. 表示、警報等

表示、警報應正常。

B. 發泡率等

放射壓力應符合設計圖說；發泡倍率應在5倍以上，其混合比率應爲設計時之稀釋容量濃度。

3. 注意事項

於檢查類似醫院之場所，因切換緊急電源可能造成困擾時，得使用常用電源檢查。

泡沫滅火設備發泡倍率及25%還原時間測定方法

項目		測定基準	備註
適用範圍		本測定方法適用於使用蛋白泡沫滅火藥劑或合成界面活性劑中之低發泡者。	收集器之材質應為鋁板或具同等以上之耐蝕性材質 泡沫試料採集器
必要器具	發泡倍率測定器具	1. 1400mL容量之泡沫試料容器（container）……2個（如備註欄） 2. 泡沫試料採集器（collector）1個（參照備註欄） 3. 量秤……1個	
	25%還原時間測定器具	1. 碼錶（stop watch）……2個 2. 泡沫試料容器臺……1個（如備註欄） 3. 100mL容量之透明容器……4個。	
泡沫試料採取方法	泡沫噴頭之場合	在發泡面積內之指定位置，將二個內容積1400mL之泡沫試料容器置於泡沫試料採集器之位置，在該容器未盛滿泡沫前持續置於收集器上，泡沫盛滿後即按下碼錶讀秒，同時將採集自泡沫頭撒下之泡沫試料移至外部，以直棒將容器表面推平，清除過多泡沫及附著在容器外側與底部之泡沫，對該試料進行分析。	泡沫試料容器（尺寸表示内徑） 註：接近內壁之底部設置6.4mm徑之排液口，安裝橡皮管及閉止閥。

項目		測定基準	備註
泡沫試料採取方法	泡沫瞄子之場合	於發泡落下地點之大約中央處放置配有1400mL泡沫試料容器2個之泡沫試料採集器，直至於該容器泡沫完全被試料採集器，直到於該容器完全被充滿為止，而將容器置於採集器上，如充滿時按下碼錶開始讀妙，並將由泡沫瞄子發泡落下中之泡沫所採取之試料移至外部，以直尺劃平容器上面，除去多餘泡沫以及附著容器外側或底面之泡沫而分析該試料。	
測定方法	發匯倍率	發匯倍率係測量在未混入空氣前之泡沫水溶液量與最終發泡量之比率。故應預先測出泡沫試料容器重量，並將泡沫試料測量至公克單位，再以下列公式計算之：1400mL÷扣除容器得量後之淨量（g）＝發泡倍率	容器臺應把傾斜角度和為重點，其他尺寸可改寫能易於正確檢查之形狀。
	25%還原時間	泡沫之25%還原時間，係指自所採集之泡沫消泡為泡水溶液量，還原至全部泡沫溶液量之25%止所需之時間。因其特別著重水之保持能力及泡沫之流性，故以下列方法測定。 測定還原時間係以測量發泡倍率時所用之試料進行，如將泡沫試料之淨重分為四等分，即可得所含泡水溶液量之25%（單位mL），為測得還原至此量所需時間，應先將試料容器置於容器臺上，在一定時間內以100mL透明容器承接還原於容器底部之水溶液。 茲舉一例如下： 假設泡沫試料之淨重為180g，25%容量值為180÷4＝45（mL）	

項目		測定基準	備註
測定方法		而其排液量之數值如下記錄： 時間（分）　　還原量（mL） 　0　　　　　　　　0 　0.5　　　　　　10 　1.0　　　　　　20 　1.5　　　　　　30 　2.0　　　　　　40 　2.5　　　　　　50 　3.0　　　　　　60 由此記錄可知25%容量之45mL位於2至2.5分鐘之間，即由 （45mL（25%容量值）－40mL（經過2分鐘還原量值））÷（50mL（經過2.5分鐘時之排液還原量值）－40mL（經過2分鐘排液量值））$=\dfrac{1}{2}$ 可得2.25分鐘之時間，由此判定性能。	

泡沫滅火設備發泡倍率及25%還原時間測定方法

項目		測定基準	備註
適用範圍		本測定方法適用於使用水成膜泡沫滅火藥劑發匯者。	
必要器具	發匯倍率測定器具	1. 內容積1000mL具刻度之量筒–2個。 2. 泡沫試料採集器–1個（如備註欄） 3. 1000g計量器（或與此接近者）–1個。	
	25%還原時間測定器具	1. 碼錶（stop watch）–1個 2. 內容積1000mL具刻度之量筒–2個。	

項目		測定基準	備註
			○量筒上方應距地板50cm以下。 ○採集器之材質應為鋁板或具同等以上耐腐蝕性能者。 註：尺寸之（　）係為參考尺寸。
泡沫試料採集方法	泡沫噴頭之場合	將1000mL附刻度之量筒2個之泡沫試料採集器置於發泡面積指定位置，至量筒充滿泡沫為止。採集試料，如泡沫盛滿後即按下碼錶讀秒，同時將採集自泡沫撒下之泡沫義烏料移至外部，清除多餘之泡沫及附著在量筒外側與底部之泡沫，對該試料進行分析。	
	泡沫瞄子之場合	於發泡落下點之大約中央處放置刻有1000mL之量筒2個泡沫試料採集器，使量筒充滿泡沫為止。採集試料，如充滿時按下碼錶開始讀秒，並將採集之試料移至外部，除去多餘泡沫以及附著量筒外側或底面之泡沫，而分析該試料。	
測定方法	發泡倍率	發泡倍率係測量在未混入空氣前之泡沫水溶液量與最終發泡量之比率，故應預先測出刻度1000mL量筒之容器重量，次將泡沫試料測量至公克（g）單位，再利用下列公式計算之。 1000mL÷減掉量筒重量之泡沫重量（g）=發泡倍率	
	25%還原時間	泡沫之25%還原時間，係指自所採集之泡沫消泡為泡水溶液量，還原至全部泡沫水溶液量之25%所需時間。因其特別著重水之保持能力及泡沫之流動性，故以下列方法測定。 測定還原時間係以測量發泡倍率時所用之試料進行，如將泡沫試料淨重分為四等份，即可得所含泡水溶液量之25%（單位mL），為側得還原至此量所需時間，應先將量筒置於平面上，利用量筒上之刻度觀察泡水溶液還原至25%之所需時間。	

項目	測定基準	備註
測定方法	茲舉一例如下： 假設泡沫試料之淨重為200g，1g換算為1mL，25%容量值為200mL÷4=50（mL）。故測定還原至50mL所需時間，以判定其性能。 茲舉測定之實例如下： 還原之數值記錄如下： 時間（分）　　還原量（mL） 　0　　　　　　　　0 　1.0　　　　　　　20 　2.0　　　　　　　40 　3.0　　　　　　　60 由此記錄可知25%容量（50mL）位於2至3分鐘之間。即由（50mL（25%容量值）－ 40mL（經過2分鐘還原量值））÷（60mL（經過3分鐘時之還原量值）－ 40mL（經過2分鐘時還原量值））＝ 0.5 可得2.5分鐘之時間，由此判定性能。	

泡沫滅火設備檢查表（設備方式：□固定式、□移動式）

檢修設備名稱	幫浦	製造商： 型　號：		電動機	製造商： 型　號：	
檢修項目		檢修結果				處置措施
		種別、容量等內容	判定	不良狀況		
外觀檢查						
水源	蓄水池	類別				
	水量	m³				
	水位計、壓力計					
	閥類					

類別	項目	細項		單位			
電動機	控制盤	周圍狀況					
	控制盤	外形					
	電壓表			V			
	各開關						
	標示						
	預備品等						
啓動裝置	手動啓動	周圍狀況					
	手動啓動	外形					
	自動啓動	水壓開關裝置	壓力開關	設定壓力	kgf/cm^2		
			壓力槽	L	kgf/cm^2		
		火警感知裝置	探測器				
			密閉式撒水頭				
	加壓送水裝置						
呼水裝置	呼水槽			L			
	閥類						
	配管						
泡沫原液槽	原液槽			L			
	原液量			L			
	壓力表			kgf/cm^2			
	閥類						
混合裝置及加壓送液裝置							
泡沫放出口	外形						
	分布障礙						
	未警戒部份						
泡沫消防栓箱等	泡沫消防栓箱	周圍狀況					
		外形					
	水帶、瞄子						
	水帶接頭						
	開關閥						
	啓動表示燈						
自動警報逆止閥	閥本體			kgf/cm^2			
	延遲裝置						
	壓力開關			kgf/cm^2			
一齊開放閥（含電磁閥）				kgf/cm^2			

防護區劃（高發泡）	區域變更			
	開口部自動關閉裝置			
連結送液口	周圍狀況			
	外形			
泡沫射水槍	周圍狀況			
	外形			
性能檢查				
水源	水質			
	給水裝置			
	閥類			
	水位計、壓力表			
電動機控制裝置	各開關			
	保險絲	A		
	繼電器			
	表示燈			
	結線接續			
	接地			
啓動裝置	手動啓動裝置			
	自動啓動裝置	水壓開關裝置	設定壓力　　kgf/cm^2 動作壓力　　kgf/cm^2		
		火警探測器	□專用　□兼用		
加壓送水裝置	幫浦方式	電動機	回轉軸		
			軸承部		
			軸接頭		
			本體		
		幫浦	回轉軸		
			軸承部		
			底部		
			連成表、壓力表		
			性能	kgf/cm^2　　　L/min		
	重力水箱方式		kgf/cm^2		
	壓力水箱方式		kgf/cm^2		

呼水裝置		閥類			
		自動給水裝置			
		減水警報裝置			
		底閥			
配管		閥類			
		過濾裝置			
		排放管			
泡沫原液體		泡沫原液			
		壓力計			
		閥類			
混合裝置及加壓送液裝置		泡沫混合裝置			
		加壓送水裝置			
泡沫消防栓箱		水帶瞄子			
		開關閥			
自動警報逆止閥等		閥本體			
		延遲裝置			
		壓力開關	設定壓力　kgf/cm^2 動作壓力　kgf/cm^2		
		音響警報裝置			
一齊開放閥（含電磁閥）					
緊急停止裝置（高發泡）					
防護區劃法高泡					
耐震措施					
連結送液口					
泡沫射水槍					
綜合檢查					
固定式	幫浦方式	啟動性能	加壓送水裝置		
			表示、警報等		
			運轉電流	A	
			運轉狀況		
		一齊開放閥			
		放射分佈	倍　　kgf/cm^2　％		
	重力水箱方式	表示警報等			
		一齊開放閥			
		放射分布等	倍　　kgf/cm^2　％		

移動式	幫浦方式	啓動性能	加壓送水裝置			
			表示、警報等			
			運轉電流			
			運轉狀況			
			發泡倍率等			
	重力水箱方式		表示警報等			
			發泡倍率等	倍　　kgf/cm² 　％		

備註	

	機器名稱	型式	校正年月日	製造廠商	機器名稱	型式	校正年月日	製造廠商
檢查器材								

檢修人員	檢查日期	自民國　　　年　　　月　　　日 至民國　　　年　　　月　　　日			
	姓名		消防設備師（士）	證書字號	簽章　　（簽章）
	姓名		消防設備師（士）	證書字號	簽章
	姓名		消防設備師（士）	證書字號	簽章
	姓名		消防設備師（士）	證書字號	簽章

1. 應於「種別‧容量等情形」欄內填入適當之項目。

2. 檢查合格者於判定欄內打「○」；有不良情形時於判定欄內打「×」，並將不良情形填載於「不良狀況」欄。

3. 對不良狀況所採取之處置情形應填載於「處置措施」欄。

4. 欄內有選擇項目時應以「○」圈選之。

2.2.7 火警自動警報設備檢修及申報作業基準

一、外觀檢查

(一)預備電源與緊急電源（限內藏型）

1. 檢查方法

(1) 外形

以目視確認有無變形、腐蝕等。

(2) 標示

以目視確認蓄電池銘板。

2. 判定方法

(1) 外形

A. 應無變形、腐蝕、龜裂。

B. 電解液應無洩漏、導線之接續部應無腐蝕。

(2) 標示

應與受信機上標示之種別、額定容量及額定電壓相符。

(二)受信總機及中繼器

1. 檢查方法

(1) 周圍狀況

確認周圍有無檢查上或使用上之障礙。

(2) 外形

以目視確認有無變形、腐蝕等。

(3) 火警分區之表示裝置

以目視確認有無污損等。

(4) 電壓表

A. 以目視確認有無變形、損傷等。

B. 確認電源、電壓是否正常。

(5) 開關

以目視確認開、關位置是否正常。

(6) 標示

確認如圖2-17例示各開關名稱之標示是否正常。

(7) 預備零件等

確認是否備有保險絲、燈泡等零件及回路圖等。

2. 判定方法

(1) 周圍狀況

應設在經常有人之場所（中繼器除外），且應依下列保持檢查上及使用上必要之空間。

A. 受信機應設在其門開關沒有障礙之位置。

B. 受信機前應確保一公尺以上之空間。

C. 受信機背面有門者，其背面應確保檢查必要之空間。

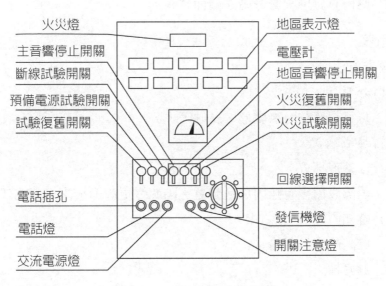

圖2-17　P型1級有受信機

(2) 外形

應無變形、損傷、明顯腐蝕等。

(3) 火警分區之表示裝置

應無污損、不明顯部分。

(4) 電壓表

A. 應無變形、損傷等。

B. 電壓表之指示值應在所定之範圍內。

C. 無電壓表者，其電源表示燈應亮燈。

(5) 開關

開、關位置應正常。

(6) 標示

A. 應貼有檢驗合格證。

B. 各開關之名稱應無污損、不明顯部分

C. 銘板應無脫落。

(7) 預備品

A. 應備有保險絲、燈泡等零件。

B. 應備有回路圖、操作說明書等。

C. 應備有識別火警分區之圖面資料。

(三)探測器

1. 檢查方法

(1) 外形

以目視確認有無變形、腐蝕等。

(2) 警戒狀況

A. 未警戒部分

確認設置後有無因用途變更、隔間變更等形成之未警戒部分。

B. 感知區域

確認設定是否恰當。

C. 適應性

確認是否設置適當之探測器。

D. 性能障礙

以目視確認有無被塗漆，或因裝修造成妨礙熱氣流、煙流動之障礙。

2. 判定方法

(1) 外形

應無變形、損傷、脫落、明顯腐蝕等。

(2) 警戒狀況

A. 未警戒部分

　　　應無設置後因用途變更、隔間變更等形成之未警戒部分。

　B. 感知區域

(A)火焰探測器以外之探測器

　　應設置符合其探測區域及裝置高度之探測器之種別及個數。

(B)火焰探測器

　　監視空間或監視距離應適當正常。

　C. 適應性

　　應設置適合設置場所之探測器。

　D. 性能障礙

(A)應無被塗漆。

(B)光電式分離型探測器之受光部，應無日光直射等影響性能之顧慮。

(C)火焰探測器應無日光直射等影響性能之顧慮。。

(D)應無因裝修造成妨礙熱氣流、煙流動之障礙。

3. 注意事項

(1) 不能設置偵煙式探測器或熱煙複合式局限型探測器之場所，應依表2-4選設。

(2) 有發生誤報或延遲感知之虞處，應依表2-5選設。

(3) 火焰探測器，其每一個被牆壁區劃之區域，由監視空間各部分到探測器之距離，應在其標稱監視距離之範圍內。

表2-4

設置場所		適用之感熱式探測器								火焰探測式器	備考
		差動式局限型		差動式分布型		補償式局限型		定溫型			
場所	具體例示	1種	2種	1種	2種	1種	2種	特種	1種		
灰塵、粉末會大量滯留之場所	垃圾收集場、貨物堆放場、油漆室、紡織、木材、石材之加工場所	×	×	○	○	○	○	○	×	○	1. 甲類場所之地下層、無開口樓層及十一層以上之部分，雖可設置火焰探測器，但於火焰探測器監視顯著困難時，得設置適用之感熱式探測器。 2. 設置差動式分布型探測器時，其檢出器應有防止塵埃、粉塵侵入之措施。 3. 設置補償式局限型探測器時，應使用防水型。 4. 設於紡織，木材加工場所等有火災急速擴大顧慮之場所之定溫式探測器，應盡可能使用特種且標稱動作溫度在75℃以下者。
水蒸氣會大量滯留之場所	蒸氣洗淨室、更衣室、熱水室、消毒室等	×	×	×	○	×	○	○	○	×	1. 差動式分布型探測器或補償式局限型探測器，限使用於不發生急遽溫度變化之場所。 2. 設置差動式分布型探測器時，其檢出器應有防止水蒸氣進入之措施。 3. 設置補償式局限型探測器時，應使用防水型。 4. 設置定溫式探測器時，應使用防水型。

設置場所		適用之感熱式探測器								火焰探測器式	備　考
		差動式局限型		差動式分布型		補償式局限型		定溫型			
場所	具體例示	1種	2種	1種	2種	1種	2種	特種	1種		
會散發腐蝕性氣體之場所	電鍍工場、蓄電池室、污水處理場等	×	×	○	○	○	○	○	○	×	1. 設置差動式分布型探測器時,探測器應有被覆,且檢出器應為不受腐蝕性氣體影響之型式或設有防止腐蝕性氣體侵入之措施。 2. 設置補償式局限型探測器或定溫式探測器時,應針對腐蝕性氣體之性狀,使用耐酸型或耐鹼型。 3. 設置定溫式探測器時,應盡可能使用特種。
平時煙會滯留之場所	廚房、烹調室、熔接作業場所等	×	×	×	×	×	×	○	○	×	於廚房、烹調室等有高濕度顧慮場所之探測器,應使用防水型。
顯著高溫之場所	乾燥室、殺菌室、鍋爐室、鑄造場、放映室、攝影棚等	×	×	×	×	×	×	○	○	×	
排放廢氣會大量滯留之場所	停車場、車庫、貨物處理所、車道、發電機室、卡車調車場、引擎測試室等	○	○	○	○	○	○	×	×	○	甲類場所之地下層,無開口樓層及11層以上之部分,可設置火焰探測器,但於火焰探測器監視顯著困難時,得設置適用之感熱式探測器。

設置場所		適用之感熱式探測器								火探焰測式器	備　考
		差動式局限型		差動式分布型		補償式局限型		定溫型			
場所	具體例示	1種	2種	1種	2種	1種	2種	特種	1種		
煙會大量流入之場所	配膳室、廚房前室、廚房內之食品庫、廚房周邊之走廊及通道、餐廳等	○	○	○	○	○	○	○	○	×	1. 設於存放固體燃料可燃物之配膳室、廚房前室等之定溫式探測器，應盡可能使用特種。 2. 廚房周邊之走廊及通道、餐廳等處所，不可使用定溫式探測器。
會結露之場所	以石棉瓦或鐵板做屋頂之倉庫工場、套裝型冷凍機專用之存放室、密閉室之地下倉庫、冷凍室之周邊等	×	×	○	○	○	○	○	○	×	1. 設置補償式局限型探測器或定溫式探測器時，應使用防水型。 2. 補償式局限型探測器限使用於不發生急遽溫度變化之場所。
設有用火設備其火焰外露之場所	玻璃工場、有熔鐵爐之場所、熔接作業場所、廚房、鑄造所、鍛造所等	×	×	×	×	×	×	○	○	×	

註：1.「○」表適用。

　　2. 差動式局限型、差動式分布型、補償式局限型及偵煙式非蓄積型之1種，因感度良好所以應留意其比2種容易發生火災誤報之情形。

　　3. 差動式分布型3種及定溫型2種，限使用於與滅火設備連動之場合。

表2-5

設置場所		適用之感熱式探測器			適用之偵煙式探測器						火焰探測器	備 考
					離子式型		光電式型		光電式分離型			
場所	具體例示	差動式	補償式	定溫式	非蓄積型	蓄積型	非蓄積型	蓄積型	非蓄積型	蓄積型		
因吸菸而有煙滯留之換氣不良場所	會議室、接待室、休息室、控制室、康樂室、後台（演員休息室）、咖啡廳、餐廳、等侯室、酒吧等之客房、集會堂、宴會廳等	○	○					○	○	○		
作為就寢設施使用之場所	飯店（旅館、旅社）之客房、休息（小睡）房間等					○		○	○	○		
有煙以外微粒子浮游之場所	地下街通道（通路）等					○		○	○	○	○	
容易受風影響之場所	大廳（門廳）、禮拜堂、觀覽場、在大樓頂上之機械室等							○	○	○	○	設差動式探測器時，應使用分布型。
煙須經長時間移動方能到達探測器之場所	走廊、樓梯、通道、傾斜路、升降機機道等					○		○	○			
有成為燻燒火災之虞之場所	電話機械室、通信機器室、電腦室、機械控制室等					○	○	○	○			

設置場所		適用之感熱式探測器			適用之偵煙式探測器						火焰探測器	備　考
					離子式型		光電式型		光電式分離型			
場所	具體例示	差動式	補償式	定溫式	非蓄積型	蓄積型	非蓄積型	蓄積型	非蓄積型	蓄積型		
大空間且天花板高等熱、煙易擴散之場所	體育館、飛機停機庫、高天花板倉庫、工場、觀衆席上方等探測器裝置高度在8公尺以上之場所	○							○	○	○	差動式探測器應使用分布型。

(四) 手動報警機

  1. 檢查方法

    (1) 周圍狀況

      確認周圍有無檢查上或使用上之障礙。

    (2) 外形

      以目視確認有無變形、腐蝕及按鈕保護板損壞等。

  2. 判定方法

    (1) 周圍狀況

      應無檢查上及使用上之障礙。

    (2) 外形

      應無變形、損傷、脫落、顯著腐蝕，按鈕保護板損壞等。

(五) 標示燈

  1. 檢查方法

    以目視確認有無變形、損傷、及是否亮燈。

  2. 判定方法

    (1) 應無變形、損傷、脫落、燈泡損壞等。

    (2) 與裝置面成十五度角在十公尺距離內應能容易識別。

(六)音響裝置

1.檢查方法

(1)外形

以目視確認有無變形、腐蝕等。

(2)裝置狀態

以目視確認有無脫落及妨礙音響效果之障礙。

2.判定方法

(1)外形

應無變形、損傷、明顯腐蝕。

(2)裝置狀態

應無脫落、鬆動及妨礙音響效果之障礙。

二、性能檢查

(一)預備電源及緊急電源（限內藏型）

1.檢查方法

(1)端子電壓

操作預備電源試驗開關，由電壓表確認。

(2)切換裝置

由受信總機內部之電源開關動作確認。

(3)充電裝置

以目視確認有無變形、腐蝕、發熱等。

(4)結線接續

以目視或螺絲起子確認有無斷線、端子鬆動等。

2.判定方法

(1)端子電壓

電壓表之指示應正常（電壓表指針指在紅色線以上）

(2)切換裝置

自動切換緊急電源，常用電源恢復時自動切換成常用電源。

(3)充電裝置

A.應無變形、損傷、明顯腐蝕等。

B.應無異常發熱。

(4) 結線接續

應無斷線、端子鬆動、脫落、損傷等。

3.注意事項

(1) 預備電源之容量超過緊急電源時，得取代緊急電源。

(2) 充電回路使用抵抗器者，因為會變成高溫，故不能以發熱即判斷為異常，應以是否變色等來判斷。

(3) 電壓表之指示不正常時，應考量是否為充電不足、充電裝置、電壓表故障。

(二) 受信機及中繼器

1.開關類

(1) 檢查方法

以螺絲起子及開、關操作確認端子有無鬆動及開關性能是否正常。

(2) 判定方法

A.應無端子鬆動、發熱。

B.開、關操作應正常。

2.保險絲類

(1) 檢查方法

確認有無損傷、熔斷等，及是否為所定之種類、容量。

(2) 判定方法

A.應無損傷、熔斷等。

B.應使用回路圖所示之種類、容量。

3.繼電器

(1) 檢查方法

確認有無脫落、端子鬆動、接點燒損、灰塵附著，及由試驗裝置使繼電器動作確認其性能。

(2) 判定方法

A.應無脫落、端子鬆動、接頭燒損、灰塵附著。

B.動作應正常。

4. 標示燈

(1) 檢查方法

由開關之操作確認是否亮燈。

(2) 判定方法

應無明顯劣化,且應正常亮燈。

5. 通話裝置

(1) 檢查方法

設兩台以上受信機時,由操作相互間之送受話器,確認能否同時通話。

(2) 判定方法

應能同時通話。

(3) 注意事項

A. 受信總機處相互間設有對講機時,該對講機亦應實施檢查。

B. 同一室內或場所內設有二台以上受信總機時,相互間得免設通話裝置。

6. 結線接續

(1) 檢查方法

以螺絲起子確認有無斷線、端子鬆動等。

(2) 判定方法

應無斷線、端子鬆動、脫落、損傷等。

7. 接地

(1) 檢查方法

以目視或三用電表確認有無腐蝕、斷線等。

(2) 判定方法

應無明顯腐蝕、斷線等之損傷。

8. 附屬裝置

(1) 檢查方法

A. 移報

在受信總機作火災表示試驗,確認火災信號是否自動地移報到副機。

B. 消防栓連動

操作手動報警機確認消防栓幫浦是否自動啓動。

(2) 判定方法

A. 移報

副機之移報應正常進行。

B. 消防栓連動

消防栓幫浦應自動啓動。

9. 火災表示

(1) 檢查方法

依下列步驟進行火災表示試驗確認。此時，試驗每一回路確認其保持性能後操作復舊開關，再進行下一回路之測試。

A. 蓄積式

將火災試驗開關開到試驗側，再操作回路選擇開關，進行每一回路之測試，確認下列事項。

(A)主音響裝置及地區音響裝置是否鳴動，且火災燈及地區表示裝置之亮燈是否正常。

(B)蓄積時間是否正常。

B. 二信號式

將火災試驗開關開到試驗側，再操作回路選擇開關，依正確之方法進行，確認於第一信號時主音響裝置或副音響裝置是否鳴動及地區表示裝置之亮燈是否正常，於第二信號時主音響裝置、地區音響裝置之鳴動及火災燈、地區表示裝置之亮燈是否正常。

C. 其他

將火災試驗開關開到試驗側，再操作回路選擇開關，依正確之方法進行，確認主音響裝置、地區音響裝置之鳴動及火災燈、地區表示裝置之亮燈是否正常。

(2) 判定方法

A. 各回路之表示窗與編號應對照符合，火災燈、地區表示裝置之亮燈及音響裝置之鳴動、應保持性能正常。

B. 對於蓄積式受信機除前項A外，其蓄積之測定時間，應在受信機設定

之時間加五秒以內。

C.於二信號式受信機除前項A外，應確認下列事項。

(A)於第一信號時主音響裝置或副音響裝置之鳴動及地區標示裝置之亮燈應正常。

(B)於第二信號時主音響裝置、地區音響裝置之鳴動及火災燈、地區表示裝置之亮燈應正常。

10.回路導通

依下列方式進行回路斷線試驗，並確認之。

(1) 檢查方法

A.將回路斷線試驗開關開到試驗側。

B.依序旋轉回路選擇開關。

C.各回路由試驗用計器之指示值確認是否在所定範圍，或斷線表示等確認之。

(2) 判定方法

試驗用計器之指示值應在所定之範圍，或斷線表示燈亮燈。

(3) 注意事項

A.有斷線表示燈者，斷線時亮燈。

B.具有自動斷線監視方式者，應將回路作成斷線狀態確認其性能。

(三) 探測器

1. 感熱型探測器（多信號探測器除外。以下相同）

(1) 局限型

A.檢查方法

(A)定溫式及差動式（再用型）

使用加熱試驗器對探測器加熱，確認到動作之時間及警戒區域之表示是否正常。

(B)定溫式（非再用型）

按表2-6選取檢查數量，依再用型探測器進行加熱試驗。

表2-6　探測器選取檢查數量表

探測器之設置數量	選取檢查數量
1以上10以下	1
11以上50以下	2
51以上100以下	4
101以上	7

B. 判定方法

(A)動作時間應在表2-7時間以內。

表2-7　探測器之動作時間表　　　　　　單位：秒

動作時間	探測器之種別			
探測器	特種	1種	2種	3種
差動式局限型	—	30	30	—
定溫式局限型	40	60	120	—
離子式局限型光電式局限型	—	30	60	90
光電式分離型	—	30	30	
備註	定溫式局限型當其標稱動作溫度與周圍溫度之差超過五十度時，其動作時間得加倍計算			

(B)火警分區之表示應正常。

C. 注意事項

(A)應使用所規定之加熱試驗器。

(B)檢查設在有因可燃性氣體滯留而有引火之虞之場所及高壓變電室等有感電之虞之場所之探測器時，應由差動式局限型試驗器或回路試驗用按鈕等試驗器進行。

(C)非再用型之探測器，因做過測驗後即不能再使用，所以測試後應立即更換新品。

(D)非再用型探測器之每次測試時應輪流選取，可於圖面或檢查表上註記每次選取之位置。又在選出之探測器中，發現有不良品時，應再重新抽選實施檢查。

(E)對於連接蓄積性能之回路,亦可先行解除其蓄積性能。

(2)分布型

A.空氣管式

(A)檢查方法

a.火災動作試驗(空氣注入試驗)

依下列方式,將相當於探測器動作空氣壓之空氣量,使用空氣注入試驗器(5CC用)(以下稱「空氣注入器」)送入,確認其至動作之時間及火警分區之表示是否正常。

(a)依圖2-18,將空氣注入器接在檢知器之試驗孔上,再將試驗旋塞配合調整至動作試驗位置。

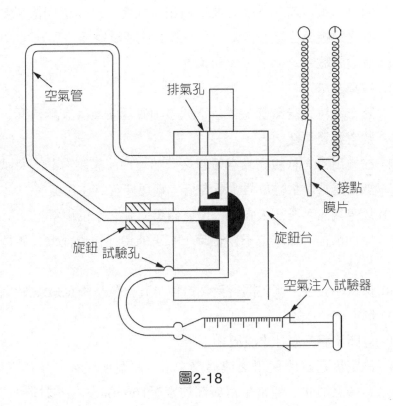

圖2-18

(b)注入檢出器所標示之空氣量。

(c)測定注入空氣後至動作之時間。

b.動作持續試驗

作火災動作試驗,測定探測器動作之後,至復舊之時間,確認探測器

之動作持續是否正常。

(B)判定方法

　a.動作時間及動作持續時間，應在檢出器貼附之範圍表所示值內。

　b.火警分區之表示應正常。

(C)注意事項

　a.火災動作試驗注入之空氣量，因探測器感度種別或空氣管長度不一，如注入規定量以上之空氣，恐有損壞膜片之虞，應特別注意。

　b.具有注入之空氣不通過逃氣孔之構造者，注入規定量之空氣後，應立即將試驗旋塞歸定位。

　c.於空氣管式之火災動作或動作持續試驗，不動作或測定之時間超過範圍時，或與前次檢查之測定值相差幅度大時，應即確認空氣管與旋塞台之連接部位是否栓緊，且應進行流通試驗及接點水高試驗。

(a) 流通試驗

 I. 檢查方法

　將空氣注入空氣管，並依下列事項確認空氣管有無洩漏、堵塞、凹陷及空氣管長度。

(I) 在檢出器之試驗孔或空氣管之一端連接流體壓力計，將試驗旋塞配合調整至動作試驗位置，並在另一端連接空氣注入器。

(II) 以空氣注入器注入空氣，使流體壓力計之水位由零上升至約100mm即停止水位。如水位不停止時，有可能由連接處洩漏，應即中止試驗予以檢查。

(III)由試驗旋塞，測定開啟送氣口使上升水位下降至1/2之時間。（流通時間）

(IV)有關流體壓力計之處置如下：

 ① 測定流通時間使用之流體壓力計（U型玻璃管），內徑約3mm如圖2-19之形狀，通常是由底部加水至100mm左右，對準0之刻度。刻度約達130mm左右，標示於玻璃管上。

 ② 使用流體壓力計時，玻璃管內之水因表面張力成圓形，但可於底部觀察調整至歸零。又水位上升與下降時，會有0.1至0.3mm之差，故以上升時作為標準。

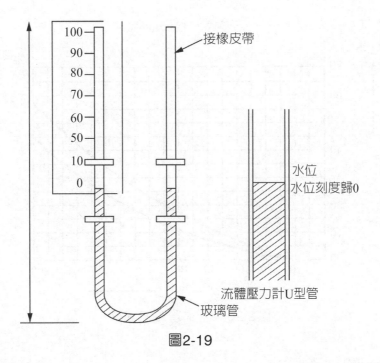

圖2-19

II. 判定方法

　　對空氣管長之流通時間，應在圖2-20所示之範圍內。

1. 空氣管內徑在1.4mm時

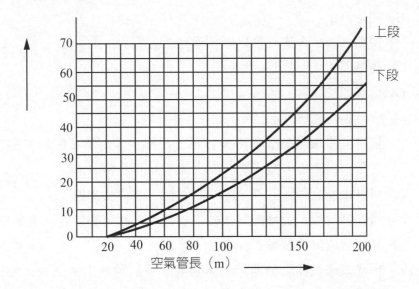

空氣管長（m）

2. 空氣管內徑1.5mm時

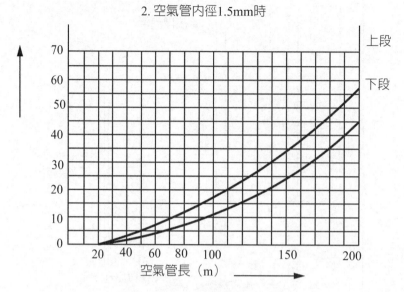

圖2-20 空氣管流通曲線

(b) 接點水高試驗

I. 檢查方法

將空氣管由旋塞台取下，連接流體壓力計及空氣注入器，並將試驗旋塞調整至接點水高試驗位置，再緩緩注入空氣，確認接點閉合時之水位（接點水位高）。

II. 判定方法

接點水高值，應在檢出器標示值之範圍內。

B. 熱電偶式

(A)檢查方法

a. 火災動作試驗

依下列步驟由試驗器將動作電壓附加在檢出器，確認其動作時之電壓（動作電壓值）及火警分區之表示是否正常。

(a) 將試驗器之開關調整至動作試驗側，連接檢出器。

(b) 操作刻度盤，對檢出器緩緩附加電壓，測定動作時之電壓值。

b. 回路合成阻抗試驗

用儀表繼電器試驗器可以試驗者，將試驗器之插頭插入檢出器，進行規定之操作。其他之試驗器，將熱電偶回路由檢出器端子切離，確認

回路之阻抗值是否正常。

(B)判定方法

　a.動作電壓值，應在檢出器標示值之範圍內。

　b.回路合成阻抗值，應在各檢出器標示值以下。

　c.火警分區之表示應正常。

(C)注意事項

　　應使用規定之試驗器。

C.熱半導體式

(A)檢查方法

　　使用試驗器按照熱電偶式之檢查方法進行。但對於感熱部之裝置面未滿八公尺者，得準用差動式局限型探測器之加熱試驗，進行測試。

(B)判定方法

　　準用熱電偶式或差動式局限型探測器之標準。

(C)注意事項

　　應使用規定之試驗器。

(3)定溫式線型

A.檢查方法

(A)動作試驗

　　操作設在探測器末端之回路試驗器，確認火警分區之表示是否正常。

(B)回路合成阻抗試驗

　　依下列步驟確認探測器回路之配線與感知線之合成阻抗值：

　a.拆下受信總機之外線，將擬測定之回路末端短路。

　b.回路中插入終端電阻者，使終端電阻短路。

　c.以三用電表測定探測器回路之配線與感知線之合成阻抗值。

B.判定方法

(A)動作試驗

　　火警分區之表示應正常。

(B)回路合成阻抗試驗

　　合成阻抗值應在探測器標示值以下。

(C)注意事項

　　使電源電壓下降至額定電壓之百分之八十，實施動作試驗，確實動作

時，得省略回路合成阻抗試驗。

2. **偵煙型探測器**（多信號探測器除外，以下相同）

(1) **局限型**

A. 檢查方法

使用加煙試驗器，確認偵煙型探測器到動作之時間及警戒區域之表示是否正常。

B. 判定方法

(A) 探測器加煙後到動作之時間，應在表2-8所示之時間內。

(B) 蓄積型探測器之動作時間，應在表2-8所示之時間加其標稱蓄積時間及五秒之時間內。

表2-8

動作時間	探測器之種類		
探測器	1種	2種	3種
離子式局限型 光電式局限型	30秒	60秒	90秒

(C) 火警分區之表示應正常。

C. 注意事項

(A) 應使用規定之加煙試驗器。

(B) 發煙材應使用試驗器之指定品。

(C) 加煙試驗時，應不受裝置面氣流之影響。

(D) 對於連接蓄積性能之回路，亦可先行解除其蓄積性能。

(2) **分離型**

A. 檢查方法

使用減光罩，確認探測器之動作及火警分區之表示是否正常。

B. 判定方法

(A) 插入減光罩後到動作之時間，應在30秒內。

(B) 蓄積型探測器之動作時間，應在30秒加其標稱蓄積時間及五秒之時間內。

(C) 火警分區之表示應正常。

C.注意事項

(A)應使用規定之減光罩。

(B)對於連接蓄積性能之回路，亦可先行解除其蓄積性能。

3.火焰式探測器

(1)檢查方法

使用火焰探測器用動作試驗器，確認探測器之動作及火警分區之表示是否正常。

(2)判定方法

A.探測器之動作時間，應在30秒內。

B.火警分區之表示應正常。

4.多信號探測器（含複合式探測器）

(1)檢查方法

準用前述1及2確認之。

(2)判定方法

A.探測器之動作時間，應在前述之1及2規定之時間內。

B.火警分區之表示應正常。

(3)注意事項

準用前述1及2規定。

(四)手動報警機

1.檢查方法

操作按鈕或送受話器（通話裝置），確認是否動作。

2.判定方法

音響裝置應鳴動，有確認燈者，確認燈應亮燈。

(五)音響裝置

1.檢查方法

(1)音量

設於有其他機械發出噪音處所者，使該分區探測器或手動報警機動作，確認其音壓及音色。

(2) 鳴動方式

使探測器或手動報警機動作，確認地區音響裝置之鳴動方式是否正確。

2. 判定方法

(1) 音壓

音壓及音色與其他機械發出之噪音，應有明顯區別且清晰。

(2) 鳴動方式

A. 一齊鳴動

全棟之地區音響自動地一齊鳴動。

B. 分區鳴動

建築物在五層以上，且總樓地板面積超過三千平方公尺者，其地區音響裝置應依下列所示分區鳴動，必要時可以手動操作一齊鳴動。

(A)起火層為地上二層以上時，限該樓層與其直上兩層及其直下層鳴動。

(B)起火層為地面層時，限該樓層與其直上層及地下層各層鳴動。

(C)起火層為地下層時，限地面層及地下層各層鳴動。

(六) 蓄積性能（限有蓄積性能者）

1. 檢查方法

選定表2-9所定數量之感熱探測器、偵煙式探測器及火焰式探測器，使用各型探測器之試驗器，使各個探測器動作，確認其至火災表示時間是否正常。

表2-9

火警分區數	探測器之選定個數		
	感熱式探測器	偵煙式探測器	火焰探測器
50以下	1	1	1
51以上	2	2	2

對於有蓄積性能之中繼器或受信機，操作手動報警機時，應與其設定之時間無關，確認其是否能自動地火災表示。

2. 判定方法

(1) 對感熱式探測器加熱時，應於表2-10所示之時間加蓄積式中繼器或受信總機設定之蓄積時間之合計時間（最大20秒）內動作。

表2-10

動作時間 探測器	探測器之種別		
	特種	1種	2種
差動式局限型 補償式局限型	—	30秒	30秒
定溫式局限型	40秒	60秒	120秒

(2) 對偵煙式探測器加煙測試時，應於下列時間內動作：

A. 非蓄積型

表2-11所示之時間加蓄積式中繼器或受信總機設定之蓄積時間之合計時間（最大60秒）。

表2-11

動作時間 探測器	探測器之種別		
	1種	2種	3種
離子式局限型 光電式局限型	30秒	60秒	90秒

B. 蓄積型

表2-11所示之時間加蓄積式之標稱蓄積時間與蓄積式中繼器或受信機設定之蓄積時間之合計時間（最大60秒）再加上5秒。

C. 以火焰式探測器用動作試驗器之紅外線或紫外線照射時，30秒加上蓄積式中繼器或受信機設定之蓄積時間之合計時間（最大20秒）。

D. 有蓄積性能之中繼器或受信機，使手動報警機動作時，其蓄積性能應自動解除，且立即火災表示。

(3) 注意事項

進行蓄積性能檢查，選擇探測器時，應輪流選取，並應於圖面或檢查

表上註記每次選取之位置。

(七)二信號性能（限有二信號性能者）

1. **檢查方法**

於任一回路，使用加熱試驗器或加煙試驗器使探測器動作，確認第一信號及第二信號之火災表示是否正常。

操作手動報警機時，不論第一信號及第二信號，確認其是否立即進行火災表示。

2. **判定方法**

(1) 第一信號時，主音響或副音響裝置應鳴動及地區表示燈應亮燈。

(2) 第二信號時，主音響及地區音響裝置應鳴動且火災燈及地區表示燈應亮燈。

(3) 操作手動報警機時，主音響及地區音響裝置應鳴動，火災燈及地區表示燈應亮燈。

三、綜合檢查

(一)同時動作

1. **檢查方法**

操作火災試驗開關及回路選擇開關，不要復舊使任意五回路（不滿五回路者，全部回路），進行火災動作表示試驗。

2. **判定方法**

受信機（含副機）應正常動作，主音響及地區音響裝置之全部或接續該五回路之地區音響裝置應鳴動。

(二)偵煙式探測器、煙複合式探測器或熱煙複合式探測器之感度。

1. **檢查方法**

進行外觀清潔後，依下列步驟確定探測器之感度。

(1) **局限型**

A. 取下偵煙式探測器，進行外觀清潔。

B. 使用偵煙式探測器用感度試驗器，進行感度（濃度）試驗，確認其感度是否在探測器所定之範圍內。

C.按前述A之步驟確認其感度正常者，即再裝回原位，裝置後使用加煙試驗器，進行動作之確認。

(2) 判定方法

感度應在所定之範圍內。

(3) 注意事項

取下偵煙式探測器之場所，應即裝上替代之探測器，不可使其形成未警戒區域，應將此記錄在檢查表上。

A.分離型探測器

清潔探測器之送光器及受光器時，應依正確之方法回復到初期時狀態。

B.偵煙式探測器用感度試驗器及減光罩，應使用規定之器材。

(三) 地區音響裝置之音壓

1.檢查方法

距音響裝置設置位置中心一公尺處，使用噪音計，確認其音壓。

2.判定方法

音壓應在九十分貝以上。（85年6月30日前取得建造執照者為八十五分貝）

3.注意事項

(1) 警鈴於收藏箱內者，應維持原狀測定其音壓。

(2) 音壓使用簡易或普通噪音計測定。

(四) 綜合檢查

1.檢查方法

切換成緊急電源或預備電源供電狀態，使用加熱試驗器等使任一探測器動作，依下列步驟確認其性能是否正常。

(1) 應遮斷受信總機之常用電源主開關或分電盤之專用開關。

(2) 進行任一探測器加熱或加煙試驗時，在受信總機處應確認其火警分區之火災表示裝置是否正常亮燈、主音響及地區音響裝置是否正常鳴動。

2.判定方法

火災表示裝置應正常亮燈、音響裝置應正常鳴動。

火警自動警報設備檢查表

<table>
<tr><td colspan="2" rowspan="2">檢修設
備名稱</td><td rowspan="2">火警受
信總機</td><td colspan="4">製造商：</td></tr>
<tr><td colspan="4">型　號：</td></tr>
<tr><td colspan="3" rowspan="2">檢修項目</td><td colspan="3">檢修結果</td><td rowspan="2">處置
措施</td></tr>
<tr><td>種別、容量等內容</td><td>判定</td><td>不良狀況</td></tr>
<tr><td colspan="7">外觀檢查</td></tr>
<tr><td colspan="2" rowspan="2">預備電源、緊急
電源（內藏型）</td><td>外　形</td><td></td><td></td><td></td><td></td></tr>
<tr><td>標　示</td><td></td><td></td><td></td><td></td></tr>
<tr><td rowspan="8">受
信
總
機
等</td><td colspan="2">周圍狀況</td><td>類別</td><td></td><td></td><td></td></tr>
<tr><td colspan="2">外形</td><td></td><td></td><td></td><td></td></tr>
<tr><td colspan="2">表示裝置</td><td></td><td></td><td></td><td></td></tr>
<tr><td colspan="2">電壓表</td><td>V</td><td></td><td></td><td></td></tr>
<tr><td colspan="2">開關</td><td></td><td></td><td></td><td></td></tr>
<tr><td colspan="2">標示</td><td></td><td></td><td></td><td></td></tr>
<tr><td colspan="2">預備零件</td><td></td><td></td><td></td><td></td></tr>
<tr><td rowspan="6">探
測
器</td><td colspan="2">外形</td><td></td><td></td><td></td><td></td></tr>
<tr><td rowspan="4">警戒
狀況</td><td>未警戒部分</td><td></td><td></td><td></td><td></td></tr>
<tr><td>感知區域</td><td></td><td></td><td></td><td></td></tr>
<tr><td>適應性</td><td></td><td></td><td></td><td></td></tr>
<tr><td>性能障礙</td><td></td><td></td><td></td><td></td></tr>
<tr><td rowspan="2">手
動
報
警
機</td><td colspan="2">周圍狀況</td><td></td><td></td><td></td><td></td></tr>
<tr><td colspan="2">外型</td><td></td><td></td><td></td><td></td></tr>
<tr><td colspan="3">標示燈</td><td></td><td></td><td></td><td></td></tr>
<tr><td rowspan="2">音響
裝置</td><td colspan="2">外形</td><td></td><td></td><td></td><td></td></tr>
<tr><td colspan="2">裝置狀態</td><td></td><td></td><td></td><td></td></tr>
<tr><td colspan="7">性能檢查</td></tr>
<tr><td rowspan="4">預備電源
緊急電源
（內藏型）</td><td colspan="2">端子電壓</td><td>V</td><td></td><td></td><td></td></tr>
<tr><td colspan="2">切換裝置</td><td></td><td></td><td></td><td></td></tr>
<tr><td colspan="2">充電裝置</td><td></td><td></td><td></td><td></td></tr>
<tr><td colspan="2">結線接續</td><td></td><td></td><td></td><td></td></tr>
</table>

				A			
受信機及中繼器	開關類						
	保險絲			A			
	繼電器						
	表示燈						
	通話裝置						
	結線接續						
	接地						
	附屬裝置						
	火災表示						
	回路導通						
探測器	感熱式	局限型	差動式				
			定溫式				
			補償式				
		分佈型	空氣管式				
			熱電偶式				
			熱半導體式				
		定溫式線型					
	偵煙式	局限型	離子式				
			光電式				
		光電式分離型					
	火焰式探測器						
	多信號探測器						
手動報警機							
音響裝置	音量等						
	鳴動方式		□一齊　□分區				
蓄積性能							
二信號性能							
綜合檢查							
同時動作							
偵煙式探測器之感度							
地區音響裝置之音壓			dB				
綜合動作							

備註									
檢查器材	機器名稱	型式	校正年月日	製造廠商	機器名稱	型式	校正年月日	製造廠商	
檢修人員	檢查日期	自民國　　年　　月　　日　至民國　　年　　月　　日							
	姓名		消防設備師（士）	證書字號			簽章	（簽章）	
	姓名		消防設備師（士）	證書字號			簽章		
	姓名		消防設備師（士）	證書字號			簽章		
	姓名		消防設備師（士）	證書字號			簽章		

1. 應於「種別‧容量等情形」欄內填入適當之項目。
2. 檢查合格者於判定欄內打「○」；有不良情形時於判定欄內打「×」，並將不良情形填載於「不良狀況」欄。
3. 對不良狀況所採取之處置情形應填載於「處置措施」欄。
4. 欄內有選擇項目時應以「○」圈選之。

火警自動警報設備（附表一）

防護區域 回路編號	名稱	差動式 局限型	差動式 分布型 空氣管式	差動式 分布型 熱半導體式	差動式 分布型 熱電偶式	定溫式 局限型	定溫式 線型	偵煙式 局限型 離子式 非蓄積	偵煙式 局限型 離子式 蓄積	偵煙式 局限型 光電式 非蓄積	偵煙式 局限型 光電式 蓄積	偵煙式 分離型 光電式 非蓄積	偵煙式 分離型 光電式 蓄積	火焰式探測器	熱複合式局限型	熱煙複合式局限型	煙複合式局限型	多信號式探測器	地區音響裝置	手動報警機	檢查結果
	合計																				
備註																					

火警自動警報設備（附表二）

警戒區域 回路編號	名稱	類別	製造號碼	差動式分布型 空氣管式 空氣長管 (m)	差動式分布型 空氣管式 送氣 (cc)	差動式分布型 空氣管式 動作 (秒)	差動式分布型 空氣管式 繼續 (秒)	差動式分布型 空氣管式 水高 H/2 (mm)	差動式分布型 熱電偶式 流通 (秒)	差動式分布型 熱電偶式 動作 (mV)	差動式分布型 熱電偶式 回路電阻 (Ω)	差動式分布型 熱半導體式 動作 (mV)	差動式分布型 熱半導體式 回路電阻 (Ω)	回路電阻 (Ω)	定溫式感知線型 絕緣電阻 (MΩ)	煙感知器 感度 濃度 (ΔV)	音響裝置 音壓 (dB)	處置措施
備註																		

2.2.8 乾粉滅火設備

一、外觀檢查（略）

二、性能檢查

(一)蓄壓式乾粉滅火藥劑儲存容器等

1. 檢查方法

(1) 滅火藥劑量

依下列方法確認之。

A. 以釋壓閥將壓力洩放出，確認不得有殘壓。

B. 取下滅火藥劑充填蓋，自充填口測量滅火藥劑之高度，或將容器置於台秤上，測定其重量。

C. 取少量（約300cc）之樣品，確認有無變色或結塊，並以手輕握之，檢視其有無異常。

(2) 壓力表

以釋壓閥將壓力洩放出，確認壓力表指針有無歸零。

2. 判定方法

(1) 滅火藥劑量

A. 儲存所定之滅火藥劑應達規定量以上（灰色為第四種乾粉；粉紅色為第三種乾粉；紫色系為第二種乾粉；白色或淡藍色為第一種乾粉）。

B. 不得有雜質、變質、固化等情形，且以手輕握搓揉，並自地面上高度五十公分處使其落下，應呈粉狀。

(2) 壓力表

歸零點之位置及指針之動作應適當正常。

3. 注意事項

溫度超過40℃以上，濕度超過60%以上時，應暫停檢查。

(二)加壓式乾粉滅火藥劑儲存容器

1. 滅火藥劑量

(1) 檢查方法

以下列方法確認之。

A.取下滅火藥劑充填蓋，自充填口測量滅火藥劑之高度，或將容器置於台秤上，測定其重量。

B.取少量（約300cc）之樣品，確認有無變色或結塊，並以手輕握之，檢視其有無異常。

(2)判定方法

A.儲存所定之滅火藥劑應達規定量以上（灰色爲第四種乾粉；粉紅色爲第三種乾粉；紫色系爲第二種乾粉；白色或淡藍色爲第一種乾粉）。

B.不得有雜質、變質、固化等情形，且以手輕握搓揉，並自地面上高度五十公分處使其落下，應呈粉狀。

(3)注意事項

溫度超過40℃以上，濕度超過60%以上時，應暫停檢查。

2.放出閥

(1)檢查方法

A.以扳手確認安裝部位有無鬆動之情形。

B.以試驗用氣體確認放出閥之開關功能是否正常。

C.以試驗用氣體自操作管連接部分加壓，確認氣體有無洩漏。

(2)判定方法

A.應無鬆動之情形。

B.開關功能應正常。

C.應無洩漏之情形。

3.閥類

(1)檢查方法

以手操作，確認開關功能是否可輕易操作。

(2)判定方法

可輕易進行開關之操作。

(3)注意事項

完成檢查後，應回復至原來之開關狀態。

4.加壓用氣體容器等

(1)氣體量

A.檢查方法

(A)使用氮氣者，依下列方法確認之。

　a.設有壓力調整器者，應先關閉裝設於二次側之檢查開關或替代閥，以手動操作或以氣壓式、電氣式容器開放裝置使其動作而開放。

　b.讀取壓力調整器一次側壓力表或設在容器閥之壓力表指針。

(B)使用二氧化碳者，依下列方法確認之。

　a.以扳手等工具，將連結管、固定用押條取下，再將加壓用氣體容器取出。

　b.分別將各容器置於計量器上，測定其總重量。

　c.由總重量扣除容器重量及開放裝置重量。

B.判定方法

(A)使用氮氣者，在溫度$35^\circ C$、$0kgf/cm^2$狀態下，每1公斤乾粉滅火藥劑，需氮氣40公升以上。

(B)使用二氧化碳者，每1公斤滅火藥劑需二氧化碳20公克以上，並加算清洗配管所需要量（20g/1kg）以上，且應以另外之容器儲存。

(2)容器閥開放裝置

A.電氣式容器閥之開放裝置

(A)檢查方法

　a.將設在容器閥之容器閥開放裝置取下，確認撞針有無彎曲、斷裂或短缺等情形。

　b.操作手動啓動裝置，確認電氣動作是否正常。

　c.下安全栓或安全插梢，以手動操作，確認動作是否正常。

　d.動作後之復歸，確認於切斷通電或復舊操作時，是否可正常復歸定位。

　e.取下端子部之護蓋，以螺絲起子確認端子有無鬆動現象。

(B)判定方法

　a.撞針應無彎曲、斷裂或短缺等情形。

　b.以規定之電壓可正常動作，並可確實以手動操作。

　c.應無端子鬆動、導線損傷、斷線等情形。

(C)注意事項

　操作手動啓動裝置時，應先將所有電氣式容器閥開放裝置取下後再進行。

B. 氣壓式容器閥之開放裝置

(A)檢查方法

a.將設在容器閥之容器閥開放裝置取下，確認活塞桿及撞針有無彎曲、斷裂或短缺等情形。

b.具有手動操作功能者，將安全栓拔下，以手動方式使其動作，確認撞針之動作，彈簧之復歸動作是否正常。

(B)判定方法

a.活塞桿、撞針應無彎曲、斷裂或短缺等情形。

b.動作及復歸動作應正常。

(3) 壓力調整器

A. 檢查方法

依下列方法確認之。

(A)關閉設置於壓力調整器二次側之檢查用開關或替代閥。

(B)以手動操作或以氣壓、電氣方式之容器閥開放裝置使加壓用氣體容器之容器閥動作開放，確認一、二次側壓力表之指度及指針之動作。

B. 判定方法

(A)指針之動作應順暢。

(B)應標示設定壓力值。

(C)不得有漏氣之情形。

5. 連結管及集合管

(1) 檢查方法

以扳手確認連接部位有無鬆動之情形。

(2) 判定方法

連接部位應無鬆動之情形。

6. 定壓動作裝置

(1) 檢查方法

A. 封板式

確認封板有無變形、損傷等情形。

B. 彈簧式

依下列方法確認之

(A)依圖2-21裝設。

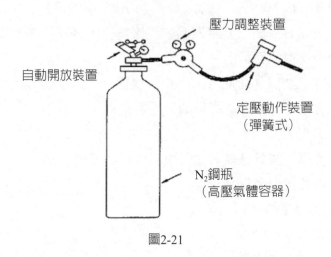

壓力調整裝置

自動開放裝置

定壓動作裝置
（彈簧式）

N$_2$鋼瓶
（高壓氣體容器）

圖2-21

(B)打開試驗用氣體容器閥。

(C)旋轉壓力調整器之調整把手，自0kgf/cm^{2}起，緩緩調整壓力使其上昇，而使遊動子動作。

C. 壓力開關式

(A)依圖8-1裝設。

(B)打開試驗用氣體容器閥。

(C)旋轉壓力調整器之調整把手，自0kgf/cm^{2}起，緩緩調整壓力使其上昇，至接點閉合時，讀取其壓力值。

D. 機械式

(A)依圖8-1裝設。

(B)打開試驗用氣體容器閥。

(C)旋轉壓力調整器之調整把手，自0kgf/cm^{2}起，緩緩調整壓力使其上昇，當閥之關閉解除時，讀取其壓力值。

E. 定時器式

以手動方式使定時器動作，測定其時間。

(2)**判定方法**

A. 封板式

封板應無變形、損傷等情形。

B. 彈簧式

　　遊動子依設定壓力值動作。

C. 壓力開關式

　　接點依設定壓力值閉合。

D. 機械式

　　閥之關閉依設定壓力值解除。

E. 定時器式

　　依設定時間動作。

(三)啓動用氣體容器等

1. 氣體量

(1)檢查方法

　　依下列方法確認之。

A. 將設在容器閥之容器閥開放裝置、操作管取下，自容器收存箱中取出。

B. 使用可測定達20kg之彈簧秤或秤重計，測量容器之重量。

C. 與裝設在容器上之面板或重量表所記載之重量相核對。

(2)判定方法

　　二氧化碳之重量，其記載重量與測得重量之差值，應在充填量10%以下。

2. 容器閥開放裝置

(1)檢查方法

A. 電氣式者，準依前(二)之4之(2)之A規定確認之。

B. 手動式者，應將容器閥開放裝置取下（閉止閥型者除外），以確認活塞桿及撞針有無彎曲、斷裂或短缺等情形，及手動操作部之安全栓或封條是否能迅速脫離。

(2)判定方法

A. 活塞桿、撞針等應無彎曲、斷裂或短缺等情形。

B. 應可確實動作。

(四) 選擇閥

1. 閥本體

(1) 檢查方法

A. 以扳手確認連接部分有無鬆動現象。

B. 以試驗用氣體確認其功能是否正常。

(2) 判定方法

連接部分應無鬆動等情形，且性能應正常。

2. 開放裝置

(1) 電氣式選擇閥開放裝置

A. 檢查方法

(A) 取下端子部之護蓋，確認末端處理、結線接續之狀況是否正常。

(B) 操作供該選擇閥使用之啓動裝置，使開放裝置動作。

(C) 啓動裝置復歸後，在控制盤上切斷電源，以拉桿復歸方式，使開放裝置復歸。

(D) 以手動操作開放裝置，使其動作後，依前(C)之同樣方式使其復歸。

B. 判定方法

(A) 以端子盤連接者，應無端子螺絲鬆動，及端子護蓋脫落等現象。

(B) 以電氣操作或手動操作均可使其確實動作。

(C) 選擇閥於「開」之狀態時，拉桿等之扣環應成解除狀態。

C. 注意事項

與儲存容器之電氣式開放裝置連動者，應先將開放裝置自容器閥取下。

(2) 氣壓式選擇閥開放裝置

A. 檢查方法

(A) 使用試驗用二氧化碳容器（內容積1公升以上，二氧化碳藥劑量0.6kg以上），自操作管連接部加壓，確認其動作是否正常。

(B) 移除加壓源時，選擇閥由彈簧之動作或操作拉桿，確認其有無復歸。

B. 判定方法

(A) 活塞桿應無變形、損傷之情形，且確實動作。

(B) 選擇閥於「開」狀態時，確認插梢應呈突出狀態，且拉桿等之扣環應成解除狀態。

C. 注意事項

實施加壓試驗時，操作管連接於儲存容器開放裝置者，應先將開放裝置自容器閥取下。

(五) 操作管及逆止閥

1. 檢查方法

(1) 以扳手確認連接部分有無鬆弛等現象。

(2) 取下逆止閥，以試驗用氣體確認其功能有無正常。

2. 判定方法

(1) 連接部分應無鬆動等現象。

(2) 逆止閥之功能應正常。

(六) 啓動裝置

1. 手動啓動裝置

(1) 操作箱

A. 檢查方法

操作開關，確認箱門是否能確實開、關。

B. 判定方法

箱門應能確實開、關。

(2) 警報用開關

A. 檢查方法

打開箱門，確認警報用開關有無變形、損傷等情形，及警報裝置有無正常鳴響。

B. 判定方法

(A) 操作箱之箱門打開時，該系統之警報裝置應能正常鳴響。

(B) 應無變形、損傷、脫落、端子鬆動、導線損傷、斷線等現象。

C. 注意事項

警報用開關與操作箱之箱門間未設有微動開關者，當操作警報用按鈕時，警報裝置應能正常鳴響。

(3) 按鈕等

A. 檢查方法

(A) 將藥劑儲存容器或啓動用氣體容器之容器閥開放裝置自容器閥取下，

打開操作箱箱門，確認按鈕等有無變形、損傷等情形。

(B)操作該操作箱之放射用啓動按鈕或放射用開關，以確認其動作狀況。

(C)再進行上述試驗，於遲延裝置之時間範圍內，當操作緊急停止按鈕或緊急停止裝置時，確認容器閥開放裝置是否動作。

B. 判定方法

(A)應無變形、損傷、端子鬆動等情形。

(B)放射用啓動按鈕應於警報音響動作後始可操作。

(C)操作放射用啓動按鈕後，遲延裝置開始動作，電氣式容器閥開放裝置應正常動作。

(D)緊急停止功能應正常。

(4) 標示燈

A. 檢查方法

操作開關，以確認有無亮燈。

B. 判定方法

應無明顯之劣化情形，且正常亮燈。

2. 自動啓動裝置

(1) 火災探測裝置

A. 檢查方法及判定方法

有關其檢查，準用火警自動警報設備之檢查要領確認之。

B. 注意事項

受信總機或專用控制盤上之自動・手動切換裝置，應置於「手動」之位置。

(2) 自動、手動切換裝置

A. 檢查方法

(A)將儲存容器用或啓動氣體容器用之容器閥開放裝置自容器閥取下。

(B)如為「自動」時，將切換裝置切換至「自動」之位置，使探測器或受信總機內探測器回路之端子短路。

(C)如為「手動」時，將切換裝置切換至「手動」之位置，使探測器或受信總機內探測器回路之端子短路。

(D)應依每一防護區域或防護對象物分別確認其功能。

B. 判定方法

下列功能應正常。

(A)如為「自動」時

a. 警報裝置鳴動。

b. 火警表示燈亮燈。

c. 遲延裝置動作。

d. 通風換氣裝置停止。

e. 容器閥開放裝置動作。

(B)如為「手動」時

a. 警報裝置鳴動。

b. 火警表示燈亮燈。

C. 注意事項

(A)檢查時應一併進行警報裝置、控制裝置之性能檢查。

(B)使裝置動作時，應先將容器閥開放裝置取下後再進行。

(3) 自動、手動切換表示燈

A. 檢查方法

確認是否能正常亮燈。

B. 判定方法

應無明顯之劣化情形，且應正常亮燈。

(七)警報裝置

1. 音響警報

(1) 檢查方法

A. 每一防護區域或防護對象物，應進行探測器或手動啟動裝置之警報操作，以確認有無正常鳴動。

B. 音量應使用噪音計（A特性）測定之。

(2) 判定方法

每一防護區域或防護對象物之警報系統正確，且距警報裝置一公尺處之音量應在九十分貝以上。

2.音聲警報（語音警告）

(1)檢查方法

依前項1檢查要領，連續進行兩次以上，在發出正常之警鈴等警告音響後，確認有無發出語音警報。

(2)判定方法

A.警報系統動作區域正確，且距揚聲器一公尺處之音量應在九十分貝以上。

B.語音警報啓動後，須先發出警鈴等警告音響，再播放退避之語音內容。

(八)控制裝置

1.開關類

(1)檢查方法

以螺絲起子及開關操作確認端子有無鬆動，及開關功能是否正常。

(2)判定方法

A.端子應無鬆動，且無發熱之情形。

B.應可正常開、關。

2.遲延裝置

(1)檢查方法

遲延裝置之動作時限，應依前(六)之啓動裝置檢查方法進行檢查，操作啓動按鈕後，測定至容器閥開放裝置動作所需時間。

(2)判定方法

動作時限應在20秒以上，且在設計時之設定值範圍內。

(3)注意事項

使裝置動作時，應先將容器閥開放裝置取下後再進行。

3.保險絲類

(1)檢查方法

確認有無損傷、熔斷之情形，及是否爲規定之種類及容量。

(2)判定方法

A.應無損傷熔斷之情形。

B.應依回路圖上所示之種類及容量設置。

4. 繼電器

(1) 檢查方法

確認無脫落、端子鬆動、接點燒損、灰塵附著等情形，並由開關操作，使繼電器動作，以確認其功能。

(2) 判定方法

A. 應無脫落、端子鬆動、接點燒損、灰塵附著等情形。

B. 應正常動作。

5. 標示燈

(1) 檢查方法

由開關操作，以確認有無亮燈。

(2) 判定方法

應無明顯之劣化情形，且應正常亮燈。

6. 結線接續

(1) 檢查方法

以目視及螺絲起子，確認有無斷線、端子鬆動等情形。

(2) 判定方法

應無斷線、端子鬆動、脫落、損傷等情形。

7. 接地

(1) 檢查方法

以目視或三用電表，確認有無腐蝕、斷線等情形。

(2) 判定方法

應無顯著腐蝕、斷線等之損傷現象。

(九) 放射表示燈

1. 檢查方法

以手動方式使壓力開關動作，或使控制盤內之表示回路端子短路，以確認有無亮燈。

2. 判定方法

應正常亮燈。

(十) 防護區劃

1. 自動關閉裝置

(1) 以電氣動作者（鐵捲門、馬達、閘板）

A. 檢查方法

操作手動啓動裝置，確認自動關閉裝置之關閉狀態有無異常。

B. 判定方法

(A) 各自動關閉裝置均應確實動作，且於遲延裝置之動作時限內達到關閉狀態。

(B) 對於設在出入口之鐵捲門，或無其他出入口可退避者，應設有當操作啓動按鈕後，於遲延時間內可完全關閉之遲延裝置，及鐵捲門關閉後，滅火藥劑才能放射出之構造。

C. 注意事項

操作手動啓動裝置時，應先將容器閥開放裝置取下才進行。

(2) 以氣壓動作者（閘板等）

A. 檢查方法

(A) 使用試驗用氣體（試驗用啓動用氣體、氮氣或空氣），連接通往自動關閉裝置之操作管。

(B) 釋放試驗用氣體，確認自動關閉裝置之關閉狀態有無異常。

(C) 確認有無氣體自操作管、自動關閉裝置洩漏，自動關閉裝置於洩放加壓壓力後有無自動復歸，以確認其復歸狀態是否異常。

B. 判定方法

(A) 所有自動關閉裝置均應能確實動作。

(B) 復歸型者，應能確實復歸。

C. 注意事項

使用氮氣或空氣時，應加壓至大約30kgf/cm^2。

2. 換氣裝置

(1) 檢查方法

操作手動啓動裝置，確認換氣裝置於停止狀態時有無異常。

(2) 判定方法

所有之換氣裝置，於遲延裝置之動作時限範圍內應確實保持停止狀

態。

(3) 注意事項

A. 操作手動啓動裝置時，應先將容器閥開放裝置取下後再進行。

B. 換氣裝置如與滅火後之滅火藥劑排出裝置共用時，應自防護區域外進行復歸運轉。

(十一) 緊急電源（限內置型者）

1. 端子電壓

(1) 檢查方法

A. 以電壓計測定確認充電狀態通往蓄電池充電回路之端子電壓。

B. 操作電池試驗用開關，由電壓計確認其容量是否正常。

(2) 判定方法

A. 應於充電裝置之指示範圍內。

B. 操作電池試驗用開關約三秒，該電壓計安定時之容量，應在電壓計之規定電壓值範圍內。

(3) 注意事項

進行容量試驗時，約三秒後，俟電壓計之指示值穩定，再讀取數值。

2. 切換裝置

(1) 檢查方法

切斷常用電源，以電壓計或由電源監視用表示燈確認電源之切換狀況。

(2) 判定方法

A. 緊急電源之切換可自動執行。

B. 復舊狀況正常。

3. 充電裝置

(1) 檢查方法

以三用電表確認變壓器、整流器等之功能。

(2) 判定方法

A. 變壓器、整流器等應無異常聲音、異臭、異常發熱、明顯灰塵或損傷等情形。

B. 電流計或電壓計應指示在規定值以上。

　　　　C.有充電電源監視燈者，應正常亮燈。

　　4.結線接續

　　　(1)檢查方法

　　　　應以目視及螺絲起子確認有無斷線、端子鬆動等情形。

　　　(2)判定方法

　　　　應無斷線、端子鬆動、脫落、損傷等情形。

(十二) 皮管、管盤、噴嘴及噴嘴開關閥

　　1.皮管

　　　(1)檢查方法

　　　A.自管盤將皮管取出，旋轉皮管與金屬接頭部分，確認其有無鬆動現象。

　　　B.確認整條皮管有無因老化而產生裂痕或明顯龜裂等現象。

　　　C.自皮管接頭至噴嘴之長度，應確認是否保持設置時之狀態。

　　　(2)判定方法

　　　　皮管連接部應無鬆動，皮管損傷、老化等情形，且皮管長度應在二十公尺以上。

　　2.管盤

　　　(1)檢查方法

　　　　取出皮管，確認其是否可容易收捲。

　　　(2)判定方法

　　　　皮管之拉取、收捲應順暢。

　　3.噴嘴

　　　(1)檢查方法

　　　A.確認皮管、握把、噴嘴之連接部有無鬆動之情形，噴嘴有無因塵垢而造成阻塞現象。

　　　B.手持噴嘴握把部分，確認其有無適當之危害防止措施。

　　　(2)判定方法

　　　　噴嘴應無堵塞、顯著腐蝕等情形，握把部分應有為防止凍傷，而設置之木製或合成樹脂製把手，且應無損傷、脫落之現象。

4.噴嘴開關閥

(1) 檢查方法

以手動操作噴嘴開關閥，確認其動作是否正常。

(2) 判定方法

開關閥之開關應能容易操作。

(十三) 耐震措施

1.檢查方法

(1) 確認設於容許變位量較大部分之可撓式管接頭及貫穿牆、樓地板部分，有無變形、損傷等情形，及耐震措施是否恰當。

(2) 以目視及螺絲起子確認儲存容器等之支撐固定架有無異常。

2.判定方法

(1) 可撓式管接頭等應無變形、損傷、明顯腐蝕等情形，且貫穿牆、樓地板部分之間隙、充填部，應保持設置施工時之狀態。

(2) 使用在儲存容器等之支撐固定架之錨定螺栓、螺帽，應無變形、損傷、鬆動、明顯腐蝕等情形，且支撐固定架應無損傷。

三、綜合檢查

(一)全區放射方式及局部放射方式

將電源切換為緊急電源狀態，依下列各點進行檢查。當放射區域在2區以上，於每次檢查時，避免選擇同一區域內重複檢查，應依序進行檢查。

1.全區放射方式

(1) 檢查方法

A.加壓式者應依下列規定

(A)應進行放射試驗，其放射試驗所需試驗用氣體量為該放射區域應設加壓用氣體之10%以上（小數點以下有尾數時，則進一）。

(B)檢查時應注意下列事項。

a.檢查後，供加壓用氣體再充填期間，替代設置之加壓用氣體容器，應準備與放射加壓用氣體同一產品之同樣瓶數。

b.使用啟動用氣體容器之設備者，應準備與a相同數量。

　　c.應準備必要數量供塞住集合管部或容器閥部及操作管部份之帽蓋或塞子。

(C)檢查前，應依下列事項事先準備好加壓氣體容器。

　　a.暫時切斷控制盤等電源設備。

　　b.將容器閥開放裝置及操作管連接裝設在放射加壓用氣體容器上。

　　c.除放射用加壓氣體容器外，應取下連接管後，用帽蓋蓋住集合管部。

　　d.應塞住放射用以外之操作管。

　　e.將儲存容器操作盤回路之氮氣切換閥，切換至清洗回路側。

　　f.確認除儲存容器等及加壓用氣體容器外，其餘部份是否處於正常設置狀態。

　　g.控制盤等之設備電源，應處於「開」之位置。

(D)檢查時，啓動操作應就下列方式擇一進行。

　　a.手動式者，應操作手動啓動裝置使其啓動。

　　b.自動式者，應將自動、手動切換裝置切換至「自動」位置，以探測器動作、或使受信機、控制盤探測器回路之端子短路，使其啓動。

　B.蓄壓式者，應依下列規定。

(A)應進行放射試驗，其放射試驗所需試驗用氣體量，為該放射區域應設之蓄壓用氣體量之10%以上（小數點以下有尾數時進一）。

(B)檢查應依下列事項進行準備。

　　a.檢查後，應準備與清洗用氣體容器同一產品之同樣瓶數，以替換供清洗用氣體再充塡期間，替代設置之清洗用氣體容器。

　　b.使用啓動用氣體容器之設備者，應準備與a同樣個數。

　　c.應準備必要數量供塞住集合管部及操作管部之帽蓋或塞子。

(C)檢查前，應依下列事項事先準備好啓動裝置及清洗用氣體容器。

　　a.暫時切斷控制盤等電源設備。

　　b.取下連接至放出閥之操作管，並加帽蓋。

　　c.確認除儲存容器等及啓動裝置外，其餘部分是否處於正常設置狀態。

　　d.控制盤等之設備電源，應處於「開」之位置。

(D)檢查時之啓動操作，準依前A(D)進行。

(E)依前(D)之規定操作後，確認警報裝置、遲延裝置、換氣裝置及自動關閉裝置之動作，以手動操作打開試驗用氣體容器之容器閥，經壓力

調整器減壓之氣體向放射區域放射，確認放射標示燈之動作是否正常。

(2) 判定方法

A. 警報裝置應確實鳴響。

B. 遲延裝置應確實動作。

C. 開口部等之自動關閉裝置應能正常動作，換氣裝置須確實停止。

D. 指定防護區劃之啟動裝置及選擇閥能確實動作，可放射試驗用氣體。

E. 配管內之試驗用氣體應無洩漏情形。

F. 放射表示燈應確實亮燈。

(3) 注意事項

A. 檢查結束後，應將檢查時使用之加壓用氣體容器或清洗用氣體容器，換裝為替代容器，進行再充填。

B. 在未完成完全換氣前，不得進入放射區域。遇不得已之情形非進入時，應著空氣呼吸器。

C. 完成檢查後，應將所有回復定位。

2. 局部放射方式

(1) 檢查方法

準依前1、(1)事項進行確認。

(2) 判定方法

A. 警報裝置應確實鳴響。

B. 指定系統之啟動裝置及選擇閥應能確實動作，且可放射試驗用氣體。

C. 配管內之試驗用氣體應無洩漏情形。

(3) 注意事項

準依前1、(3)之規定。

(二) 移動式

1. 檢查方法

(1) 應進行放射試驗，其所需試驗用氣體量為每五支噴射瞄子內以該設備一具加壓用氣體容器量或清洗用氣體容器量為之。

(2) 檢查完成後，應準備與放射加壓用氣體容器或清洗用氣體容器相同產品一具，以替換供加壓用氣體容器或清洗用氣體容器於再充填期間，

　　　替代設置之加壓用氣體容器或清洗用氣體容器。

(3) 供放射之加壓用氣體容器或清洗用氣體容器，應連接清洗回路。

(4) 以手動操作取出皮管，操作開閉閥，確認放射狀態是否正常。

2. 判定方法

(1) 指定之容器閥開放裝置動作、皮管拉出及瞄子開關閥等應無異常之情形，且試驗用氣體應能正常放射。

(2) 皮管及皮管連接部應無試驗用氣體洩漏之情形。

3. 注意事項

(1) 檢查結束後，應將檢查時使用之加壓用氣體容器或清洗用氣體容器，換裝替代容器，進行再充填。

(2) 完成檢查後，應將所有回復定位。

附件

乾粉滅火設備 區劃名稱：　　　設備方式：□全區　□局部　□移動						
檢修項目			檢修結果			處置措施
			種別、容量等內容	判定	不良狀況	
外觀檢查						
蓄壓式滅火藥劑儲存容器等	滅火藥劑儲存容器	外形				
		設置狀況				
		標示				
	容器閥等					
	壓力計		kgf/cm^2			
	閥類					

加壓式滅火藥劑儲存容器等	滅火藥劑儲存容器		外形				
			設置狀況				
			標示				
			安全裝置				
	放出閥						
	閥類						
	加壓氣體容器等	加壓氣體容器	外形				
			設置狀況				
			標示				
		容器閥等					
		容器閥開放裝置					
		壓力調整器					
	連結管、集合管						
	定壓動作裝置						
啓動用氣體容器等	啓動用氣體容器		外形				
			標示				
	容器閥等						
	容器閥開放裝置						
選擇閥	本體		外形				
			標示				
	開放裝置						
操作管及逆止閥							
啓動裝置	手動啓動裝置		周圍狀況				
			外形				
			電源表示燈	V			
	自動啓動裝置		火災探測裝置				
			切換裝置				
	警報裝置						

控制裝置	控制盤	周圍狀況			
		外形			
	電壓計		V		
	開關類				
	標示				
	備用品等				
配管					
放射表示燈					
噴頭	外形				
	放射障礙				
防護區劃	區劃變更				
	開口部自動關閉				
緊急電源	外形				
	標示				
皮管等	周圍狀況				
	外形				
標示燈‧標示					
性能檢查					
蓄壓式滅火設備儲存容器	滅火藥劑量		kg		
	壓力計				
加壓式滅火藥劑儲存容器等	滅火藥劑量			kg		
	放出閥				
	閥類等				
	加壓用氣體容器	容器閥開放裝置	氣體量			
			電氣式			
			氣壓式			
	壓力調整器		kgf/cm^2		
	連結管、集合管				
	定壓動作裝置				

啟動用氣體容器等		氣體量				
		容器閥開放裝置				
選擇閥		閥本體				
	開放裝置	電氣式				
		氣壓式				
操作管・逆止閥						
啟動裝置	手動啟動裝置	操作箱				
		警報用開關				
		按鈕等				
		標示燈				
	自動啟動裝置	火災探測裝置	□專用　□兼用			
		切換裝置				
		切換表示燈				
警報裝置		音響	dB			
		音聲				
控制裝置		開關類				
		遲延裝置	秒			
		保險絲類	A			
		繼電器				
		標示燈				
		結線接續				
		接地				
放射表示燈			V			
防護區劃						
緊急電源		端子電壓	V			
		切換裝置				
		充電裝置				
		結線接續				

皮管等	皮管	m			
	管盤				
	噴嘴				
	噴嘴開關閥				
	耐震措施				
綜合檢查					
全區放射方式	警報方式				
	遲延裝置	秒			
	開口部自動關閉裝置				
	啓動裝置及撰擇閥				
	試驗氣體有無洩漏				
	放射表示燈				
局部放射方式	警報裝置				
	啓動裝置・選擇閥				
	試驗氣體有無洩漏				
	移動式				
備註					

	機器名稱	型式	校正年月日	製造廠商	機器名稱	型式	校正年月日	製造廠商
檢查器材								

檢查日期	自民國	年	月	日 至民國	年	月	日

	姓名		消防設備師（士）	證書字號		簽章	（簽章）
檢修人員	姓名		消防設備師（士）	證書字號		簽章	
	姓名		消防設備師（士）	證書字號		簽章	
	姓名		消防設備師（士）	證書字號		簽章	

1. 應於「種別・容量等情形」欄內填入適當之項目。
2. 檢查合格者於判定欄內打「○」；有不良情形時於判定欄內打「×」，並將不良情形填載於「不良狀況」欄。
3. 對不良狀況所採取之處置情形應填載於「處置措施」欄。
4. 欄內有選擇項目時應以「○」圈選之。

乾粉滅火設備檢查表										
號碼	容器號碼	總重量（kg）	淨重量（kg）	加壓用・啓動用氣體重量（kg）	檢查年月日					
		（含容器閥）			檢查時加壓用・啓動用氣體之重量（kg）					
	加壓用氣體容器N_2									耐壓試驗年月
	啓動用氣體容器CO_2									

一一九火災通報裝置

一、外觀檢查

(一)預備電源

1. 檢查方法

(1) 外形

以目視確認有無變形、腐蝕等。

(2) 標示

以目視確認蓄電池銘板。

(3) 充電裝置

以目視確認有無變形、腐蝕、發熱等。

2. 判定方法

(1) 外形

A. 應無變形、腐蝕、龜裂。

B. 電解液無洩漏、導線接續部應無腐蝕。

(2) 標示

應與裝置上標示之種別、額定容量及額定電壓相符。

(3) 充電裝置

A. 應無變形、損傷、明顯腐蝕等。

B. 應無異常發熱。

(二)一一九火災通報裝置（以下簡稱通報裝置）本體

1. 檢查方法

(1) 周圍狀況

確認周圍有無檢查上或使用上之障礙。

(2) 外形

以目視確認有無變形、腐蝕等。

(3) 標示

確認各操作部分名稱、內容、操作方法概要及注意事項是否於本體上之明顯易見處以不易磨滅之方法標示。

(4) 預備零件等

確認是否備有保險絲、燈泡等零件及回路圖、操作說明書等。

2. 判定方法

(1) 周圍狀況

應設在值日室等經常有人之場所，且應依下列保持檢查上及使用上必要之空間。

A. 通報裝置應設在其門開關沒有障礙之位置。

B. 通報裝置前應確保一公尺以上之空間。

C. 通報裝置背面有門者，其背面應確保檢查必要之空間。

(2) 外形

應無變形、損傷、明顯腐蝕等。

(3) 標示

A. 應貼有認可標示。

B. 各開關之名稱應無污損、不明顯部分。

C. 標示應無脫落。

(4) 預備零件等

A. 應備有保險絲、燈泡等零件。

B. 應備有回路圖、操作說明書等。

(三) 遠端啓動裝置等（限有遠端啓動裝置者）

1. 檢查方法

(1) 周圍狀況

確認周圍有無檢查上或使用上之障礙。

(2) 外形

以目視確認有無變形、腐蝕及按鈕保護板有無損傷等。

(3) 標示

確認各操作部分名稱、內容、操作方法概要及注意事項是否於本體上之明顯易見處以不易磨滅之方法標示。

2. 判定方法

(1) 周圍狀況

周圍應無檢查上或使用上之障礙。

(2) 外形

應無變形、腐蝕及按鈕保護板無損傷等。

(3) 標示

標示應無脫落、污損、不明顯部分。

二、性能檢查

(一)預備電源

1.檢查方法

(1) 端子電壓

操作預備電源試驗開關，由電壓表確認。

(2) 切換裝置

由裝置內部之電源開關動作確認。

(3) 結線接續

以目視或螺絲起子確認有無斷線、端子鬆動等。

2.判定方法

(1) 端子電壓

電壓表之指示應正常（電壓表指針指在紅色線以上）。

(2) 切換裝置

自動切換預備電源，常用電源恢復時自動切換成常用電源。

(3) 結線接續

應無斷線、端子鬆動、脫落、損傷等。

3.注意事項

(1) 充電回路使用電阻器者，因為會變成高溫，故不能以發熱即判定為異常，應以是否變色等來判斷。

(2) 電壓表之指示不正常時，應考量是否為充電不足、充電裝置故障、電壓表故障。

(二)通報裝置本體

1.保險絲類

(1) 檢查方法

確認有無損傷、熔斷等，及是否為所定之種類、容量。

(2)判定方法

　A.應無損傷、熔斷。

　B.應使用回路圖所示之種類、容量。

2.啓動機能

　(1)手動啓動裝置

　A.檢查方法

　　操作手動啓動裝置，以通報裝置試驗機（以下稱試驗機）之消防機關側電話機確認啓動信號送出。

　B.判定方法

　　通報裝置動作時，以中文字幕或國語音效顯示。

　(2)連動啓動（限與火警自動警報設備連動者）

　A.檢查方法

　　使與火警自動警報設備的探測器作動時連動啓動，以試驗機的消防機關側電話機確認啓動信號送出。

　B.判定方法

　　通報裝置動作時，以中文字幕或國語音效顯示。

3.優先通報機能

　(1)檢查方法

　　將連接通報裝置的電話回路以試驗機等方式成為通話狀態，操作手動啓動裝置或連動啓動（限與火警自動警報設備連動者），確認啓動狀態。

　(2)判定方法

　　由接續通報裝置的電話回路應正常送出蓄積語音，該電話回路連接的電話機有使用中時，應能強制切斷，優先送出蓄積語音。

4.通報自始播放機能

　(1)檢查方法

　　操作手動啓動裝置或連動啓動（限與火警自動警報設備連動者），以試驗機之消防機關側電話機應答，確認通報開始狀況。

　(2)判定方法

　　蓄積語音需為自始撥放或一區段的蓄積語音須完整、明瞭及清晰。

5. 手動啟動裝置優先機能（限與火警自動警報設備連動者）

(1) 檢查方法

連動啟動使蓄積語音送出時，操作手動啟動裝置後確認狀況。

(2) 判定方法

因連動啟動將一區段蓄積語音送出後，再操作手動啟動裝置，應能再送出蓄積語音。

6. 蓄積語音訊息

(1) 檢查方法

操作手動啟動裝置或連動啟動（限與火警自動警報設備連動者），以試驗機之消防機關側電話機，確認蓄積語音訊息。

(2) 判定方法

蓄積語音訊息內容應適切。

7. 再撥號機能

(1) 檢查方法

使試驗機之消防機關側電話機於通話狀態，操作手動啟動裝置或連動啟動（限與火警自動警報設備連動者），確認啟動狀況。

(2) 判定方法

應能自動再撥號。

8. 通話機能

(1) 蓄積語音送出後之回撥應答狀況

A. 檢查方法

操作手動啟動裝置或連動啟動（限與火警自動警報設備連動者），俟一區段之蓄積語音送出並完成通話後，自動開放20秒時間的電話回路，從試驗機消防機關側送出回撥信號，確認應答狀態。

B. 判定方法

可正確偵測回撥信號，確認信號時可以音效表示，通報裝置側的電話機回撥時，其與試驗機之消防機關側電話機間應可相互通話。

(2) 不應答時的繼續通報狀態

A. 檢查方法

操作手動啟動裝置或連動啟動（限與火警自動警報設備連動者），確

認消防機關側保持不應答時，確認一區段之蓄積語音的送出狀態。

B. 判定方法

從通報裝置應繼續送出蓄積語音。

(3) 切換狀況

A. 檢查方法

操作手動啓動裝置或連動啓動（限與火警自動警報設備連動者），於蓄積語音通訊中時，藉由手動操作切換電話回路爲送話機側狀況。

B. 判定方法

以手動操作使蓄積語音通報停止，在試驗機的消防機關側電話機間應可相互通話。

(三) 遠端啓動裝置等（限有遠端啓動裝置者）

1. 檢查方法

操作手動啓動按鈕，確認啓動信號是否正常。

2. 判定方法

啓動信號應正常作動。有確認燈者，應正常亮燈。

附件

一一九火災通報裝置檢查表					
檢修設備名稱	一一九火災通報裝置	製造廠：			
		型號：			
檢修項目		檢修結果			處置措施
		種別、容量等內容	判定	不良狀況	
外觀檢查					
一一九火災通報裝置	預備電源	外型			
		標示			
		充電裝置			
	本體	周圍狀況			
		外形			
		標示			
		預備零件等			

遠端啓動裝置等		周圍狀況					
		外形					
		標示					
性能檢查							
一一九火災通報裝置	預備電源	端子電壓					
		切換裝置					
		結線接續					
	本體	保險絲類					
		啓動機能	手動啓動裝置				
			連動啓動				
		優先通報機能					
		通報自始播放機能					
		手動啓動裝置優先機能					
		蓄積語音訊息					
		再撥號機能					
一一九火災通報裝置	本體	通話機能	蓄積語音送出後之回撥應答狀況				
			不應答時的繼續通報狀態				
			切換狀況				
	遠端啓動裝置等（限有遠端啓動裝置者）						
備註							

	機器名稱	型式	校正年月日	製造廠商	機器名稱	型式	校正年月日	製造廠商
檢查器材								
	檢查日期	自民國　　年　　月　　日 至民國　　年　　月　　日						

檢修人員	名 姓		消防設備師（士）	證書字號		簽章	（簽章）
	名 姓		消防設備師（士）	證書字號		簽章	
	名 姓		消防設備師（士）	證書字號		簽章	
	名 姓		消防設備師（士）	證書字號		簽章	

1. 應於「種別‧容量等情形」欄內填入適當之項目。
2. 檢查合格者於判定欄內打「○」；有不良情形時於判定欄內打「×」，並將不良情形填載於「不良狀況」欄。
3. 對不良狀況所採取之處置情形應填載於「處置措施」欄。
4. 欄內有選擇項目時應以「○」圈選之。

2.2.9 簡易自動滅火設備

一、外觀檢查（略）

二、性能檢查（進行檢查前，須安裝上安全插鞘或取下加壓用或啟動用氣體容器）

(一)蓄壓式滅火藥劑儲存容器等

1. 滅火藥劑量

(1) 檢查方法

使用台秤測定計之方法。

A. 將裝設在容器閥之容器閥開放裝置、連接管、操作管及容器固定器具取下。

B. 將儲存容器置於台秤上，測定其重量計算至小數點第一位。

C. 藥劑量則為測定值扣除容器閥及容器重量後所得之值；藥劑量應與標示差異不超過3%。

(2) 判定方法

將藥劑量之測定結果與重量表、圖面明細表或原廠技術手冊規範核對，其差值應在充填值3%以下。

(3) 注意事項

A. 測量後，應將容器號碼、充填量記載於重量表、檢查表上。

B. 當滅火藥劑量或容器內壓減少時，應迅即進行調查，並採取必要之措施。

(二)加壓式滅火藥劑儲存容器

1. 滅火藥劑量

(1) 檢查方法

依下列方法確認之。

A. 使用台秤測定計之方法。

(A)將裝設在容器閥之容器閥開放裝置、連接管、操作管及容器固定器具取下。

(B)將儲存容器置於台秤上，測定其重量計算至小數點第一位。

(C)藥劑量則為測定值扣除容器閥及容器重量後所得之值。

B. 使用量尺測定之方法。

(A)將裝設在儲存容器之容器閥、連接管、操作管及容器固定器具取下。

(B)自充填口以量尺測量滅火藥劑之液面高度。

(2) 判定方法

A. 藥劑量之重量應與標示差異不超過3%。

B. 滅火藥劑之液面高度，應與標示高度差異在誤差範圍內。

2. 加壓用氣體容器等

(1) 氣體量

A. 檢查方法

(A)以手旋轉加壓用氣體容器，將容器取下。

(B)將容器置於計量器上，測定其總重量。

(C)總重量應比標示重量不少於14.2公克。

B. 判定方法

氣體量應在規定量以上。

(2) 容器閥開放裝置

A. 電氣式容器閥之開放裝置

(A)檢查方法

a. 以手旋轉加壓用氣體容器，將容器取下。檢視閥開放裝置，確認撞針有無彎曲、斷裂或短缺等情形。

b. 拔下安全栓或安全插梢，以手操作電氣式手動啟動裝置，確認撞針動作是否正常。

c. 使用復歸扳手將撞針縮回原位。

(B)判定方法

　a.撞針應無彎曲、斷裂或短缺等情形。

　b.以規定之電壓可正常動作，並可確實以手動操作。

(C)注意事項

　　加壓用氣體容器旋回閥開放裝置前，應先使用復歸扳手將撞針縮回原位後再進行。

B.鋼索牽引之彈簧式容器閥之開放裝置

(A)檢查方法

　a.以手旋轉加壓用氣體容器，將容器取下。檢視閥開放裝置，確認撞針有無彎曲、斷裂或短缺等情形。

　b.拔下容器閥開放裝置與手動啓動裝置的安全栓或安全插梢，以手操作箱外的機械式手動啓動裝置，確認撞針動作是否正常。

　c.使用復歸扳手將撞針縮回原位。將鋼索縮回手動啓動裝置並裝回安全栓或安全插梢。

(B)判定方法

　a.確認撞針有無彎曲、斷裂或短缺等情形。

　b.確認撞針動作是否正常。

(3) 壓力調整器

A.檢查方法

　　關閉設在壓力調整器二次側之檢查用開關或替代閥，以手動操作或以氣壓、電氣方式之容器閥開放裝置使加壓用氣體容器之容器閥動作開放，確認一、二次側壓力表之指度及指針之動作。

B.判定方法

(A)各部位應無氣體洩漏情形。

(B)一次側壓力表之指針應在規定壓力值。

(C)一次側壓力表之指針應在設定壓力值，且功能正常。

(三)啓動用氣體容器等

1.氣體量

(1)檢查方法

　　依下列方法確認之。

A.自容器閥開放裝置將啓動用氣體容器取下。

B. 使用彈簧秤或秤重計，測量容器之重量。

C. 其重量不得小於記載在容器上之最小重量。

(2) 判定方法

測得重量應高於標示之最小重量。

2. 容器閥開放裝置

(1) 檢查方法

A. 電氣式者，準依前(二)之2之(2)之A規定確認之。

B. 鋼索牽引之彈簧式者，準依前(二)之2之(2)之B規定確認之。

(四) 操作管

1. 檢查方法

以扳手確認連接部分有無鬆弛等現象。

2. 判定方法

連接部分應無鬆動等現象。

(五) 啟動裝置

1. 手動啟動裝置

(1) 檢查方法

A. 確認已取下加壓用或啟動用氣動容器後始得進行。

B. 取下手動啟動裝置之封條。

C. 以手操作手動啟動裝置，確認容器閥開放裝置之撞針動作是否正常。

(2) 判定方法

確認容器閥開放裝置之撞針動作正常。

2. 自動啟動裝置

(1) 檢查方法

A. 確認已取下加壓用或啟動用氣動容器後始得進行。

B. 有關電氣式偵熱探測器其檢查，準用火警自動警報設備之檢查要領確認之。

C. 有關金屬熔片式偵熱探測器其檢查，以瓦斯噴燈對機械式熔斷片探測器直接加熱。

(2) 判定方法

確認容器閥開放裝置之撞針動作正常。

(六)控制裝置（或機械式噴放控制器）

1. 開關類

(1) 檢查方法

以螺絲起子及開關操作確認端子有無鬆動，及開關功能是否正常。

(2) 判定方法

A. 端子應無鬆動，且無發熱之情形。

B. 應可正常開、關。

(3) 注意事項

使裝置動作時，應先將容器閥開放裝置取下後再進行。

2. 保險絲類

(1) 檢查方法

確認有無損傷、熔斷之情形，及是否爲規定之種類及容量。

(2) 判定方法

A. 應無損傷熔斷之情形。

B. 應依回路圖上所示之種類及容量設置。

3. 繼電器

(1) 檢查方法

確認無脫落、端子鬆動、接點燒損、灰塵附著等情形，並由開關操作，使繼電器動作，以確認其功能。

(2) 判定方法

A. 應無脫落、端子鬆動、接點燒損、灰塵附著等情形。

B. 應正常動作。

4. 標示燈

(1) 檢查方法

由開關操作，以確認有無亮燈。

(2) 判定方法

應無明顯之劣化情形，且應正常亮燈。

5. 結線接續

(1) 檢查方法

以目視及螺絲起子，確認有無斷線、端子鬆動等情形。

(2) 判定方法

應無斷線、端子鬆動、脫落、損傷等情形。

6. 接地

(1) 檢查方法

以目視或三用電表，確認有無腐蝕、斷線等情形。

(2) 判定方法

應無顯著腐蝕、斷線等之損傷現象。

(七) 緊急電源（限內置型者）

1. 端子電壓

(1) 檢查方法

A. 以電壓計測定確認充電狀態通往蓄電池充電回路之端子電壓。

B. 操作電池試驗用開關，由電壓計確認其容量是否正常。

(2) 判定方法

A. 應於充電裝置之指示範圍內。

B. 操作電池試驗用開關約三秒，該電壓計安定時之容量，應在電壓計之規定電壓值範圍內。

(3) 注意事項

進行容量試驗時，約三秒後，俟電壓計之指示值穩定，再讀取數值。

2. 電源切換裝置

(1) 檢查方法

切斷常用電源，以電壓計或由電源監視用表示燈確認電源之切換狀況。

(2) 判定方法

A. 緊急電源之切換可自動執行。

B. 復舊狀況正常。

3. 充電裝置

(1) 檢查方法

以三用電表確認變壓器、整流器等之功能。

(2) 判定方法

A. 變壓器、整流器等應無異常聲音、異臭、異常發熱、明顯灰塵或損傷

等情形。

B. 電流計或電壓計應指示在規定值以上。

C. 有充電電源監視燈者，應正常亮燈。

4. 結線接續

(1) 檢查方法

應以目視及螺絲起子確認有無斷線、端子鬆動等情形。

(2) 判定方法

應無斷線、端子鬆動、脫落、損傷等情形。

(八) 噴頭

1. 檢查方法

確認噴頭之連接部有無鬆動之情形，噴頭有無因油垢而造成阻塞現象。

2. 判定方法

噴頭應無堵塞、顯著腐蝕等情形，且應無損傷、脫落之現象。

三、綜合檢查

將電源切換為緊急電源狀態，依下列各點進行檢查。

(一) 檢查方法

1. 蓄壓式者，應依下列規定。

(1) 應進行放射試驗，其放射試驗所需試驗用氣體量，為該放射區域應設之蓄壓用氣體量之10%以上（小數點以下有尾數時進一）。

(2) 檢查應依下列事項進行準備。

A. 檢查後，應準備與啟動用氣體容器同一產品之同樣瓶數，以替換供啟動用氣體再充填期間，替代設置之啟動用氣體容器。

B. 應準備必要數量供塞住集合管部及操作管部之帽蓋或塞子。

(3) 檢查前，應依下列事項事先準備好啟動用氣體容器。

A. 暫時切斷控制盤等電源設備。

B. 取下連接至放出閥之操作管，並加帽蓋。

C. 確認除儲存容器等及啟動裝置外，其餘部分是否處於正常設置狀態。

D. 控制盤等之設備電源，應處於「開」之位置。

(4) 檢查時，啓動操作應就下列方式擇一進行。

　A. 手動式者，應操作手動啓動裝置使其啓動。

　B. 自動式者，應以探測器動作、或使受信機、控制盤探測器回路之端子短路，使其啓動。

(5) 依前1、(4)之規定操作後，確認警報裝置之動作，以手動操作打開啓動用氣體容器之容器閥，氣體向放射區域放射，確認移報受信總機功能之動作是否正常。

2. 加壓式者應依下列規定

(1) 應進行放射試驗，其放射試驗所需試驗用氣體量為該放射區域應設加壓用氣體之10%以上（小數點以下有尾數時，則進一）。

(2) 檢查時應注意下列事項：

　檢查後，供加壓用氣體再充填期間，替代設置之加壓用氣體容器，應準備與放射加壓用氣體同一產品之同樣瓶數。

(3) 檢查前，應依下列事項事先準備好加壓氣體容器：

　A. 暫時切斷控制盤等電源設備。（機械式噴放控制器免之）

　B. 將放射加壓用氣體容器旋入容器閥開放裝置及完成操作管連接。

　C. 除放射用加壓氣體容器外，應取下連接管後，用帽蓋蓋住集合管部。

　D. 應塞住放射用以外之操作管。

　E. 確認除儲存容器等及加壓用氣體容器外，其餘部份是否處於正常設置狀態。

　F. 控制盤等之設備電源，應處於「開」之位置。

(4) 檢查時之啓動操作準用前1、(4)進行。

(5) 依前項規定操作後，確認警報裝置之動作，以手動操作打開啓動用氣體容器之容器閥，氣體向放射區域放射，確認移報受信總機功能之動作是否正常。

(一) 判定方法

1. 加壓用或啓動用氣體容器確實擊發。

2. 如設有警報裝置，應確實鳴響。

3. 移報火警受信總機功能應確實動作。

4. 瓦斯遮斷閥應動作關閉瓦斯。

(二)注意事項

1. 檢查結束後，應將檢查時使用之試驗用氣體容器，換裝回復爲原設置之儲存容器。
2. 完成檢查後，應將所有裝置回復定位。

附件

簡易自動滅火設備							
檢修項目			檢修結果				處置措施
			種別、容量等内容	判定	不良狀況		
外觀檢查							
蓄壓式滅火藥劑儲存容器等	滅火藥劑儲存容器	外形	kg×　　支				
		設置狀況					
		標示					
	容器閥等						
	壓力計						
加壓式滅火藥劑儲存容器等	滅火藥劑儲存容器	外形					
		設置狀況					
		標示					
		安全裝置					
	容器閥						
	加壓用氣體容器等	加壓氣體容器	外形				
			設置狀況				
			標示				
		容器閥等					
		容器閥開放裝置					
		壓力調整器					
	連結管、集合管						

啟動裝置	手動啟動裝置	周圍狀況			
		外形			
		電源表示燈			
	自動啟動裝置	火災探測裝置	種類		
		自動手動切換裝置			
控制裝置	控制盤	周圍狀況			
		外形	□壁掛型　□直立型　□埋入型　□專用　□兼用		
	系統狀態指示器或電源燈				
	開關類				
	標示				
	備用品等				
	配管				
噴頭	外形		個		
	放射障礙				
瓦斯遮斷閥	外形		個		
	標示				
	防護對象				
緊急電源	外形				
	標示				
性能檢查					
蓄壓式滅火藥劑儲存容器	滅火藥劑量		L×　　kg		
加壓式滅火藥劑儲存容器等	滅火藥劑量			L×　　kg	
	加壓用氣體容器	氣體量			
		容器閥裝置	電氣式		
			鋼索牽引之彈簧式		
		壓力調整器			
	連結管、集合管				

啓動用氣體容器等		氣體量	L×　　支		
		容器閥開放裝置			
操作管					
啓動裝置	手動啓動裝置	操作箱			
		警報用開關	個		
		按鈕等			
		標示燈			
		斷線偵測			
	自動啓動裝置	火災探測裝置	□專用　□兼用		
		切換裝置			
		切換表示燈			
		斷線偵測			
控制裝置		開關類			
		保險絲類	A		
		繼電器			
		標示燈			
		結線接續			
		接地			
緊急電源		端子電壓	DC　　V		
		切換裝置			
		充電裝置			
		結線接續			
噴頭		噴嘴			
		噴嘴蓋			
綜合檢查					
局部放射方式		警報裝置			
		啓動裝置			
		試驗氣體有無洩漏			
		瓦斯遮斷閥有無動作			

備註									
檢查器材	機器名稱	型式	校正年月日	製造廠商	機器名稱	型式	校正年月日	製造廠商	

	檢查日期	自民國	年	月	日 至民國		年	月	日
檢修人員	姓名		消防設備師（士）	證書字號			簽章		（簽章）
	姓名		消防設備師（士）	證書字號			簽章		
	姓名		消防設備師（士）	證書字號			簽章		
	姓名		消防設備師（士）	證書字號			簽章		

1. 應於「種別‧容量等情形」欄內填入適當之項目。
2. 檢查合格者於判定欄內打「○」；有不良情形時於判定欄內打「╳」，並將不良情形填載於「不良狀況」欄。
3. 對不良狀況所採取之處置情形應填載於「處置措施」欄。
4. 欄內有選擇項目時應以「○」圈選之。

簡易自動滅火設備									
號碼	容器號碼	總重量（kg）	淨重量（kg）	氣體重量（kg）	檢查年月日				
		(含容器閥)			檢查時氣體之重量				
	儲存容器								耐壓試驗年月
	啓動用氣體容器								

2.2.10 惰性氣體滅火設備

一、外觀檢查（略）

二、性能檢查

(一)惰性氣體滅火藥劑儲存容器等（使用低壓二氧化碳氣體者除外）

1. **滅火藥劑量**

(1) **檢查方法**

依下列方法確認之。

A. 使用台秤測定計之方法。

(A)將裝設在容器閥之容器閥開放裝置、連接管、操作管及容器固定器具取下。

(B)將容器置於台秤上，測定其重量計算至小數點第一位。

(C)藥劑量則為測定值扣除容器閥及容器重量後所得之值。

B. 使用水平液面計之方法

(A)插入水平液面計電源開關，檢查其電壓值。

(B)使容器維持平常之狀態，將容器置於液面計探針與放射源之間。

(C)緩緩使液面計檢出部上下方向移動，當發現儀表指針振動差異較大時，由該位置即可求出自容器底部起之藥劑存量高度。

(D)液面高度與藥劑量之換算，應使用專用之換算尺為之。

C. 使用鋼瓶液面計之方法

(A)打開保護蓋緩慢抽出表尺。

(B)當表尺被鋼瓶內浮球之磁性吸引而停頓時，讀取表尺刻度。

(C)對照各廠商所提供之專用換算表讀取藥劑重量。

(D)需考慮溫度變化造成之影響。

D. 以其他原廠技術手冊規範之藥劑量檢測方式量測。

(2) **判定方法**

將藥劑量之測定結果與重量表或圖面明細表核對，其差值應在充填值10%以下。

(3) 注意事項

　A. 以水平液面計測定時

(A)不得任意卸取放射線源（鈷60），萬一有異常時，應即時連絡專業處理單位。

(B)鈷60有效使用年限約為3年，如已超過時，應即時連絡專業單位處理或更換。

(C)使用具放射源者，應經行政院原子能源委員會許可登記。

　B. 共同事項

(A)因容器重量頗重（約150kg），有傾倒或操作時應加以注意。

(B)測量後，應將容器號碼、充填量記載於重量表、檢查表上。

(C)當滅火藥劑量或容器內壓減少時，應迅即進行調查，並採取必要之措施。．

(D)二氧化碳滅火設備之充填比應在1.5以上。

(E)使用具放射源者，應取得行政院原子能委員會之許可登記。

2. 容器閥開放裝置

(1) 電氣式容器閥之開放裝置

　A. 檢查方法

(A)將裝設在容器閥之容器閥開放裝置取下，確認撞針、切割片或電路板有無彎曲、斷裂或短缺等情形。

(B)操作手動啟動裝置，確認電氣動作是否正常。

(C)拔下安全栓或安全插銷，以手動操作，確認動作是否正常。

(D)動作後之復歸，應確認於切斷通電或復舊操作時，是否可正常復歸定位。

(E)取下端子部之護蓋，以螺絲起子確認端子有無鬆弛現象。

(F)將容器閥開放裝置回路從主機板離線以確認其斷線偵測功能。

　B. 判定方法

(A)撞針、切割片或電路板應無彎曲、斷裂或短缺等情形。

(B)以規定之電壓可正常動作，並可確實以手動操作。

(C)應可正常復歸。

(D)應無端子鬆動、導線損傷、斷線等情形。

(E)將回路線離線時主機應發出斷線故障訊號。

C. 注意事項

操作手動啓動裝置時，應將所有電氣式容器閥開放裝置取下。

(2) 氣壓式容器閥之開放裝置

A. 檢查方法

(A)將裝設在容器閥之容器閥開放裝置取下，確認活塞桿或撞針有無彎曲、斷裂或短缺等情形。

(B)具有手動操作功能者，將安全栓拔下，以手動方式使其動作，確認撞針之動作，彈簧之復歸動作是否正常。

B. 判定方法

(A)活塞桿、撞針應無彎曲、斷裂或短缺等情形。

(B)動作及復歸動作應正常。

3. 連結管及集合管

(1) 檢查方法

以板手確認連接部位有無鬆動之情形

(2) 判定方法

連接部位應無鬆動之情形。

(二)使用低壓二氧化碳氣體滅火藥劑儲存容器等

1. 滅火藥劑量

(1) 檢查方法

以液面計確認藥劑是否依規定量充塡。

(2) 判定方法

藥劑儲存量應在規定量以上。

2. 液面計及壓力表

(1) 檢查方法

A. 確認有無變形、損傷等情形，並以肥皂水測試連接部分是否有洩漏等現象。

B. 確認各種壓力表是否指示在規定之壓力值。

(2) 判定方法

A. 應無變形、損傷、洩漏等情形。

B. 指示值應正常。

3. **警報裝置及安全裝置等**

(1) **檢查方法**

暫時將開關閥關閉，取下附接點之壓力表、壓力開關及安全閥等，使用試驗用氮氣確認其動作有無異常。

(2) **判定方法**

警報裝置等應在下列動作壓力範圍內動作，且功能正常。

$37\ kgf/cm^2$ ⎫
$30\ kgf/cm^2$ ⎭ 破壞板動作壓力

$25\ kgf/cm^2$ 安全閥起噴壓力

$23\ kgf/cm^2$ 壓力上升警報

$22\ kgf/cm^2$ 冷凍機啓動 ⎫

$21\ kgf/cm^2$ 冷凍機停止 ⎭ 常用壓力範圍

$19\ kgf/cm^2$ 壓力下降警報

(3) **注意事項**

檢查後，務必將安全閥、壓力表之開關置於「開」之位置。

4. **自動冷凍機**

(1) **檢查方法**

A. 冷凍機啓動‧停止功能之檢查，應依前項3之規定，使接點壓力表動作，確認其運轉狀況是否正常。

B. 冷媒管路系統，應以肥皂水測試，確認其有無洩漏之情形。

C. 冷媒管路系統中裝設有液態氨者，須確認運轉中液態氨白色泡沫之發生狀態。

(2) **判定方法**

A. 冷凍機應正常運轉。

B. 冷凍機運轉中，不得發現白色泡沫持續發生1～2分鐘以上。

5. **連結管及集合管**

(1) **檢查方法**

以扳手確認連接部分有無鬆動之情形。

(2) 判定方法

連接部分應無鬆動現象。

(三) 啓動用氣體容器等

1. 氣體量

(1) 檢查方法

依下列規定確認之。

A. 將裝在容器閥之容器閥開放裝置、操作管卸下，自容器收存箱中取出。

B. 使用可測定達20kg之彈簧秤或秤重計，測量容器之重量。

C. 核對裝設在容器上之面板或重量表所記載之重量。

(2) 判定方法

二氧化碳或氮氣之重量，其記載重量與測得重量之差值，應在充填量10%以下。

2. 容器閥開放裝置

(1) 檢查方法

A. 電氣式者，準依前(一)之2之(1)之A規定確認之。

B. 手動式者，應將容器閥開放裝置取下，以確認活塞桿或撞針有無彎曲、斷裂或短缺等情形，及手動操作部之安全栓或封條是否能迅速脫離。

(2) 判定方法

A. 活塞桿、撞針等應無彎曲、斷裂或短缺等情形。

B. 應可確實動作。

(四) 選擇閥

1. 閥本體

(1) 檢查方法

A. 以扳手確認連接部分有無鬆動等現象。

B. 以試驗用氣體確認其功能是否正常。

(2) 判定方法

連接部分不得有鬆弛等情形，且性能應正常。

2. 開放裝置

(1) 電氣式選擇閥開放裝置

A. 檢查方法

(A)取下端子部之護蓋，確認末端處理、結線接續之狀況是否正常。

(B)操作供該選擇閥使用之啓動裝置，使開放裝置動作。

(C)啓動裝置復歸後，在控制盤上切斷電源，以拉桿復歸方式，使開放裝置復歸。

(D)以手動操作開放裝置，使其動作後，依前(C)之同樣方式使其復歸。

B. 判定方法

(A)以端子盤連接者，應無端子螺絲鬆動，及端子護蓋脫落等現象。

(B)以電氣操作或手動操作均可使其確實動作。

(C)選擇閥於「開」狀態時，拉桿等之扣環應成解除狀態。

C. 注意事項

與儲存容器之電氣式開放裝置連動者，應先將開放裝置自容器閥取下。

(2) 氣壓式選擇閥開放裝置

A. 檢查方法

(A)使用試驗用二氧化碳容器（內容積1公升以上，二氧化碳藥劑量0.6kg以上），自操作管連接部加壓，確認其動作是否正常。

(B)移除加壓源時，選擇閥由彈簧之動作或操作拉桿，確認其有無復歸。

B. 判定方法

(A)活塞桿應無變形、損傷之情形，且動作確實。

(B)選擇閥於「開」狀態時，確認插梢應呈突出狀態，且拉桿等之扣環應成解除狀態。

C. 注意事項

實施加壓試驗時，操作管連接於儲存容器開放裝置者，應先將開放裝置自容器閥取下

(五)操作管及逆止閥

1. 檢查方法

(1) 以扳手確認連接部分有無鬆弛等現象。

(2) 取下逆止閥，以試驗用氣體確認逆止閥功能有無正常。

2. 判定方法

(1) 連接部分應無鬆動等現象。

(2) 逆止閥之功能應正常。

(六) 啓動裝置

1. 手動啓動裝置

(1) 操作箱

A. 檢查方法

由開、關操作確認箱門是否能確實開關。

B. 判定方法

箱門應能確實開、關。

(2) 警報用開關

A. 檢查方法

打開箱門，確認警報用開關不得有變形、損傷等情形，及警報裝置有無正常鳴響。

B. 判定方法

(A) 操作箱之箱門打開時，該系統之警報裝置應能正常鳴響。

(B) 應無變形、損傷、脫落、端子鬆動、導線損傷、斷線等現象。

C. 注意事項

警報用開關與操作箱之箱門間未設有微動開關者，當操作警報用按鈕時，警報裝置應能正常鳴響。

(3) 按鈕等

A. 檢查方法

(A) 將藥劑儲存容器或啓動用氣體容器之容器閥開放裝置自容器閥取下，打開操作箱箱門，確認按鈕等有無變形、損傷等情形。

(B) 操作該操作箱之放射用啓動按鈕或放射用開關，以確認其動作狀況。

(C) 再進行上述試驗，於遲延裝置之時間範圍內，當操作緊急停止按鈕或緊急停止裝置時，確認容器閥開放裝置是否動作。

B. 判定方法

(A) 應無變形、損傷、端子鬆動等情形。

(B)放射用啓動按鈕應於警報音響動作後始可操作。

(C)操作放射用啓動按鈕後，遲延裝置開始動作，電氣式容器閥開放裝置
　　應正常動作。

(D)緊急停止功能應正常。

(4) 標示燈

　A. 檢查方法

　　操作開關，以確認有無亮燈。

　B. 判定方法

　　應無明顯之劣化情形，且應正常亮燈。

(5) 斷線偵測

　A. 檢查方法

　　將手動啓動裝置回路線從控制主機板離線。

　B. 判定方法

　　將回路線離線時主機應發出斷線故障訊號。

11. 自動啓動裝置

　(1) 火災探測裝置

　A. 檢查方法及判定方法

　　有關其檢查，準用火警自動警報設備之檢查要領確認之。

　B. 注意事項

　　受信總機或專用控制盤上之自動、手動切換裝置，應置於「手動」之
　　位置。

　(2) 自動、手動切換裝置

　A. 檢查方法

(A)將儲存容器用或啓動氣體容器用之容器閥開放裝置自容器閥取下。

(B)如為「自動」時，將切換裝置切換至「自動」之位置，使探測器或受
　　信總機內探測器回路之端子短路。

(C)如為「手動」時，將切換裝置切換至「手動」之位置，使探測器或受
　　信總機內探測器回路之端子短路。

(D)應依每一防護區域或防護對象物分別確認其功能。

　B. 判定方法

　　下列功能應正常。

(A)如為「自動」時

　a.警報裝置鳴動。

　b.火警表示燈亮燈。

　c.遲延裝置動作。

　d.通風換氣裝置停止。

　e.容器閥開放裝置動作。

(B)如為「手動」時

　a.警報裝置鳴動。

　b.火警表示燈亮燈。

C.注意事項

(A)檢查時應一併進行警報裝置、控制裝置之性能檢查。

(B)使裝置動作時，應先將容器閥開放裝置取下才進行。

(3)自動、手動切換表示燈

A.檢查方法

　確認是否能正常亮燈。

B.判定方法

　應無明顯劣化之情形，且應正常亮燈。

(4)斷線偵測

A.檢查方法

　將自動啟動裝置回路線從控制主機板離線。

B.判定方法

　將回路線離線時主機應發出斷線故障訊號。

(七)警報裝置

1.音響警報

(1)檢查方法

A.每一防護區域或防護對象物，應進行探測器或手動啟動裝置之警報操作，以確認有無正常鳴動。

B.音量應使用噪音計測定之。

(2)判定方法

　每一防護區域或防護對象物之警報系統應正確，且距警報裝置一公尺

處之音量應在九十分貝以上。

2. 音聲警報（語音警告）

(1) 檢查方法

依前項檢查要領，連續進行兩次以上，在發出正常之警鈴等警告音響後，確認有無發出語音警報。

(2) 判定方法

A. 警報系統動作區域正確，且距揚聲器一公尺處之音量應在九十分貝以上。

B. 語音警報啓動後，須先發出警鈴等警告音響，再播放退避之語音內容。

(八) 控制裝置

1. 開關類

(1) 檢查方法

以螺絲起子及開關操作確認端子有無鬆動，及開關功能是否正常。

(2) 判定方法

A. 端子應無鬆動，且無發熱之情形。

B. 應可正常開、關。

2. 遲延裝置

(1) 檢查方法

遲延裝置之動作時限，應依前(六)之啓動裝置檢查方法進行檢查，操作啓動按鈕後，測定至容器閥開放裝置動作所需時間。

(2) 判定方法

動作時限應在二十秒以上，且在設計時之設定值範圍內。

(3) 注意事項

使裝置動作時，應先將容器閥開放裝置取下才進行。

3. 保險絲類

(1) 檢查方法

確認有無損傷、熔斷之情形及是否為規定之種類及容量。

(2) 判定方法

A. 應無損傷、熔斷之情形。

B.應依回路圖上所示之種類及容量設置。

4. 繼電器

(1) 檢查方法

確認有無脫落、端子鬆動、接點燒損、灰塵附著等情形，並藉由開關之操作，使繼電器動作，以確認其功能。

(2) 判定方法

A.應無脫落、端子鬆動、接點燒損、灰塵附著等情形。

B.應正常動作。

5. 標示燈

(1) 檢查方法

由開關操作，以確認有無亮燈。

(2) 判定方法

應無明顯之劣化情形，且應正常亮燈。

6. 結線接續

(1) 檢查方法

以目視及螺絲起子確認有無斷線、端子鬆動等情形。

(2) 判定方法

應無斷線、端子鬆動、脫落、損傷等情形。

7. 接地

(1) 檢查方法

以目視或三用電表，確認有無腐蝕、斷線等情形。

(2) 判定方法

應無顯著腐蝕、斷線等之損傷現象。

(九)放射表示燈

1. 檢查方法

以手動方式使壓力開關動作，或使控制盤內之表示回路端子短路，以確認有無亮燈。

2. 判定方法

應正常亮燈。

(十)壓力上昇防止裝置

1.檢查方法

施以設計動作壓力，確認壓力上昇防止裝置能否正常動作開啓。

2.判定方法

壓力上昇防止裝置應能正常動作開啓。

(十一) 防護區劃

1.自動關閉裝置

(1)以電氣動作者（鐵捲門、馬達、閘板）

A.檢查方法

操作手動啓動裝置，確認自動關閉裝置之關閉狀態有無異常。

B.判定方法

(A)各自動關閉裝置均應確實動作，且於遲延裝置之動作時限內達到關閉狀態。

(B)對於設在出入口之鐵捲門，或無其他出入口可退避者，應設有當操作啓動按鈕後，於延遲時間內可完全關閉之遲延裝置，及鐵捲門關閉後，滅火藥劑方能放射出之構造。

C.注意事項

操作手動啓動裝置時，應先將容器閥開放裝置取下後再進行。

(2)以氣壓動作者（閘板等）

A.檢查方法

(A)使用試驗用氣體（試驗用啓動氣體、氮氣或空氣），連接通往自動關閉裝置之操作管。

(B)釋放試驗用氣體，確認自動關閉裝置之關閉狀態有無異常。

(C)確認有無氣體自操作管、自動關閉裝置洩漏，自動關閉裝置於釋放加壓壓力後有無自動復歸，及其復歸狀態是否異常。

B.判定方法

(A)所有自動關閉裝置均應能確實動作。

(B)如為復歸型者，應能確實復歸。

C.注意事項

使用氮氣或空氣時，應加壓至大約30kgf/cm^2。

2. 換氣裝置

(1) 檢查方法

操作手動啓動裝置，確認換氣裝置於停止狀態時有無異常。

(2) 判定方法

所有換氣裝置，應於遲延裝置之動作時限範圍內確實保持停止狀態。

(3) 注意事項

A. 操作手動啓動裝置時，應先將容器閥開放裝置取下後再進行。換氣裝置如與滅火後之滅火藥劑排出裝置共用時，應自防護區域外進行復歸運轉。

(十二) 緊急電源（限內置型者）

1. 端子電壓

(1) 檢查方法

A. 以電壓計測定確認充電狀態通往蓄電池充電回路之端子電壓。

B. 操作電池試驗用開關，由電壓計確認其容量是否正常。

(2) 判定方法

A. 應於充電裝置之指示範圍內。

B. 操作電池試驗用開關約三秒，該電壓計安定時之容量，應在電壓計之規定電壓值範圍內。

(3) 注意事項

進行容量試驗時，約三秒後，俟電壓計之指示值穩定，再讀取數值。

2. 切換裝置

(1) 檢查方法

切斷常用電源，以電壓計或由電源監視用表示燈確認電源之切換狀況。

(2) 判定方法

A. 緊急電源之切換可自動執行。

B. 復舊狀況正常。

3. 充電裝置

(1) 檢查方法

以三用電表確認變壓器、整流器等之功能。

(2)判定方法

A.變壓器、整流器等應無異常聲音、異臭、異常發熱、顯著灰塵或損傷等情形。

B.電流計或電壓計應指示在規定值以上。

C.具有充電電源監視燈者，應正常亮燈。

4.結線接續

(1)檢查方法

以目視及螺絲起子確認有無斷線、端子鬆動等情形。

(2)判定方法

應無斷線、端子鬆動、脫落、損傷等情形。

(十三) 皮管、管盤、噴嘴及噴嘴開關閥（限使用二氧化碳氣體移動式）

1.皮管

(1)檢查方法

A.自管盤將皮管取出，旋轉皮管與金屬接頭部分，確認其有無鬆動現象。

B.確認整條皮管有無因老化產生割裂或明顯龜裂等現象。

C.自皮管接頭至噴嘴之長度，應確認是否維持設置時之狀態。

(2)判定方法

皮管連接部應無鬆動，皮管損傷、老化等情形，且皮管長度應在二十公尺以上。

2.管盤

(1)檢查方法

取出皮管，確認其是否可容易收捲。

(2)判定方法

皮管之拉取、收捲應保持順暢。

3.噴嘴

(1)檢查方法

A.確認皮管、握把、噴嘴之連接部應無鬆動之情形，噴嘴有無因灰塵、塵垢而造成阻塞現象。

B.手持噴嘴握把部分，確認其有無適當之危害防止措施。

(2) 判定方法

噴嘴應無堵塞、顯著腐蝕等情形，握把部分應有為防止凍傷而設置之木製或合成樹脂製把手，且應無損傷、脫落之現象。

4. 噴嘴開關閥

(1) 檢查方法

以手動操作噴嘴開關閥，確認其動作是否適當。

(2) 判定方法

開關閥之開關應能容易操作。

(十四) 耐震措施

1. 檢查方法

(1) 應確認設於容許變位量較大部分之可撓式管接頭及貫穿牆、樓地板部分，有無變形、損傷等情形，及耐震措施是否恰當。

(2) 以目視及螺絲起子確認儲存容器等之支撐固定架有無異常。

2. 判定方法

(1) 可撓式管接頭等應無變形、損傷、明顯腐蝕等情形，且貫穿牆、樓地板部分之間隙、充填部，應維持設置施工時之狀態。

(2) 使用在儲存容器等之支撐固定架之錨定螺栓、螺帽，應無變形、損傷、鬆動、明顯腐蝕等情形，且支撐固定架應無損傷。

三、綜合檢查

(一) 全區放射方式及局部放射方式

將電源切換為緊急電源狀態，依下列各點規定進行檢查。惰性氣體滅火設備全區放射方式應依設置之系統數量進行抽樣檢查，其抽樣分配方式如表11-1例示。抽測之系統放射區域在二區以上時，應至少擇一放射區域實施放射試驗；進行放射試驗系統，應於滅火藥劑儲存容器標示放射日期。

表2-12　惰性氣體滅火設備全區放射方式之綜合檢查抽樣分配表

系統＼年抽樣	第1年	第2年	第3年	第4年	第5年	第6年	第7年	第8年	第9年	第10年
1										1
2									1	1
3								1	1	1
4							1	1	1	1
5						1	1	1	1	1
6					1	1	1	1	1	1
7				1	1	1	1	1	1	1
8			1	1	1	1	1	1	1	1
9		1	1	1	1	1	1	1	1	1
10	1	1	1	1	1	1	1	1	1	1
11	1	1	1	1	1	1	1	1	1	2
12	1	1	1	1	1	1	1	1	2	2
13	1	1	1	1	1	1	1	2	2	2
14	1	1	1	1	1	1	2	2	2	2
15	1	1	1	1	1	2	2	2	2	2
16	1	1	1	1	2	2	2	2	2	2
17	1	1	1	2	2	2	2	2	2	2
18	1	1	2	2	2	2	2	2	2	2
19	1	2	2	2	2	2	2	2	2	2
20	2	2	2	2	2	2	2	2	2	2
21	2	2	2	2	2	2	2	2	2	3

備註：系統設置數量超過21套者，依其比例類推分配。

1. 全區放射方式

(1) 檢查方法

A. 高壓式者依下列規定

(A)以空氣或氮氣進行放射試驗，所需空氣量或氮氣量，應就放射區域應設滅火藥劑量之10%核算，每公斤以表2-13所列公升數之比例核算，

每次試驗最多放出5支。

表2-13　惰性氣體滅火藥劑每公斤核算空氣量或氮氣量

滅火藥劑	每公斤核算空氣量或氮氣量（公升）
二氧化碳	55
氮氣	100
IG-55	100
IG-541	100

(B)檢查時應注意下列事項

a.充填空氣或氮氣之試驗用氣體容器壓力，應與該滅火設備之儲存容器之充填壓力大約相等。

b.使用啟動用氣體容器之設備者，應準備與設置數量相同之氣體容器數。

c.應準備必要數量供塞住集合管部或容器閥部及操作管部之帽蓋或塞子。

(C)檢查前，應就儲存容器部分事先備好下列事項

d.暫時切斷控制盤等電源設備。

e.將自儲存容器取下之容器閥開放裝置及操作管連接裝設在試驗用氣體容器上。

f.除放射用儲存容器外，應取下連接管，用帽蓋等塞住集合管。除試驗用氣體容器外，應取下連接管後用帽蓋蓋住集合管部。

g.應塞住放射用以外之操作管。

h.確認除儲存容器部外，其他部分是否處於平常設置狀態。確認儲存容器部分外之其餘部分是否處於平時設置狀況。

i.控制盤等設備電源，應在「開」之位置。

(D)檢查時，啟動操作應就下列方式擇一進行

j.手動式，應操作手動啟動裝置使其啟動。

k.自動式者，應將自動、手動切換裝置切換至「自動」位置，使探測器動作、或使受信機、控制盤探測器回路端子短路，使其啟動。

B.低壓式者依下列規定

(A)應進行放射試驗，其放射試驗所需之藥劑量，為該放射區域所設滅火
藥劑量之10%以上，或使用40公升氮氣5瓶以上作為替代藥劑放射。

(B)檢查應依下列事項進行。

　a.啟動裝置、警報裝置、遲延裝置、換氣裝置、自動關閉裝置（以氣壓
動作者除外）等，應依前述性能檢查之要領個別實施，以確認其動作
是否確實。

　b.放射檢查，應依下列任一方式確認其動作是否確實。

(a) 以手動操作儲存容器之放出閥或閉止閥及選擇閥，藉液面計確認其藥
劑量，並放射至防護區域或防護對象物，以確認其放射系統、氣壓動
作之自動關閉裝置及放射表示燈之動作狀況。

(b) 使用氮氣進行時，將氮氣減壓至規定壓力值作為壓力源，連接於放射
區域之選擇閥等，以手動操作選擇閥使其放射，確認氣壓動作之自動
關閉裝置及放射表示燈之動作狀況。

(2) 判定方法

A. 警報裝置應確實鳴響。

B. 遲延裝置應確實動作。

C. 開口部等之自動關閉裝置應能正常動作，換氣裝置應確實停止。

D. 指定防護區劃之啟動裝置及選擇閥能確實動作，可放射試驗用氣體。

E. 配管內之試驗用氣體應無洩漏情形。

F. 放射表示燈應確實亮燈。

(3) 注意事項

A. 檢查結束後，應將檢查時使用之試驗用氣體容器，換裝回復為原設置
之儲存容器。

B. 在未完成完全換氣前，不得進入放射區域。遇不得已之情形非進入
時，應著空氣呼吸器。

C. 完成檢查後，應確實將所有裝置回復定位。

2. 局部放射方式

(1) 檢查方法

準依前1、(1)之規定進行確認。

(2) 判定方法

 A. 警報裝置應確實鳴響。

 B. 指定系統之啓動裝置及選擇閥應能確實動作，且可放射二氧化碳。

 C. 配管內之二氧化碳應無洩漏情形。

(3) 注意事項

 準依前1、(3)之規定。

(二)移動式（限使用二氧化碳氣體者）

1. 檢查方法

(1) 進行放射試驗，其所需試驗用氣體量爲5支噴射瞄子內以該設備一具儲存容器量爲之。

(2) 檢查後，供藥劑再充塡期間所使用之儲存容器替代設備，應準備與放射儲存容器同一型式之產品1支。

(3) 放射用之儲存容器應處於正常狀態，其他容器，應採取適當塞住其容器閥之措施。

(4) 以手動操作拉出皮管，確認放射狀態是否正常。

2. 判定方法

(1) 指定之容器閥開放裝置動作，皮管拉出及瞄子開關閥應無異常之情形，可正常放射二氧化碳。

(2) 皮管及皮管連接部分應無二氧化碳之洩漏。

3. 注意事項

(1) 完成檢查後，高壓式者，應將檢查時使用之儲藏容器等換爲替代容器，進行再充塡。

(2) 完成檢查後，應將所有裝置回復定位。

附件

<table>
<tr><td colspan="4" align="center">惰性氣體（   ）滅火設備檢查表</td><td colspan="2">區劃名稱：
設備方式：□全區 □局部 □移動</td></tr>
<tr><td colspan="2" rowspan="2" align="center">檢修項目</td><td colspan="3" align="center">檢修結果</td><td rowspan="2" align="center">處置措施</td></tr>
<tr><td align="center">種別、容量等內容</td><td>判定</td><td align="center">不良狀況</td></tr>
<tr><td colspan="6" align="center">外觀檢查</td></tr>
<tr><td rowspan="8">滅火藥劑儲存容器等</td><td rowspan="2">滅火藥劑儲存容器</td><td>外形</td><td align="center">kg×   支</td><td></td><td></td><td></td></tr>
<tr><td>設置狀況</td><td align="center">℃</td><td></td><td></td><td></td></tr>
<tr><td colspan="2">容器閥等</td><td></td><td></td><td></td><td></td></tr>
<tr><td colspan="2">容器閥開放裝置</td><td align="center">個</td><td></td><td></td><td></td></tr>
<tr><td colspan="2">警報裝置等
（限使用CO_2低壓）</td><td></td><td></td><td></td><td></td></tr>
<tr><td colspan="2">自動冷凍機
（限使用CO_2低壓）</td><td></td><td></td><td></td><td></td></tr>
<tr><td colspan="2">連結管・集合管</td><td align="center">A</td><td></td><td></td><td></td></tr>
<tr><td rowspan="4">啟動用氣體容器等</td><td rowspan="2">啟動用氣體容器</td><td>外形</td><td align="center">kg×   支</td><td></td><td></td><td></td></tr>
<tr><td>標示</td><td></td><td></td><td></td><td></td></tr>
<tr><td colspan="2">容器閥等</td><td></td><td></td><td></td><td></td></tr>
<tr><td colspan="2">容器閥開放裝置</td><td align="center">個</td><td></td><td></td><td></td></tr>
<tr><td rowspan="5">選擇閥</td><td rowspan="2">本體</td><td>外形</td><td align="center">個</td><td></td><td></td><td></td></tr>
<tr><td>標示</td><td></td><td></td><td></td><td></td></tr>
<tr><td rowspan="2">開放裝置</td><td>電氣式</td><td align="center">個</td><td></td><td></td><td></td></tr>
<tr><td>氣壓式</td><td align="center">個</td><td></td><td></td><td></td></tr>
<tr><td colspan="2">操作管・逆止閥</td><td></td><td></td><td></td><td></td></tr>
<tr><td rowspan="5">啟動裝置</td><td rowspan="3">手動啟動裝置</td><td>周圍狀況</td><td></td><td></td><td></td><td></td></tr>
<tr><td>外形</td><td></td><td></td><td></td><td></td></tr>
<tr><td>電源表示燈</td><td></td><td></td><td></td><td></td></tr>
<tr><td rowspan="2">自動啟動裝置</td><td>火災探測裝置</td><td></td><td></td><td></td><td></td></tr>
<tr><td>切換裝置</td><td></td><td></td><td></td><td></td></tr>
<tr><td colspan="2">警報裝置</td><td></td><td></td><td></td><td></td></tr>
</table>

控制裝置	控制盤	周圍狀況			
		外形	□壁掛型□直立型□埋入型 □專用□兼用		
	電壓計		DC　V		
	開關類				
	標示				
	備用品等				
配管					
放射表示燈			個		
壓力上昇防止裝置			$m^2 \times$　處所		
噴頭	外形		個		
	放射障礙				
防護區劃	區劃變更及氣密				
	開口部自動關閉		式× 個 自動關閉器× 個		
緊急電源	外形				
	標示		DC　V		
皮管等（限使用CO₂移動式）	周圍狀況				
	外形				
標示燈及標示					
性能檢查					
滅火藥劑儲存容器等	高壓式	滅火藥劑量		L×　支	
		容器閥開放裝置	電氣式		
			氣壓式		
	低壓式	滅火藥劑量		kg	
		液面計及壓力表			
		警報裝置等			
		自動冷凍機			
	連結管及集合管				

啓動用氣體容器等	氣體量		L×　　支		
	容器閥開放裝置				
選擇閥	閥本體				
	開放裝置	電氣式			
		氣壓式			
操作管及逆止閥					
啓動裝置	手動啓動裝置	操作箱			
		警報用開關	個		
		按鈕等			
		標示燈			
		斷線偵測			
	自動啓動裝置	火災探測裝置	□專用　□兼用		
		切換裝置			
		切換表示燈			
		斷線偵測			
警報裝置	音響				
	音聲		分貝		
控制裝置	開關類				
	遲延裝置		秒		
	保險絲類		A		
	繼電器				
	標示燈				
	結線接續				
	接地				
放射表示燈			DC　V		
壓力上昇防止裝置					
防護區劃	自動關閉	電氣式			
		氣壓式			
	換氣裝置				

緊急電源	端子電壓	DC　　V		
	切換裝置			
	充電裝置			
	結線接續			
皮管等	皮管	m		
	管盤			
	噴嘴			
	噴嘴開關閥			
耐震措施				
綜合檢查				
全區放射方式	警報裝置			
	遲延裝置	秒		
	開口部自動關閉裝置			
	啓動裝置、撰擇閥			
	試驗氣體有無洩漏			
	放射表示燈			
局部放射方式	警報裝置			
	啓動裝置、選擇閥			
	二氧化碳無洩漏			
移動式	瞄子開關閥			
	二氧化碳無洩漏			

備註	一、各區劃所需滅火藥劑量

區劃名稱	選擇閥口徑	容器數	所需氣體量

二、進行放射試驗之區劃：
三、使用試驗用氣體名稱：

檢查器材	機器名稱	型式	校正年月日	製造廠商	機器名稱	型式	校正年月日	製造廠商

	檢查日期	自民國　　年　　月　　日　至民國　　年　　月　　日					
檢修人員	姓名		消防設備師（士）	證書字號		簽章	（簽章）
	姓名		消防設備師（士）	證書字號		簽章	
	姓名		消防設備師（士）	證書字號		簽章	
	姓名		消防設備師（士）	證書字號		簽章	

1. 應於「種別‧容量等情形」欄內填入適當之項目。
2. 檢查合格者於判定欄內打「○」；有不良情形時於判定欄內打「╳」，並將不良情形填載於「不良狀況」欄。
3. 對不良狀況所採取之處置情形應填載於「處置措施」欄。
4. 欄內有選擇項目時應以「○」圈選之。

		惰性氣體（　　　）滅火設備檢查表									
號碼	容器號碼	液態充填		氣體重量（kg）	氣態充填		檢查年月日及容器表面溫度				
		總重量（kg）	鋼瓶重（kg）		滅火藥劑量（m³）	充填壓力（20℃）（MPa）	年月日	年月日	年月日	年月日	年月日
							℃	℃	℃	℃	℃
		（含容器閥）					檢查時氣體之重量（kg）或容器內壓力（MPa）				
	儲存容器										耐壓試驗年月
	啟動用氣體容器										

惰性氣體（　　　　）滅火設備檢查表											
號碼	容器號碼	液態充填		氣體重量（kg）	氣態充填		檢查年月日及容器表面溫度				
		總重量（kg）	鋼瓶重（kg）		滅火藥劑量（m³）	充填壓力（20℃）（MPa）	年月日	年月日	年月日	年月日	年月日
							℃	℃	℃	℃	℃
		（含容器閥）					檢查時氣體之重量（kg）或容器內壓力（MPa）				

2.2.11 避難器具檢修及申報作業基準

一、外觀檢查

(一) 周圍狀況

　　1. 設置地點

　　　(1) 檢查方法

　　　　　確認在避難時，是否能夠容易接近。

　　　(2) 判定方法

　　　A. 應無因設置後之改裝被變更為個人房間或倉庫等，而不容易接近。

　　　B. 設置之居室，其出入口應無加鎖。

　　　C. 應無放置妨礙接近之物品。

　　　D. 應無在收藏箱附近放置物品，使該器具之所在不易辨別。

　　　E. 應無擅自不當變更收藏箱之位置。

2. 操作面積

(1) 檢查方法

確認附近有無妨礙器具操作之障礙物，及是否確保操作所需之面積。

(2) 判定方法

A. 應無妨礙操作之障礙物，並依表2-14確保各器具之操作面積。

B. 在操作面積內，除了輕量而容易移動之物品外，不得放置會妨礙之大型椅子、桌子、書架及其他物品等。

C. 在收藏箱上，應無放置妨礙操作之物品。

表2-14　操作面積

避難器具種類	操作面積
救助袋	寬1.5m，長1.5m（含器具所占之面積）。但無操作障礙，且操作面積在2.25m^{2}以上時，不在此限。 1.5m（縱）、器具、2.25m^2、（1.875m）、1.5m（橫）
緩降機 避難梯 避難繩索 滑杆	0.5m^{2}以上（不含避難器具所占面積），但邊長應為60cm以上。 （0.7m）、0.5m^{2}以上、（0.6m）、（0.84m）、0.72m
滑台避難橋	依避難器具大小及形狀留置之。

(3) 注意事項

操作面積的大小未符合表2-15時，應參照原核准圖說，確認是否與設置時之狀態相同。

3. 開口部

(1) 檢查方法

確認安裝器具之開口部，能否容易且安全地打開，及是否確保必要之

開口面積。

表2-15 開口部之大小

避難器具種類	開口面積
救助袋	高60cm以上。 寬60cm以上。
緩降機 避難梯 避難繩索 滑杆	高80cm以上，寬50cm以上 或高100cm以上，寬45cm以上
滑台	高80cm以上； 寬為滑台最大寬度以上。
避難橋	高180cm以上。 寬為避難橋最大寬度以上。

(2) 判定方法

A. 開口部應無加設固定板、木條等。

B. 制動器、門軸轆等應無生鏽，且開口部應能容易開、關。

C. 打開門、蓋後，其制動器應能確實動作，不會因振動、衝擊等而鬆開。

D. 開口部附近應無書架、展示台等堵塞開口部。

E. 由地板面至開口部下端之高度應在150cm以下。

F. 開口部太高可能形成避難上之障礙時，應設有固定式或半固定式之踏台。

G. 踏台等應保持能用之狀態。

H. 開口部應能符合表2-15所示之大小。

(3) 注意事項

開口部之大小未符合表2-15時，應參照原核准圖說，確認是否與設置時之狀態相同。

4. 下降空間

(1) 檢查方法

確認有無妨礙下降之物品，及有無確保下降必要之空間。

(2) 判定方法

表2-16　下降空間

避難器具種類	下降空間
救助袋 （斜降式）	救助袋下方及側面，在上端25度，在下端35度方向依下圖所圍範圍內。但沿牆面使用時，牆面側不在此限。 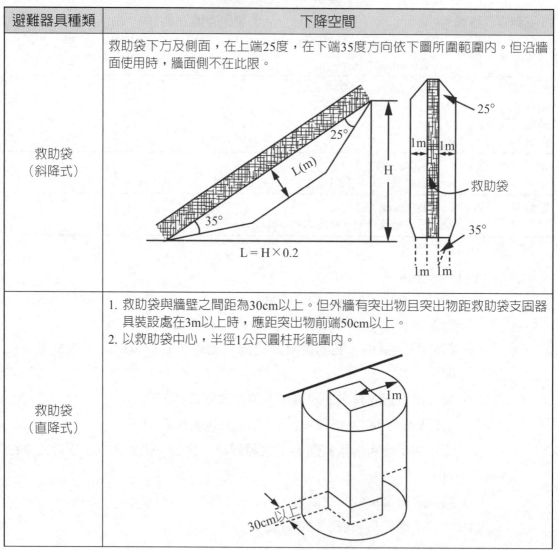
救助袋 （直降式）	1. 救助袋與牆壁之間距為30cm以上。但外牆有突出物且突出物距救助袋支固器具裝設處在3m以上時，應距突出物前端50cm以上。 2. 以救助袋中心，半徑1公尺圓柱形範圍內。

避難器具種類	下降空間
緩降機	以器具中心半徑0.5m圓柱形範圍內。但突出物在10cm以內，且無避難障礙者，或超過10cm時，能採取不損繩索措施者，該突出物得在下降空間範圍內。 0.5m 15~30cm
避難梯	自避難梯兩側豎桿中心線向外20cm以上及其前方65cm以上之範圍內。 20cm　20cm 20cm以上 10cm以上 65cm以上
滑台	滑面上方1m以上及滑台兩端向外20cm以上所圍範圍內。 20cm 20cm 1m

避難器具種類	下降空間
避難橋	避難橋之寬度以上及橋面上方2m以上所圍範圍內。 2m
避難繩索滑杆	應無避難障礙之空間。

A. 下降空間應能符合表2-16所示之大小。

B. 應無因新設招牌或樹木成長等而形成之障礙。

C. 有電線時，應距離下降空間1.2m以上。但是，如果該架設在空中的電線部分有絕緣措施，而被認定為安全時，不在此限。

(3) 注意事項

下降空間之大小，未符合表2-15時，及多人數用之緩降機應參照原核准圖說，確認是否與設置時之狀態相同。

5. 下降空地

(1) 檢查方法

確認有無避難障礙，及是否確保必要之下降空間。

(2) 判定方法

A. 下降空地應能符合表2-17所示之大小。

B. 下降空地應無障礙物。

C. 應有寬一公尺以上之避難上有效通路，通往廣場、道路等。

(3) 注意事項

下降空地的大小未符合表2-17時，及多人使用之緩降機，應參照試驗結果報告表，或根據是否與設置時之狀態相同而判定。

表2-17 下降空地

避難器具種類	下降空地
救助袋 （斜降式）	救助袋最下端起2.5m及中心線左右1m以上所圍範圍。
救助袋 （直降式）	下降空間之投影面積。
緩降機	下降空間之投影面積。

避難器具種類	下降空地
避難梯	下降空間之投影面積。 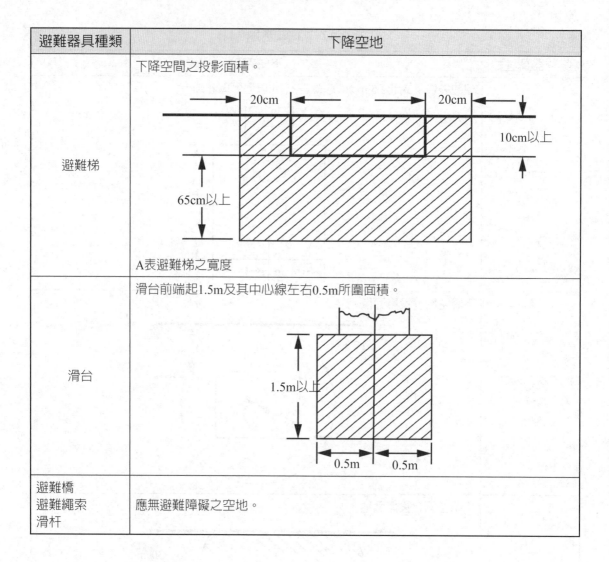 A表避難梯之寬度
滑台	滑台前端起1.5m及其中心線左右0.5m所圍面積。
避難橋 避難繩索 滑杆	應無避難障礙之空地。

(二) 標示

　　1. 檢查方法

　　　　以目視確認有無變形、脫落、污損等。

　　2. 判定方法

　　　　(1) 標示應為表2-18所示者。

　　　　(2) 應無變形、損傷、脫落、污損等。

　　　　(3) 應無因其他物品而看不到。

表2-18　標示

避難器具 標示種類	設置處所	尺寸	顏色	標示方法
設置位置	避難器具或其附近明顯易見處	長36cm以上 寬12cm以上	白底	字樣為「避難器具」，每字五平方公分以上。但避難梯等較普及之用語，得直接使用其名稱為字樣。
使用方法		長60cm以上 寬30cm以上	黑字	標示易懂之使用方法，每字一平方公分以上。
避難器具指標	通往設置位置之走廊、通道及居室之入口	長36cm以上 寬12cm以上		字樣為「避難器具」，每字五平方公分以上。

二、性能檢查

(一) 避難梯

1. 器具本體

(1) 檢查方法

A. 如圖2-22所示之懸吊梯，須將折疊部或捲繞部展開，或將伸縮部拉開到能夠檢查各部分之程度，確認有無損傷。

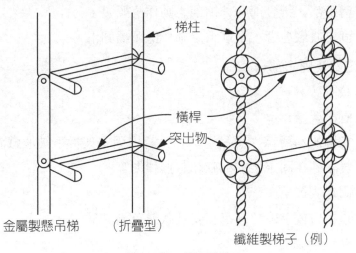

圖2-22　懸吊梯

B. 如圖2-23所示之固定收藏型者，須解開金屬扣，把梯子打開來，確認有無損傷等。

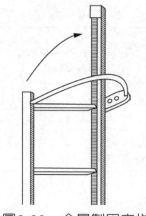

圖2-23　金屬製固定梯

(2) 判定方法

A. 梯柱、橫桿及突出物應無變形、損傷、生鏽、腐蝕等，及橫桿之應無沒有異常。

B. 鏈條、焊接處應無裂痕、損傷及鋼繩、纖維製繩應無綻開、斷線。

C. 接合部之鉚釘應無裂開、損傷等。

D. 螺栓、螺帽在有防止鬆動之措施，纖維製繩與橫桿之結合部應堅固而未鬆弛。

E. 轉動部、折疊部、伸縮部之動作應順暢。

F. 固定收藏型者，金屬扣之動作應順暢圓滑。

2. 固定架及固定部

(1) 檢查方法

A. 懸吊型

如圖2-24所示之懸吊用具，平時由固定架拆下被收藏者，應將懸吊用具安裝在固定架上，確認有無損傷等。

B. 固定收藏型

以扭力扳手確認固定及安裝狀態有無異常。

(2) 判定方法

A. 固定架及其材料應無明顯變形、損傷、生鏽、腐蝕等，且堅牢地安裝著，螺栓、螺帽應無鬆弛或脫落。

B. 與本體之接合部，須堅固而無鬆弛。

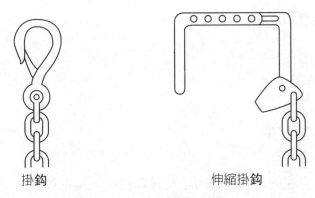

掛鉤　　　　　　　　　伸縮掛鉤

圖2-24　懸吊用具（例）

C. 懸吊用具，應確實安裝在固定部材，或成容易安裝之狀態。

D. 懸吊用具各部份應無變形、損傷、生鏽、明顯腐蝕等，鏈條應無扭曲，焊接部應無損傷等。

(3) 注意事項

螺帽之栓緊轉矩，應依照表2-19。

表2-19　螺帽之栓緊強度

螺紋標稱	栓緊強度（轉矩值kg-cm）
M10×1.5	150-250
M12×1.75	300-450
M16×2	600-850

3. 收藏狀況

(1) 檢查方法

以目視及操作確認收藏狀況有無異常。

(2) 判定方法

A. 懸吊型

(A) 收藏箱應無破損、生鏽、明顯腐蝕、漏水等，蓋子亦能容易打開取出梯子。

(B) 懸吊用具應以正確方向安裝在固定部，或呈能容易安裝之狀態。

B. 固定收藏型

　　　金屬扣應能確實鉤住。

(二)緩降機

1. 器具本體

(1) 調速器

A. 外觀事項

(A)檢查方法

　　以目視確認圖2-25所示之緩降機有無損傷等。

(B)判定方法

　a.應無明顯衝擊痕跡及其他損傷等。

　b.封緘部應無異常。

　c.小螺絲、螺帽、柳釘等應無鬆動及脫落。

　d.應無明顯生鏽。

　e.禁示加油者應無加油痕跡。

　f.油壓式者應無漏油。

B. 動作事項

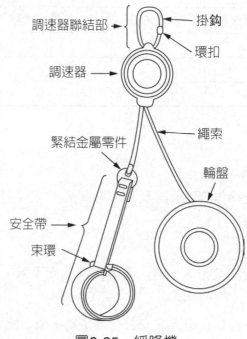

圖2-25　緩降機

(A)檢查方法

　　將調速器固定，以手操作使繩子來回行走，確認其動作狀況有無異常。

(B)判定方法

　a.繩子應能順暢地行走。

　b.應有適當阻力感，而非不穩定的阻力感。

(C)注意事項

　a.外觀事項

　　在外觀事項有異常者，因在動作時未必感到異常，所以仍應判定為有使內部發生異常之原因。

　b.動作事項

　　操作時繩索不能行走者，應判定為不良，行走時有不穩定之阻力感者，亦應判定為性能及強度上有缺陷。

　c.一般事項

　　由於緩降機之器具主體，於個別檢定合格時就以封緘（鉚住等）使之不能分解，因此檢查結果，認為對性能及強度有影響之異常時，應聯絡器具之製造廠商，進一步確認有無異常，並追究其原因及進行汰換整修。

(2)調速器之連結部（含掛鉤）

　A.檢查方法

　　以目視及操作確認有無損傷等。

　B.判定方法

(A)應無明顯損傷及生鏽。

(B)動作部份應能順暢地動作。

(C)安全環等附屬零件應無異常及遺失。

(3)繩子

　A.檢查方法

　　以目視確認有無損傷等。

　B.判定方法

(A)繩子之長度應能符合設置地點之長度。

(B)棉織被覆部份到鋼索應無損傷、明顯斷線及磨損，亦無因受潮而引起

老化及芯心鋼索生鏽等。

(4) **安全帶**

　A. 檢查方法

　　以目視確認有無損傷等。

　B. 判定方法

(A)應無附著會引起明顯損傷及老化之藥品、油、鏽、霉及其他會減低其
　　強度之物。

(B)應無因明顯受潮所引起之腐蝕等。

(C)應有符合最多使用者人數之安全帶緊結在繩索末端。

(5) **繩子與安全帶之緊結金屬零件**

　A. 檢查方法

　　以目視確認有無損傷等。

　B. 判定方法

(A)緊結金屬應無明顯損傷、生鏽等強度上之異常狀況。

(B)應無被分解之痕跡。

2. **支固器具及固定部分**

(1) **支固器具**

　A. 檢查方法

　　以目視及操作確認有無損傷等。

　B. 判定方法

(A)塗裝、電鍍等應無明顯剝落。

(B)構成零件應無明顯變形、腐蝕、龜裂等之損傷。

(C)螺栓、螺帽應無鬆弛或脫落。

(D)焊接部分應無明顯生鏽、龜裂等。

(E)支固器具應能依使用方法順暢地動作。

(2) **固定部**

　A. 檢查方法

　　以目視及扭力扳手確認有無異常。

　B. 判定方法

(A)螺栓、螺帽沒有鬆動或脫落。

(B)穿孔錨栓工法之錨栓所使用的螺帽之拴緊，應符合表2-18之規定。

(C)固定基礎應無因龜裂等而有破損。

(D)固定安裝部分應無明顯腐蝕、生鏽、變形、龜裂等，對強度有影響之異常發生。

(3) 收藏狀況

　A. 檢查方法

　　以目視及操作確認收藏狀況有無異常。

　B. 判定方法

(A)保管箱應放在所定之位置。

(B)於適合器具本體之保管箱內，應整理成使用時無障礙之狀態收藏。

(C)繩子應以未扭曲狀態，被捲在「輪盤」收藏。

(D)保管箱應無明顯變形、破損等，及內部應無灰塵、濕氣等。

(E) 支固器具應以使用時無障礙之狀態收藏。

　C. 注意事項

　　應使輪盤本身轉動來收繩子，以免扭曲繩索。

(三)救助袋（斜降式及直降式通用）

　1. 袋本體

　(1) 檢查方法

　　以目視及手觸摸確認圖2-26所示之袋本體有無損傷等。

　(2) 判定方法

　A. 袋體用布及展開部材（指繩索、皮帶等。以下相同。）應無洞、割傷、裂傷、裂開等損傷及明顯磨損（由於磨擦而產生起毛，使該部分變弱。以下相同）。

　B. 袋體用布及展開零件應無綻開等。

　C. 縫合部分應無縫線之斷線，以及袋體用布與展開部材的結合部之綁緊線應無鬆弛。

　D. 袋本體應無明顯受潮或濕悶。

　E. 袋子的用布應無明顯變色。

　F. 袋本體應無附著藥品、油脂、鏽、霉及其他會減低強度之物。

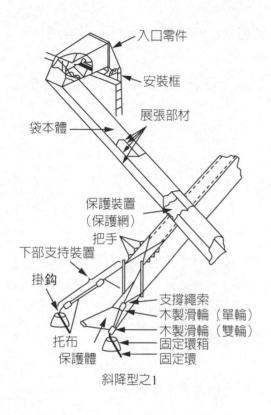

入口零件

安裝框

展張部材

袋本體

保護裝置
（保護網）

把手

下部支持裝置

掛鉤

支撐繩索

木製滑輪（單輪）

木製滑輪（雙輪）

托布

固定環箱

保護體

固定環

斜降型之1

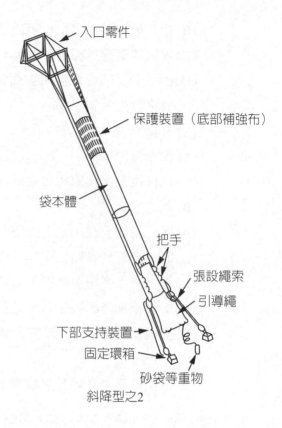

入口零件

保護裝置（底部補強布）

袋本體

把手

張設繩索

引導繩

下部支持裝置

固定環箱

砂袋等重物

斜降型之2

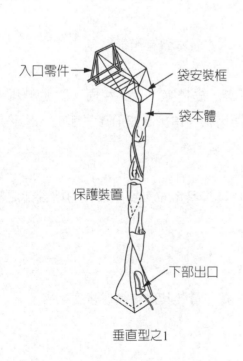

入口零件

袋安裝框

袋本體

保護裝置

下部出口

垂直型之1

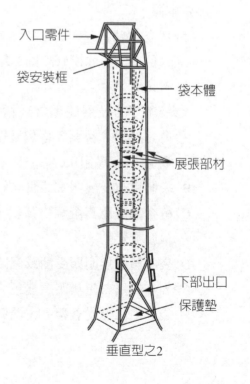

入口零件

袋安裝框

袋本體

展張部材

下部出口

保護墊

垂直型之2

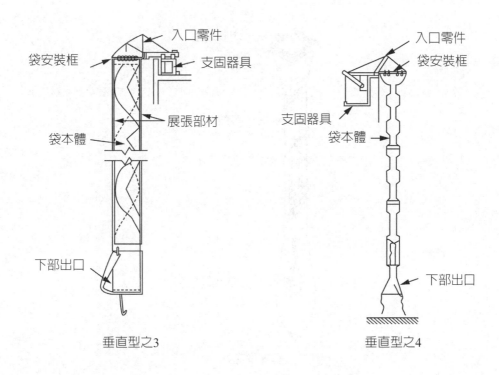

垂直型之3　　　　垂直型之4

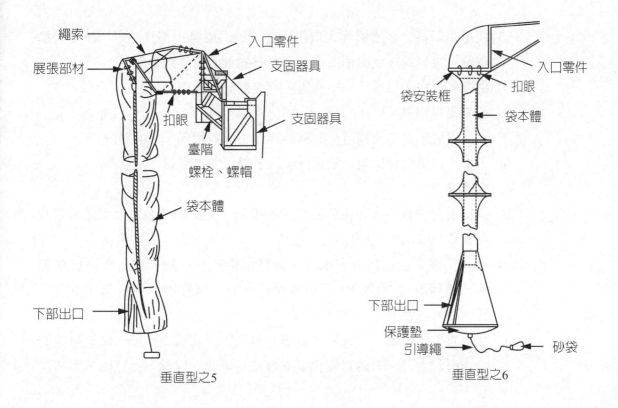

垂直型之5　　　　垂直型之6

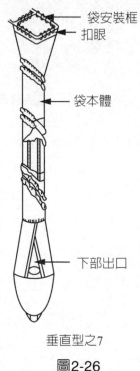

袋安裝框
扣眼

袋本體

下部出口

垂直型之7

圖2-26

G. 使用扣眼結合袋本體與入口零件者，扣眼應無損傷及脫落。而使用縫線時，應無斷線及明顯磨損，且用布的針眼應無斷裂。

H. 展開部材與入口零件的結合處，應無鬆動、損傷等。

I. 把手應無損傷及明顯磨損。（限斜降式）

J. 為保護底部之防止掉落用的網及用布，應無損傷。（限斜降式）

K. 下部出口與保護襯墊之結合應堅固，縫線應無斷線。

(3) **注意事項**

A. 磨損引起之起毛，是由於股線斷所引起，如果起毛多將會引起用布及展張部材的損傷。所以必須注意。

B. 所謂「濕悶」是指含有水分，而且稍帶熱的狀態，依用布、展張部材、縫線等材質種類，有時會由於水分及溫度而對強度等有不良影響，故須注意。

C. 變色有單純污髒、不純物的附著及濕悶等三種因素引起，除了單純的污損引起者外，有時材質種類亦會成為老化、腐蝕等之原因，故須注意。

D.用布、展開部材、縫線等，依材質種類之不同，有的耐藥品性很弱，
故須注意。

2.支固器具及固定部

(1) 本體

A.支固器具及入口零件

(A)檢查方法

以目視、操作及扭力扳手確認圖2-27所示之支固器具及入口零件有無
損傷等、及是否能正常動作。

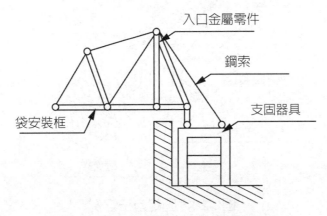

入口金屬零件

鋼索

支固器具

袋安裝框

圖2-27　支固器具及入口零件之例

(B)判定方法

a.支固器具應無變形、龜裂、腐蝕及損傷。

b.螺栓、螺帽等之固定零件應無龜裂、損傷等。

c.螺栓、螺帽應無鬆動或脫落。

d.固定部（木材、鋼筋、鋼骨混凝土等）應無腐蝕、生鏽、變形、龜裂
等對強度有影響之異常發生。

e.固定基礎應無因龜裂而引起之破損。

f.穿孔錨栓工法之錨栓所使用螺帽之栓緊，應符合表2-18之栓緊轉矩。

g.入口零件及入口零件與支固器具之轉動部份應圓滑順暢。

h.入口零件，鋼索等應無影響強度之變形、龜裂、腐蝕、損傷、永久歪
曲等。

i.鋼索的塑膠等被覆應無破損而致鋼索外露。

j. 入口零件與支固器具之結合部，應無明顯不穩定及過大之橫向空隙。

k. 以電動使入口零件動作者，其動作應正常。

B. 下部支持裝置（限斜降式）

(A)檢查方法

以目視如圖2-28所示之張設操作，確認有無損傷等。

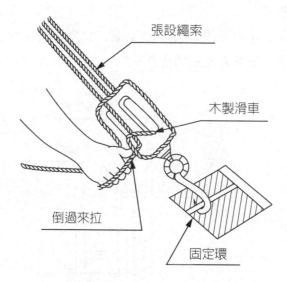

張設繩索

木製滑車

倒過來拉

固定環

圖2-28　固定方法之例

(B)判定方法

a. 張設繩索、滑輪、掛鉤等應無龜裂、腐蝕、損傷等。

b. 張設繩索及張設繩索與滑輪及掛鉤，應無纏繞、糾結等。

c. 滑輪之轉動應圓滑順暢。

d. 如圖2-29所示滑輪之捲緊繩索等，應無鬆動、損傷、腐蝕等。

C. 引導繩

(A)檢查方法

以目視確認如圖2-30所示之引導繩有無損傷等。

(B)判定方法

a. 引導繩應確實安裝在袋本體或下部支持裝置。

b. 引導繩的前端，應確實有砂袋等重物。

c. 砂袋等重物，應有夜間容易識別之措施。

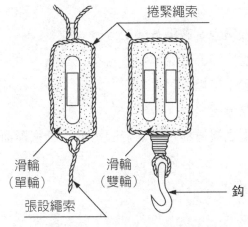

圖2-29 捲緊繩索之例

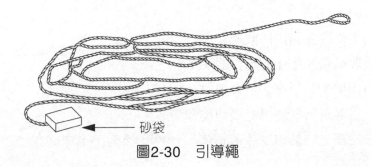

圖2-30 引導繩

d.使用砂袋時,應無漏砂。

(2) 固定環(限斜降式)

A. 檢查方法

確認如圖2-31所示固定環有無變形、損傷等,並須確認保護蓋是否能容易打開。

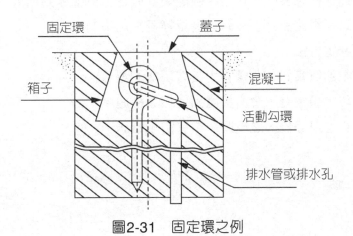

圖2-31 固定環之例

B. 判定方法

(A)應無明顯腐蝕、破損及變形。

(B)保護蓋應能容易打開。

(C)應無被砂土等埋沒。

(D)保護蓋應無遺失。

(E)保護蓋上之樓層標示，應無因污垢、磨損等而變為不易判別。

3. 收藏狀態

(1) 收藏方法

A. 檢查方法

以目視及操作確認收藏狀態有無異常。

B. 判定方法

(A)應安裝在開口部收藏箱。

(B)收藏箱等應能容易打開。

(C)應依下列順序，整齊地收藏。

　a.引導繩須整理得能順利地伸張。

　b.下部支持裝置之張設繩索、滑輪、掛鉤不得糾纏在一起收藏（限斜降式）。

　c.袋本體，應從上部反覆折疊收起，使下部出口成為表面，斜降式者應整理下部支持裝置，以皮帶栓緊後，引導繩須放在其上。

　d.收藏箱之把手等，應無掉落及損傷。

(2) 通風性等

A. 檢查方法

(A)通風性應良好，以目視確認袋本體是否直接碰到地板。

(B)以目視確認是否有防止老鼠等侵入之措施。

B. 判定方法

(A)須通風良好，收藏箱內沒有明顯的濕氣。

(B)袋本體應有不會直接碰到地板之措施。

(C)有老鼠等侵入之虞時，須有防止措施。

(四)滑台

1. 器具本體

(1) 檢查方法

以目視及操作確認圖2-32所示之滑台有無損傷等，動作狀態有無異常。

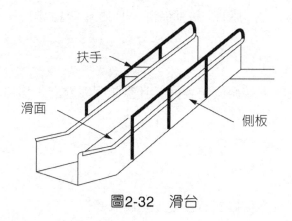

扶手

滑面

側板

圖2-32　滑台

(2) 判定方法

A. 半固定式者抬起下端部份之金屬扣，應能以簡單之操作解開，但不得因振動、衝擊等而容易脫落，且應無變形、損傷、生鏽、腐蝕等。

B. 底板及側板之表面，應平滑且無平面高低差、空隙等，同時應無變形、損傷、生鏽、腐蝕等。但是，滾筒型的滑落面得有不妨礙滑落之空隙。

C. 滑面的斜度（螺旋狀者為滑面寬度中心線之斜度），應為25至35度。

2. 固定部

(1) 檢查方法

以目視及扭力扳手確認固定部及安裝狀態有無異常。

(2) 判定方法

A. 固定部應堅固而無鬆動、且應無變形、損傷、生鏽、腐蝕等。

B. 螺栓、螺帽應無鬆動或脫落。

(3) 注意事項

螺帽之拴緊轉矩，應依表2-18所示之規定。

(五) 滑杆

  1. **檢查方法**

    以目視確認固定狀態有無異常。

  2. **判定方法**

    (1) **器具本體**

      滑杆應為均勻圓桿表面平滑，且應無明顯變形、損傷、生鏽、腐蝕等。

    (2) **支持部**

      滑杆上、下端應固定良好，且應無明顯變形、損傷、生鏽、腐蝕等。

(六) 避難繩索

  1. **器具本體**

    (1) **檢查方法**

      以目視及操作確認有無變形、腐蝕等。

    (2) **判定方法**

      A. 應無變形、損傷、綻開、明顯受潮等。

      B. 結合部及結扣應緊密結合。

  2. **固定架及固定部**

    (1) **檢查方法**

      以目視確認圖2-33例所示之固定架及固定部有無損傷。

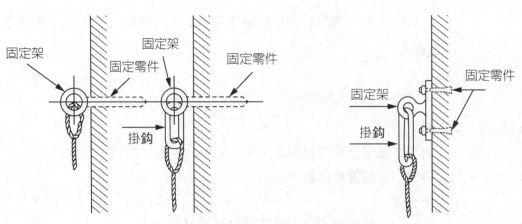

圖2-33　固定架及固定部（例）

(2) 判定方法

　A. 掛鉤應無明顯變形、損傷、生鏽、腐蝕等，且能容易、確實安裝在固定零件上。

　B. 固定架及固定零件應無明顯變形、損傷、生鏽、腐蝕等，能堅牢地安裝在安裝部，螺栓、螺帽應無鬆動或脫落。

3. 收藏狀況

(1) 檢查方法

　以目視確認收藏狀況有無異常。

(2) 判定方法

　A. 收藏箱、收藏袋等應設置在開口部附近，且應以容易取出繩索之方式收藏。

　B. 收藏箱、收藏袋等應無明顯損傷、腐蝕等。

(七) 避難橋

1. 器具本體

(1) 檢查方法

　以目視及操作確認圖2-34所示之避難橋有無損傷。

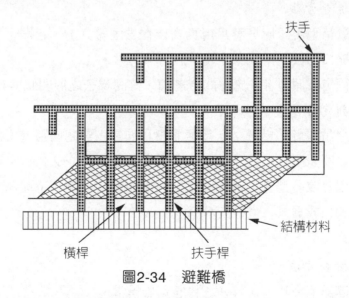

圖2-34　避難橋

(2)判定方法

A.各部分應無明顯變形、損傷、生鏽、腐蝕等。

B.應具有安全上充分之掛架長度。

C.接合部應無龜裂、變形、損傷等。

D.地板面應無空隙。有斜度之地板其止滑部分，應無明顯之磨損等。

2.固定部

(1)檢查方法

以目視確認安裝狀態有無異常。

(2)判定方法

固定部應堅固而無鬆動。

三、綜合檢查

綜合檢查是在完成外觀檢查及性能檢查之後實施，檢查時應使避難器具成使用狀態，確認其性能是否正常。

(一)避難梯

1.下降準備

(1)檢查方法

A.懸吊型者，應把懸吊用具安裝在支固器具上，鬆開金屬扣，使梯子從開口部放下，確認伸長狀態有無異常。

B.固定收藏型者，應鬆開金屬扣，確認梯子之展開狀態有無異常。

(2)判定方法

A.懸吊型者，梯子之全長應能順利伸長，突起向牆壁方向，牆壁與橫桿之間隔應有十公分以上，梯柱成垂直，橫桿成水平。

B.固定收藏型者，被收藏之梯柱應能順利展開，下端碰到堅固的地面，梯柱成垂直，橫桿成水平。

2.下降

(1)檢查方法

確認下降時，各部分之狀態有無異常。

(2)判定方法

在下降時應無障礙。懸吊型者，牆壁與橫桿之間隔應有十公分以上，

固定收藏型者，梯柱及橫桿應無明顯地搖動。

3. 收藏

(1) 檢查方法

確認在下降後，懸吊型者是否能拉上到開口部，或將上部以繩索綁起來吊到地上再恢復原狀，固定收藏型者是否能從開口部或地上恢復原狀。

(2) 判定方法

A. 懸吊型者，各部分應無變形，且能順暢地恢復原狀。

B. 固定收藏型者，各部分應無變形，且能順利收藏，金屬扣亦能確實扣上。

(二) 緩降機

1. 下降準備

(1) 檢查方法

將支固器具設定成使用狀態，把緩降機裝上後確認能否安全下降。

(2) 判定方法

A. 拴緊緩降機連結部（掛鉤等）之環扣，應能完全地安裝在支固器具。

B. 把繩子展開時，應無纏繞等，而能成直線垂下，繩子之長端應能到達地面上。

2. 下降

(1) 檢查方法

依下列確認能否正常下降。

A. 把附在短邊繩子之安全帶從頭部套入，將胸部之以束環栓緊。

B. 握住兩條繩索（有制動器者操作制動器），走出外牆壁把體重加在繩子垂下去。

C. 面向壁面，等身體穩定後把手從繩子處放開而下降。

D. 下降完畢後，解開安全帶。

(2) 判定方法

A. 測量下降距離及下降時間，計算出下降速度，應在規定的下降速度範圍內（平均的降落速度應在每秒80至100cm，最大下降速度應在每秒150cm以內）。

B. 下降後，實施前面所提之性能檢查，器具本體、支固器具等應無異
常。

(3) 注意事項

A. 在剛要下降前，如果使下降一邊之繩索放鬆，將會使繩子受到激烈的
負載，故須小心。

B. 使用多人數用之緩降機時，須同時準備好下降姿勢後，再開始下降。

3. 收藏

(1) 檢查方法

下降後，確認能否恢復原狀。

(2) 判定方法

各部分應無變形且能順暢地恢復原狀。

(3) 注意事項

在捲取繩子時，應使輪盤本身轉動而捲取繩子，以避免繩子扭曲。

(三) 救助袋

1. 斜降式救助袋

(1) 下降準備

A. 檢查方法

依下列確認是否能安全下降。

(A) 上部檢查者之程序。

a. 打開收藏箱。

b. 解開引導繩之束結，拿起砂袋投下。

c. 解開固定袋本體之皮帶。

d. 等候地上檢查者之信號，使袋本體下降。

e. 袋本體完成下降後，拉起入口零件。

(B) 地上檢查者之程序

a. 接受引導繩。

b. 拉引導繩使袋本體不會卡到窗子或屋簷，而使袋本體下降。

c. 打開要降落袋子之固定環蓋子。

d. 把下部支持裝置的張設繩索前端之掛鉤掛在固定環，將張設繩索末端
穿過滑輪之繩索中間，充分拉緊使袋本體的下部出口大約離地面50公

分至100公分，將張設繩索倒拉而將此繩索放滑輪的繩索間固定。

B. 判定方法

(A)放進收藏箱的狀況及滾筒的動作須順暢。

(B)引導繩應能確實安裝在袋本體或下部支持裝置。

(C)將袋子展開時，展開零件與入口零件之結合部，應無明顯伸長。（當袋本體有負載時，力的作用會不均衡，故須注意）

(D)袋本體的用布與展開部材之結合部，應無明顯磨損。

(E)袋本體與入口零件之結合部，應無破損及斷線。

(F)入口零件應能容易拉起。

(G)把袋子展開時，袋子應無妨礙下降之扭曲、一邊鬆動等變形之狀態。（下部出口與基地地面間，應有適當之間隔。）

(2) 下降

A. 檢查方法

依下列確認是否能正常下降。

(A)要下降時，下降者須先與地上檢查者打信號，然後再下降。

(B)下降者先把腳放在階梯上，使腳先進入袋安裝框，調整好姿勢再下降。

(C)下降姿勢應依照使用方法下降。（因為下降時的初速愈快，下降速度會愈大而危險，因此絕對不可以加反作用而下降。）

B. 判定方法

(A)下降應順暢。

(B)下降速度應適當正常。

(C)下降時之衝擊應緩慢。

C. 注意事項

(A)為期綜合檢查能確實而仔細，應在上部（下降口）和地上（逃出口）各配置一名以上之檢查人員。

(B)為了減少身體之露出部分，檢查者應穿戴手套、工作服（長袖）等，以防止危害。

(C)由於袋本體只要拉出前端，剩餘部分會因本身重量自動降落，所以要注意不可讓手或衣服被捲進去。

(3) 收藏

　A. 檢查方法

　　依下列確認完成下降後，是否能恢復原狀。

(A)拉起之程序

　　地上檢查者把支撐繩索放鬆至最大限長度，蓋上固定環的蓋子。

(B)地上檢查者消除支撐繩索的纏繞糾結，將下部支持裝置依各種袋子種類收藏，或把引導繩安裝在下部支持裝置前端的鉤子。

(C)上部檢查者與地上檢查者協力把袋本體拉上。（地上檢查者在開始拉上時，應拿著引導繩加以引導，以免袋本體卡到窗子或屋簷等障礙物。）

(D)引導繩應依順序拉上去，打捆成直徑約二十五公分的圓圈。

　B. 收藏之程序

(A)把安裝具的台階折疊起來。

(B)將入口零件拉進去折疊起來。

(C)將袋本體從上部反覆折疊，收進安裝具使之能在使用時得以圓滑地伸張。

(D)整理好之下部支持裝置和引導繩索，放在使用時容易取出之位置，將袋本體用皮帶栓緊。

(E)把收藏箱安裝好。

　C. 判定方法

　　各部分應無變形等，且應能順利地恢復原狀。

　D. 注意事項

　　在檢查後之收藏，應成使用時無障礙之收藏狀態。

2. **直降式救助袋**

除了斜降式的下部支持裝置及固定環之項目外，關於操作展開、下降、拉上及收藏，應比照斜降式之檢查方法、判定方法及應注意事項加以確認。而直降式之下部出口距基地面之高度，應依救助袋之種類，確認各別必要適當之距離。

(四) 滑台

1.檢查方法

(1) 半固定式者，應解開金屬扣，確認下部之展開狀態有無異常。

(2) 由開口部滑降，以確認各部分之狀態有無異常。

2.判定方法

(1) 半固定式者之下部應能順利展開，與固定部之連接處及著地點，應無妨礙滑降之高低差異、障礙物等。

(2) 滑降應順暢，而且滑降速度對著地應無危險。

(3) 滑降時，各部分應無動搖，且應無變形、損傷、鬆動等。

3.注意事項

檢查完了後，半固定式者須恢復原狀，使之處於備用狀態，金屬扣須確實扣上。

(五) 滑杆

1.檢查方法

從開口部實際滑降，以確認降落狀況有無異常。

2.判定方法

(1) 杆及上部和下部之固定架，應無明顯變形、損傷、鬆動等。

(2) 降落應順暢。

(六) 避難繩

1.檢查方法

(1) 將繩索由收藏箱、收藏袋等拿出，將掛鉤安裝在固定架上，從開口部向外放下，確認繩索之伸長狀態及掛鉤之安裝狀態有無異常。

(2) 從開口部實際降落，以確認踏板之狀態有無異常。

2.判定方法

(1) 繩索應能順利伸長，其下端須能到達地面上50公分以內。

(2) 掛鉤及固定架應無異常，繩索應無明顯損傷、綻開、斷線等。

(3) 踏板應無脫落、鬆動等，且能安全降落。

3.注意事項

檢查完了後，應恢復正常之收藏狀態。

(七) 避難橋

1. 檢查方法

(1) 確認各部分有無變形、損傷等。

(2) 移動型者，須進行搭橋操作，以確認搭橋狀態及各部分狀態有無異常。

2. 判定方法

(1) 各部分應無翹曲、明顯變形、損傷等，搭架長度不得有變化。

(2) 移動型者，應具有充分之塔架長度，與固定部或支持部之連接處，不得妨礙避難。

3. 注意事項

檢查後移動型者須恢復成原來之狀態。

避難器具檢查表

避難器具類別					
設置樓層					
設置位置					
檢修項目		檢修結果			處置措施
		種別、容量等內容	判定	不良狀況	
外觀檢查					
周圍狀況	設置地點				
	操作面積				
	開口部				
	下降空間				
	避難空地				
	標示				
性能檢查					
器具本體					
支固器具（固定架）及固定部					
收藏狀況					

綜合檢查								
綜合性能								
備註								
檢查器材	機器名稱	型式	校正年月日	製造廠商	機器名稱	型式	校正年月日	製造廠商
檢查日期	自民國　　　年　　　月　　　日　至民國　　　年　　　月　　　日							
檢修人員	姓名		消防設備師（士）	證書字號		簽章		（簽章）
	姓名		消防設備師（士）	證書字號		簽章		（簽章）
	姓名		消防設備師（士）	證書字號		簽章		
	姓名		消防設備師（士）	證書字號		簽章		

1. 應於「種別‧容量等情形」欄內填入適當之項目。
2. 檢查合格者於判定欄內打「○」；有不良情形時於判定欄內打「×」，並將不良情形填載於「不良狀況」欄。
3. 對不良狀況所採取之處置情形應填載於「處置措施」欄。
4. 欄內有選擇項目時應以「○」圈選之。

2.2.12 緊急照明設備檢修及申報作業基準

一、外觀檢查

(一) 緊急電源（限內置型）

1. 檢查方法

確認是否有變形、損傷及顯著腐蝕之情形。

2. 判定方法

應無變形、損傷或龜裂之情形。

(二) 緊急照明燈

1. 檢查方法

(1) 外形

以目視確認是否有變形、脫落或污損之情形。

(2) 照明上之障礙

A. 以目視確認其是否依規定設置。

B. 確認隔間牆、風管、導管、傢俱、裝飾物等有無造成照明障礙。

2. 判定方法

(1) 外形

應無變形、損傷、脫落或顯著污損之情形，且於正常之裝置狀態。

(2) 照明上之障礙

A. 應無設置數量不足之情形。。

B. 應無因建築物內部裝修，致設置位置不適當，而產生照明障礙。

C. 燈具周圍如有隔間牆、風管、導管等時，應無造成照明上之障礙。

D. 燈具周圍應無雜亂物品、廣告板或告示板等遮蔽物。

(三) 光源

1. 檢查方法

確認有無閃爍之現象，及是否正常亮燈。

2. 判定方法

應無熄燈或閃爍之現象。

二、性能檢查

(一) 檢查方法

1. 照度

使用低照度測定用光電管照度計測試，確認緊急照明燈之照度有無達到法規所規定之值。

2. 檢查開關

(1) 以目視確認其有無變形或端子有無鬆動。

(2) 由檢查開關進行常用電源之切斷及復舊之操作，確認其切換功能是否正常。

3. 保險絲類

確認有無損傷、熔斷之現象，及是否為所定種類及容量。

4. 結線接續

以目視或螺絲起子確認其有無斷線、端子鬆動等現象。

5. 緊急電源

(1) 確認於緊急電源切換狀態時有無正常亮燈。

(2) 確認緊急電源容量能否持續三十分鐘以上。

(二)判定方法

1. 照度

於地下建築物之地下通道，緊急照明燈在地面之水平面照度應達十勒克斯（lux）以上；其他場所應達到一勒克斯（lux）以上。

2. 檢查開關

(1) 應無變形、損傷，或端子鬆動之情形。

(2) 切斷常用電源時，應能自動切換至緊急電源，即時亮燈；復舊時，亦能自動切換回常用電源。

3. 保險絲類

(1) 應無損傷或熔斷之情形。

(2) 應為規定之種類及容量。

4. 結線接續

應無斷線、端子鬆動、脫落、損傷之情形。

5. 緊急電源

(1) 應無不亮燈或閃爍之情形。

(2) 電源容量應能持續三十分鐘以上。

(三)注意事項

檢查緊急電源容量能否持續三十分鐘之檢查數量如下表。

建築物總樓地板面積	1000m²以下	3000m²以下	6000m²以下	10000m²以下	超過10000m²者
檢查數量	5個以上	10個以上	15個以上	20個以上	20個加上每增加5000m²增加5個

緊急照明設備檢查表

檢修項目		檢修結果			處置措施
		種別、容量等內容	判定	不良狀況	
外觀檢查					
緊急電源					
緊急照明燈	外形				
	照明障礙				
光源					
性能檢查					
照度					
檢查開關					
保險絲類					
結線接續					
緊急電源					
備註					

檢查器材	機器名稱	型式	校正年月日	製造廠商	機器名稱	型式	校正年月日	製造廠商

檢查日期	自民國　　　年　　　月　　　日　至民國　　　年　　　月　　　日				
檢修人員	姓名		消防設備師（士）	證書字號	簽章	（簽章）
	姓名		消防設備師（士）	證書字號	簽章	
	姓名		消防設備師（士）	證書字號	簽章	
	姓名		消防設備師（士）	證書字號	簽章	

1. 應於「種別‧容量等情形」欄內填入適當之項目。
2. 檢查合格者於判定欄內打「○」；有不良情形時於判定欄內打「×」，並將不良情形填載於「不良狀況」欄。
3. 對不良狀況所採取之處置情形應填載於「處置措施」欄。
4. 欄內有選擇項目時應以「○」圈選之。

照明燈（附表一）

樓層別	區域別	場所名稱	測定位置	光源種類	照度
A層	走道	辦公室	1	白熾燈	2.1lux
A層	走道	辦公室	2	白熾燈	1.6lux
A層	樓梯	辦公室	3	白熾燈	1.5lux
A層	居室	辦公室	4	白熾燈	1.6lux
A層	居室	辦公室	5	白熾燈	1.5lux

檢查日期			自民國92年6月28日至民國92年7月1日				
檢修人員	姓名	王○○	消防設備師（士）	證書字號	消士證字○號	簽章	王○○（簽章）
	姓名		消防設備師（士）	證書字號		簽章	
	姓名		消防設備師（士）	證書字號		簽章	
	姓名		消防設備師（士）	證書字號		簽章	

1. 應於「種別‧容量等情形」欄內填入適當之項目。
2. 檢查合格者於判定欄內打「○」；有不良情形時於判定欄內打「×」，並將不良情形填載於「不良狀況」欄。
3. 對不良狀況所採取之處置情形應填載於「處置措施」欄。
4. 欄內有選擇項目時應以「○」圈選之。
5. 照度應記載所測之勒克斯（lux）。

2.2.13 排煙設備檢修及申報作業基準

一、外觀檢查

(一)排煙區劃

1. 檢查方法

以目視確認有無變形、損傷及因隔間變更而拆除等。

2. 判定方法

(1) 固定式垂壁

A. 設於貫通其他部分之開口部之垂壁應無拆除。

B. 垂壁面應無顯著變形、損傷、龜裂等。

C. 設於避難出口防火門之開關無異常，且向避難方向開啟。

(2) 移動式垂壁

A. 應無顯著變形、損傷、龜裂等。

B. 防火鐵捲門之導槽應無損傷，防火門之開關應無脫落、損傷。

C. 應無妨礙移動式垂壁開關障礙之物，或懸掛物品。

3. 注意事項

確認有無室內裝修、增建改建及用途變更，並檢查排煙區劃之狀態。

(二)排煙口

1. 檢查方法

以目視確認有無變形、損傷及其周圍有無排煙上之障礙。

2. 判定方法

(1) 應無顯著變形、損傷。

(2) 排煙口周圍應無放置棚架、物品等造成煙流動之障礙。

(三)風管

1. 檢查方法

以目視確認有無變形、損傷及可燃物接觸。

2. 判定方法

(1) 固定支持金屬應無顯著變形、損傷等。

(2) 風管未與可燃物（木材、紙、電線等）接觸。

(3) 風管應無變形、龜裂、損傷，及隔熱材料應無脫落。

(4) 貫穿防火區劃部分之充填材料應無脫落。

(四) 電動機之控制裝置

1. 檢查方法

(1) 控制盤

A. 周圍狀況

確認周圍有無使用上及檢查上之障礙。

B. 外形

以目視確認有無變形、腐蝕。

(2) 電壓表

A. 以目視確認有無變形、損傷等。

B. 確認電源、電壓是否正常。

(3) 各開關

以目視確認有無變形、損傷，及開關位置是否正常。

(4) 標示

確認標示是否正常。

(5) 預備品

確認是否備有保險絲、燈泡等預備零件及回路圖等。

2. 判定方法

(1) 控制盤

A. 周圍狀況

應設於火災不易波及位置，且周圍應無檢查上及使用上之障礙。

B. 外形

應無變形、損傷、顯著腐蝕等。

(2) 電壓表

A. 應無變形、損傷等。

B. 電壓表指示值應在規定範圍內。

C. 未設置電壓表時，電源表示燈應亮燈。

(3) 開關類

應無變形、損傷、腐蝕，且開關位置應正常。

(4) 標示

A. 開關名稱應無污損及不明顯部分。

B. 面板應無剝落。

(5) 預備品等

A. 應備有保險絲、燈泡等預備零件。

B. 應備有回路圖、操作說明書等。

(五)啟動裝置

1. 自動式啟動裝置

偵煙式探測器準用火警自動警報設備檢查要領確認之。

2. 手動式啟動裝置

(1) 手動操作箱

A. 檢查方法

(A)周圍狀況

確認有無檢查上及使用上之障礙，且操作部之標示正常。

(B)外形

以目視確認有無變形、損傷等。

B. 判定方法

(A)周圍狀況

a. 應無檢查上及使用上之障礙。

b. 標示應無污損及不明顯部分。

(B)外形

應無變形、損傷、顯著腐蝕等。

(2) 操作桿及把手

A. 檢查方法

以目視確認有無損傷等。

B. 判定方法

操作桿及把手應無損傷、脫落、纜索斷裂、生鏽等。

(六)排煙機

1. 檢查方法

以目視及手觸摸確認回轉葉片及電動機有無顯著腐蝕、變形等。

2. 判定方法

(1) 回轉葉片應無彎曲、折損等。

(2) 回轉葉片與機殼應無摩擦。

(3) v型皮帶保護板、皮帶輪應無損傷、回轉部應無鬆動。

(4) 電動機本體應無變形、損傷、顯著腐蝕等。

(5) 設於室內者，該室內之牆壁、出入口等應無破損。

(6) 設於屋外者，應有蔽遮雨露之措施。

(7) 排煙機裝置螺栓、螺帽應無脫落或鬆動。

(8) 排煙機周圍應無放置造成檢查障礙之物品，且未與可燃物（木材、紙）接觸。

(9) 風管接續部（法蘭）之螺栓應無鬆動、損傷等。

(七)出煙口

1. 檢查方法

以目視確認有無變形、損傷及周圍有無排煙之障礙。

2. 判定方法

(1) 排煙機與出煙口接續部之法蘭部分應無損傷，螺栓應無鬆動。

(2) 與雨露接觸部分應無顯著腐蝕、損傷等。

(3) 出煙口周圍應未放置造成排煙障礙之物品。

二、性能檢查

(一)排煙區劃

1. 檢查方法

確認防煙壁之區劃功能有無確實。

2. 判定方法

(1) 應能確實區劃。

(2) 防煙壁應無產生縫隙。

(二)排煙口

1.檢查方法

以目視、扳手及開關操作確認排煙閘門裝置部位有無損傷、鬆動。

2.判定方法

(1) 排煙口之框、排煙閘門及裝置器具有無顯著生鏽、腐蝕及異物附著，排煙閘門之回轉部有無鬆動。

(2) 回轉動作應保持圓滑，且能完全開放。

(3) 閘門部分應無生鏽、灰塵附著之狀況。

(三)風管

1.支撐固定

(1) 檢查方法

確認有無鬆動。

(2) 判定方法

支持部位及螺栓應無鬆動。

2.防火閘門

(1) 檢查方法

以扳手及手動操作確認裝置部位有無鬆動及因油漆、異物附著而造成開關困難。

(2) 判定方法

A. 裝置部位應無鬆動、生鏽等。

B. 開關動作應順暢。

3.接續部

(1) 檢查方法

確認襯墊有無損傷。

(2) 判定方法

襯墊應無損傷、脫落，接續部應無鬆動。

(四) 電動機之控制裝置

1. 檢查方法

(1) 各開關

以螺絲起子及開關操作，確認端子有無鬆動及開關性能是否正常。

(2) 保險絲

確認有無損傷、熔斷及是否為規定之種類及容量。

(3) 繼電器

確認有無脫落、端子鬆動、接點燒損、灰塵附著，並操作各開關使繼電器動作，確認性能。

(4) 表示燈

操作各開關確認有無亮燈。

(5) 結線接續

以目視及螺絲起子確認有無斷線、端子鬆動等。

(6) 接地

以目視或三用電表確認有無腐蝕、斷線等。

2. 判定方法

(1) 各開關

A. 端子應無鬆動、發熱。

B. 開、關性能正常。

(2) 保險絲

A. 應無損傷、熔斷。

B. 依回路圖所定種類及容量設置。

(3) 繼電器

A. 應無脫落、端子鬆動、接點燒損、灰塵附著等。

B. 動作應正常。

(4) 表示燈

應無顯著劣化，且能正常亮燈。

(5) 結線接續

應無斷線、端子鬆動、脫落、損傷等。

(6) 接地

應無顯著腐蝕、斷線等。

(五)啓動裝置

1. 自動啓動裝置

(1) 檢查方法

偵煙式探測器性能檢查，依照火警自動警報設備的檢查要領進行，確認探測器動作後，能否連動排煙機啓動。

(2) 判定方法

A. 依照火警自動警報設備的檢查要領對探測器進行判定。

B. 排煙機應能確實啓動。

2. 手動啓動方式

(1) 檢查方法

確認手動啓動操作箱的把手及操作桿之轉動及打開動作有無異常。

(2) 判定方法

A. 用手應能容易轉動把手。

B. 操作桿應無破損，鋼索應無斷落或生鏽。

(六)排煙機

1. 電動機

(1) 檢查方法

A. 回轉軸

以手轉動確認是否圓滑轉動。

B. 軸承部

確認潤滑油有無污損、變質、及達到必要量。

C. 動力傳達裝置

確認有無變形、損傷，皮帶輪及v型皮帶的性能是否正常。

D. 本體

操作啓動裝置，確認性能動作是否正常。

(2) 判定方法

A. 回轉軸

回轉軸應能圓滑轉動。

B. 軸承部

潤滑油應無污損、變質、異物混入等，並達必要量。

C. 動力傳動裝置

(A)皮帶軸及回轉軸應無鬆動，且應無變形、損傷、腐蝕等。

(B)v型皮帶傳動時應無障礙，及應無鬆動、損傷、耗損、油脂附著等。

D. 本體

應無顯著發熱、異常震動、不規則及不連續雜音，且回轉方向正常。

(3) 注意事項

A. 進行測試時，注意對所連動之空調機械所造成之影響。

B. 除了進行運轉的性能檢查外，必須將電源切斷。

2. 回轉葉片

(1) 檢查方法

A. 回轉軸

確認電動機、排煙機的回轉狀態是否正常。

B. 軸承部

確認潤滑油有無污損、變質、並達到必要量。

(2) 判定方法

A. 回轉軸

回轉葉片之回轉應能圓滑並向正常方向回轉，且應無異常振動及雜音。

B. 軸承部

潤滑油應無污損、變質、並達到必要量。

三、綜合檢查

(一) 檢查方法

切換成緊急電源的狀態，使偵煙式探測器動作及操作手動啟動裝置，以確認各部分之性能。

(二) 判定方法

1. 吸煙口及排煙閘門打開後，能連動自動排煙機啟動。

2. 運轉電流在所規定的範圍內。

3. 排煙機在運轉中應無異常聲音及振動，風道應無異常振動。

4. 排煙機回轉葉片的回轉方向應正常。

(三) 注意事項

醫院等切換成緊急電源進行檢查有困難之場所，應使用常用電源進行檢查。

排煙設備檢查表

檢修項目			檢修結果			處置措施
			種別、容量等內容	判定	不良狀況	
外觀檢查						
防煙區劃防煙垂壁		固定式				
		移動式				
		排煙口				
		風管				
電動機的控制裝置	控制盤	周圍狀況				
		外形				
	電壓表		V			
	各開關		Y-Δ 啓動			
	標示					
	預備品					
啓動裝置	自動啓動裝置					
	手動啓動裝置	手動操作箱	周圍狀況			
			外形			
		操作桿等				
	排煙機					
	排煙口					
性能檢查						
防煙區劃垂壁						
排煙口						
風管	支撐固定					
	防火閘門					
	接續部					

電動機之控制裝置	各開關				
	保險絲				
	繼電器				
	表示燈				
	結線接續				
	接地				
啓動裝置	自動啓動裝置				
	手動啓動裝置				
排煙機	電動機	回轉軸			
		軸承部			
		動力傳達裝置			
		本體			
	回轉葉片	回轉軸			
		軸承部			
綜合檢查					
啓動狀況					
運轉電流		A			
運轉狀況					
回轉方向					
備註					

檢查器材	機器名稱	型式	校正年月日	製造廠商	機器名稱	型式	校正年月日	製造廠商
檢查日期	自民國　　年　　月　　日　至民國　　年　　月　　日							

檢修人員	姓名		消防設備師（士）	證書字號		簽章	（簽章）
	姓名		消防設備師（士）	證書字號		簽章	
	姓名		消防設備師（士）	證書字號		簽章	
	姓名		消防設備師（士）	證書字號		簽章	

1. 應於「種別・容量等情形」欄內填入適當之項目。

2. 檢查合格者於判定欄內打「○」；有不良情形時於判定欄內打「×」，並將不良情形填載於「不良狀況」欄。

3. 對不良狀況所採取之處置情形應填載於「處置措施」欄。

4. 欄內有選擇項目時應以「○」圈選之。

2.2.14 緊急電源插座檢修及申報作業基準

一、外觀檢查

(一) 保護箱

1. 檢查方法

(1) 周圍狀況

以目視確認周圍有無檢查上及使用上之障礙，及緊急電源插座上之標示是否正常。

(2) 外形

以開關操作確認有無變形、損傷等，及箱門是否可確實開、關。

2. 判定方法

(1) 周圍狀況

A. 應無檢查上及使用上之障礙物。

B. 保護箱面應有「緊急電源插座」之字樣，且字體應無污損、不鮮明部分。

(2) 外形

A. 應無變形、損傷、顯著腐蝕。

B. 箱門可確實正常開、關。

(二) 插座

    1.**檢查方法**

    應以目視確認有無變形、腐蝕及異物阻塞等。

    2.**判定方法**

    緊急電源插座為單相交流110V用者，應依圖2-35(A)所示（額定150V，15A）之接地型插座。三相交流220V用則適用圖2-35(B)所示（額定250V，30A）接地型插座，並確認應無變形、損傷、顯著腐蝕或異物阻塞等。

(三) 開關器

    1.**檢查方法**

    以目視確認有無變形、損傷等，及其開關位置是否正常。

    2.**判定方法**

    應無變形、損傷等，且開關位置應正常。

(四) 表示燈

    1.**檢查方法**

    以目視確認有無變形、損傷等，及表示燈是否正常亮燈。

    2.**判定方法**

    應無變形、損傷、脫落、燈泡故障等，且正常亮燈。

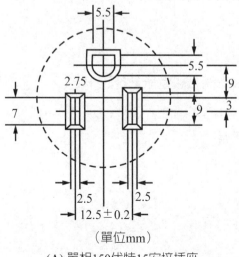

（單位mm）

(A) 單相150伏特15安培插座

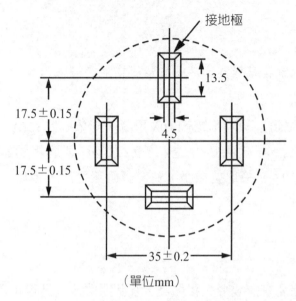

接地極

13.5

17.5±0.15

4.5

17.5±0.15

35±0.2

（單位mm）

(B) 三相250伏特30安培插座

圖2-35

二、性能檢查

(一)插座

1. 檢查方法

確認插頭是否可輕易拔出及插入。

2. 判定方法

插頭應可輕易拔出及插入。

(二)開關器

1. 檢查方法

以開關操作確認開、關性能是否正常。

2. 判定方法

開、關應能正常。

(三) 端子電壓
   1. 檢查方法
      (1) 單相
         以三用電表確認一般常用電源及緊急電源之單相交流端子電壓是否為規定值。
      (2) 三相
         以三用電表確認一般常用電源及緊急電源之三相交流端子電壓是否為規定值。

   2. 判定方法
      應於規定之範圍內。

(四) 回轉相位
   1. 檢查方法
      連接額定電壓220V之三相交流緊急電源插座，如與電動機連接時，應以相位計確認其是否依規定方向回轉。

   2. 判定方法
      應為正回轉（右向回轉）之方向。

緊急電源插座檢查表

檢修項目		檢修結果			處置措施
		種別、容量等內容	判定	不良狀況	
外觀檢查					
保護箱	周圍狀況				
	外形				
插座連接器					
開關器					
表示燈					
性能檢查					
插座					
開關器					

端子電壓	單相				
	三相				
回轉相位					

備註									

檢查器材	機器名稱	型式	校正年月日	製造廠商	機器名稱	型式	校正年月日	製造廠商

檢查日期	自民國　　年　　月　　日　至民國　　年　　月　　日

檢修人員	姓名		消防設備師（士）	證書字號		簽章	
	姓名		消防設備師（士）	證書字號		簽章	
	姓名		消防設備師（士）	證書字號		簽章	
	姓名		消防設備師（士）	證書字號		簽章	

1. 應於「種別‧容量等情形」欄內填入適當之項目。
2. 檢查合格者於判定欄內打「○」；有不良情形時於判定欄內打「×」，並將不良情形填載於「不良狀況」欄。
3. 對不良狀況所採取之處置情形應填載於「處置措施」欄。
4. 欄內有選擇項目時應以「○」圈選之。

無線電通信輔助設備

一、外觀檢查

(一)保護箱

1.檢查方法

(1)周圍狀況

確認周圍有無造成檢查上及使用上之障礙。

(2)外形

以目視及開關之操作確認有無變形、灰塵侵入，及箱門之開、關是否確實。

(3)標示

確認標示是否正常。

2.判定方法

(1)周圍狀況

應無造成檢查上及使用上之障礙。

(2)外形

A.應無變形、損傷、明顯腐蝕等。

B.保護箱應無明顯鏽蝕。

C.保護箱內部應無灰塵、水分之侵入。

D.箱門可確實開、關。

E.設置於地面之保護箱，需為不可任意開、關之構造。

F.圖2-36所示之射頻電纜應收存於保護箱內。

同軸電纜

圖2-36

(3)標示

A.圖2-37所示之保護箱箱面並標示有「消防隊專用無線電接頭」字樣。

B.圖24-2所示之保護箱箱內明顯易見之位置，應標示有最大容許輸入、可使用之頻率域帶及注意事項。

C.標示應無污損、模糊不清之部分。

D.面板應無剝落之現象。

(二)無線電接頭

1.檢查方法

以目視確認有無變形、損傷等，及有無「無反射終端電阻器」或護蓋。

2.判定方法

(1)應無變形、損傷、明顯腐蝕之情形。

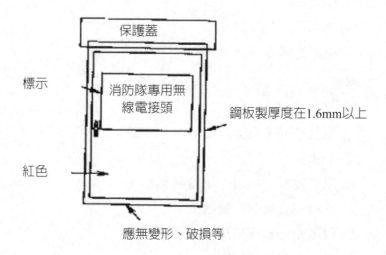

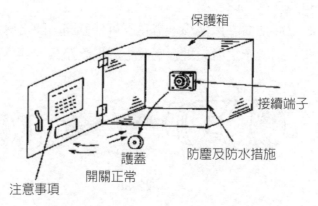

圖2-37

(2) 端子上應有如圖2-38所示之無反射終端電阻器及護蓋。

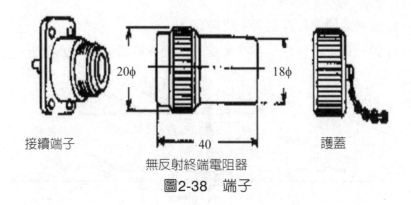

接續端子　　　無反射終端電阻器　　　護蓋

圖2-38　端子

(三) 增幅器

1. 檢查方法

確認設置場所是否適當。

2. 判定方法

(1) 設置場所應為防災中心、中央管理室等平時有人駐守之居室，且以不燃材料之牆、地板、天花板建造，開口部設有甲種或乙種防火門之居室。

(2) 應設於具防火性能之管道間內。

(四) 分配器等

1. 檢查方法

確認連接部位之防水措施有無異常。

2. 判定方法

橡皮襯墊等應無劣化。

(五) 空中天線

1. 檢查方法

以目視確認圖2-39所示之天線有無變形、腐蝕之情形，且有無造成通行及避難上之障礙。

2. 判定方法

(1) 應無變形、腐蝕之情形。

(2) 應無造成通行及避難上之障礙。

(3) 設於有受機械性傷害之虞處者，應採取適當之保護措施。

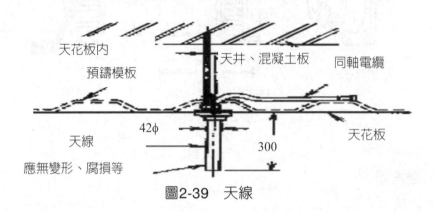

圖2-39　天線

(六) 洩波同軸電纜

1. 檢查方法

(1) 支撐部

以目視確認金屬支架有無變形、脫落，且有無堅固支撐。

(2) 防濕措施

以目視確認連接部分之防濕措施是否正常。

(3) 耐熱保護

以目視確認有無損傷、脫落等。

(4) 可撓性

確認連接用同軸電纜是否具可撓性。

2. 判定方法

(1) 支撐部

金屬支架應無變形、損傷、脫落等，且應堅固支撐。

(2) 防濕措施

圖2-40所示之接頭應無變形、損傷、鬆弛等，且能有效防濕。

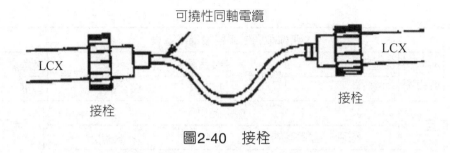

圖2-40 接栓

(3) 耐熱保護

應無損傷、脫落等。

(4) 可撓性

連接用同軸電纜應具可撓性。

二、性能檢查

(一) 無線電接頭

1. 檢查方法

確認接頭連接器是否可輕易裝接或脫離。

2. 判定方法

連接器可確實且輕易裝接或分離。

(二) 結線接續

1. 檢查方法

以目視或螺絲起子確認有無斷線、端子鬆動等。

2. 判定方法

應無斷線、端子鬆動、脫落、損傷。

附件

無線電通信輔助設備檢查表									
檢查設備名稱	洩波同輻電纜	製造廠： 型號：		空中天線	製造廠： 型號：		增幅器	製造廠： 型號：	
檢修項目		檢修結果						處置措施	
		種別、容量等內容		判定	不良狀況				
外觀檢查									
保護箱	周圍狀況								
	外形								
	標示								
無線電接頭									
增幅器									
分配器									
天線									
洩波同軸電纜	支撐部								
	防濕措施								
	耐熱保護								
	可撓性								
性能檢查									
無線電接頭									
結線接續									
備註									

檢查器材	機器名稱	型式	校正年月日	製造廠商	機器名稱	型式	校正年月日	製造廠商
檢查日期	自民國　　年　　月　　日　至民國　　年　　月　　日							

	姓名		消防設備師（士）	證書字號		簽章	（簽章）
檢修人員	姓名		消防設備師（士）	證書字號		簽章	
	姓名		消防設備師（士）	證書字號		簽章	
	姓名		消防設備師（士）	證書字號		簽章	

1. 應於「種別・容量等情形」欄內填入適當之項目。
2. 檢查合格者於判定欄內打「○」；有不良情形時於判定欄內打「×」，並將不良情形填載於「不良狀況」欄。
3. 對不良狀況所採取之處置情形應填載於「處置措施」欄。
4. 欄內有選擇項目時應以「○」圈選之。

冷卻撒水設備

一、外觀檢查（略）

二、性能檢查

(一)水源

1.檢查方法

(1) 水質

打開人孔蓋以目視及水桶採水，確認有無腐敗、浮游物、沉澱物等。

(2) 給水裝置

A. 確認有無變形、腐蝕等，及操作排水閥確認給水功能是否正常。

B. 如不便用操作排水閥檢查給水功能時，可使用下列方法：

(A)使用水位電極控制給水者，拆除其電極回路之配線，形成減水狀態，確認其是否能自動給水；其後再將拆掉之電極回路配線接上復原，形成滿水狀態，確認其給水能否自動停止。

(B)使用浮球水栓控制給水者，由手動操作將浮球沒入水中，形成減水狀態，確認能否自動給水；其後使浮球復原，形成滿水狀態，確認給水能否自動停止。

(2) 水位計及壓力表

A. 水位計之量測係打開人孔蓋，用檢尺測量水位，並確認水位計之指示值。

　　　B. 壓力表之量測係關閉壓力表開關及閥類，並放出壓力表之水，使指針
　　　　歸零後，再打開壓力表開關及閥類，並確認指針之指示值。

　　(3) 閥類

　　　用手操作確認開、關動作能否容易進行。

　1. 判定方法

　　(1) 水質

　　　應無顯著腐蝕、浮游物、沉澱物等。

　　(2) 給水裝置

　　A. 應無變形、損傷、顯著腐蝕等。

　　B. 於減水狀態應能自動給水，於滿水狀態應能自動停止供水。

　　(3) 水位計及壓力表

　　A. 水位計之指示值應正常。

　　B. 壓力表歸零之位置、指針之動作狀況及指示值應正常。

　　(4) 閥類

　　　開、關操作應能容易地進行。

(二) 電動機之控制裝置

　1. 檢查方法

　　(1) 各開關

　　　以螺絲起子及開、關操作，確認端子有無鬆動及開、關性能是否正
　　　常。

　　(2) 保險絲

　　　確認有無損傷、熔斷及是否為所規定之種類及容量。

　　(3) 繼電器

　　　確認有無脫落、端子鬆動、接點燒損、灰塵附著，並操作各開關使繼
　　　電器動作，確認其性能。

　　(4) 表示燈

　　　操作各開關確認有無亮燈。

　　(5) 結線接續

　　　以目視及螺絲起子確認有無斷線、端子鬆動等。

(6) 接地

以目視或三用電表確認有無腐蝕、斷線等。

2. 判定方法

(1) 各開關

A. 應無端子鬆動及發熱之情形。

B. 開、關性能應正常。

(2) 保險絲

A. 應無損傷、熔斷。

B. 應依回路圖所規定之種類及容量設置。

(3) 繼電器

A. 應無脫落、端子鬆動、接點燒損、灰塵附著等。

B. 動作應正常。

(4) 表示燈

應無顯著劣化，且能正常點燈。

(5) 結線接續

應無斷線、端子鬆動、脫落、損傷等。

(6) 接地

應無顯著腐蝕、斷線等之損傷。

(三) 啟動裝置

1. 手動啟動裝置

(1) 檢查方法

將一齊開放閥二次側之止水閥關閉，再打開測試用排水閥，然後操作手動啟動開關，確認加壓送水裝置是否啟動。

(2) 判定方法

閥之操作應容易進行，且加壓送水裝置應能確實啟動。

2. 遠隔啟動裝置（限用於儲存閃火點70℃以下公共危險物品之室外儲槽）

(1) 檢查方法

將一齊開放閥二次側之止水閥關閉，再打開測試用排水閥，然後操作選擇閥或開關閥、或監控室等處所之啟動裝置，確認加壓送水裝置是

否啓動。

(2) 判定方法

閥之操作應容易進行，且加壓送水裝置應能確實啓動。

(四) 加壓送水裝置

1. 幫浦方式

(1) 電動機

A. 檢查方法

(A) 回轉軸

用手轉動，確認是否能圓滑地回轉。

(B) 軸承部

確認潤滑油有無污損、變質及是否達必要量。

(C) 軸接頭

以扳手確認有無鬆動及性能是否正常。

(D) 本體

操作啓動裝置使其啓動，確認性能是否正常。

B. 判定方法

(A) 回轉軸

應能圓滑地回轉。

(B) 軸承部

潤滑油應無污損、變質且達必要量。

(C) 軸接頭

應無脫落、鬆動，且接合狀態牢固。

(D) 本體

應無顯著發熱、異常振動、不規則或不連續之雜音，且回轉方向應正確。

C. 注意事項

除需操作啓動檢查性能外，其餘均需先切斷電源。

(2) 幫浦

A. 檢查方法

(A) 回轉軸

用手轉動確認是否能圓滑地轉動。

(B) 軸承部

確認潤滑油有無污損、變質及是否達必要量。

(C) 底部

確認有無顯著漏水。

(D) 連成表及壓力表

關掉表計之控制水閥將水排出，檢視指針是否指在0之位置，再打開表計之控制水閥，操作啓動裝置確認指針是否正常地動作。

(E) 性能

先將幫浦吐出側之制水閥關閉之後，使幫浦啓動，然後緩緩地打開性能測試用配管之制水閥，由流量計及壓力表確認額定負荷運轉及全開點時之性能。

B. 判定方法

(A) 回轉軸

應能圓滑地轉動。

(B) 軸承部

潤滑油應無污損、變質、混入異物等，且達必要量。

(C) 底座

應無顯著的漏水。

(D) 連成表及壓力表

位置及指針之動作應正常。

(E) 性能

應無異常振動、不規則或不連續之雜音，且於額定負荷運轉及全開點時之吐出壓力及吐出水量均達規定值以上。

C. 注意事項

除需操作啓動檢查性能外，其餘均需先行切斷電源。

2. 重力水箱方式

(1) 檢查方法

由最近及最遠之試驗閥，以壓力表測定其靜水壓力，確認是否為所定之壓力。

(2)判定方法

應為設計上之壓力值。

3.壓力水箱方式

(1)檢查方法

打開排氣閥確認能否自動啟動加壓。

(2)判定方法

壓力降低自動啟動裝置應能自動啟動及停止。

(3)注意事項

打開排氣閥時，為防止高壓造成之危害，閥類應慢慢地開啟。

4.減壓措施

(1)檢查方法

以目視確認減壓閥等有無洩漏、變形等。

(2)判定方法

應無洩漏、變形、損傷等。

(五)呼水裝置

1.檢查方法

(1)閥類

用手實地操作確認開、關動作是否容易進行。

(2)自動給水裝置

A.確認有無變形、腐蝕等。

B.打開排水閥，確認其性能是否正常。

(3)減水警報裝置

A.確認有無變形、腐蝕等。

B.關閉補給水閥，再打開排水閥，確認減水警報功能是否正常。

(4)底閥

A.拉上吸水管或檢查用鍊條，確認有無異物附著或阻塞等。

B.打開幫浦本體上呼水漏斗之制水閥，確認有無從漏斗連續溢水出來。

C.打開幫浦本體上呼水漏斗之制水閥，然後關閉呼水管之制水閥，確認底閥之逆止效果是否正常。

2. 判定方法

(1) 閥類

開、關操作應容易進行。

(2) 自動給水裝置

A. 應無變形、損傷、顯著腐蝕等。

B. 當呼水槽水量減少時，應能自動給水。

(3) 減水警報裝置

A. 應無變形、損傷、顯著腐蝕等。

B. 當呼水槽水量減少到一半時，應發出警報。

(4) 底閥

A. 應無異物附著、阻塞等吸水障礙。

B. 應能由呼水漏斗連續溢水出來。

C. 呼水漏斗的水應無減少。

(六) 配管

1. 檢查方法

(1) 閥類

用手操作確認開、關動作是否容易。

(2) 過濾裝置

分解打開過濾網確認有無變形、異物堆積等。

(3) 排放管（防止水溫上升裝置）

使加壓送水裝置啟動呈關閉運轉狀態，確認排放管排水是否正常。

2. 判定方法

(1) 閥類

開、關操作應能容易進行。

(2) 過濾裝置

過濾網應無變形、損傷、異物堆積等。

(3) 排放管（防止水溫上升裝置）

排放水量應在下列公式求得量以上。

$$q = \frac{Ls \times C}{60 \times \Delta t}$$

q：排放水量（l/min）

Ls：幫浦關閉運轉時之出力。（kw）

C：860kcal（1kw-hr時水之發熱量）

Δt：30℃（幫浦內部之水溫上升限度）

(七)流水檢知裝置

1.檢查方法

(1) 閥本體

操作本體之試驗閥，確認閥本體、附屬閥類及壓力表等之性能是否正常。

(2) 延遲裝置

確認延遲作用及自動排水裝置之排水能否有效地進行。

(3) 壓力開關

A. 以螺絲起子確認端子有無鬆動。

B. 確認壓力值是否適當，及動作壓力值是否適當正常。

(4) 音響警報裝置及表示裝置

A. 操作排水閥確認警報裝置之警鈴、蜂鳴器或水鐘等是否確實鳴動。

B. 確認表示裝置之標示燈等有無損傷，及是否能確實表示。

2.判定方法

(1) 閥本體

性能應正常。

(2) 延遲裝置

A. 延遲作用應正常。

B. 自動排水裝置應能有效排水。

(3) 壓力開關

A. 端子應無鬆動。

B. 設定壓力值應適當正常。

C. 於設定壓力值應能動作。

(4) 音響警報裝置及標示裝置

應能確實鳴動及正常表示。

(八)一齊開放閥（含電磁閥）

1.檢查方法

(1) 以螺絲起子確認電磁閥之端子有無鬆動。

(2) 關閉一齊閥放閥二次側的止水閥，再打開測試用排水閥，然後操作手動啓動開關，確認其性能是否正常。

2.判定方法

(1) 端子應無鬆動脫落等。

(2) 一齊開放閥應能確實開放放水。

(九)耐震措施

1.檢查方法

(1) 牆壁或地板上貫通部分有無變形、損傷等，並確認防震軟管接頭有無變形、損傷、顯著腐蝕等。

(2) 以目視及扳手確認蓄水池及加壓送水裝置等之裝配固定是否有異常。

2.判定方法

(1) 防震軟管應無變形、損傷、顯著腐蝕等，且牆壁或地板上貫通部分的間隙、充填部分均保持原來施工時之狀態。

(2) 蓄水池及加壓送水裝置的安裝部分所使用之基礎螺絲、螺絲帽，應無變形、損傷、鬆動、顯著腐蝕等，且安裝固定部分應無損傷。

三、綜合檢查

(一)檢查方法

切換成緊急電源供電狀態，依下列步驟確認系統性能是否正常。

1. 選擇配管上最遠最高之一區作放水試驗。

2. 由操作手動啓動裝置或遠隔啓動裝置，啓動加壓送水裝置。

3. 在一齊開放閥最遠處之冷卻撒水噴頭（噴孔）附近裝上測試用壓力表。

4. 放射量依下式計算

$$Q = K\sqrt{P}$$

Q：放射量（l/min）

K：常數

P：放射壓力（kgf/cm^2）

(二)判定方法

1.幫浦方式

(1)啟動性能

A.加壓送水裝置應能確實啟動。

B.表示、警報等應正常。

C.電動機之運轉電流值應在容許範圍內。

D.運轉中應無不規則、不連續之雜音或異常之發熱、振動。

(2)一齊開放閥

一齊開放閥應正常動作。

(3)撒水量等

A.放射壓力

應可得到設計上之壓力。

B.放射量

冷卻撒水噴頭（噴孔）之放射量應符合放射壓力之放射曲線上之值，公共危險物品室外儲槽場所實際測得之放射量除以該冷卻撒水噴頭（噴孔）所防護儲槽側壁面積應在2 l/min m^{2}以上；可燃性高壓氣體場所、加氣站、天然氣儲槽及可燃性高壓氣體儲槽場所實際測得之放射量除以該冷卻撒水噴頭（噴孔）之防護面積應在5 l/min m^{2}以上，但但以厚度25mm以上之岩棉或同等以上防火性能之隔熱材被覆，外側以厚度0.35mm以上符合CNS 1244規定之鋅鐵板或具有同等以上強度及防火性能之材料被覆者，應在2.5 l/min m^{2}以上。

C.放射狀態

放射狀態應正常。

2. 重力水箱及壓力水箱方式

 (1) 表示、警報等

  表示、警報等應正常。

 (2) 一齊開放閥

  一齊開放閥應正常動作。

 (3) 放射量等

 A. 放射壓力

  應可得到設計上之壓力。

 B. 放射量

  冷卻撒水噴頭（噴孔）之放射量應符合放射壓力之放射曲線上之值，公共危險物品室外儲槽場所實際測得之放射量除以該冷卻撒水噴頭（噴孔）所防護儲.槽側壁面積應在2 1/min m² 以上；可燃性高壓氣體場所、加氣站、天然氣儲槽及可燃性高壓氣體儲槽場所實際測得之放射量除以該冷卻撒水噴頭（噴孔）之防護面積應在5 1/min m² 以上，但但以厚度25mm以上之岩棉或同等以上防火性能之隔熱材被覆，外側以厚度0.35mm以上符合CNS 1244規定之鋅鐵板或具有同等以上強度及防火性能之材料被覆者，應在2.5 1/min m² 以上。

 C. 放射狀態

  放射狀態應正常。

3. 注意事項

 供第四類公共危險物品之顯著滅火困難場所之加壓送水裝置，啓動後五分鐘內應能有效撒水，且加壓送水裝置距撒水區域在五百公尺以下，但設有保壓措施者不在此限。

附件

冷卻撒水設備檢查表						
檢修設備名稱	幫浦	製造廠：		電動機	製造廠：	
		型　號：			型　號：	
檢修項目			檢修結果			處置措施
			種別、容量等內容	判定	不良狀況	
外觀檢查						
水源	蓄水池		類別			
	水量		m³			
	水位計、壓力計					
	閥類					
電動機	控制盤	周圍狀況				
		外形				
	電壓表		V			
	各開關					
	標示					
	預備品等					
啟動裝置	手動啟動	周圍狀況				
		外形				
	遠隔啟動	周圍狀況				
		外形				
加壓送水裝置						
呼水裝置	呼水槽		L			
	閥類					
配管	外形					
	標示					
冷卻撒水噴頭	外形					
	撒水分布障礙					
	未警戒部份					

撒水噴孔	外形				
	撒水分布障礙				
	末警戒部份				
自動警報逆止閥	閥本體	kgf/cm^2			
	延遲裝置				
	壓力開關	kgf/cm^2			
一齊開放閥 （含電磁閥）		kgf/cm^2			
性能檢查					
水源	水質				
	給水裝置				
	閥類				
	水位計、壓力表				
電動機控制裝置	各開關				
	保險絲	A			
	繼電器				
	表示燈				
	結線接續				
	接地				
啓動裝置	手動啓動裝置				
	遠隔啓動裝置				
加壓送水裝置	幫浦方式	電動機	回轉軸			
			軸承部			
			軸接頭			
			本體			
		幫浦	回轉軸			
			軸承部			
			底部			
			連成表壓力表			
			性能	kgf/cm^2 l/min		
	重力水箱方式	kgf/cm^2			
	壓力水箱方式	kgf/cm^2			

呼水裝置	閥類					
	自動給水裝置					
	減水警報裝置					
	底閥					
配管	閥類					
	過濾裝置					
	排放管					
自動警報逆止閥等	閥本體					
	延遲裝置					
	壓力開關	設定壓力　　　　kgf/cm^2 動作壓力　　　　kgf/cm^2				
	音響警報裝置	蜂鳴器				
一齊開放閥(含電磁閥)						
耐震措施						
綜合檢查						
幫浦方式	啓動性能	加壓送水裝置				
		表示、警報等				
		運轉電流				
		運轉狀況				
	一齊開放閥					
	放水量					
重力水箱等	表示、警報等					
	一齊開放閥					
	放水量					
備註						

	機器名稱	型式	校正年月日	製造廠商	機器名稱	型式	校正年月日	製造廠商
檢查器材								

	檢查日期	自民國　　　年　　　月　　　日　至民國　　　年　　　月　　　日						
檢修人員	姓名		消防設備師（士）	證書字號			簽章	（簽章）
	姓名		消防設備師（士）	證書字號			簽章	
	姓名		消防設備師（士）	證書字號			簽章	
	姓名		消防設備師（士）	證書字號			簽章	

1. 應於「種別・容量等情形」欄內填入適當之項目。
2. 檢查合格者於判定欄內打「○」；有不良情形時於判定欄內打「×」，並將不良情形填載於「不良狀況」欄。
3. 對不良狀況所採取之處置情形應填載於「處置措施」欄。
4. 欄內有選擇項目時應以「○」圈選之。

配線

一、外觀檢查

(一)專用回路

1.檢查方法

以目視確認之。

2.判定方法

(1) 有消防安全設備別之明顯標示，且標示無污損及不明顯之情形。

(2) 不得與一般電路相接。

(二)開關器、斷路器等

1.檢查方法

以目視確認之。

2.判定方法

(1) 無損傷、溶斷、過熱、變色之情形。

(2) 接續部確實接續，無脫落之情形。

(三)保險絲等

1. **檢查方法**

以目視確認之。

2. **判定方法**

(1) 應無損傷或溶斷之情形。

(2) 應為規定之種類及容量。

(四)耐燃耐熱保護

1. **檢查方法**

以目視確認之。

2. **判定方法**

(1) 耐燃、耐熱保護配線之區分應符合各類場所消防安全設備設置標準第二百三十六條之規定。

(2) 電源回路配線之耐燃保護使用MI電纜或耐燃電纜時，應無損傷之情形；裝於金屬導線管槽內，並埋設於防火構造物之混凝土內時，應無混凝土脫落、電線外露之情形。

(3) 控制回路及標示燈回路配線之耐熱保護使用MI電纜、耐燃電纜、耐熱電線電纜或裝置於金屬導線管槽內時，應無損傷之情形。

(4) 耐燃或耐熱保護配線之電線種類及施工方法，應符合表2-20或表2-21之規定。

表2-20　耐燃保護配線之電線種類及施工方法表

區分	電線種類	施工方法
耐燃配線	・六〇〇Ｖ耐熱聚氯乙烯絕緣電線（HIV）（CNS8379） ・聚四氟乙烯（特夫綸）絕緣電線（CNS10612） ・聚乙烯（交連聚乙烯）絕緣聚氯乙烯（氯乙烯）被覆耐火電纜（CNS11359） ・六〇〇Ｖ聚乙烯絕緣電線（ＩＥ）（CNS10314） ・六〇〇Ｖ乙丙烯橡膠（EPR）絕緣電纜（CNS10599） ・鋼帶鎧裝電纜 ・鉛皮覆電纜（CNS2146） ・矽橡膠絕緣電線 ・匯流排槽	1. 電線應裝於金屬導線管槽內，並埋設於防火構造物之混凝土內，混凝土保護厚度應為二十公厘以上。但使用不燃材料建造，且符合建築技術規則防火區劃規定之管道間，得免埋設。 2. 其他經中央消防機關指定之耐燃保護裝置。
	耐燃電纜 MI電纜	得按電纜裝設法，直接敷設。

表2-21　耐熱保護配線之電線種類及施工方法表

區分	電線種類	施工方法
耐熱配線	・六〇〇Ｖ耐熱聚氯乙烯絕緣電線（HIV）（CNS8379） ・聚四氟乙烯（特夫綸）絕緣電線（CNS10612） ・聚乙烯（交連聚乙烯）絕緣聚氯乙烯（氯乙烯）被覆耐火電纜（CNS11359） ・六〇〇Ｖ聚乙烯絕緣電線（ＩＥ）（CNS10314） ・六〇〇Ｖ乙丙烯橡膠（ＥＰＲ）絕緣電纜（CNS10599） ・鋼帶鎧裝電纜 ・鉛皮覆電纜（CNS2146） ・矽橡膠絕緣電線 ・匯流排槽	1. 電線應裝於金屬導線管槽內裝置。 2. 其他經中央消防機關指定之耐燃保護裝置。
	耐熱電線電纜 耐燃電纜 MI電纜	得按電纜裝設法，直接敷設。

二、性能檢查

(一) 檢查方法

1. 切斷電壓電路之電源，以電壓（流）計等確認已無充電之情形後，使用絕緣電阻計依圖2-41所定之測量位置，針對電源回路、操作回路、表示燈回路、警報回路等之電壓電路測定配線間及配線與大地間之絕緣電阻值。但使用因絕緣阻抗試驗會有妨礙之虞的電子零件回路，及配線相互間難以測定之回路，得省略之。

2. 絕緣阻抗試驗測量時配線情形如圖2-42所示。

3. 低壓回路開關器或斷路器之每一分岐回路配線間及配線與大地間之絕緣電阻值測定，使用500伏特以下之絕緣電阻計測量。

4. 高壓回路電源回路間及電源回路與大地間之絕緣電阻值測定，使用1,000伏特、2,000伏特或5,000伏特之絕緣電阻計測量。

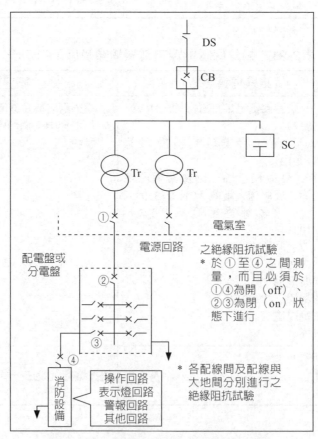

圖2-41　絕緣阻抗試驗測量位置圖

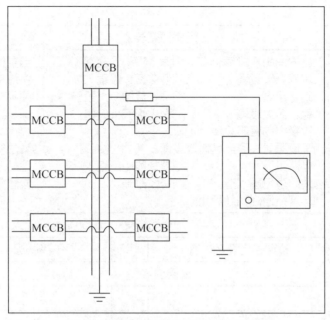

圖2-42　絕緣阻抗試驗測量時配線圖

(二)判定方法

測定值應符合表2-22所列之數值以上。

表2-22　配線絕緣阻抗試驗合格判定表

區分		絕緣電阻值
300V以下	對地電壓（在接地式電路，指電線和大地間之電壓；在非接地式電路，指電線間之電壓，以下均同）應為150V以下。	0.1MΩ
	其他情形	0.2MΩ
超過300V者		0.4MΩ
3,000V高壓電路		3MΩ
6,000V高壓電路		6MΩ

附件

配線檢查表				
消防安全設備種類	□室內消防栓設備　　□室外消防栓設備　　□自動撒水設備 □水霧滅火設備　　　□泡沫滅火設備　　　□冷卻撒水設備 □射水設備　　　　　□惰性氣體滅火設備　□簡易自動滅火設備 □乾粉滅火設備　　　□鹵化烴滅火設備　　□一一九火災通報裝置 □火警自動警報設備 □瓦斯漏氣火警自動警報設備　　　　　　　□緊急廣播設備 □標示設備　　　　　□緊急照明設備　　　□連結送水管 □消防專用蓄水池　　□排煙設備　　　　　□緊急電源插座 □無線電通信輔助設備			

檢修項目	檢修結果			處置措施
	種別、容量等內容	判定	不良狀況	
外觀檢查				
專用回路				
開關器、斷路器等				
保險絲等				
耐燃耐熱保護				
性能檢查				

絕緣電阻值	電源回路				
	操作回路				
	表示燈回路				
	警報回路				

備註	

檢查器材	機器名稱	型式	校正年月日	製造廠商	機器名稱	型式	校正年月日	製造廠商

檢查日期	自民國　　年　　月　　日　至民國　　年　　月　　日

檢修人員	姓名		消防設備師（士）	證書字號		簽章	（簽章）
	姓名		消防設備師（士）	證書字號		簽章	（簽章）
	姓名		消防設備師（士）	證書字號		簽章	
	姓名		消防設備師（士）	證書字號		簽章	

1. 應於「種別‧容量等情形」欄內填入適當之項目。
2. 檢查合格者於判定欄內打「○」；有不良情形時於判定欄內打「×」，並將不良情形填載於「不良狀況」欄。
3. 對不良狀況所採取之處置情形應填載於「處置措施」欄。
4. 欄內有選擇項目時應以「○」圈選之。

自我成長測驗

1. 請依各類場所消防安全設備檢修及申報作業基準、滅火器藥劑更換及充填作業規定，就乾粉滅火器之檢修、換藥及充填作業，分別說明檢查頻 及檢查結果判定有缺點時如何處理？（25分）（101年消防四等）

【解說】
依各類場所消防安全設備檢修及申報作業基準、滅火器性能檢查上如次
一、於檢查抽樣之檢查頻率
　依滅火器種類，化學泡沫滅火器應每年實施一次性能檢查，其餘類型滅火器應每三年實施一次性能檢查，並下表1進行。
二、於檢查結果之判定
　(1) 未發現缺點時
　　滅火器視為良好。
　(2) 發現有缺點時
　　依據性能檢查各項規定，發現有缺點之滅火器應即進行檢修或更新。泡沫滅火藥劑因經較長時間後會產生變化，應依滅火器銘板上所標示之時間或依製造商之使用規範，定期加以更換。其餘類型滅火器之滅火藥劑若無固化結塊、異物、沉澱物、變色、污濁或異臭者等情形，滅火藥劑可繼續使用。
三、製造日期超過十年或無法辨識製造日期之水滅火器、機械泡沫滅火器或乾粉滅火器，應予報廢，非經水壓測試合格，不得再行更換及充填藥劑。
四、檢修環及標示：
　(1) 性能檢查完成或重新更換藥劑及充填後之滅火器，應於滅火器瓶頸加裝檢修環，檢修環材質以一體成型之硬質無縫塑膠、壓克力或鐵環製作，且內徑不得大於滅火器瓶口1mm。並能以顏色區別前一次更換藥劑及充填裝設之檢修環，檢修環顏色以黃色、藍色交替更換。
　(2) 以不易磨滅之標籤標示滅火器藥劑更換及充填之廠商名稱等。
　(3) 滅火器換藥標示不得覆蓋、換貼或變更原新品出廠時之標示。

表 1　檢查試樣個數表

滅火器之區分			性能檢查項目	
種類	加壓方式	對象	除放射能力外之項目	放射能力
水	手動泵浦式	自製造年份起超過三年以上者	全數	全數之 5% 以上
	加壓式			
	蓄壓式			全數之 50% 以上
化學泡	反應式	設置達一年以上者	全數	全數之 5% 以上
機械泡	加壓式	自製造年份起超過三年以上者		
	蓄壓式			全數之 50% 以上
鹵化物			如重量及指示壓力值無異常時，其他項目可予省略	
二氧化碳		自製造年份起超過三年以上者	如重量及指示壓力值無異常時，其他項目可予省略	
乾粉	加壓式		全數	全數之 50% 以上
	蓄壓式			
全部之滅火器		如經外觀檢查有缺點者，須進行性能檢查	全數	

2. 進行火警自動警報設備之綜合檢查時，對於「同時動作」與「地區音響裝置之音壓」之檢查與判定方法分別為何，試說明之。（25 分）（109 年消防三等 107 年重新考試）

【解說】
（一）同時動作
　　1. 檢查方法：操作火災試驗開關及回路選擇開關，不要復舊使任意五回路（不滿五回路者，全部回路），進行火災動作表示試驗。
　　2. 判定方法：受信機（含副機）應正常動作，主音響及地區音響裝置之全部或接續該五回路之地區音響裝置應鳴動。
（二）地區音響裝置之音壓
　　1. 檢查方法：距音響裝置設置位置中心一公尺處，使用噪音計，確認其音壓。
　　2. 判定方法：音壓在 90 分貝以上（85 年 6 月 30 日前取得建造執照者為 85 分貝）
　　3. 注意事項
　　　(1) 警鈴於收藏箱內者，應維持原狀測定其音壓。
　　　(2) 音壓使用簡易或普通噪音計測定。

3. 採用幫浦加壓之密閉式撒水系統，依「各類場所消防安全設備檢修及申報作業基準」進行綜合檢查時，請說明其檢查方法、判定方法及注意事項。（25 分）

【解說】

1. 檢查方法：切換成緊急電源供電狀態，然後於最遠支管末端，打開查驗閥，確認系統性能是否正常。並由下列步驟確認放水壓力。

   (1) 應設有與撒水頭同等放水性能之限流孔。

   (2) 打開末端查驗閥，啓動加壓送水裝置後，確認壓力表之指示值。

   (3) 對加壓送水裝置最近及最遠的末端查驗閥進行放水試驗。

2. 判定方法

   (1) 啓動性能

      A. 加壓送水裝置應能確實啓動。

      B. 表示、警報等正常。

      C. 電動機之運轉電流值應在容許範圍內。

      D. 運轉中應無不規則、不連續及異常發熱及振動。

   (2) 放水壓力：末端查驗管之放水壓力應在 $1\sim10$ kgf / cm^2。

3. 注意事項：於檢查類似醫院之場所時，因切換成緊急電源可能會造成困擾時，得使用常用電源檢查。

---

4. 水霧滅火設備係利用水霧噴頭，使水呈微粒霧狀噴出，以達到滅火效果，請依「各類場所消防安全設備檢修及申報作業基準」，詳述有關水霧滅火設備綜合檢查之檢查方法與判定方法。（25分）

【解說】

（一）檢查方法切換成緊急電源供電狀態，依下列步驟確認系統性能是否正常。

   1. 選擇任一區作放水試驗。

   2. 由操作手動啓動裝置或自動啓動裝置，啓動加壓送水裝置。

   3. 在一齊開放閥最遠處之水霧噴頭附近裝上測試用壓力表。

   4. 放射量依下式計算

 水系統放射量

$$Q = K\sqrt{P}$$

Q= 放射量（L / min）

K= 常數

P= 放射壓力（kgf / cm^2）

（二）判定方法

   1. 幫浦方式

      (1) 啓動性能

         A. 加壓送水裝置應能確實啓動。

         B. 表示、警報等應正常。

         C. 電動機之運轉電流值應在容許範圍內。

         D. 運轉中應無不規則、不連續之雜音或異常之發熱、振動。

    (2) 一齊開放閥

        一齊開放閥應正常動作。

    (3) 放射壓力等

        A. 放射壓力

          應可得到在設計上之壓力。

        B. 放射量

          水霧噴頭之放射量應符合放射壓力之放射曲線上之值。

        C. 放射狀態

          放射狀態應正常。

  2. 重力水箱及壓力水箱方式

    (1) 表示、警報等表示、警報等應正常。

    (2) 一齊開放閥一齊開放閥應正常動作。

    (3) 放射量等

        A. 放射壓力

          應可得到設計上之壓力。

        B. 放射量

          水霧噴頭之放射量應符合放射壓力之放射曲線上之值。

        C. 放射狀態

          放射狀態應正常。

  3. 注意事項

    於檢查類似醫院之場所時，因切換成緊急電源可能會造成困擾時，得使用常用電源檢查。

---

5. 當某一場所設置鹵化烴滅火設備時，請依「各類場所消防安全設備檢修及申報作業基準」，說明全區放射方式綜合檢查時之判定方法與注意事項。（25 分）

【解說】

  （一）判定方法

    1. 警報裝置應確實鳴響。

    2. 遲延裝置應確實動作。

    3. 開口部等之自動關閉裝置應能正常動作，換氣裝置須確實停止。

    4. 指定防護區劃之啓動裝置及選擇閥能確實動作，可放射試驗用氣體。

    5. 配管內之試驗用氣體應無洩漏情形。

    6. 放射表示燈應確實亮燈。

  （二）注意事項

    1. 檢查結束後，應將檢查時使用之試驗用氣體容器，換裝回復爲原設置之儲存容器。

    2. 在未完成完全換氣前，不得進入放射區域。遇不得已之情形非進入時，應著空氣呼吸器。

    3. 完成檢查後，應確實將所有裝置回復定位。

---

6. 依據「各類場所消防安全設備檢修及申報作業基準」，試說明採用全區放射方式之高壓式二氧化碳滅火設備進行綜合檢查時，檢查方法與判定方法爲何？另請說明注意事項爲何？（25 分）

【解說】

高壓式全區放射方式

（一）檢查方法

1. 應進行放射試驗其放射試驗所需之藥劑量，為該放射區域所設儲存容器瓶數之 10% 以上。

2. 檢查時應注意下列事項。

(1) 檢查後，對藥劑再充填期間所使用之儲存容器，應準備與放射儲存容器同一產品之同樣瓶數。

(2) 使用啓動用氣體容器之設備者，應準備與 A 相同之數量。

(3) 應準備必要數量供塞住集合管部份或容器閥部及操作管部之帽蓋或塞子。

3. 檢查前，應就儲存容器部分事先備好下列事項。

(1) 暫時切斷控制盤等電源設備。

(2) 供放射用儲存容器，應與容器閥開放裝置及操作管連接。

(3) 除放射用儲存容器外，應取下連接管，用帽蓋等塞住集合管。

(4) 應塞住放射用以外之操作管。

(5) 確認除儲存容器部外，其他部份是否處於平常設置狀態。

(6) 控制盤等之設備電源，應在「開」之位置。

4. 檢查時，啓動操作應就下列方式擇一進行。

(1) 手動式，應操作手動啓動裝置使其啓動。

(2) 自動式，應將自動、手動切換裝置切換至「自動」位置，以探測器動作、或使受信機、控制盤探測器回路端子短路使其啓動。

（二）判定方法

1. 警報裝置應確實鳴響。

2. 遲延裝置應確實動作。

3. 開口部等之自動關閉裝置應能正常動作，換氣裝置應確實停止。

4. 指定防護區劃之啓動裝置及選擇閥能確實動作，可放射試驗用氣體。

5. 配管內之試驗用氣體應無洩漏情形。

6. 放射表示燈應確實亮燈。

（三）注意事項

1. 完成檢查後，如為高壓式者，應將檢查時使用之儲存容器等換為替代容器，進行再充填。

2. 在未完成完全換氣前，不得進入放射區域。遇不得已之情形非進入時，應著空氣呼吸器。

3. 檢查結束後，應將所有回復定位。

---

7. 請依據「各類場所消防安全設備設置標準」，試述擴音機及操作裝置設置的規定？並依據「緊急廣播設備檢修及申報作業基準」，試述綜合檢查之檢查方法與判定方法？（25 分）

【解說】

（一）擴音機及操作裝置設置

第 138 條　擴音機及操作裝置，應符合 CNS 規定，並依下列規定設置：

1. 操作裝置與啓動裝置或火警自動警報設備動作連動，並標示該啓動裝置或火警自動警報設備所動作之樓層或區域。

2. 具有選擇必要樓層或區域廣播之性能。

3. 各廣播分區配線有短路時，應有短路信號之標示。

4. 操作裝置之操作開關距樓地板面之高度，在零點八公尺以上（座式操作者，為零點六公尺）一點五公尺以下。

5. 操作裝置設於值日室等經常有人之處所。但設有防災中心時，設於該中心。

（二）綜合檢查

1. 檢查方法

切換成緊急電源供電狀態，操作任一啟動裝置或操作裝置之緊急廣播開關，或受信由火警自動警報設備啟動之信號，確認是否進行火災表示及正常廣播。

2. 判定方法

火災表示及揚聲器之鳴動應正常。

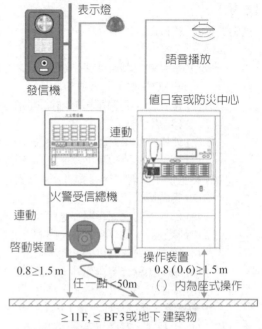

8. 那些場所應設置「瓦斯漏氣火警自動警報設備」？並說明「瓦斯漏氣火警自動警報設備」之綜合檢查要領。（15 分）

【解說】

（一）應設置「瓦斯漏氣火警自動警報設備」場所

第 21 條　下列使用瓦斯場所應設置瓦斯漏氣火警自動警報設備：

1. 地下層供第十二條第一款所列場所使用，樓地板面積合計一千平方公尺以上者。

2. 供第十二條第五款第一目使用之地下層，樓地板面積合計一千平方公尺以上，且其中甲類場所樓地板面積合計五百平方公尺以上者。

3. 總樓地板面積在一千平方公尺以上之地下建築物。

（二）「瓦斯漏氣火警自動警報設備」之綜合檢查要領

1. 同時動作

(1) 檢查方法：使用加瓦斯試驗器，使兩個回路之任一檢知器（各回路一個）同時動作，確認其性能是否異常。

(2) 判定方法：中繼器、瓦斯漏氣表示燈及檢知區域警報裝置之動作應正常，且受信總機之瓦斯漏氣燈、主音響裝置之動作及警報分區之表示應正常。

2. 檢知區域警報裝置

(1) 檢查方法：使任一檢知器動作，於檢知區域警報鳴動時，於距該裝置之裝設位置中心一公尺處，使用噪音計確認其音壓是否在規定值以上。

(2) 判定方法：音壓應在七十分貝以上。

(3) 注意事項：設在箱內者，應保持原狀測定其音壓。

3. 綜合動作
   (1) 檢查方法：切換成緊急電源之狀態，使任一檢知器動作，確認其性能是否正常。
   (2) 判定方法：中繼器、瓦斯漏氣表示燈及檢知區域警報裝置之動作應正常，且受信總機之瓦斯漏氣燈、主音響裝置之動作及警報分區之表示應正常。
   (3) 注意事項：得以預備電源取代緊急電源實施綜合動作測試。

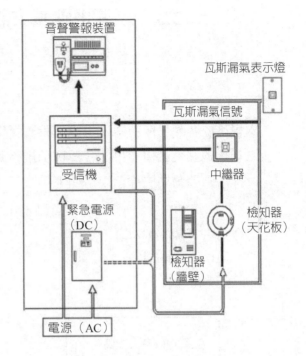

2.3　二氧化碳滅火設備各種標示規格

（85/07/18訂定）

一、本規格依各類場所消防安全設備設置標準第九十七條規定訂定之。

二、二氧化碳滅火設備使用之各種標示規格應符合下列規定。

　　(一) 手動啓動裝置標示規格如下：

　　　　1. 尺寸

　　　　　A：300mm以上

　　　　　B：100mm以上

　　　　2. 紅底白字

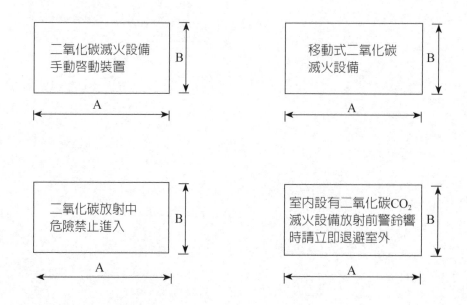

　　(二) 放射表示燈規格如下：

　　　　1. 尺寸

　　　　　A：280mm以上

　　　　　B：80mm以上

　　　　2. 字體大小：

　　　　　第一行字長、寬爲35mm以上

　　　　　第二行字長、寬爲25mm以上

3.平時底及字樣均為白色

4.點燈時白底紅字

5.燈具本體為紅色

(三) 移動放射方式標式規格如下：

　　1.尺寸

　　　Ａ：300mm以上

　　　Ｂ：100mm以上

　　2.紅底白字

(四) 音響警報裝置標示規格如下，須設於室內明顯之處所：

　　1.尺寸

　　　Ａ：480mm以上

　　　Ｂ：270mm以上

　　2.黃底黑字

　　3.每字大小為25mm×25mm以上

2.4　乾粉滅火設備各種標示規格

（85/07/18訂定）

一、本規格依各類場所消防安全設備設置標準第九十八條規定訂定之。

二、乾粉滅火設備使用之各種標示規格應符合下列規定。

　　(一) 手動啓動裝置標示規格如下：

　　　　1.尺寸

　　　　A：300mm以上

　　　　B：100mm以上

　　　　2.紅底白字

　　(二) 放射表示燈規格如下：

　　　　1.尺寸

　　　　A：280mm以上

　　　　B：80mm以上

　　　　2.字體大小：

　　　　　第一行字長、寬爲35mm以上

　　　　　第二行字長、寬爲25mm以上

　　　　3.平時底及字樣均爲白色

　　　　4.點燈時白底紅字

　　　　5.燈具本體爲紅色

三、乾粉滅火設備各種標示規格：

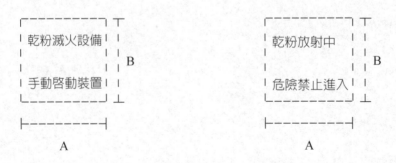

(三) 移動放射方式標式規格如下：

　　1.尺寸

　　　　A：300mm以上

　　　　B：100mm以上

　　2.紅底白字

(四) 音響警報裝置標示規格如下，須設於室內明顯之處所：

　　1.尺寸

　　　　A：480mm以上

　　　　B：270mm以上

　　2.黃底黑字

　　3.每字大小為25mm×25mm以上

乾粉滅火設備各種標示規格：

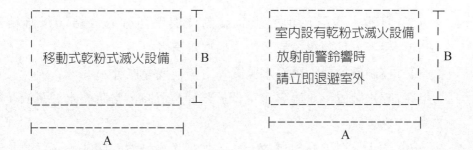

2.5 消防幫浦加壓送水裝置等及配管摩擦損失計算基準

（87/02/04訂定）

1. 通則

第 1 點 本基準依各類場所消防安全設備設置標準（以下簡稱本標準）第一百九十三條規定訂定之。

第 2 點 本章技術用語定義如下：

(一) 加壓送水裝置等：由幫浦、電動機之加壓送水裝置及控制盤、呼水裝置、防止水溫上升用排放裝置、幫浦性能試驗裝置、啓動用水壓開關裝置、底閥等附屬裝置或附屬機器（以下稱附屬裝置等）所構成。

(二) 幫浦：設置於地面上且電動機與幫浦軸心直結（以聯結器連接），且屬單段或多段渦輪型幫浦者。

(三) 控制盤：對加壓送水裝置等之監視或操作者。

(四) 呼水裝置：水源之水位低於幫浦位置時，常時充水於幫浦及配管之裝置。

(五) 防止水溫上升用排放裝置：加壓送水裝置關閉運轉，爲防止幫浦水溫上升之裝置。

(六) 幫浦性能試驗裝置：確認加壓送水裝置之全揚程及出水量之試驗裝置。

(七) 啓動用水壓開關裝置：消防栓開關開啓，配管內水壓降低，或撒水頭動作，自動啓動加壓送水裝置之裝置。

(八) 底閥：水源之水位低於幫浦之位置時，設於吸水管前端之逆止閥有過濾裝置者。

2. 幫浦

第 3 點 幫浦之構造應符合下列規定：

(一) 幫浦之翻砂鑄件內外面均需光滑，不得有砂孔、龜裂或厚度不均現象。

(二) 動葉輪之均衡性需良好，且流體之通路要順暢。

(三) 在軸封部位不得有吸入空氣或嚴重漏水現象。

(四) 對軸承部添加潤滑油之方式，應可從外部檢視潤滑油油面高度，且必須設有補給用之加油嘴或加油孔。

(五) 傳動部分由外側易被接觸位置應裝設安全保護蓋。

(六) 在易生鏽部位應做防鏽處理，裝設在地面上之幫浦及其固定底架應粉刷油漆。

(七) 固定腳架所使用之螺栓及基礎螺栓，對地應有充分之耐震強度。

(八) 與幫浦相連接之配管系中所使用之凸緣須使用國家標準七九〇、七九一及七九二等鐵金屬製管凸緣基準尺度。

第　4　點　　幫浦各部分所使用之材料應符合下表之規格或使用具同等以上強度，且有耐蝕性者。

零件名稱	材料規格	國家標準總號
幫浦本體	灰口鑄鐵件	CNS 2472
動葉輪	灰口鑄鐵件或青銅鐵件	CNS 2472或CNS 4125
主軸	不鏽鋼或附有套筒主軸者使用中炭鋼	CNS 4000或CNS 3828

第　5　點　　幫浦之性能應符合下列規定：

(一) 幫浦之出水量及全揚程在性能曲線上，應符合下列規定：

　　1.幫浦所標示之出水量（以下稱為額定出水量），在其性能曲線上之全揚程必須達到所標示揚程（以下稱為額定揚程）之100%至110%之間。

　　2.幫浦之出水量在額定出水量之150%時，其全揚程應達到額定出水量；性能曲線上全揚程之65%以上。

　　3.全閉揚程應為性能曲線上全揚程之140%以下。

(二) 幫浦之吸水性能應依下表所列之區分在額定出水量下具有最大吸水全揚程以上，且不得有異常現象。

額定出水量 （L/min）	900未滿	900以上 2700以下	超過2700 5000以下	超過5000 8500以下
最大吸水全揚程 （m）	6.0	5.5	4.5	4.0

(三) 幫浦所消耗之動力應符合下列規定：

　　1.在額定出水量，其軸動力不得超過馬達之額定輸出馬力。

　　2.在額定出水量150%時，其軸動力不得超過馬達額定輸出馬力
　　　之110%。

(四) 幫浦之效率應依額定出水量，在下圖曲線求其規定值以上者。

(五) 幫浦在啓動時其軸承不得發生過熱，噪音或異常振動現象。

第　6　點　　幫浦本體必須能耐最高水壓之1.5倍以上，且加壓3分鐘後，各部位仍
　　　　　　無洩漏現象才算合格（最高揚水壓力係指在全閉揚程換算為水頭壓
　　　　　　力，再加上最高之押入壓力之總和）。

第　7　點　　幫浦本體應以不易磨滅方式標示下列各項：

(一) 製造廠商名稱或廠牌標誌。

(二) 品名及型式號碼。

(三) 製造出廠年。

(四) 出廠貨品編號。

(五) 額定出水量、額定全揚程。

(六) 出水口徑及進水口徑（如果進出口徑相同時，只須表示一個數
　　　據）。

(七) 段數（限多段式時）。

(八) 表示回轉方向之箭頭或文字。

3.電動機

第　8　點　（電動機）

　　　　　　電動機須使用單向誘導馬達或低壓三相誘導鼠籠式電動機或3kV以上
　　　　　　之三相誘導鼠籠式電動機。

第　9　點　　電動機之構造應符合下列規定：

(一) 電動機應能確實動作，對機械強度、電氣性能應具充分耐久性，
　　　且操作維修、更換零件、修理須簡便。

(二) 電動機各部分之零件應確實固定，不得有任意鬆動之現象。

第　10　點　電動機之機能應符合下列規定：

(一) 幫浦在額定負荷狀態下，應能順利啟動。

(二) 電動機在額定輸出連續運轉八小時後，不得發生異狀，且在超過
額定輸出之10%輸出力運轉一小時，仍不致發生障礙，引起過熱
現象。

第　11　點　電動機之絕緣電阻應符合屋內線路裝置規則之規定。

第　12　點　電動機所需馬力依下式計算：

$$L = \frac{0.163 \times Q \times H \times K}{E}$$

L：額定馬力（kw）

Q：額定出水量（m³/min）

H：額定全揚程（m）

E：效率（%）

K：傳動係數（=1.1）

第　13　點　電動機之啟動方式應符合下列規定：

(一) 使用交流電動機時，應依下表輸出功率別選擇啟動方式。但高壓
電動機，不在此限。

輸出功率	啟動方式
11kW未滿	1.直接啟動 2.星角啟動 3.閉路式星角啟動 4.電抗器啟動 5.補償器啟動 6.二次電阻啟動 7.其他特殊啟動方式
11kW以上	1.星角啟動 2.閉路式星角啟動 3.電抗器啟動 4.補償器啟動 5.二次電阻啟動 6.其他特殊啟動方式

(二) 直流電動機之啓動方式，應使用具有與前款同等以上，能降低啓動電流者。

(三) 當電源切換爲緊急電源時，其啓動裝置應具有不必再操作，能繼續運轉之構造。

(四) 使用電磁式星角啓動方式，加壓送水裝置在停止狀態時，應有不使電壓加於電動機線圈之措施。

第 14 點　電動機上面應以不易磨滅方式標示下列之規定。但幫浦與電動機構成一體者得劃一標示之。

(一) 製造廠商或商標。

(二) 品名及型式號碼。

(三) 出廠年、月。

(四) 額定輸出或額定容量。

(五) 出廠編號。

(六) 額定電壓。

(七) 額定電流（額定輸出時，近似電流值）。

(八) 額定轉速。

(九) 額定種類（如係連續型者可省略）。

(十) 相數及頻率數。

(十一)規格符號。

4.附屬裝置等

第 15 點（附屬裝置等）

附屬裝置等之控制盤應符合下列規定：

(一) 材料應符合下列規定：

　　1.應使用鋼板或其他非可燃性材料製造。

　　2.易腐蝕之材料應施予有效防鏽蝕處理。

　　3.不得裝設在可能遭受火災危害之場所，並須以耐火、耐熱之材料製造。

(二) 控制盤應有下列組件，且以不易磨滅之方式標示之，對於維護檢查，應安全簡便。

　　1.操作開關應能直接操作馬達，應有啓動用開關及停止用開關。

2.表示燈應易於辨認，並區分為電源表示燈（白色）、啓動表示燈（紅色），呼水槽減水表示燈（橘黃色），電動機電流超過負載表示燈（橘黃色），操作回路中使用電磁開關者之電源表示燈（白色）。

3.儀表應包括電流表、電壓表。但在該控制盤以外地方可以辨認電壓者，得免裝設。

4.警報裝置應以警鈴、蜂鳴器等或其他發出警告音響裝置，其停鳴、復原需由人直接操作，其種類如下。但不得有因警報鳴動而連帶使馬達自動停止之構造。

(1)馬達電流超過額定時之警報裝置。

(2)呼水槽減水警報裝置。

5.控制盤應裝設下列端子：

(1)啓動用信號輸入端子。

(2)呼水槽減水用輸入端子。

(3)警報信號用輸出端子。

(4)幫浦運轉信號輸出端子。

(5)接地用端子。

(6)其他必須用端子。

6.控制盤內之低壓配線，應使用600V耐熱絕緣電線或同等耐熱效果以上之電線。

7.控制盤應配備下列之預備品：

(1)備用保險絲。

(2)線路圖。

(3)操作說明書。

(三) 控制盤應以不易磨滅方式標示下列各項：

1.製造廠商或廠牌標誌。

2.品名及型式號碼。

3.製造出廠年月。

4.出廠貨品編號。

5.額定電壓。

6.馬達容量。

第 16 點　呼水裝置應符合下列規定：

(一) 呼水裝置須具備下列機件：

　　1.呼水槽。

　　2.溢水用排水管。

　　3.補給水管（含止水閥）。

　　4.呼水管（含逆止閥及止水閥）。

　　5.減水警報裝置。

　　6.自動給水裝置。

(二) 呼水槽應使用鋼板，並予有效防鏽處理，或使用具有防火能力之塑膠槽。

(三) 應有100公升以上之有效儲存量。

(四) 呼水裝置之各種配管及管徑標準應符合下表規定。

配管	溢水用排水管	補給水管	呼水管	註：呼水槽底與呼水管逆止閥中心線距離在1m以下時，呼水管管徑須為40A以上。
管徑	50A	15A	25A (40A)	

(五) 減水警報之發訊裝置應採用浮筒開關或電極方式，當呼水槽水位降至其容量二分之一前，應能發出警報音響至平時有人駐在處。

(六) 呼水槽自動給水裝置應使用自來水管或屋頂水箱，經由球塞自動給水。

第 17 點　防止水溫上升用排放裝置應符合下列規定：

(一) 設呼水槽時，防止水溫上升用排放管應從呼水管逆止閥之靠幫浦側連結，中途應設限流孔，使幫浦在運轉中能排水至呼水槽。

(二) 未設呼水槽時，其防止水溫上升之排放管應從幫浦出水側逆止閥之一次側連接，中途應設限流孔，使幫浦在運轉中能排水至水槽內。

(三) 防止水溫上升用之排放管之配管中途須裝設控制閥。

(四) 防止水溫上升用之排放管應使用口徑15mm以上者。

(五) 防止水溫上升用之排水管內之流水量，當幫浦在全閉狀態下連續運轉時，不使幫浦內部水溫值升高攝氏三十度以上，其計算方式

　　　　如下：

$$q = \frac{Ls \times C}{60 \times \Delta t}$$

q：排放水量（公升／分）

Ls：幫浦關閉運轉時之出力（kw）

C：幫浦運轉時每小時千瓦八百六十千卡（kcal/hr·kw）

Δt：幫浦的水溫上升限度為攝氏三十度時每一公升水的吸收熱量（每一公升三十千卡）。

第　18　點　幫浦之性能試驗裝置應符合下列各項之規定：

(一) 試驗裝置之配管應從幫浦出口側逆止閥之一次側分歧接出，中途應裝設流量調整閥及流量計，且為整流在流量計前後留設之直管部分應有適合該流量計性能之直管長度。

(二) 性能試驗裝置裝流量計時，應使用差壓式，並能直接測定至額定出水量。但流量計貼附有流量換算表時，得免使用直接讀示者。

(三) 性能試驗裝置所用配管，應能適應額定出水量之管徑。

第　19　點　啟動用水壓開關裝置應符合下列規定：

(一) 啟動用壓力槽容量應有100公升以上。

(二) 啟動用壓力槽之構造應符合危險性機械及設備安全檢查規則之規定。

(三) 啟動用壓力儲槽應使用口徑25mm以上配管，與幫浦出水側逆止閥之二次側配管連接，同時在中途應裝置止水閥。

(四) 在啟動用壓力槽上或其近傍應裝設壓力表、啟動用水壓開關及試驗幫浦啟動用之排水閥。

(五) 啟動用水壓開關裝置，其設定壓力不得有顯著之變動。

第　20　點　閥類應符合下列規定。

(一) 加壓送水裝置之閥類應能承受幫浦最高揚水壓力1.5倍以上壓力，且應具有耐熱及耐腐蝕性或具有同等以上之性能者。

(二) 在出口側主配管上如裝用內牙式閥者，應附有表示開關位置之標識。

(三) 閥類及止水閥應標示其開、關方向，逆止閥應標示水流方向，且

　　　　　　　　應不易被磨滅。

第　21　點　底閥應符合下列規定。

(一) 蓄水池低於幫浦吸水口時，須裝設底閥。

(二) 底閥應設有過濾裝置且繫以鍊條、鋼索等用人工可以操作之構造。

(三) 底閥之主要零件，如閥箱、過濾裝置、閥蓋、閥座等應使用國家標準總號2472、8499及4125之規定者，或同等以上強度且耐蝕性之材料。

第　22　點　加壓送水裝置所用壓力表及連成表應使用精度在1.5級以上品質者，或具有同等以上強度及性能者（配管摩擦損失計算）。

5.配管摩擦損失計算

第　23　點　配管之摩擦損失，應依下列方式計算：

$$H = \sum_{n=1}^{N} Hn + 5$$

（不使用自動警報逆止閥或流水檢知裝置時，$H = \sum_{n=1}^{N} Hn$）

H：配管摩擦損失水頭（m）

N：Hn數

Hn：依下列各公式計算各配管管徑之摩擦損失水頭

$$Hn = 1.2 \frac{Qk^{1.85}}{Dk^{4.87}} \left(\frac{I'k + I''k}{100} \right)$$

Q：標稱管徑K配管之流量（L/min）

D：標稱管徑K管之內徑絕對值（cm）

I'k：標稱管徑K直管長之合計（m）

I"k：標稱管徑K接頭、閥等之等價管長之合計（m）。

自我成長測驗

(A) 1. 依「消防幫浦加壓送水裝置等及配管摩擦損失計算基準」規定，若額定全揚程爲 50m、額定出水量爲 800 公升 / 分、幫浦效率爲 0.6、傳動係數爲 1.1，試問其電動機之額定馬力爲多少？

(A) 12KW　(B) 10KW　(C) 8KW　(D) 6KW

【解說】$L = \dfrac{0.163 \times Q \times H \times K}{E}$，L：額定馬力（kw）；Q：額定出水量（m³/min）；

H：額定全揚程（m）；E：效率（%）；K：傳動係數（= 1.(1)

$L = \dfrac{0.163 \times 0.8 \times 50 \times 1.1}{0.6} = 11.95$ kW

(D) 2. 依「消防幫浦加壓送水裝置等及配管摩擦損失計算基準」規定，呼水裝置之溢水用排水管之管徑應爲多少以上？

(A) 15A　(B) 20A　(C) 40A　(D) 50A

配管	溢水用排水管	補給水管	呼水管
管徑	50A	15A	25A（40A）
註：呼水槽底與呼水管逆止閥中心線間距離在 1m 以下時，呼水管管徑須爲 40A 以上			

(C) 3. 依消防幫浦加壓送水裝置等及配管摩擦損失計算基準規定，幫浦之出水量在額定出水量之 150% 時，其全揚程應達到額定出水量；性能曲線上全揚程之多少以上？

(A) 50%　(B) 60%　(C) 65%　(D) 80%

【解說】幫浦之性能應符合下列規定：

（一）幫浦之出水量及全揚程在下圖所示性能曲線上，應符合下列規定：

1. 幫浦所標示之出水量（以下稱爲額定出水量），在其性能曲線上之全揚程必須達到所標示揚程（以下稱爲額定揚程）之 100% 至 110% 之間。

2. 幫浦之出水量在額定出水量之 150% 時，其全揚程應達到額定出水量；性能曲線上全揚程之 65% 以上。

3. 全閉揚程應爲性能曲線上全揚程之 140% 以下。

(A) 4. 根據消防幫浦加壓送水裝置等及配管摩擦損失計算基準，下列有關消防幫浦之敘述，何者正確？

(A) 幫浦本體需能耐最高水壓之 1.5 倍以上，且加壓 3 分鐘後，各部位仍無洩漏現象，才算合格

(B) 幫浦在額定出水量 150% 時，其軸動力不得超過馬達額定輸出馬力之 120%

(C) 幫浦額定出水量在每分鐘 800 公升時，其最大吸水全揚程應爲 5 公尺

(D) 幫浦全閉揚程應在性能曲線上全揚程之 120% 以下

【解說】1. 在額定出水量，其軸動力不得超過馬達之額定輸出馬力。2. 在額定出水量 150% 時，其軸動力不得超過馬達額定輸出馬力之 110%。

額定出水量（L/min）	＜900	900～2700	2700～5000	5000～8500
最大吸水全揚程（m）	6.0	5.5	4.5	4.0

（A） 5. 有關消防幫浦加壓送水裝置之呼水裝置設置規定，下列何者錯誤？①呼水裝置應有100公升以上之有效儲存量②呼水裝置之補給水管管徑應為15A③呼水裝置之溢水用排水管管徑50A④呼水裝置之呼水管管徑35A⑤減水警報裝置及控制盤，均為呼水裝置須具備之機件
(A)④⑤　(B)①③　(C)②③⑤　(D)③④⑤
【解說】呼水裝置須具備下列機件：1.呼水槽。2.溢水用排水管。3.補給水管（含止水閥）。4.呼水管（含逆止閥及止水閥）。5.減水警報裝置。6.自動給水裝置。

（D） 6. 依「消防幫浦加壓送水裝置等及配管摩擦損失計算基準」之規定，幫浦之額定出水量在未滿900公升／分鐘時，具有最大吸水全揚程應在多少公尺以上，且不得有異常現象？
(A)4.0(B)4.5(C)5.5(D)6.0
【解說】

額定出水量（L/min）	＜900	900～2700	2700～5000	5000～8500
最大吸水全揚程（m）	6.0	5.5	4.5	4.0

（B） 7. 依照「消防幫浦加壓送水裝置等及配管摩擦損失計算基準」之規定，有關電動機的相關規定，下列何者有誤？
(A) 幫浦在額定負荷狀態下，應能順利啟動
(B) 電動機在額定輸出連續運轉6小時後，不得發生異狀
(C) 超過額定輸出之10%輸出力運轉1小時，不能發生障礙，引起過熱現象
(D) 電動機之絕緣電阻應符合屋內線路裝置規則之規定
【解說】

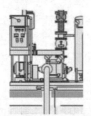

電動機運轉8小時後不得異狀且

超過10%輸出1小時不障礙過熱

（A） 8. 依「消防幫浦加壓送水裝置等及配管摩擦損失計算基準」之規定，下列敘述何者錯誤？
(A)防止水溫上升用之排水管內之流水量，當幫浦在全閉狀態下連續運轉時，不使幫浦內部水溫值升高攝氏二十度以上
(B)呼水裝置應有100公升以上之有效儲存量
(C)啟動用壓力槽容量應有100公升以上
(D)幫浦本體必須能耐最高水壓之1.5倍以上，且加壓3分鐘後，各部位仍無洩漏現象才算合格
【解說】不使幫浦內部水溫值升高30℃以上

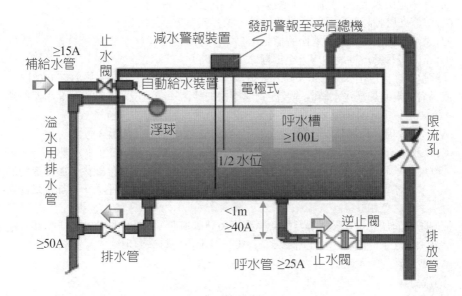

(C) 9. 依照「消防幫浦加壓送水裝置等及配管摩擦損失計算基準」的規定，幫浦本體必須能耐最高
水壓 X 倍以上，且加壓 Y 分鐘後，各部位仍無洩漏現象才算合格，請問前述 X，Y 為何？
(A) 1，5　(B) 1.2，3　(C) 1.5，3　(D) 2，5
【解說】幫浦本體必須能耐最高水壓之 1.5 倍以上，且加壓 3 分鐘後，各部位仍無洩漏現象
才算合格（最高揚水壓力係指在全閉揚程換算為水頭壓力，再加上最高之押入壓力
之總和）。

(C) 10. 依消防幫浦加壓送水裝置等及配管摩擦損失計算基準規定，消防幫浦之電動機，在額定輸出
連續運轉多少小時後，不得發生異狀，且在超過額定輸出之 10% 輸出力運轉多少小時，仍
不致發生障礙，引起過熱現象，才算合格？
(A) 3 小時：5 小時　(B) 6 小時：2 小時　(C) 8 小時：1 小時　(D) 10 小時：3 小時

(B) 11. 依「消防幫浦加壓送水裝置等及配管摩擦損失計算基準」規定，消防幫浦之電動機，應符合
下列何項規定？
(A) 使用單向誘導馬達或低壓三相誘導鼠籠式電動機或 2KV 以上之三相誘導鼠籠式電動機
(B) 輸出功率 11KW 以上時，不得使用直接啟動方式
(C) 在額定輸出連續運轉 4 小時後，不得發生異狀
(D) 在超過額定輸出之 20% 輸出力運轉 1 小時，仍不致發生障礙，引起過熱現象
【解說】電動機須使用單向誘導馬達或低壓三相誘導鼠籠式電動機或 3KV 以上之三相誘導
鼠籠式電動機。

(C) 12. 依「消防幫浦加壓送水裝置等及配管摩擦損失計算基準」規定，防止水溫上升用之排水管內
流水量，當幫浦在全閉狀態下連續運轉時，限制水溫升高最大值為攝氏多少度？
(A) 20 度　(B) 25 度　(C) 30 度　(D) 40 度
【解說】防止水溫上升用之排水管內之流水量，當幫浦在全閉狀態下連續運轉時，不使幫浦
內部水溫。值升高攝氏三十度以上。

(A) 13. 依「消防幫浦加壓送水裝置等及配管摩擦損失計算基準」規定，下列對消防幫浦之敘述何者
錯誤？

(A) 在額定出水量 150% 時，其軸動力不得超過馬達額定輸出馬力之 120%
(B) 幫浦在啓動時其軸承不得發生過熱，噪音或異常振動現象
(C) 應標示製造廠商名稱或廠牌標誌
(D) 全閉揚程應爲性能曲線上全揚程之 140% 以下
【解說】在額定出水量 150% 時，其軸動力不得超過馬達額定輸出馬力之 110%。

(D) 14. 依「消防幫浦加壓送水裝置等及配管摩擦損失計算基準」規定，消防幫浦本體必須能耐最高水壓幾倍以上，且加壓多少分鐘後，各部位仍無洩漏現象才算合格？
(A) 水壓 3 倍，且加壓 1 分鐘　　　　(B) 水壓 3 倍，且加壓 3 分鐘
(C) 水壓 1.5 倍，且加壓 1 分鐘　　　(D) 水壓 1.5 倍，且加壓 3 分鐘
【解說】幫浦本體必須能耐最高水壓之 1.5 倍以上，且加壓 3 分鐘後，各部位仍無洩漏現象才算合格（最高揚水壓力係指在全閉揚程換算爲水頭壓力，再加上最高之押入壓力之總和）。

(A) 15. 依消防幫浦加壓送水裝置等及配管摩擦損失計算基準，幫浦性能之規定，幫浦本體必須能耐最高水壓之 1.5 倍以上，且加壓幾分鐘後，各部位仍無洩漏現象才算合格？
(A) 3 分鐘　(B) 4 分鐘　(C) 5 分鐘　(D) 6 分鐘
【解說】

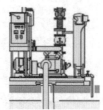

幫浦耐最高水壓 1.5 倍
且加壓 3 分仍無洩漏才算合格

(D) 16. 依「消防幫浦加壓送水裝置等及配管摩擦損失計算基準」之規定，幫浦所標示之出水量（額定出水量），在其性能曲線上之全揚程必須達到所標示揚程（額定揚程）之多少之間？
(A) 100% 至 150% 之間　　　　　　(B) 90% 至 100% 之間
(C) 110% 至 140% 之間　　　　　　(D) 100% 至 110% 之間

(A) 17. 依消防幫浦加壓送水裝置等及配管摩擦損失計算基準規定，消防幫浦本體必須能耐最高水壓之 1.5 倍以上，且加壓多少分鐘後，各部位仍無洩漏現象，才算合格？
(A) 3 分鐘　(B) 5 分鐘　(C) 10 分鐘　(D) 30 分鐘

(B) 18. 依消防幫浦加壓送水裝置等及配當摩擦損失計算基準規定，呼水裝置應有多少公升以上之有效儲存量？
(A) 50　(B) 100　(C) 150　(D) 200
【解說】呼水槽應使用銅板，並平有效防誘處理，或使用具有防火能力之塑膠槽。並應有100 公升以上之有效儲存量。

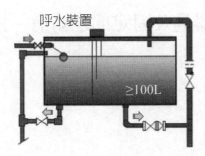

2.6 避難器具支固器具及固定部之結構、強度計算及施工方法

（91/12/03訂定）

壹、設計載重

　　裝置避難器具之固定部（係指裝設避難器具之樑、柱、樓板等堅固構造或經補強之部分），應能承受表一承載荷重與附加荷重之和（荷重方向依C欄所示）。

表一

避難器具種類		A（承載荷重kgf）			B（附加荷重kg）	C（荷重方向）
避難梯		有效長度（指避難梯最上方橫桿到最下方橫桿之長度）除以2m所得值（小數點以下無條件進位）×195			支固器具重量	垂直方向
緩降機		最大使用人數×390				
滑杆		390				
避難繩索		390				
救助袋	直降式（袋長：L）	10m ≧ L　　　　　660 10m < L ≦ 20m　　900 20m < L ≦ 30m　1035 30m < L　　　　1065			入口金屬構件重量	垂直方向
	斜降式（袋長：L）		上端	下端	入口金屬構件重量（上端部分）	1. 上端部分（俯角70度） 2. 下端部分（仰角25度）
		15m ≧ L	375	285		
		15m < L ≦ 60m	585	525		
		30m < L ≦ 40m	735	645		
		40m < L	870	750		
	滑台	（上端平台面積每lm 2330）+（滑降面長度每lm 130）			滑台重量 + 風壓力或地震力較大者	合成力方向
	避難橋	每lm² 330				

註：1.風壓力：每1m²之風壓力依下式公式計算。

$$q = 60k\sqrt{h}$$

q：風壓力（kg/m^2）

k：風力係數（以1計算）

h：距地面高度（m）

註：2.地震力：依照建築技術規則建築構造編第四十四條之一規定（建築物耐震設計規範與解說）。

貳、支固器具構造及強度

將避難器具裝置在固定部上之固定器具材料、構造及強度應依下列規定：

一、支固器具之材料

(一) 需符合CNS2473（一般結構用鋼料）、CNS4435（一般結構用碳鋼鋼管），CNS7141（一般結構用矩形碳鋼鋼管）或CNS941-953（鋼索）規定或具有同等以上強度與耐久性之材料（以下稱「鋼材」）。

(二) 應為耐蝕性材料，或採取有效之耐蝕處理者。

(三) 如有受雨淋之虞時（限直接接觸外氣部分），應使用符合CNS3270（不鏽鋼棒），CNS8497（熱軋不鏽鋼板、鋼片及鋼帶）或CNS8499（冷軋不鏽鋼板、鋼片及鋼帶），或具有同等以上耐蝕性能者。但收納箱如具耐蝕性者，不在此限。

二、鋼材之容許應力

(一) 鋼材之容許應力，依其種類與品質，應符合表二規定所列數值。

表二

種類與品質		容許應力（kg/cm^2）			
		壓縮	拉伸	彎曲	剪斷
一般構造用鋼材	SS 400 STK 400 STKR 400	2400	2400	2400	2400

種類與品質		容許應力（kg/cm²）			
		壓縮	拉伸	彎曲	剪斷
螺栓	黑皮	／	1900	／	／
	拋興面	／	2400	／	1800

(二) 鋼索之容許拉伸應力爲剪斷荷重的三分之一。

(三) 鋼材的焊接接縫截面之容許應力，依其種類、品質與焊接方法，應符合表三規定所列數值。

表三

種類‧品質與焊接方法			容許應力（kg/cm²）			
			壓縮	拉伸	彎曲	剪斷
一般構造用鋼材	SS 400 STK 400 STKR 400	對接	2100	2100	2100	1200
		對接以外	1200	1200	1200	1200

三、支固器具之強度

支固器具之強度，應能承受壹、設計載重所產生之應力。

參、支固器具之固定方式

一、直接裝置在建築物的主要構造部（限樑、柱、樓板等構造上具有足夠強度部分，以下亦同）。

(一) 鋼骨或鋼筋上焊接螺栓或掛接（前端彎成勾狀之螺栓埋設在混凝土中，以下亦同）施工方法。

(二) 金屬膨脹錨定螺栓施工方法（限採套管打入法，以下亦同）。

二、裝置在固定基座上（係指爲抵抗施加在支固器具上之外力，而安裝在支固器具上之水泥等重物）。

三、裝置在採有補強措施時。

(一) 樑、柱以鋼材夾住，並以螺栓、螺帽固定之施工法。

(二) 所採施工法不得造成樑、柱之強度降低。

　　※固定在木構造物時，應安裝於寬度9公分以上之方形構造材，不得造成木構造之強度降低。

(三) 建築物之樑、柱、樓板等部分或是固定基座的兩面以鋼材等材料補強，並以螺栓貫通固定之施工方法。

四、其他與上揭一至三具同等強度以上之施工方法。

肆、施工基準

一、共通施工基準

(一) 螺栓與螺帽應使用符合CNS9276（光面鋼棒），或具同等強度以上與耐久性材料者。另螺紋部分應達CNS494（平行管螺紋）規定之標準。

(二) 螺栓應使用標稱M10以上者。該固定部承受之拉伸應力除以拉伸側螺栓數所得數值，應在表四容許荷重所列數值以下。

表四

螺栓口徑	容許荷重（kgf／支）	
	拉伸荷重	剪斷荷重
M10	1,400	1,000
M12	2,000	1,500
M16	3,800	2,800
M20	5,900	4,400

(三) 螺栓與螺帽應具耐蝕性，或採有效耐蝕處理者。

(四) 螺栓與螺帽如有受雨淋之虞時，應使用符合CNS3270（不鏽鋼棒）或具同等耐蝕性能以上者。

(五) 螺栓與螺帽應有彈性墊片、插梢、雙螺帽等防止鬆脫之措施。

(六) 螺栓本體不得有接縫。

(七) 螺栓鎖緊後多餘之螺紋部分應予切除。

(八) 螺栓與螺帽之凸出端，應以護蓋或護套施予有效保護。

二、直接裝置在建築物主要構造部之施工方法

(一)鋼骨或鋼筋上焊接或掛接螺栓之施工方法

1. 以焊接或掛接之螺栓（限有施加拉伸力者）應有二支以上，且應分別焊接或掛接在不同之鋼筋上。但在同一根鋼筋上，螺栓相互間隔（指與鄰接螺栓之間，從中心點到下一個中心點間之長度，以下亦同）在0.2m以上者，不在此限。

2. 供焊接或掛接螺栓之鋼筋，直徑應在9mm以上，長度應在0.9m以上。

3. 如為鋼骨，應具與鋼筋同等強度以上。

4. 鋼筋上焊接螺栓時，焊接部應該外加與鋼筋相同直徑、長度0.3m以上的加強鋼筋。

5. 掛接之螺栓，須有充分彎曲之彎鉤形狀，以鐵絲等繫緊在鋼筋或鋼骨上。

(二)以金屬膨脹錨定螺栓之施工方法（輕形混凝土或氣泡混凝土製造者除外）

1. 埋入深度與間隔

(1) 埋入深度（稱套管長度，以下亦同）除裝飾部分（指表面上灰泥漿之部分，以下亦同）的厚度外，應依照表五之金屬膨脹錨定螺栓口徑，配合埋入深度，依所列穿孔深度下限值施工。

表五

金屬膨脹錨定螺栓之口徑	埋入深度（mm）	穿孔深度下限（mm）
M10	40	60
M12	50	70
M16	60	90
M20	80	110

(2) 對混凝土厚度的穿孔深度之限度，依表六規定。

表六

混凝土厚度（mm）	穿孔深度下限（mm）
120	70以下

混凝土厚度（mm）	穿孔深度下限（mm）
150	100以下
180	130以下
200	150以下

2. 金屬膨脹錨定螺栓間之間隔，應為埋入深度之3.5倍以上。

3. 金屬膨脹錨定螺栓之邊緣開口尺寸，應為其埋入深度2倍以上長度。

4. 金屬膨脹錨定螺栓應為能鎖緊之螺紋式螺栓。

5. 為使錨定螺栓埋入，在混凝土上所開之開孔，口徑需與該螺栓或金屬膨脹錨定螺栓口徑相等，在開始變成楔形之前螺栓必須穩固不得搖晃。

6. 配合混凝土設計基準強度的金屬膨脹錨定螺栓，其數量與口徑，應符合下列公式計算出的結果。

$$\frac{F}{N} < P$$

F：固定部產生之應力（kgf）

P：表七所列之容許拉拔荷重（kgf）（混凝土設計基準強度）

N：承受拉伸力之螺栓數。但 $N \geqq 2$

表七

金屬膨脹錨定螺栓口徑	混凝土設計基準強度（kgf/cm²）		
	150以上	180以上	210以上
M10	470	570	670
M12	750	890	1,050
M16	1,090	1,300	1,500
M20	1,850	2,200	2,600

三、裝置在固定基座之施工方法

(一) 為使避難器具容易安裝，需設置鉤環（CNS3542）（限使用有防止脫離裝

置之鉤子）。

(二) 固定基座之重量應為表一所列應力之1.5倍以上。

(三) 固定基座應為鋼筋或鋼骨鋼筋混凝土構造。

四、裝置在採補強措施部分之施工方法

(一) 樑、柱以鋼材夾住，以螺栓螺帽固定之施工方法

1. 為使避難器具容易安裝，應設置鉤環（CNS3542）（限使用有防止脫離裝置之鉤子）。

2. 鋼材等夾住之部分，固定部之樑、柱需充分鎖緊，不可有搖動之情形。

(二) 主要構造部或固定基座的兩面以鋼材等補強，以螺栓貫通之施工方法（氣泡水泥法除外）。

1. 補強用鋼材應使用厚度3.2mm以上及0.1m方形以上平板或具有同等強度以上之型鋼。

2. 螺栓之間隔應在0.2m以上。但螺栓間如有鋼筋，得在0.15m以上。

3. 貫通螺栓（承受拉伸力者）應在二支以上，該螺栓在鎖緊時須有特別措施，不得有旋轉之情形。

伍、設置避難器具用升降口（係指收納金屬製避難梯、救助袋等避難器具，保持在隨時可用狀態用之升降口式的支固器具）之施工方法

一、避難器具用升降口之固定方法除依「直接裝置在建築物主要構造部之施工方法」之規定外，並應符合下列規定。但如以同等以上施工方法設置時，不在此限。

(一) 埋入避難器具用升降口之地板或陽台等，除應以鋼筋或鋼骨鋼筋混凝土造外，另避難器具用升降口之固定螺栓、托座與鉤子等（以下稱「托架等」）之強度，應符合以下規定。

$$\frac{F}{N} < S$$

F：固定部產生之應力（kgf）

S：材料之容許剪斷荷重（kgf）

N：托架數目。但N≧4

(二) 外側有凸緣之避難器具用升降口在嵌入陽台等開口部時，凸緣之強度需能耐表一之設計載重。

(三) 以錨定方式安裝在建築物本體之構造者，其固定處所應有4處以上。

(四) 以凸緣安裝在建築物本體之構造者，凸緣之寬度應在5cm以上，且須有四處以上以螺栓等固定在箱體（hutch）或建築物本體上。

(五) 螺栓、螺帽應有彈簧墊片、插梢、雙螺帽等防止鬆脫之措施。

(六) 螺栓、螺帽等應採取防止使用者損傷之措施。

二、如有受雨淋之虞時，地板面需適當傾斜，並設置排水設施。

三、設置之護蓋應符合下列規定：

(一) 上蓋除可打開約180度外，應符合下列規定：

　　1.於開啓約90度之狀態時蓋子應能固定，除手動操作外，不得關閉。

　　2.應設置把手。

(二) 設於室外者，應設置下蓋，並應符合下列規定：

　　1.應設有直徑6mm以上之排水口四個以上，或設置具同等以上面積之排水口。

　　2.應能打開約90度。

(三) 設有踏板時，需具防滑措施。

陸、在固定部材料上使用錨定螺栓時，須針對螺栓拉拔之耐力施加相當於設計拉拔荷重之試驗荷重

該試驗荷重需使用可測定錨定螺栓等拉拔力之器具，以下列公式計算出鎖緊扭力。

$$T = 0.24DN$$

T：鎖緊扭力（kgf/cm）

D：螺栓直徑（cm）

N：試驗荷重（設計拉拔荷重）（kgf）

柒、斜降式救助袋之下部支撐裝置固定在降落面等之器具（以下稱「固定器具」）之構造、強度及埋設到降落面之方法

一、固定器具之構造與強度

(一) 固定器具需設在具有蓋子之箱子內部，設置可輕易鉤到下部支撐裝置大小之環或橫棒（以下稱「固定環等」）。

(二) 固定環等應符合下列規定：

　　1. 應為直徑16mm以上之CNS3270（不鏽鋼棒）或具同等以上強度及耐蝕措施者。

　　2. 固定環需確實埋入降落面，能承受表八之拉伸荷重，並應有防止固定環脫離之有效措施。

表八

袋長（m）		荷重（kg重）	荷重方向 （下部支撐裝置的展開方向）
斜降式	袋長15以下者	285	仰角25度
	袋長超過15在30以下者	525	仰角25度
	袋長超過30在40以下者	645	仰角25度
	袋長超過40者	750	仰角25度

　　3. 固定橫棒需具備足夠寬度使下部支撐裝置之鉤子可輕易鉤住，其兩端須以90度往垂直方向彎曲，對降落面需充分埋入具備表八所示拉伸荷重，且有防止拉拔措施，如橫棒採用固定在箱子上之施工方法時，箱子須有防止拉拔之裝置。

(三) 箱子與蓋子應符下列規定：

　　1. 具有能耐車輛等通行之積載荷重強度，且符合CNS2472（灰口鑄鐵件）規定或具同等以上耐蝕性能者。

　　2. 蓋子在使用時，其結構應可輕易打開，為防止遺失並應有鍊條連接，且其表面應以不易磨滅方式標示救助袋設置之樓層。

　　3. 箱子內部應採有效排水措施，以防止積水。

　　4. 箱子大小需能方便清潔內部。

二、固定器具埋設在降落面之場所，應符合下列規定

(一) 固定部展開救助袋時，與降落面角度約為35度。另應設置於能讓袋子完全展開之避難空地上。

(二) 不可設置於可能會被土石掩埋之場所。

(三) 設置時不得妨礙通行。

自我成長測驗

(B) 1. 避難器具支固器具之施工方式，若採金屬膨脹錨定螺栓之施工方法，直接裝置在建築物主要構造部之施工方法，下列何者有誤？

(A) 金屬膨脹錨定螺栓之邊緣開口尺寸，應為其埋入深度 2 倍以上長度

(B) 金屬膨脹錨定螺栓應為平滑式螺栓

(D) 金屬膨脹錨定螺栓間之間隔，應為埋入深度之 3.5 倍以上

(D) 為使錨定螺栓埋入，在混凝土上所開之開孔，口徑需與該螺栓或金屬膨脹錨定螺栓口徑相等，在開始變成楔形之前螺栓必須穩固不得搖晃

【解說】金屬膨脹錨定螺栓間之間隔，應為埋入深度之 3.5 倍以上。金屬膨脹錨定螺栓之邊緣開口尺寸，應為其埋入深度 2 倍以上長度。金屬膨脹錨定螺栓應為能鎖緊之螺紋式螺栓。

(C) 2. 避難器具若直接裝置在建築物主要構造部（鋼骨或鋼筋）上，其施工方法有多項要求。其中，供焊接或掛接螺栓之鋼筋，依該施工方法之規定，其直徑應在多少 mm 以上？

(A) 7　(B) 8　(C) 9　(D) 10

【解說】以焊接或掛接之螺栓（限有施加拉伸力者）應有二支以上，且應分別焊接或掛接在不同之鋼筋上。但在同一根鋼筋上，螺栓相互間隔在 0.2m 以上者，不在此限。供焊接或掛接螺栓之鋼筋，直徑應在 9 ㎜ 以上，長度應在 0.9m 以上。如為鋼骨，應具與鋼筋同等強度以上。鋼筋上焊接螺栓時，焊接部應該外加與鋼筋相同直徑、長度 0.3m 以上的加強鋼筋。

(C) 3. 依避難器具支固器具及固定部之結構、強度計算及施工方法，固定部材料上使用錨定螺栓，若螺栓直徑為 1 公分，試驗荷重（設計拉拔荷重）為 1000 公斤力（kgf），則鎖緊扭力為多少公斤力 / 公分（kgf/cm）？

(A) 60　(B) 120　(C) 240　(D) 360

【解說】$T = 0.24DN$，T：鎖緊扭力（kgf/cm）、D：螺栓直徑（cm）、N：試驗荷重（設計拉拔荷重）（kgf）：$T = 0.24DN = 0.24 \times 1 \times 1000 = 240$

(B) 4. 裝置避難器具之固定部（係指裝設避難器具之樑、柱、樓板等堅固構造或經補強之部分），應能承受承載荷重（kgf）之計算方式如下四項所述。請問，那一項是錯誤的？

(A) 緩降機的承載荷重（kgf）為最大使用人數 ×390

(B) 直降式救助袋（袋長：L，20m＜L≦30m）的承載荷重（kgf）為 1065

(C) 避難梯的承載荷重（kgf）為有效長度（指避難梯最上方橫桿到最下方橫桿之長度）除以 2m 所得值（小數點以下無條件進位）×195

(D) 避難橋的承載荷重（kgf）為每 1 平方公尺為 330

器具	避難梯	緩降機	滑杆	避難索
承載荷重 kgf	有效長度除以 2m（小數點進位）×195	最 大 使 用 人 數 ×390	390	390

救助袋		滑台	避難橋
直降式	垂降式		
10m ≧ L　　　　 660 10m＜L ≦ 20m　 900 20m＜L ≦ 30m　1035 30m＜L　　　　1065	15m ≧ L，上端 375 下端 285 15m＜L ≦ 30m，上 585 下 525 30m＜L ≦ 40m，上 735 下 645 40m＜L，上 870 下 750	（上端平台面積每 1m² 330）＋（滑降面長度每 1m 130）	每 1m² 330

（ D ） 5. 依「避難器具支固器具及固定部之結構、強度計算及施工方法」規定，計算緩降機之承載荷重（kgf），應以下列何者公式計算之？
(A) 最大使用人數 ×80 　　(B) 最大使用人數 ×130
(C) 最大使用人數 ×195 　　(D) 最大使用人數 ×390
【解說】

緩降機承載荷重（kgf）
為最大使用人數 ×390

（ A ） 6. 依避難器具支固器具及固定部之結構、強度計算及施工方法之規定，有關施工基準之敘述，何者正確？
(A) 螺栓應使用標稱 M10 以上者
(B) 金屬膨脹錨定螺栓間之間隔，應爲埋入深度之 2 倍以上
(C) 固定器具埋設在降落面之場所，固定部展開救助袋時，與降落面角度約爲 25 度
(D) 供焊接或掛接螺栓之鋼筋，直徑應在 6mm 以上，長度應在 0.6m 以上
【解說】金屬膨脹錨定螺栓間之間隔，應爲埋入深度之 3.5 倍以上；固定器具埋設在降落面之場所，固定部展開救助袋時，與降落面角度約爲 35 度；供焊接或掛接螺栓之鋼筋，直徑應在 9mm 以上，長度應在 0.9m 以上

（ D ） 7. 依避難器具支固器具及固定部之結構、強度計算及施工方法之規定，以金屬膨脹錨定螺栓之施工方法（輕形混凝土或氣泡混凝土製造者除外），若使用金屬膨脹錨定螺栓之口徑爲 M20，其埋入深度需爲多少毫米？
(A) 40　(B) 50　(C) 60　(D) 80

【解說】

金屬膨脹錨定螺栓之口徑	埋入深度（mm）	穿孔深度下限（mm）
M10	40	60
M12	50	70
M16	60	90
M20	80	110

（ B ）　8. 依避難器具支固器具及固定部之結構、強度計算及施工方法之規定，裝置避難器具固定部材料，使用直徑 1 公分錨定螺栓，設定試驗荷重 500 公斤力（kgf）時，則鎖緊扭力應為多少公斤力／公分（kgf/cm）？
　　　　(A) 100　(B) 120　(C) 140　(D) 160
　　　　【解說】T = 0.24×1×500 = 120gf/cm

第 **3** 章

建築相關消防法規

3.1 建築技術規則建築設計施工編

第1章 用語定義

本編建築技術用語，其他各編得適用，其定義如下：

一、一宗土地：本法第十一條所稱一宗土地，指一幢或二幢以上有連帶使用性之建築物所使用之建築基地。但建築基地為道路、鐵路或永久性空地等分隔者，不視為同一宗土地。

二、建築基地面積：建築基地（以下簡稱基地）之水平投影面積。

三、建築面積：建築物外牆中心線或其代替柱中心線以內之最大水平投影面積。但電業單位規定之配電設備及其防護設施、地下層突出基地地面未超過一點二公尺或遮陽板有二分之一以上為透空，且其深度在二點零公尺以下者，不計入建築面積；陽臺、屋簷及建築物出入口雨遮突出建築物外牆中心線或其代替柱中心線超過二點零公尺，或雨遮、花臺突出超過一點零公尺者，應自其外緣分別扣除二點零公尺或一點零公尺作為中心線；每層陽臺面積之和，以不超過建築面積八分之一為限，其未達八平方公尺者，得建築八平方公尺。

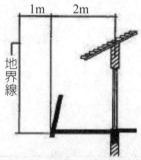

①寬度2公尺以內陽臺免計建築面積，且不得大於A/8，或陽臺面積難大於A/8但不超8m²者，亦免計入建築面積。
②陽臺面積超過建築面積(A)之1/8時，超過部分應計入建築面積。

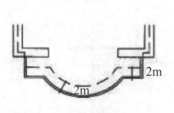

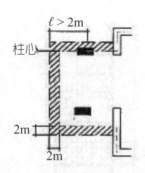

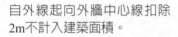

自外線起向外牆中心線扣除 2m不計入建築面積。

無外牆時,以代替之柱中心線 為準。陽臺、屋簷等突出中心 線部份超過2m時,應自其外 緣分別扣除2m作為中心線。

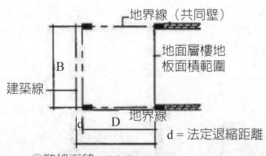

d = 法定退縮距離

①騎樓面積 = B×D
②其二樓樓地板面積計以外牆中心線為準
③無騎樓柱時,騎樓面積仍為B×D
④騎樓面積應計入造價
⑤L = 法定騎樓地深度,騎樓地面積 = B×L

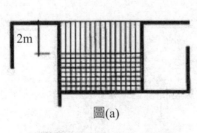

圖(a)

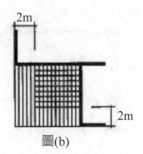

圖(b)

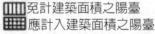
免計建築面積之陽臺
應計入建築面積之陽臺

①三面之有牆之陽臺(同一住宅單位或其他使用之單位),
　僅得向任一外牆扣除2m免計建築面積如圖(a)。
②二面有有牆之陽臺(陰角),其建築面積計算如圖(b)。

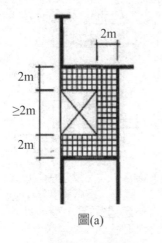

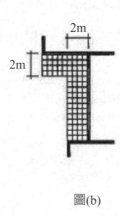

圖(a) 圖(b)

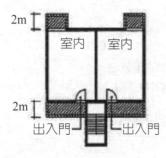

⊠ 不做陽臺

①同一住宅單位（或其他使用單位），在外牆之陰角處設置連續之陽臺時，以沿接外牆設置為原則，且對側之陽臺外緣至少應相距2m以上。

▨ 陽臺面積

陽臺面積不超過建築設計施工編第一條第三款之規定時，得不計入建築面積。

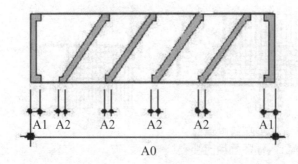

圖例中之遮陽版其透空率為$1-(2A_1 + 4A_2)/A_0$

四、建蔽率：建築面積占基地面積之比率。

五、樓地板面積：建築物各層樓地板或其一部分，在該區劃中心線以內之水平投影面積。但不包括第三款不計入建築面積之部分。

六、觀眾席樓地板面積：觀眾席位及縱、橫通道之樓地板面積。但不包括吸煙室、放映室、舞臺及觀眾席外面二側及後側之走廊面積。

七、總樓地板面積：建築物各層包括地下層、屋頂突出物及夾層等樓地板面積之總和。

八、基地地面：基地整地完竣後，建築物外牆與地面接觸最低一側之水平面；基地地面高低相差超過三公尺，以每相差三公尺之水平面爲該部分基地地面。

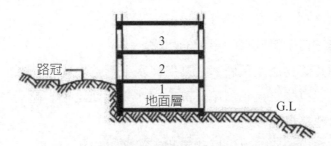

基地面前道路之高度與基地地面高度不同時仍以設計之基地地南高度爲準計算其層數及高度。

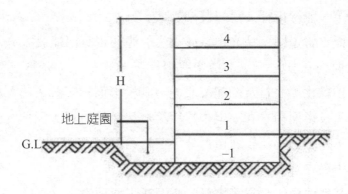

①建築物高度以基地地面（G.L.）爲準。
②基地原爲平坦地形，經人工整地局部開挖後其
　G.L.不因局部地形變更而改變。

九、建築物高度：自基地地面計量至建築物最高部分之垂直高度。但屋頂突出物或非平屋頂建築物之屋頂，自其頂點往下垂直計量之高度應依下列規定，且不計入建築物高度：

(一) 第十款第一目之屋頂突出物高度在六公尺以內或有升降機設備通達屋頂之屋頂突出物高度在九公尺以內，且屋頂突出物水平投影面積之和，除高層建築物以不超過建築面積百分之十五外，其餘以不超過建築面積百分之十二點五為限，其未達二十五平方公尺者，得建築二十五平方公尺。

(二) 水箱、水塔設於屋頂突出物上高度合計在六公尺以內或設於有昇降機設備通達屋頂之屋頂突出物高度在九公尺以內或設於屋頂面上高度在二點五公尺以內。

(三) 女兒牆高度在一點五公尺以內。

(四) 第十款第三目至第五目之屋頂突出物。

(五) 非平屋頂建築物之屋頂斜率（高度與水平距離之比）在二分之一以下者。

(六) 非平屋頂建築物之屋頂斜率（高度與水平距離之比）超過二分之一者，應經中央主管建築機關核可。

十、屋頂突出物：突出於屋面之附屬建築物及雜項工作物：

(一) 樓梯間、昇降機間、無線電塔及機械房。

(二) 水塔、水箱、女兒牆、防火牆。

(三) 雨水貯留利用系統設備、淨水設備、露天機電設備、煙囪、避雷針、風向器、旗竿、無線電桿及屋脊裝飾物。

(四) 突出屋面之管道間、採光換氣或再生能源使用等節能設施。

(五) 突出屋面之三分之一以上透空遮牆、三分之二以上透空立體構架供景觀造型、屋頂綠化等公益及綠建築設施，其投影面積不計入第九款第一目屋頂突出物水平投影面積之和。但本目與第一目及第六目之屋頂突出物水平投影面積之和，以不超過建築面積百分之三十為限。

(六) 其他經中央主管建築機關認可者。

十一、簷高：自基地地面起至建築物簷口底面或平屋頂底面之高度。

十二、地板面高度：自基地地面至地板面之垂直距離。

十三、樓層高度：自室內地板面至其直上層地板面之高度；最上層之高度，為至其天花板高度。但同一樓層之高度不同者，以其室內樓地板面積除該樓層容積之商，視為樓層高度。

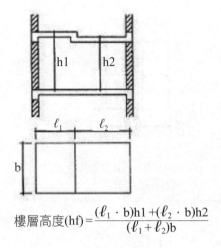

$$樓層高度(hf) = \frac{(\ell_1 \cdot b)h1 + (\ell_2 \cdot b)h2}{(\ell_1 + \ell_2)b}$$

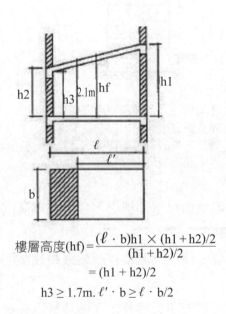

$$樓層高度(hf) = \frac{(\ell \cdot b)h1 \times (h1 + h2)/2}{(h1 + h2)/2}$$
$$= (h1 + h2)/2$$
$$h3 \geq 1.7m. \; \ell' \cdot b \geq \ell \cdot b/2$$

十四、天花板高度：自室內地板面至天花板之高度，同一室內之天花板高度不同時，
　　　以其室內樓地板面積除室內容積之商作天花板高度。

十五、建築物層數：基地地面以上樓層數之和。但合於第九款第一目之規定者，不作
　　　為層數計算；建築物內層數不同者，以最多之層數作為該建築物層數。

同一建築中，以其最多之層數
為該建築物之層數。

建築物地面各層在使用之機能上
完全獨立分開時，視為二幢建築
物各計其層數，如連棟式建築物
及本圖之情形。

十六、地下層：地板面在基地地面以下之樓層。但天花板高度有三分之二以上在基地
　　　地面上者，視為地面層。

十七、閣樓：在屋頂內之樓層，樓地板面積在該建築物建築面積三分之一以上時，視
　　　為另一樓層。

十八、夾層：夾於樓地板與天花板間之樓層；同一樓層內夾層面積之和，超過該層樓
　　　地板面積三分之一或一百平方公尺者，視為另一樓層。

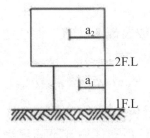

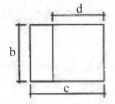

① $a_1 \le \dfrac{b \times d}{3}$ 或100m²

② $a_2 \le \dfrac{b \times c}{3}$ 或100m²

③超過前列標準時，視為另一樓層

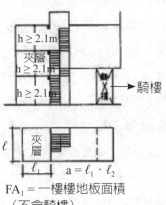

$FA_1 = $ 一樓樓地板面積
（不含騎樓）

夾層面積$(a) \le FA_1/3$

且$a \le 100$m²

此建築物為二層建築物

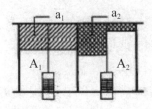

▨ $a_1 \le A_1/3$，$a_1 \le 100$m²

▩ $a_2 \le A_2/3$，$a_2 \le 100$m²

建築物以無開口之防火牆及防火
樓板區劃分隔為他棟建築物者，
其夾層面積仍按各棟各樓層分別
檢討。

十九、居室：供居住、工作、集會、娛樂、烹飪等使用之房間，均稱居室。門廳、走廊、樓梯間、衣帽間、廁所盥洗室、浴室、儲藏室、機械室、車庫等不視為居室。但旅館、住宅、集合住宅、寄宿舍等建築物其衣帽間與儲藏室面積之合計以不超過該層樓地板面積八分之一為原則。

二十、露臺及陽臺：直上方無任何頂遮蓋物之平臺稱為露臺，直上方有遮蓋物者稱為

陽臺。

二十一、集合住宅：具有共同基地及共同空間或設備。並有三個住宅單位以上之建築物。

二十二、外牆：建築物外圍之牆壁。

二十三、分間牆：分隔建築物內部空間之牆壁。

二十四、分戶牆：分隔住宅單位與住宅單位或住戶與住戶或不同用途區劃間之牆壁。

二十五、承重牆：承受本身重量及本身所受地震、風力外並承載及傳導其他外壓力及載重之牆壁。

二十六、帷幕牆：構架構造建築物之外牆，除承載本身重量及其所受之地震、風力外，不再承載或傳導其他載重之牆壁。

二十七、耐水材料：磚、石料、人造石、混凝土、柏油及其製品、陶瓷品、玻璃、金屬材料、塑膠製品及其他具有類似耐水性之材料。

二十八、不燃材料：混凝土、磚或空心磚、瓦、石料、鋼鐵、鋁、玻璃、玻璃纖維、礦棉、陶瓷品、砂漿、石灰及其他經中央主管建築機關認定符合耐燃一級之不因火熱引起燃燒、熔化、破裂變形及產生有害氣體之材料。

二十九、耐火板：木絲水泥板、耐燃石膏板及其他經中央主管建築機關認定符合耐燃二級之材料。

三十、耐燃材料：耐燃合板、耐燃纖維板、耐燃塑膠板、石膏板及其他經中央主管建築機關認定符合耐燃三級之材料。

三十一、防火時效：建築物主要結構構件、防火設備及防火區劃構造遭受火災時可耐火之時間。

三十二、阻熱性：在標準耐火試驗條件下，建築構造當其一面受火時，能在一定時間內，其非加熱面溫度不超過規定值之能力。

三十三、防火構造：具有本編第三章第三節所定防火性能與時效之構造。

三十四、避難層：具有出入口通達基地地面或道路之樓層。

三十五、無窗戶居室：具有下列情形之一之居室：

(一) 依本編第四十二條規定有效採光面積未達該居室樓地板面積百分之五者。

(二) 可直接開向戶外或可通達戶外之有效防火避難構造開口，其高度未達一點二公尺，寬度未達七十五公分；如為圓型時直徑未達一公尺者。

(三) 樓地板面積超過五十平方公尺之居室，其天花板或天花板下方八十公分範圍以內之有效通風面積未達樓地板面積百分之二者。

三十六、道路：指依都市計畫法或其他法律公布之道路（得包括人行道及沿道路邊綠帶）或經指定建築線之現有巷道。除另有規定外，不包括私設通路及類似通路。

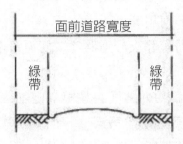

三十七、類似通路：基地內具有二幢以上連帶使用性之建築物（包括機關、學校、醫院及同屬一事業體之工廠或其他類似建築物），各幢建築物間及建築物至建築線間之通路；類似通路視為法定空地，其寬度不限制。

三十八、私設通路：基地內建築物之主要出入口或共同出入口（共用樓梯出入口）至建築線間之通路；主要出入口不包括本編第九十條規定增設之出入口；共同出入口不包括本編第九十五條規定增設之樓梯出入口。私設通路與道路之交叉口，免截角。

三十九、直通樓梯：建築物地面以上或以下任一樓層可直接通達避難層或地面之樓梯（包括坡道）。

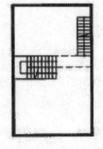

直通樓梯例(一)
虛線範圍表示樓梯間

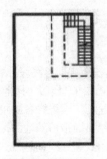

直通樓梯例(二)
虛線範圍表示樓梯間

四十、永久性空地：指下列依法不得建築或因實際天然地形不能建築之土地（不包括道路）：

　　(一) 都市計畫法或其他法律劃定並已開闢之公園、廣場、體育場、兒童遊戲場、河川、綠地、綠帶及其他類似之空地。

　　(二) 海洋、湖泊、水堰、河川等。

　　(三) 前二目之河川、綠帶等除夾於道路或二條道路中間者外，其寬度或寬度之和應達四公尺。

四十一、退縮建築深度：建築物外牆面自建築線退縮之深度；外牆面退縮之深度不等，以最小之深度為退縮建築深度。但第三款規定，免計入建築面積之陽臺、屋簷、雨遮及遮陽板，不在此限。

四十二、幢：建築物地面層以上結構獨立不與其他建築物相連，地面層以上其使用機能可獨立分開者。

四十三、棟：以具有單獨或共同之出入口並以無開口之防火牆及防火樓板區劃分開者。

四十四、特別安全梯：自室內經由陽臺或排煙室始得進入之安全梯。

四十五、遮煙性能：在常溫及中溫標準試驗條件下，建築物出入口裝設之一般門或區劃出入口裝設之防火設備，當其構造二側形成火災情境下之壓差時，具有漏煙通氣量不超過規定值之能力。

四十六、升降機道：建築物供昇降機廂運行之垂直空間。

四十七、升降機間：升降機廂駐停於建築物各樓層時，供使用者進出及等待搭乘等之空間。

自我成長測驗

(A)　1. 下列有關建築技術規則建築設計施工編建築技術用語規定之敘述，何者錯誤？
　　　(A) 閣樓：在屋頂內之樓層，樓地板面積在該建築物建築面積四分之一以上時，視為另一樓層
　　　(B) 總樓地板面積：建築物各層包括地下層、屋頂突出物及夾層等樓地板面積之總和
　　　(C) 建蔽率：建築面積占基地面積之比率
　　　(D) 集合住宅：具有共同基地及共同空間或設備。並有 3 個住宅單位以上之建築物
　　　【解說】閣樓：在屋頂內之樓層，樓地板面積在該建築物建築面積三分之一以上時，視為另一樓層。

(A)　2. 有關建築技術用語定義之敘述，下列何者錯誤？
　　　(A) 供居住、工作、集會、娛樂、烹飪、浴廁等使用之房間均稱為居室
　　　(B) 集合住宅指具有共同基地及共同空間或設備，並有三個住宅單位以上之建築物

(C) 具有出入口通達基地地面或道路之樓層稱爲避難層

(D) 自室內經由陽台或排煙室始得進入之安全梯謂特別安全梯

【解說】居室：供居住、工作、集會、娛樂、烹飪等使用之房間，均稱居室。門廳、走廊、樓梯間、衣帽間、廁所盥洗室、浴室、儲藏室、機械室、車庫等不視爲居室。但旅館、住宅、集合住宅、寄宿舍等建築物其衣帽間與儲藏室面積之合計以不超過該層樓地板面積八分之一爲原則。

(B)　3. 依據建築技術規則建築設計施工編規定，下列用語定義何者正確？

(A) 簷高：自基地地面起至建築物簷口上端或平屋頂上端面之高度

(B) 地板面高度：自基地地面至地板面之垂直距離

(C) 樓層高度：自室內地板面至其直上層地板面之高度；最上層之高度，爲至其天花板高度。但同一樓層之高度不同者，以自室內地板面至其直上層地板面之最高高度，視爲樓層高度

(D) 分間牆：分隔住宅單位與住宅單位或住戶與住戶或不同用途區劃間之牆壁

【解說】簷高：自基地地面起至建築物簷口底面或平屋頂底面之高度。樓層高度：自室內地板面至其直上層地板面之高度；最上層之高度，爲至其天花板高度。但同一樓層之高度不同者，以其室內樓地板面積除該樓層容積之商，視爲樓層高度。分間牆：分隔建築物內部空間之牆壁。

(B)　4. 依據建築技術規則建築設計施工編規定，下列何者屬耐火板？

(A) 耐燃合板　(B) 耐燃石膏板　(C) 耐燃纖維板　(D) 耐燃塑膠板

【解說】耐火板：木絲水泥板、耐燃石膏板及其他經中央主管建築機關認定符合耐燃二級之材料。

燃材料	玻璃纖維、礦棉、砂漿、石灰……	耐燃一級
耐火板	木絲水泥板、耐燃石膏板及其他	耐燃二級
耐燃材料	耐燃合板、耐燃纖維板、耐燃塑膠板、石膏板及其他	耐燃三級

(A)　5. 特種建築物得經何機關之許可，不適用建築法全部或一部之規定？

(A) 行政院　(B) 內政部　(C) 經濟部　(D) 直轄市、縣（市）政府

【解說】建築法第 98 條規定：「特種建築物得經行政院之許可，不適用本法全部或一部之規定。」爰經行政院許可之特種建築物，僅得免適用建築法全部或一部之規定，自得免申領建築執照，惟仍須符合都市計畫、消防等其他法令之規定，是經行政院許

可之特種建築物仍須依消防法相關規定辦理，並非視爲已具備消防安全設備審查合格。

（ D ） 6. 依建築技術規則建築設計施工編第三章規定，防火構造之建築物自頂層起算第十五層以上之各樓層，其主要構造之柱之防火時效爲多少小時？
（A) 0.5　（B) 1　（C) 2　（D) 3

主要構造部分	自頂層起算不超第四層之各樓層	自頂層起算超過第四層至第十四層之各樓層	自頂層起算第十五層以上之各樓層
承重牆壁	一小時	一小時	二小時
樑	一小時	二小時	三小時
柱	一小時	二小時	三小時
樓地板	一小時	二小時	二小時
屋頂	屋頂		
（一）屋頂突出物未達計算層樓面積者，其防火時效應與頂層同。 （二）本表所指之層數包括地下層數。			

（ B ） 7. 依建築技術規則建築設計施工編第四章有關直通樓梯規定，下列敘述何者錯誤？
（A) 直通樓梯於避難層開向屋外之出入口，寬度不得小於 1.2 公尺，高度不得小於 1.8 公尺
（B) 集合住宅採取複層式構造者，其自無出入口之樓層居室任一點至直通樓梯之步行距離不得超過 50 公尺
（C) 通達六層以上，十四層以下或通達地下二層之各樓層，應設置安全梯
（D) 通達十五層以上或地下三層以下之各樓層，應設置戶外安全梯或特別安全梯。但十五層以上或地下三層以下各樓層之樓地板面積未超過 100 平方公尺者，戶外安全梯或特別安全梯改設爲一般安全梯
【解說】集合住宅採取複層式構造者，其自無出入口之樓層居室任一點至直通樓梯之步行距離不得超過四十公尺。

（ C ） 8. 依建築技術規則建築設計施工編第十二章有關高層建築物規定，下列敘述何者錯誤？
（A) 高層建築物昇降機道併同昇降機間應以具有 1 小時以上防火時效之牆壁、防火門窗等防火設備及該處防火構造之樓地板自成一個獨立之防火區劃。昇降機間出入口裝設之防火設備應具有遮煙性能。連接昇降機間之走廊，應以具有 1 小時以上防火時效之牆壁、防火門窗等防火設備及該層防火構造之樓地板自成一個獨立之防火區劃
（B) 高層建築物在二層以上，十六層或地板面高度在 50 公尺以下之各樓層，應設置緊急進口。但面臨道路或寬度 4 公尺以上之通路，且各層之外牆每 10 公尺設有窗戶或其他開口者，不在此限
（C) 住宅區高層建築物之總樓地板面積與留設空地之比，不得大於 30
（D) 高層建築物應設置二座以上之特別安全梯並應符合二方向避難原則。二座特別安全梯應在不同平面位置，其排煙室並不得共用
【解說】第228條高層建築物之總樓地板面積與留設空地之比，不得大於左列各值：商業區：三十。住宅區及其他使用分區：十五。

（ C ） 9. 依據建築技術規則，有關高層建築物之規定，下列敘述何者正確？

(A) 高度每超過 70 公尺者，應設置中繼幫浦

(B) 昇降機道併同昇降機間應自成 2 小時以上防火時效之獨立防火區劃，且昇降機間出入口裝設之防火設備應具有遮煙性能

(C) 設有燃氣設備時，應將燃氣設備集中設置，並設置瓦斯漏氣自動警報設備

(D) 瓦斯管之管道間應單獨設置，不得與其他水、電管路共構設置

【解說】

第 251 條　高層建築物應另設置室內供消防隊專用之連結送水管，其管徑應為一百公厘以上，出水口應為雙口形。高層建築物高度每超過六十公尺者，應設置中繼幫浦，連結送水管三支以下時，其幫浦出水口之水量不得小於二千四百公升／分，每增加一支出水量加八百公升／分，至五支為止，出水口之出水壓力不得小於三・五公斤／平方公分。

第 79-2 條　防火構造建築物內之挑空部分、昇降階梯間、安全梯之樓梯間、昇降機道、垂直貫穿樓板之管道間及其他類似部分，應以具有一小時以上防火時效之牆壁、防火門窗等防火設備與該處防火構造之樓地板形成區劃分隔。昇降機道裝設之防火設備應具有遮煙性能。管道間之維修門並應具有一小時以上防火時效及遮煙性能。第 246 條高層建築物配管管道間應考慮維修及更換空間。瓦斯管之管道間應單獨設置。但與給水管或排水管共構設置者，不在此限。

(A) 10. 依建築技術規則設計施工編第 99 條之 1 規定，供下列用途使用之樓層，除避難層外，各樓層應以具 1 小時以上防火時效之牆壁及防火設備分隔為 2 個以上之區劃？①身心障礙福利機構②護理之家③兒童及少年安置教養機構④精神病院⑤老人福利機構

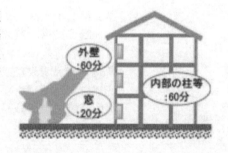

(A) ①②⑤　　(B) ①②③⑤　　(C) ①②④⑤
(D) ①②③④⑤

【解說】

第 99-1 條　供下列各款使用之樓層，除避難層外，各樓層應以具一小時以上防火時效之牆壁及防火設備分隔為二個以上之區劃，各區劃均應以走廊連接安全梯，或分別連接不同安全梯：

一、建築物使用類組 F-2 組之機構、學校。

二、建築物使用類組 F-1 或 H-1 組之護理之家、產後護理機構、老人福利機構及住宿型精神復健機構。

　　F1：1 設有 10 床病床以上之下列場所：醫院、療養院。2. 樓地板面積在 1000m² 以上之診所。3. 樓地板面積在 500m² 以上之下列場所：護理之家、做月子中心、屬於老人福利機構之長期照護機構。

　　F2：1. 身心障礙者福利機構、身心障礙者教養機構（院）、身心障礙者職業訓練機構。2. 啓智（聰、明）學校、盲啞學校、益智學校。3. 社區復健中心。

　　H1：1. 宿舍、樓地板面積未達 500m² 之招待所。2. 樓地板面積未達 500m² 之下列場所：護理之家、做月子中心、屬於老人福利機構之長期照護機構。3. 老人福利機構之場所：養護機構、安養機構、文康機構、服務機構。4. 康復之家。

(D) 11. 依建築技術規則，有關建築物垂直管道設置具遮煙性能設備之規定，下列敘述何者錯誤？
　　　　(A) 昇降機道裝設之防火設備（防火乘場門）應具有遮煙性能
　　　　(B) 昇降機道前設有昇降機間且併同區劃，昇降機道裝設不具防火功能之乘場門，則機間出入口應裝設具有遮煙性能之防火門
　　　　(C) 管道間之維修門應具有 1 小時以上防火時效及遮煙性能
　　　　(D) 緊急用昇降機機間出入口應爲具有 1 小時以上防火時效之防火門，且具有遮煙性能
　　　　【解說】昇降機間出入口裝設具有遮煙性能之防火設備時，昇降機道出入口得免受應裝設具遮煙性能防火設備之限制；昇降機間出入口裝設之門非防火設備但開啓後能自動關閉且具有遮煙性能時，昇降機道出入口之防火設備得免受應具遮煙性能之限制。

(B) 12. 依建築法第 77 條之 2，建築物室內裝修不得妨害或破壞消防設備。室內裝修從業者違反前述規定者，依同法第 95 條之 1，將處下列那些罰則？①新臺幣 6 萬元以上 30 萬元以下罰鍰②得勒令其停止業務，必要時並撤銷其登記③其爲公司組織者，通知該管主管機關撤銷其登記④處一年以下有期徒刑、拘役或科或併科新臺幣 30 萬元以下罰金
　　　　(A) ①②③④　　(B) ①②③　　(C) ①②④　　(D) ①②

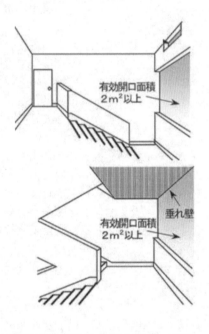

有效開口面積 2m²以上

垂れ壁

有效開口面積 2m²以上

　　　　【解說】
　　　　第 95-1 條　違反第七十七條之二第一項或第二項規定者，處建築物所有權人、使用人或室內裝修從業者新臺幣六萬元以上三十萬元以下罰鍰，並限期改善或補辦，逾期仍未改善或補辦者得連續處罰；必要時強制拆除其室內裝修違規部分。室內裝修從業者違反第七十七條之二第三項規定者，處新臺幣六萬元以上三十萬元以下罰鍰，並得勒令其停止業務，必要時並撤銷其登記；其爲公司組織者，通知該管主管機關撤銷其登記。經依前項規定勒令停止業務，不遵從而繼續執業者，處一年以下有期徒刑、拘役或科或併科新臺幣三十萬元以下罰金；其爲公司組織者，處罰其負責人及行爲人。

(BCDE) 13. 根據「建築技術規則建築設計施工編」之規定，防火門應朝避難方向開啓。但供以下哪些用途使用連接走廊者，不在此限？
　　　　(A) 機關大樓　　(B) 宿舍寢室　　(C) 旅館客房　　(D) 醫院病房　　(E) 住宅使用
　　　　【解說】防火門窗周邊十五公分範圍內之牆壁應以不燃材料建造。防火門之門扇寬度應在七十五公分以上，高度應在一百八十公分以上。常時關閉式之防火門應依左列規定：

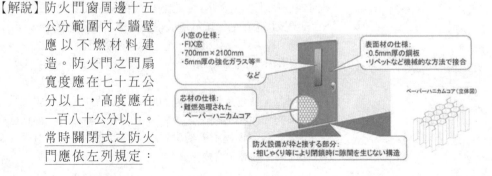

小窓の仕様：
・FIX窓
・700mm×2100mm
・5mm厚の強化ガラス等® など

表面材の仕様：
・0.5mm厚の鋼板
・リベットなど機械的な方法で接合

芯材の仕様：
・難燃処理された
　ペーパーハニカムコア

ペーパーハニカムコア（立体図）

防火設備が枠と接する部分：
・相じゃくり等により閉鎖時に隙間を生じない構造

（一）免用鑰匙即可開啟，並應裝設經開啟後可自行關閉之裝置。（二）單一門扇面積不得超過三平方公尺。（三）不得裝設門止。（四）門扇或門樘上應標示常時關閉式防火門等文字。

常時開放式之防火門應依左列規定：（一）可隨時關閉，並應裝設利用煙感應器連動或其他方法控制之自動關閉裝置，使能於火災發生時自動關閉。（二）關閉後免用鑰匙即可開啟，並應裝設經開啟後可自行關閉之裝置。（三）採用防火捲門者，應附設門扇寬度在七十五公分以上，高度在一百八十公分以上之防火門。防火門應朝避難方向開啟。但供住宅使用及宿舍寢室、旅館客房、醫院病房等連接走廊者，不在此限。

（ ABDE ）14. 根據「建築技術規則建築設計施工編」之規定，下列有關防火門之規定，何者正確？
　　(A) 防火門窗周邊十五公分範圍內之牆壁應以不燃材料建造
　　(B) 防火門之門扇寬度應在七十五公分以上，高度應在一百八十公分以上
　　(C) 防火門應隨時保持關閉狀態
　　(D) 常時關閉式之防火門，單一門扇面積不得超過三平方公尺
　　(E) 關閉後免用鑰匙即可開啟，並應裝設經開啟後可自行關閉之裝置

（ D ）15. 依「建築技術規則」之規定，有關防火門窗之敘述何者錯誤？
　　(A) 常時關閉式之防火門，單一門扇面積不得超過 3 平方公尺
　　(B) 常時開放式之防火門，採用防火捲門者，應附設門扇寬度在 75 公分以上，高度在 180 公分以上之防火門
　　(C) 防火門之門扇寬度應在 75 公分以上，高度應在 180 公分以上
　　(D) 防火門窗周邊 30 公分範圍內之牆壁應以不燃材料建造

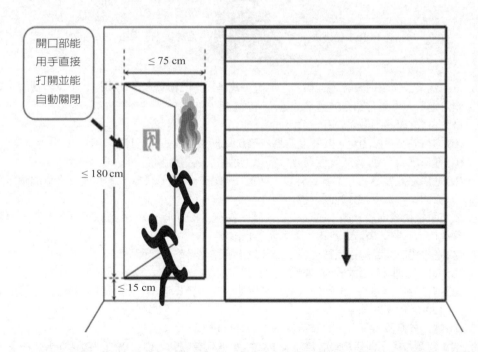

（ C ）16. 依建築技術規則建築設計施工編規定，緊急進口之構造應依下列規定設置：①進口應設地面臨道路或寬度在 X 公尺以上通路之各層外牆面②進口之間隔不得大於 Y 公尺③進口之寬度

應在 75 公分以上，高度應在 1.2 公尺以上。其開口之下端應距離樓地板面 Z 公分範圍以內。請問 X、Y、Z 分別為何？

(A) X = 4，Y = 40，Z = 60　　　　　(B) X = 5，Y = 50，Z = 60

(C) X = 4，Y = 40，Z = 80　　　　　(D) X = 5，Y = 50，Z = 80

　　【解說】第 108 條建築物在二層以上，第十層以下之各樓層，應設置緊急進口。但面臨道路或寬度四公尺以上之通路，且各層之外牆每十公尺設有窗戶或其他開口者，不在此限。前項窗戶或開口寬應在七十五公分以上及高度一‧二公尺以上，或直徑一公尺以上之圓孔，開口之下緣應距樓地板八十公分以下，且無柵欄，或其他阻礙物者。

(A) 17. 依建築技術規則建築設計施工編規定，緊急進口之構造應依下列何種規定設置？①進口應設地面 道路或寬度在三公尺通路之各層外牆面②進口之間隔不得大於四十公尺③進口之寬度應在七十五公分以內④進口之高度應在七十五公分以上一點二公尺以下

(A) ②　　(B) ①③　　(C) ②③④　　(D) ①②③④

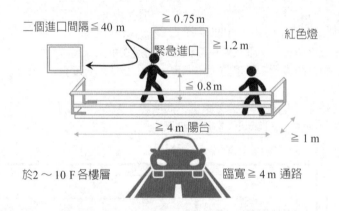

二個進口間隔 ≦ 40 m　　≧ 0.75 m　　紅色燈

緊急進口　≧ 1.2 m

≦ 0.8 m

≧ 4 m 陽台　　≧ 1 m

於 2 ～ 10 F 各樓層　　臨寬 ≧ 4 m 通路

(B) 18. 依「建築技術規則設計施工篇」之規定，建築物在二樓以上，第十層以下之各樓層，應設置緊急進口，下列有關其構造之敘述，何者正確？

(A) 進口之隔間不得大於五十公尺

(B) 進口外應設置陽台，其寬度應為一公尺以上，長度四公尺以上

(C) 進口應設面 道路或寬度在五公尺以上通路之各層外牆面

(D) 進口之寬度應在七十五公分以上，高度應在一‧二公尺以上。其開口之下端應距離樓地板面一百二十公分範圍以內

(D) 19. 依建築技術規則設計施工編之規定，建築物在 2 樓以上，第 10 層以下之各樓層，應設置緊急進口，有關其構造之敘述，下列何者正確？

(A) 進口應設面臨道路或寬度在 5 公尺以上通路之各層外牆面

(B) 進口之間隔不得大於 50 公尺

(C) 進口之寬度應在 75 公分以上，高度應在 1.2 公尺以上。其開口之下端應距離樓地板面 120 公分範圍以內

(D) 進口外應設置陽台，其寬度應為 1 公尺以上，長度 4 公尺以上

(C) 20. 依「建築技術規則建築設計施工篇」規定，下列有關緊急進口構造之敘述何者正確？

(A) 進口應設地面臨道路或寬度在 6 公尺以上通路之各層外牆面

(B) 進口之間隔不得大於 50 公尺

(C) 進口外應設置陽台，其寬度應為 1 公尺以上，長度 4 公尺以上

(D) 進口位置應於其附近以黃色燈作為標幟，並使人明白其為緊急進口之標示

(D) 21. 依「建築技術規則設計施工篇」之規定，建築物在二樓以上，第十層以下之各樓層，應設置緊急進口，有關其構造之規定，下列敘述何者正確？

(A) 進口應設面臨道路或寬度在五公尺以上通路之各層外牆面

(B) 進口之隔間不得大於五十公尺

(C) 進口之寬度應在七十五公分以上，高度應在一‧二公尺以上。其開口之下端應距離樓地板面一百二十公分範圍以內

(D) 進口外應設置陽台，其寬度應為一公尺以上，長度四公尺以上 ≧ 0.75m

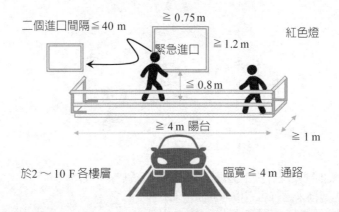

(D) 22. 依建築技術規則建築設計施工編規定，下列有關用語定義的部分，何者正確？

(A) 地下層係指地板面在基地地面以下之樓層。但天花板高度有 3 分之 1 以上在基地地面上者，視為地面層

(B) 夾層係指夾於樓地板與天花板間之樓層；同一樓層內夾層面積之和，超過該層樓地板面積 3 分之 1 或 80 平方公尺者，視為另一樓層

(C) 無窗戶居室係指樓地板面積超過 40 平方公尺之居室，其天花板或天花板下方 80 公分範圍以內之有效通風面積未達樓地板面積百分之 2 者

(D) 耐燃材料：耐燃合板、耐燃纖維板、耐燃塑膠板、石膏板及其他經中央主管建築機關認定符合耐燃三級之材料

【解說】地下層：地板面在基地地面以下之樓層。但天花板高度有三分之二以上在基地地面上者，視為地面層。

夾層：夾於樓地板與天花板間之樓層；同一樓層內夾層面積之和，超過該層樓地板面積三分之一或一百平方公尺者，視為另一樓層。

無窗戶居室：有效採光面積未達該居室樓地板面積百分之五者。可直接開向戶外或可通達戶外之有效防火避難構造開口，其高度未達一點二公尺，寬度未達七十五公分；如為圓型時直徑未達一公尺者。樓地板面積超過五十平方公尺之居室，其天花板或天花板下方八十公分範圍以內之有效通風面積未達樓地板面積百分之二者。

(A) 23. 依「建築技術規則」規定，對於「無窗戶居室」之敘述，下列何者正確？

(A) 可直接開向戶外或可通達戶外之有效防火避難構造開口，其高度未達一點二公尺，寬度

　　　　　　未達七十五公分
　　　　(B) 有效採光面積未達該居室樓地板面積百分之二者
　　　　(C) 樓地板面積需超過 100 平方公尺之居室
　　　　(D) 其天花板或天花板下方八十公分範圍以內之有效通風面積，未達樓地板面積百分之五者

(C) 24. 建築技術規則所稱之地下層，係指地板面在基地地面以下之樓層。但天花板高度有多少以上在基地地面上者，視為地面層？
　　　　(A) 二分之一　　(B) 三分之一　　(C) 三分之二　　(D) 五分之三

夾層：$h < \frac{1}{3} H$

(A) 25. 依建築技術規則建築設計施工編規定，下列何者為無窗戶居室？
　　　　(A) 有效採光面積未達該居室樓地板面積 5% 者
　　　　(B) 有效採光面積未達該居室樓地板面積 8% 者
　　　　(C) 有效採光面積未達該居室樓地板面積 10% 者
　　　　(D) 有效採光面積未達該居室樓地板面積 15% 者

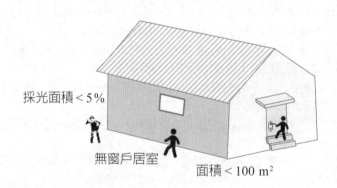

(C) 26. 依建築技術規則建築設計施工編規定，下列各名詞之定義，何者錯誤？
　　　　(A) 建築基地面積：建築基地之水平投影面積
　　　　(B) 建蔽率：建築面積占基地面積之比率
　　　　(C) 總樓地板面積：建築物各層（不包括地下層、屋頂突出物及夾層等）樓地板面積之總和
　　　　(D) 樓地板面積：建築物各層樓地板或其一部分，在該區劃中心線以內之水平投影面積。但不包括不計入建築面積之部分

【解說】總樓地板面積：建築物各層包括地下層、屋頂突出物及夾層等樓地板面積之總和。

(A) 27. 依建築技術規則建築設計施工編第 1 章用語定義，所謂「集合住宅」係指具有共同基地及共同空間或設備，並有幾個住宅單位以上之建築物？
(A) 3　(B) 5　(C) 7　(D) 9

3個住宅單位以上

集合住宅

(A) 28. 依據建築技術規則建築設計施工編規定，下列何種牆壁構造不具 2 小時以上防火時效？
(A) 鋼筋混凝土造、鋼骨鋼筋混凝土造或鋼骨鋼筋混凝土厚度在 7 公分以上者
(B) 木絲水泥板二面各粉以厚度 1 公分以上之水泥砂漿，板壁總厚度在 8 公分以上者
(C) 以高壓高溫蒸氣保養製造之輕質泡沫混凝土板，其厚度在 7.5 公分以上者
(D) 中空鋼筋混凝土板，中間填以泡沫混凝土等總厚度在 12 公分以上，且單邊之板厚在 5 公分以上者

【解說】
第 72 條　　具有二小時以上防火時效之牆壁、樑、柱、樓地板，應依左列規定：
　　　　　　一、牆壁：
　　　　　　　　（一）鋼筋混凝土造或鋼骨鋼筋混凝土造厚度在十公分以上，且鋼骨混凝土造之混凝土保護層厚度在三公分以上者。
　　　　　　　　（二）鋼骨造而雙面覆以鐵絲網水泥粉刷，其單面厚度在四公分以上，或雙面覆以磚、石或空心磚，其單面厚度在五公分以上者。但用以保護鋼骨構造之鐵絲網水泥砂漿保護層應將非不燃材料部分之厚度扣除。
　　　　　　　　（三）木絲水泥板二面各粉以厚度一公分以上之水泥砂漿，板壁總厚度在八公分以上者。
　　　　　　　　（四）以高溫高壓蒸氣保養製造之輕質泡沫混凝土板，其厚度在七‧五公分以上者。
　　　　　　　　（五）中空鋼筋混凝土版，中間填以泡沫混凝土等其總厚度在十二公分以上，且單邊之版厚在五公分以上者。

(C) 29. 依據建築技術規則建築設計施工編，有關排煙設備構造規定，有一場所樓地板面積為 900 平方公尺，應區隔 A 區防煙區劃，區劃範圍內任一部份至排煙口，不得超過 B 公尺，排煙口開口面積不得小於區劃部分樓地板面積C%。其中 A，B，C 各為何？
(A) 1，20，5　(B) 2，20，3　(C) 2，45，2　(D) 1，45，3

【解說】每層樓地板面積在五〇〇平方公尺以內，得以防煙壁區劃，區劃範圍內任一部份至排煙口之水平距離，不得超過四十五公尺，排煙口之開口面積，不得小於防煙區劃部份樓地板面積百分之二，並應開設在天花板或天花板下八十公分範圍內之外牆，

或直接與排煙風道（管）相接。

（ A ） 30. 依建築技術規則建築設計施工編第 1 章用語定義，下列辦公室樓層內之用途空間何者視為「居室」？

(A) 廚房　(B) 機械室　(C) 衣帽間　(D) 儲藏室

【解說】居室：供居住、工作、集會、娛樂、烹飪等使用之房間，均稱居室。門廳、走廊、樓梯間、衣帽間、廁所盥洗室、浴室、儲藏室、機械室、車庫等不視為居室。但旅館、住宅、集合住宅、寄宿舍等建築物其衣帽間與儲藏室面積之合計以不超過該層樓地板面積八分之一為原則。

（ A ） 31. 建築技術規則所稱之夾層，係指夾於樓地板與天花板間之樓層；同一樓層內夾層面積之和，超過該層樓地板面積三分之一或多少平方公尺者，視為另一樓層？

(A) 100　(B) 80　(C) 50　(D) 30

【解說】夾層：夾於樓地板與天花板間之樓層；同一樓層內夾層面積之和，超過該層樓地板面積三分之一或一百平方公尺者，視為另一樓層。

（ A ） 32. 依建築技術規則建築設計施工編之規定，有關建築技術用語定義，下列敘述何者錯誤？

(A) 總樓地板面積係建築物各層包括地下層、屋頂突出物及夾層等樓地板面積之總和

(B) 門廳、走廊、樓梯間、廁所盥洗室、浴室、機械室、車庫等，不視為居室

(C) 具有共同基地及共同空間或設備，並有 5 個住宅單位以上之建築物，稱為集合住宅

(D) 有效採光面積未達居室樓地板面積 5% 者，可視為無窗戶居室

註：(C) 具有共同基地及共同空間或設備，並有 3 個住宅單位以上之建築物，稱為集合住宅

(C) 33. 依建築法規定，建築物室內裝修應遵守下列何種規定？①供公眾使用建築物之室內裝修應申請審查許可②裝修材料部分得免除建築技術規則之規定③不得妨害或破壞防火避難設施、消防設備、防火區劃及主要構造④不得妨害或破壞保護民眾隱私權設施

(A) ①③　(B) ①②④　(C) ①③④　(D) ①②③④

【解說】

第 77-2 條　建築物室內裝修應遵守左列規定：

一、供公眾使用建築物之室內裝修應申請審查許可，非供公眾使用建築物，經內政部認有必要時，亦同。但中央主管機關得授權建築師公會或其他相關專業技術團體審查。

二、裝修材料應合於建築技術規則之規定。

三、不得妨害或破壞防火避難設施、消防設備、防火區劃及主要構造。

四、不得妨害或破壞保護民眾隱私權設施。

(C) 34. 依「建築技術規則」之規定，有關高層建築物之敘述何者錯誤？

(A) 高層建築物之配管　管應考慮層間變位，一般配管之容許層間變位為二百分之一

(B) 高層建築物之配管　管應考慮層間變位，消防配管之容許層間變位為百分之一

(C) 高層建築物應另設置室內供消防隊專用之連結送水管，其管徑應為五十公厘以上，出水口應為雙口形

(D) 高層建築物應設置二座以上之特別安全梯並應符合二方向避難原則

【解說】其管徑應為 100 公厘以上

(A) 35. 依「建築技術規則」規定，下列用語定義，何者有誤？

(A) 建蔽　：建築面積占總樓地板面積之比

(B) 樓地板面積：建築物各層樓地板或其一部分，在該區劃中心線以內之水平投影面積

(C) 總樓地板面積：建築物各層包括地下層、屋頂突出物及夾層等樓地板面積之總和

(D) 夾層：夾於樓地板與天花板間之樓層；同一樓層內夾層面積之和，超過該層樓地板面積三分之一或一百平方公尺者，視為另一樓層

【解說】建蔽率：建築面積占基地面積之比率。

(C) 36. 某一建築物地上層有 25 層、地下層有 5 層，依照「建築技術規則」之規定，有關其主要構造的樑、柱、承重牆壁及樓地板之防火時效，下列何者錯誤？

(A) 地上第 24 層的承重牆壁至少應 1 小時以上

(B) 地上第 18 層的樑至少應 2 小時以上

(C) 地上第 8 層的柱至少應 2 小時以上

(D) 地下第 3 層的樓地板至少應 2 小時以上

主要構造部分	自頂層起算不超過四層之各樓層	自頂層起算超過第四層至第十四層之各樓層	自頂層起算第十五層以上之各樓層
承重牆壁	一小時	一小時	二小時
樑	一小時	二小時	三小時
柱	一小時	二小時	三小時
樓地板	一小時	二小時	二小時
屋頂	半小時		

(D) 37. 依「建築技術規則」有關三層以上之建築物之走廊、樓梯規定，下列敘述何者有誤？
　　(A) 直通樓梯於避難層開向屋外之出入口，寬度不得小於一・二公尺，高度不得小於一・八公尺
　　(B) 走廊之地板面有高低時，其坡度不得超過十分之一，並不得設置臺階
　　(C) 防火構造建築物內各層連接直通樓梯之走廊牆壁及樓地板應具有一小時以上防火時效，並以耐燃一級材料裝修爲限
　　(D) 集合住宅採取複層式構造者，其自無出入口之樓層居室任一點至直通樓梯之步行距離不得超過五十公尺
　　【解說】集合住宅採取複層式構造者，其自無出入口之樓層居室任一點至直通樓梯之步行距離不得超過四十公尺。

(B) 38. 依「建築技術規則」有關特別安全梯規定敘述，下列何者有誤？
　　(A) 通達十五層以上或地下三層以下之各樓層，應設置戶外安全梯或特別安全梯
　　(B) 自室內通陽臺或進入排煙室之出入口，應裝設具有半小時以上防火時效及半小時以上阻熱性之防火門，自陽臺或排煙室進入樓梯間之出入口應裝設具有半小時以上防火時效之防火門
　　(C) 樓梯間與排煙室或陽臺之間所開設之窗戶應爲固定窗
　　(D) 建築物在五層以上之樓層供公共集會類組 A-1 使用者，應設置具有特別安全梯通達之屋頂避難平臺，屋頂避難平臺面積範圍內不得建造或設置妨礙避難使用之工作物或設施，且通達特別安全梯之最小寬度不得小於四公尺
　　【解說】自室內通陽臺或進入排煙室之出入口，應裝設具有一小時以上防火時效及半小時以上阻熱性之防火門，自陽臺或排煙室進入樓梯間之出入口應裝設具有半小時以上防火時效之防火門。

(D) 39. 依建築技術規則規定，自地下通道之任一點之步行距離多少公尺內，應設置地下廣場？
　　(A) 20 公尺　　(B) 30 公尺　　(C) 50 公尺　　(D) 60 公尺
　　【解說】自地下通道任一點之步行距離六十公尺範圍內，應設置地下廣場。地下使用單元臨接地下通道之寬度，不得小於二公尺。自地下使用單元內之任一點，至地下通道或專用直通樓梯出入口之步行距離不得超過二十公尺。

(C) 40. 依建築技術規則規定，具有共同基地及共同空間或設備，並有幾個住宅單位以上之建築物爲集合住宅？
　　(A) 一個　　(B) 二個　　(C) 三個　　(D) 五個

3個住宅單位以上

集合住宅

(C) 41. 依建築技術規則規定，地下通道之任一點，至可通達地面道路或永久性空地之直通樓梯口，其步行距離不得大於多少公尺？
(A) 15 公尺　(B) 20 公尺　(C) 30 公尺　(D) 50 公尺
【解說】地下通道直通樓梯依左列規定：一、自地下通道之任一點，至可通達地面道路或永久性空地之直通樓梯口，其步行距離不得大於三十公尺。二、前款直通樓梯分開設置時，其出入口之距離小於地下通道寬度者，樓梯寬度得合併計算，但每座樓梯寬度不得小於一‧五公尺。依前二款規定設置之直通樓梯得以坡道代替之，其坡度不得超過一比八，表面應作止滑處理。

(D) 42. 依建築技術規則規定，所謂高層建築物，係指高度在多少公尺以上或樓層在幾層以上之建築物？
(A) 20 公尺，6 樓以上　　　　　(B) 30 公尺，10 樓以上
(C) 40 公尺，14 樓以上　　　　　(D) 50 公尺，16 樓以上

高度 ≧ 50m或16F

高層建築物

(B) 43. 依據建築技術規則建築設計施工編規定，下列何者屬耐火板？
(A) 耐燃合板　(B) 耐燃石膏板　(C) 耐燃纖維板　(D) 耐燃塑膠板
【解說】

燃材料	玻璃纖維、礦棉、砂漿、石灰……	耐燃一級
耐火板	木絲水泥板、耐燃石膏板及其他	耐燃二級
耐燃材料	耐燃合板、耐燃纖維板、耐燃塑膠板、石膏板及其他	耐燃三級

3.2　工程倫理守則

行政院公共工程委員會

(一)對個人的責任：善盡個人能力，強化專業形象

1-1 工程人員應恪守法規，砥礪言行，以端正整體工程環境之優良風氣，並維護工程人員之專業形象。

1-2 工程人員不得以任何直接或間接等方式，向客戶、長官、承包商等輸送或接受不當利益。

1-3 工程人員應瞭解本身之專業能力及職權範圍，不得承接個人能力不及或非專業領域之業務。

1-4 工程人員應對於不同種族、宗教、性別、年齡、階級之人員，皆公平對待。

1-5 工程人員應彼此公平競爭，不得以惡意中傷或污蔑等不當手段，詆毀同業爭取業務。

1-6 工程人員不得擅自利用組織或專業團體之名，圖利自己。

(二) 對專業的責任：涵蘊創意思維，持續技術成長

2-1 工程人員應持續進修專業技能與相關知識，提升工作品質。

2-2 工程人員不得誇大或偽造其專業能力與職權，欺騙公眾，引人誤解。

2-3 工程人員應積極參與專業團體，並藉由論文發表等進行技術交流，提升整體專業技術與能力。

2-4 工程人員應秉持專業觀點，以客觀、誠實之態度勇於發言，支持正當言論作為，並譴責違反專業素養及不當之言行。

2-5 工程人員應尊重他人專業與智慧財產，不得剽竊他人之工作成果。

2-6 工程人員應隨時思考專業領域之永續發展，並致力提升公眾之認同與信賴，保持專業形象。

(三) 對同僚的責任：發揮合作精神，共創團隊績效

3-1 工程人員應尊重前輩、虛心求教，並指導後進工程人員正當作為及專業技術。

3-2 工程人員不得對下屬作不當指示。

3-3 工程人員應對於同僚業務上之不當作為，婉轉勸告，不得同流合污。

3-4 工程人員應與同僚間相互信賴、彼此尊重，並砥礪切磋，以求共同成長。

(四) 對雇主／組織的責任：維護雇主權益，嚴守公正誠信

4-1 工程人員應瞭解及遵守雇主之組織章程及工作規則。

4-2 工程人員應盡力維護雇主之權益，不得未經同意，擅自利用工作時間及雇主之資源，從事私人事務。

(五) 對業主／客戶的責任：體察業主需求，達成工作目標

5-1 工程人員應秉持誠實與敬業態度，溝通與瞭解業主／客戶之需求，維護業主／客戶正當權益，並戮力完成其所交付之合理任務。

5-2 工程人員應對業主／客戶之不當指示或要求，秉持專業判斷，予以拒絕及勸導。

5-3 工程人員應對所承辦業務保守秘密，除非獲得業主／客戶之同意或授權，不得洩漏有損其權益之相關資訊。

(六) 對承包商的責任：公平對待包商，分工達成任務

6-1 工程人員應以專業角度訂定公平合理之契約，避免契約爭議與糾紛。

6-2 工程人員不得接受承包商之不當利益或招待，並應盡可能避免業務外之金錢來往。

6-3 工程人員不得趁其職務之便，以壓迫、威脅、刻意刁難等方式，要求承包商執行額外之工作或付出。

6-4 工程人員應與承包商齊力合作，完成任務，不得相互推諉責任與工作。

(七) 對人文社會的責任：落實安全環保，增進公眾福祉

7-1 工程人員應瞭解其專門職業乃涉及公共事務，執行業務時，應考量整體社會利益及群眾福祉，並確保公共安全。

7-2 工程人員應熟知專業領域規範，並瞭解法規之含義，對於不合乎規範、損及社會利益與公共安全之情事，應加以糾正，不得隨意批准或執行。

7-3 工程人員應提供必要之技術資料或作業成果說明，以利社會大眾及所有關係人瞭解其內容與影響。

7-4 工程人員應運用其專業職能，盡其所能提供社會服務或參與公益活動，以造福人群，增進社會安全、福祉與健康之環境。

(八) 對自然環境的責任：重視自然生態，珍惜地球資源

8-1 工程人員應尊重自然、愛護生態，充實相關知識，避免不當破壞自然環境。

8-2 工程人員應兼顧工程業務需求與自然環境之平衡，並考量環境容受力，以減低對生態與文化資產等之負面衝擊。

8-3 工程人員應致力發展及優先考量採用低污染、低耗能之技術與工法，以降低工程對環境之不當影響。

第 **4** 章

其他應考法規

4.1 複合用途建築物判斷基準

（93/05/17修正）

一、本基準依各類場所消防安全設備設置標準（以下簡稱設置標準）第四條第一項第一款規定訂定之。

二、一棟建築物中，有供各類場所第十二條第一款至第四款所列用途二種以上，符合下列規定之一者，得判定為在管理及使用形態上構成從屬關係。

(一) 附表「建築物主用途及從屬用途關係對照表」所列用途，符合下列規定時構成從屬關係。

1. 從屬用途部分之管理權與主用途部分之管理權相同。

2. 從屬用途部分利用者與主用途部分利用者應一致或具有密切之關係。

3. 從屬用途部分工作者或使用者之使用時間與主用途部分工作者或使用者之使用時間應大致相同（包含為完成剩餘工作之延長時間）。

(二) 附表「建築物主用途及從屬用途關係對照表」所列主用途部分樓地板面積合計應超過該建築物總樓地板面積百分之九十以上，且從屬用途部分之樓地板面積合計未超過三百平方公尺。

三、一棟建築物中之不同用途有供住宅使用時，除依前條規定外，應依下列原則判斷之：

(一) 供設置標準第十二條第一款至第四款各自用途使用之樓地板面積合計小於五十平方公尺，且較供住宅使用之樓地板合計面積小時，該建築物視為住宅。

(二) 供設置標準第十二條第一款至第四款各目用途使用之樓地板合計面積大於供住宅使用之樓地板合計面積時，視為設置標準第十二條第一款至第四款各目用途之建築物。

(三) 供設置標準第十二條第一款至第四款各目用途使用之樓地板面積合計小於供住宅使用之樓地板面積合計，且前者樓地板面積合計在五十平方公尺以上時，該建築物視為複合用途建築物。

(四) 供設置標準第十二條第一款至第四款各目用途使用之樓地板面積合計，與供住宅使用之樓地板合計面積大致相等時，應視為複合用途建築物。

四、依本基準之規定視為複合用途建築物，符合下列規定時，視為設置標準第十二條

第五款第二目之複合用途建築物。

(一) 複合用途建築物中，甲類場所樓地板面積合計小於該建築物總樓地板面積百分之十。

(二) 複合用途建築物中，甲類場所樓地板面積合計未滿三百平方公尺。

自我成長測驗

(B) 1. 依複合用途建築物判斷基準規定，複合用途建築物中，甲類場所樓地板面積合計小於該建築物總樓地板面積百分之多少？甲類場所樓地板面積合計未滿幾平方公尺？視為設置標準第 12 條第 5 款第 2 目之複合用途建築物。

(A) 百分之五；未滿 100 平方公尺 　　(B) 百分之十；未滿 300 平方公尺
(C) 百分之十五；未滿 500 平方公尺 　(D) 百分之二十；未滿 1000 平方公尺

【解說】複合用途建築物中，甲類場所樓地板面積合計小於該建築物總樓地板面積百分之十。複合用途建築物中，甲類場所樓地板面積合計未滿三百平方公尺。

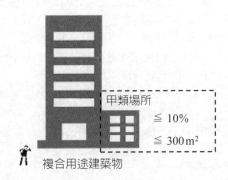

(B) 2. 依複合用途建築物判斷基準，供設置標準第 12 條第 1 款至第 4 款各目用途使用之樓地板面積合計小於多少平方公尺，且較供住宅使用之樓地板合計面積小時，該建築物視為住宅？

(A) 40 平方公尺 　(B) 50 平方公尺 　(C) 60 平方公尺 　(D) 70 平方公尺

【解說】供設置標準第十二條第一款至第四款各目用途使用之樓地板面積合計小於供住宅使用之樓地板面積合計，且前者樓地板面積合計在五十平方公尺以上時，該建築物視為複合用途建築物

(A) 3. 按複合用途建築物判斷基準附表「建築物主用途及從屬用途關係對照表」所列，主用途部分樓地板面積合計應超過該建築物總樓地板面積多少以上？且從屬用途部分之樓地板面積合計未超過多少平方公尺，得判定為在管理及使用形態上構成從屬關係？

(A) 90%；300 　(B) 80%；400 　(C) 95%；350 　(D) 85%；450

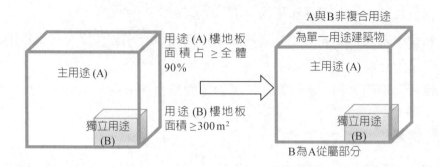

(D) 4. 依複合用途建築物判斷基準之規定，供設置標準第 12 條第 1 款至第 4 款各目用途使用之樓地板面積合計小於供住宅使用之樓地板面積合計，且前者樓地板面積合計在 50m² 以上時，該建築物視為下列何者？

(A) 住宅　(B) 各目用途之建築物　(C) 住宅或各目用途之建築物　(D) 複合用途建築物

(B) 5. 依複合用途建築物判斷基準規定，下列敘述何者正確？①供飲食店用途使用之樓地板面積合計小於 36 平方公尺，且較供住宅使用之樓地板合計面積小時，該建築物視為住宅②供飲食店用途使用之樓地板面積合計小於供住宅使用之樓地板面積合計，且前者樓地板面積合計在 50 平方公尺以上時，該建築物視為複合用途建築物③供飲食店用途使用之樓地板面積合計，與供住宅使用之樓地板合計面積大致相等時，應視為複合用途建築物④供飲食店用途使用之樓地板合計面積大於供住宅使用之樓地板合計面積時，視為飲食店用途之建築物

(A) ①②③④　(B) ②③④　(C) ①③④　(D) ①②④

【解說】一棟建築物中之不同用途有供住宅使用時，除依前條規定外，應依下列原則判斷之：

（一）供設置標準第十二條第一款至第四款各自用途使用之樓地板面積合計小於五十平方公尺，且較供住宅使用之樓地板合計面積小時，該建築物視為住宅。

（二）供設置標準第十二條第一款至第四款各目用途使用之樓地板合計面積大於供住宅使用之樓地板合計面積時，視為設置標準第十二條第一款至第四款各目用途之建築物。

（三）供設置標準第十二條第一款至第四款各目用途使用之樓地板面積合計小於供住宅使用之樓地板面積合計，且前者樓地板面積合計在五十平方公尺以上時，該建築物視為複合用途建築物。

（四）供設置標準第十二條第一款至第四款各目用途使用之樓地板面積合計，與供住宅使用之樓地板合計面積大致相等時，應視為複合用途建築物。

(D) 6. 依複合用途建築物判斷基準之規定，供設置標準第 12 條第 1 款至第 4 款各目用途使用之樓地板面積合計小於供住宅使用之樓地板面積合計，且前者樓地板面積合計在 50m² 以上時，該建築物視為下列何者？

(A) 住宅　(B) 各目用途之建築物　(C) 住宅或各目用途之建築物　(D) 複合用途建築物

(D) 7. 依複合用途建築物判斷基準之規定，一棟建築物中，供各類場所消防安全設備設置標準第 12 條第 1 款至第 4 款所列用途二種以上，符合「建築物主用途及從屬用途關係對照表」所列主用途部分樓地板面積合計應超過該建築物總樓地板面積百分之 P 以上，且從屬用途部分之樓地板面積合計未超過 L 平方公尺時，得判定為在管理及使用形態上構成從屬關係。請問 P、L 應各為多少？

(A)P：30，L：100　(B)P：50，L：150　(C)P：80，L：250　(D)P：90，L：300

（D）　8. 依據複合用途建築物判斷基準附表「建築物主用途及從屬用途關係對照表」所列用途，符合下列規定時構成從屬關係，請問下列判定標準何者錯誤？

(A) 從屬用途部分之管理權與主用途部分之管理權相同

(B) 從屬用途部分利用者與主用途部分利用者應一致或具有密切之關係

(C) 從屬用途部分工作者或使用者之使用時間與主用途部分工作者或使用者之使用時間應大致相同（包含為完成剩餘工作之延長時間）

(D) 主用途部分樓地板面積合計應超過該建築物總樓地板面積百分之五十以上，且從屬用途部分之樓地板面積合計未超過 100 平方公尺

【解說】主用途部分樓地板面積合計應超過該建築物總樓地板面積百分之九十以上，且從屬用途部分之樓地板面積合計未超過 300 平方公尺

（D）　9. 依複合用途建築物判斷基準之規定，供設置標準第 12 條第 1 款至第 4 款各目用途使用之樓地板面積合計小於供住宅使用之樓地板面積合計，且前者樓地板面積合計在 50m² 以上時，該建築物視為下列何者？

(A) 住宅　(B) 各目用途之建築物　(C) 住宅或各目用途之建築物　(D) 複合用途建築物

【解說】一棟建築物中之不同用途有供住宅使用時，除依前條規定外，應依下列原則判斷之：

（一）供設置標準第十二條第一款至第四款各自用途使用之樓地板面積合計小於五十平方公尺，且較供住宅使用之樓地板合計面積小時，該建築物視為住宅。

（二）供設置標準第十二條第一款至第四款各目用途使用之樓地板合計面積大於供住宅使用之樓地板合計面積時，視為設置標準第十二條第一款至第四款各目用途之建築物。

（三）供設置標準第十二條第一款至第四款各目用途使用之樓地板面積合計小於供住宅使用之樓地板面積合計，且前者樓地板面積合計在五十平方公尺以上時，該建築物視為複合用途建築物。

（四）供設置標準第十二條第一款至第四款各目用途使用之樓地板面積合計，與供住宅使用之樓地板合計面積大致相等時，應視為複合用途建築物。

---

1. 複合用途建築物在消防法規上有較嚴格之消防安全設備要求規定，依複合用途建築物判斷基準之規定，何種情形下之建築物才算是複合用途建築物？（25 分）（98 年消防設備士）

【解說】

複合用途建築物

（一）複合用途建築物：一棟建築物中有供第十二條第一款至第四款各目所列用途二種以上，且該不同用途，在管理及使用形態上，未構成從屬於其中一主用途者；其判斷基準，由中央消防機關另定之。

（二）一棟建築物中，有供各類場所第十二條第一款至第四款所列用途二種以上，符合下列規定之一者，得判定為在管理及使用形態上構成從屬關係。

（三）複合用途建築物中，甲類場所樓地板面積合計小於該建築物總樓地板面積百分之十。

（四）複合用途建築物中，甲類場所樓地板面積合計未滿三百平方公尺。

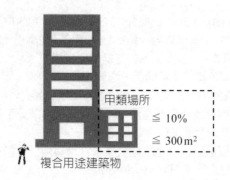

附表「建築物主用途及從屬用途關係對照表」所列用途，符合下列規定時構成從屬關係。

A. 從屬用途部分之管理權與主用途部分之管理權相同。

B. 從屬用途部分利用者與主用途部分利用者應一致或具有密切之關係。

C. 從屬用途部分工作者或使用者之使用時間與主用途部分工作者或使用者之使用時間應大致相同（包含為完成剩餘工作之延長時間）。

附表「建築物主用途及從屬用途關係對照表」所列主用途部分樓地板面積合計應超過該建築物總樓地板面積百分之九十以上，且從屬用途部分之樓地板面積合計未超過三百平方公尺。

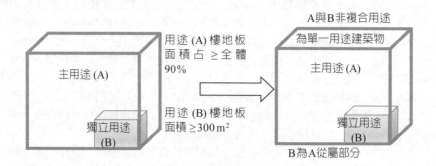

4.2　消防機具器材及設備登錄機構管理辦法

（106/07/28訂定）

第 1 條　本辦法依消防法第十二條第六項規定訂定之。

第 2 條　登錄機構依其認可業務類別分為下列二類：
一、機械類登錄機構：辦理經中央主管機關公告具機械性質品目之認可者。
二、電氣類登錄機構：辦理經中央主管機關公告具電氣性質品目之認可者。

第 3 條　申請登錄辦理消防機具器材及設備認可者（以下簡稱申請機構），應符合下列資格及條件：
一、政府機關（構）、財團法人、公立或立案私立之大專以上學校。
二、取得財團法人全國認證基金會實驗室認證證書。
三、設有專責認可部門，置主管一人，且辦理任一認可業務類別之專任技術員七人以上，其中消防設備師或消防設備士至少有三人。
四、未從事消防機具器材及設備之進口、製造或販售。
五、具備中央主管機關公告之試驗設備。
前項第三款之主管及專任技術員應符合下列規定：
一、國內公立或立案之私立大專以上學校或經教育部承認之國外大學以上學校之理工相關科系畢業。
二、曾受財團法人全國認證基金會辦理之實驗室認證相關訓練時數達二十四小時以上，並取得合格證明。

第 4 條　申請機構應檢附下列文件，向中央主管機關申請登錄：
一、申請書。
二、符合第三條第一項第一款至第三款及第二項資格之證書或相關證明文件。
三、代表人身分證明文件。
四、專任技術員名冊及適任之認可品目。
五、認可作業計畫書。
六、其他經中央主管機關指定之文件。

　　　　　　　前項第五款作業計畫書應記載下列事項：

一、經營目標與理念、永續經營承諾、經營方式及停止經營處理程
　　序。

二、認可部門之組織架構、職掌、人員配置及運作。

三、試驗室品質手冊。

四、品質文件系統架構及一覽表。

五、認可作業規定、標準作業程序及人員訓練計畫。

六、各項試驗設備清冊、操作維修程序及其校正證明文件。

七、認可作業文件及檔案之管理。

八、會同實施試驗作業方式。

九、認可審議小組組成及運作。

十、認可收費項目及費額。

　　　　　　　前二項文件有不全或記載不完備者，中央主管機關應書面通知限期補
　　　　　　　正；逾期未補正或補正仍不合格者，駁回其申請。

第　5　條　前條申請經書面審查合格者，進行實地評鑑；經實地評鑑合格者，由
　　　　　　　中央主管機關核發登錄證書。實地評鑑不合格者，中央主管機關應書
　　　　　　　面通知限期補正；逾期未補正或補正未完成者，駁回其申請。申請機
　　　　　　　構取得登錄證書後，始得從事認可業務。

第　6　條　登錄證書應記載下列事項：

一、登錄年月日、字號及有效期間。

二、登錄機構之名稱及地址。

三、代表人。

四、認可業務類別及品目。

五、其他經中央主管機關指定之事項。

　　　　　　　前項第二款或第三款事項有變更，應於變更事由發生次日起三十日內
　　　　　　　檢附原登錄證書及相關證明文件，向中央主管機關申請變更，並換發
　　　　　　　登錄證書。

　　　　　　　登錄之取得、變更、廢止或撤銷，由中央主管機關公告之。

第　7　條　登錄證書有效期間為三年，有效期間屆滿前五個月起之三個月內，登
　　　　　　　錄機構得檢附第四條規定文件申請展延，每次展延有效期間為三年；
　　　　　　　逾期申請展延者，應重新申請登錄。

依前項申請展延者，經中央主管機關依第五條第一項規定書面審查並實地評鑑合格，由中央主管機關換發登錄證書。

第　8　條　　中央主管機關公告新增應實施認可品目，登錄機構於登錄證書有效期間內，得檢附第四條規定文件，經中央主管機關依第五條第一項規定書面審查並實地評鑑合格後，增列認可品目，並換發登錄證書；其有效期間與原登錄證書效期相同。

登錄機構未依前項申請增列認可品目者，於登錄證書之有效期間屆滿後，應重新申請登錄。

第　9　條　　登錄機構認可部門主管及專任技術員異動時，應於異動事實發生次日起十五日內，檢附異動人員名冊及新聘人員相關資格文件，報請中央主管機關備查。

第　10　條　　登錄機構之實驗室遷移者，應於遷移前三個月起之二個月內，提具計畫書報請中央主管機關同意後始得辦理。

前項計畫書應包括下列事項：

一、建築物基本資料。

二、遷移前後之試驗設備清冊及校正。

三、遷移期間認可業務之執行方式。

四、申請財團法人全國認證基金會實驗室異動證明文件。

五、其他經中央主管機關指定之文件。

第一項計畫書有不全或記載不完備者，中央主管機關應書面通知限期補正；屆期未補正或補正未完成者，駁回其申請。

實驗室遷移完成後，應檢具財團法人全國認證基金會重新核發之實驗室認證證書，依第六條第二項規定換發登錄證書。

第　11　條　　登錄機構辦理消防機具器材及設備認可業務，應以登錄機構之名義為之。

登錄機構辦理前項業務，非有正當理由，不得拒絕受理或為差別待遇。

取得型式認可之消防機具器材及設備，其型式變更、輕微變更、型式認可書記載事項之變更、個別認可、型式認可展延之審查及試驗，應由原登錄機構為之。但原登錄機構經中央主管機關暫停認可業務類別及品目、廢止或撤銷登錄時，由中央主管機關指定之登錄機構受理申

請。

第　12　條　登錄機構辦理型式認可、型式變更及個別認可作業，應於其實驗室進行試驗或派員至產品產製廠（場）會同實施試驗。

前項會同實施試驗之產品產製廠（場）應符合下列規定：

一、產品申請人設有試驗設備及技術人員。

二、經登錄機構實地審查具試驗能力。

第一項登錄機構應於試驗完成後出具試驗報告。

第　13　條　登錄機構辦理認可業務如下：

一、型式認可、型式變更、輕微變更、型式認可書記載事項之變更、個別認可及型式認可展延案件之受理、書面審查、認可試驗、派員會同實施試驗、認可審議小組審查、申請文件列冊登記、電腦存檔管理、資訊公開作業等。

二、設立認可審議小組，辦理型式試驗結果之審議事項；其委員之遴任及異動，應報請中央主管機關核定。

三、型式認可書及認可標示之核發，並訂定管理措施。

四、與取得認可之業者簽訂契約。

五、對市售之認可品辦理抽驗，各認可業務類別每年至少抽驗一件且不得低於型式認可案件合格件數之百分之二；必要時，中央主管機關得增減抽驗產品品目及比例。

六、對取得認可但未持續符合中央主管機關公告之基準者，限期改善或終止認可。

七、認可案件之異議、違規使用或仿冒事項之處理。

八、訂定第四條第二項第五款及第十款所定認可作業規定、標準作業程序與收費項目及費額，並報請中央主管機關核定；修正時，亦同。

九、其他與認可有關之業務。

第　14　條　登錄機構與取得認可之業者簽訂契約，應記載下列事項：

一、經認可之消防機具器材及設備，其產品本身、生產、品管過程或標示有不符規定之情形時，責任認定之原則，及所生損害賠償額度之計算。

二、登錄機構經中央主管機關依第二十條或第二十一條規定廢止、撤

銷認可或暫停認可業務類別及品目，致取得認可之業者受有損害時，賠償額度之計算。

三、登錄機構洩漏因執行認可業務知悉之秘密或技術文件之賠償額度及計算方式。

四、終止認可事由。

五、認可標示使用及相關管理規範。

第 15 條　登錄機構除依第十三條辦理認可業務外，應辦理下列事項：

一、使用認可標示之管理。

二、違反規定使用認可標示或為不實標示通報中央主管機關事宜。

三、指派專人協助中央主管機關執行認可之協調聯繫，並登載認可資訊。

四、建置認可資訊查詢服務網站，並製作申請認可範例說明、認可須知、審查細部作業規範、相關問答集、統計資料等。

五、辦理型式認可、個別認可號碼之編列登記，並於每月將認可作業成果月報表送中央主管機關備查。

六、設立專戶辦理認可業務收支事宜。

七、每年十二月底前將下一年度工作計畫送中央主管機關備查；其於十一月前登錄者，並應於登錄後三十日內提送該年度之工作計畫。

八、每年二月底前將上年度工作執行成果報告送中央主管機關備查。

第 16 條　登錄機構執行認可業務之試驗報告、紀錄、收支簿冊及相關技術文件應至少保存五年。但型式認可、型式變更及個別認可之試驗報告電子檔應至少保存十五年。

第 17 條　登錄機構應依登錄證書所載類別，辦理各類別內所有經中央主管機關公告品目之認可，不得拒絕或無故擅自暫停或終止認可業務。

第 18 條　登錄機構人員應獨立公正辦理業務，不受他人不當干預。

前項人員辦理業務，適用行政程序法第三十二條及第三十三條有關迴避之規定。

登錄機構之代表人與其配偶及三親等內之血親從事消防機具器材及設備之進口、製造、委託製造或販售事業者，登錄機構不得受理該事業之認可申請。

第 19 條　中央主管機關得向登錄機構調閱認可業務、設備、財務收支相關文件或派員查核監督執行認可業務；必要時並得令其報告，登錄機構不得規避、妨礙或拒絕。

第 20 條　登錄機構有下列情形之一者，中央主管機關應撤銷或廢止其登錄：

一、組織運作或執行認可徇私舞弊。

二、以不正當方法招攬業務。

三、洩露因業務而知悉之秘密。

四、執行業務造成重大傷害或危害公共安全。

五、申請登錄之證明文件經撤銷、註銷或廢止。

六、提供不實資料或以其他不正當方法取得登錄資格。

七、認可試驗報告、紀錄或財務等相關資料有登載不實之情事，情節重大。

八、經中央主管機關認定違反法令情節重大。

第 21 條　登錄機構有下列情形之一，經通知限期改善屆期未改善完成者，中央主管機關得暫停其全部或部分認可業務類別及品目三個月以上六個月以下，並限期改善；屆期未改善完成者，得再次暫停之：

一、未依登錄證書之認可業務類別及品目執行業務。

二、因專任技術員更迭、試驗設備缺損，致認可作業無法有效執行。

三、擅自將登錄之業務全部或部分移轉至其他機構或無故延遲辦理。

四、未依所定認可作業規定、標準作業程序、收費項目及費額等辦理認可業務或收取費用。

五、專任技術員出缺未補實致不符合第三條第一項第三款或第二項規定。

六、違反第三條第一項第四款、第九條、第十一條、第十三條、第十五條至第十九條規定。

七、登錄機構之實驗室經財團法人全國認證基金會確認不具認證資格。

八、認可業務或財務等相關資料有誤繕、誤算或其他類此之錯誤。

前項受暫停全部或部分認可業務類別及品目之登錄機構，自暫停之日起，不得辦理第十三條第一款、第三款及第四款之認可業務。但於暫停前已受理之型式或個別認可案件，有下列情形之一者，得繼續辦理

至完成認可作業為止：

一、型式認可案件已進行試驗。

二、個別認可案件已預先領用標示附加產品本體或進行試驗。

第一項登錄機構於暫停全部或部分認可業務類別及品目期間，應主動通知申請人，並依申請人之意願，將認可案件之完整文件及檔案移交至中央主管機關指定之登錄機構辦理。

登錄機構於登錄有效期間有第一項受暫停全部或部分認可業務類別及品目達二次以上者，中央主管機關得撤銷或廢止其登錄。

第　22　條　登錄機構經中央主管機關廢止或撤銷登錄，應於撤銷或廢止次日起三十日內，繳回登錄證書，並將受理全部認可案件之完整文件及檔案移交至中央主管機關指定之登錄機構辦理，該機構不得規避、妨礙或拒絕。

前項經廢止或撤銷登錄之登錄機構，三年內不得重新申請登錄。

第　23　條　本辦法自發布日施行。

4.3 防焰性能試驗基準

（95/03/29修正）

一、本基準依消防法施行細則第七條第四項規定訂定之。

二、本基準用語定義如下：

點火時間：自火源點火接觸試樣起，至停止接觸之時間。

餘焰時間：自點火時間終了起，試樣之火焰繼續燃燒之時間。

餘燃時間：自點火時間終了起，至試樣停止燃燒之時間。

碳化面積：試樣經加熱燃燒後碳化部分之面積。

碳化距離：試樣經加熱燃燒後碳化部分之最大長度。

接焰次數：試樣經接觸火源至完全熔融燃燒時之接觸火源次數。

三、防焰物品或其材料之防焰性能應符合下列規定：

(一) 餘焰時間：

1.地毯等地坪舖設物類不得超過二十秒。

2.薄纖維製品（每平方公尺質量四五○公克以下者）不得超過三秒。

3.厚纖維製品（每平方公尺質量超過四五○公克者）不得超過五秒。

4.展示用廣告板不得超過十秒。

(二) 餘燃時間：

1.薄纖維製品不得超過五秒。

2.厚纖維製品不得超過二十秒。

3.展示用廣告板不得超過三十秒。

(三) 碳化面積：

1.薄纖維製品不得超過三十平方公分。

2.厚纖維製品不得超過四十平方公分。

3.展示用廣告板不得超過五十平方公分。

(四) 碳化距離：

1.地毯等地坪舖設物類不得超過十公分。

2.具熱收縮性之纖維製品不得超過二十公分。

(五) 接焰次數：具熱熔融性之纖維製品應達三次以上。

四、防焰物品或其材料進行防焰性能試驗時，除地毯及展示用廣告板外，薄纖維製品
　　應使用四十五度小焰燃燒器法（以下簡稱A1法），厚纖維製品應使用四十五度
　　大焰燃燒器法（以下簡稱A2法），其試樣之處理及試驗方法，依下列規定：

(一) 燃燒試驗裝置：燃燒試驗箱、試體固定框、電氣火花發生裝置。

(二) 燃料：使用中華民國國家標準（以下簡稱CNS）一二九五一所規定之第二種
　　　四號液化石油氣（以丁烷及丁烯為主成分）。

(三) 取樣：應自二平方公尺以上之布料裁取長三十五公分、寬二十五公分之試體
　　　三片。

(四) 前處理：試體應置於攝氏五十度±二度之恆溫乾燥箱內二十四小時（如為不
　　　受熱影響者，得置於攝氏一○五度±二度之恆溫乾燥箱內一小時）後，再將
　　　試體置於裝有矽膠乾燥劑之乾燥器中二小時以上。如為施工用帆布等屋外使
　　　用之物品，於放入恆溫乾燥箱乾燥前，應先在攝氏五十度±二度之溫水中浸
　　　泡三十分鐘。

(五) 試驗方法：

　　　1. 試體應平整緊密地夾於試體固定框。試樣如為經接觸火源時會產生收縮之
　　　　 纖維製品時，應另取試樣三片，在試體固定框內側二五○公釐×一五○公
　　　　 釐之範圍內，置放二六三公釐×一五八公釐之試體（使各邊鬆垂百分之五
　　　　 程度）。

　　　2. 小焰燃燒器之火焰長度為四十五公釐，大焰燃燒器之火焰長度為六十五公釐。

　　　3. 燃燒器之火焰頂端應與試體之中央下方部位接觸。

　　　4. 試體之點火時間，薄纖維製品為一分鐘，厚纖維製品為二分鐘。如試樣於
　　　　 點火時間內會著火者，應另取試體二片，以薄纖維製品著火後三秒，厚纖
　　　　 維製品著火後六秒，即移除火源，進行測定。

五、防焰物品或其材料如為經接觸火源時會產生熔融之纖維製品時，應進行接焰次數
　　試驗，其試樣之處理及試驗方法，依下列規定：

(一) 燃燒試驗裝置：燃燒試驗箱、電氣火花發生裝置、小焰燃燒器及試體支撐線
　　　圈，支撐線圈應以直徑零點五公釐之硬質不鏽鋼線製成，內徑十公釐，螺旋
　　　線間距二公釐，長度十五公分。

(二) 燃料：使用CNS一二九五一所規定之第二種四號液化石油氣（以丁烷及丁烯
　　　為主成分）。

(三) 取樣：自試樣量取寬十公分重一公克之試體五片，如為寬十公分，長二十公

　　　　分，而重量仍未滿一公克時，則不計其重量，以二十公分爲準。

(四) 前處理：依第四點第四款規定。

(五) 試驗方法：

　　1.將試體捲曲後，插入支撐線圈。

　　2.小焰燃燒器之火焰長度爲四十五公釐。

　　3.燃燒器之火焰前端應接觸試體下端，試體經引燃至停止熔融且停止燃燒爲止。

　　4.調整試體位置，使殘餘試體之最下端與火焰接觸，重複作上述試驗，直至試體之下端起至九公分處均燃燒熔融爲止。

六、地毯等地坪舖設物，其試樣之處理及試驗方法，依下列規定：

(一) 燃燒試驗裝置：燃燒試驗箱、試體固定框及石棉水泥珍珠岩板、電氣火花發生裝置及空氣混合燃燒器。

(二) 燃料：使用CNS一二九五一所規定之第二種四號液化石油氣（以丁烷及丁烯爲主成分）。

(三) 取樣：自一平方公尺以上之試樣，裁取長四十公分、寬二十二公分之試體六片。

(四) 前處理：將試體置於攝氏五十度±二度之恆溫乾燥箱內二十四小時後，再將試體置於裝有矽膠乾燥劑之乾燥器中二小時以上。但組成毛簇之纖維爲毛百分之百（如無毛簇，以組成纖維爲毛百分之百），且不受熱影響者，得置於攝氏一○五度±二度之恆溫乾燥箱內一小時後，再將試體置於裝有矽膠乾燥劑之乾燥器中二小時以上。

(五) 試驗方法：

　　1.將試體置於石棉水泥珍珠岩板上，再以試體固定框壓住固定。

　　2.空氣混合燃燒器之火焰長度爲二十四公釐。

　　3.燃燒器置於水平後，應調整火焰前端至距離試體表面一公釐，燃燒氣體之氣壓應爲每平方公分零點零四公斤（四○○毫米水柱）。

　　4.試體之點火加熱時間爲三十秒。

七、展示用廣告板，其試樣之處理及試驗方法，依下列規定：

(一) 燃燒試驗裝置：燃燒試驗箱、試體固定框、電氣火花發生裝置及大焰燃燒器。

(二) 燃料：使用CNS一二九五一所規定之第二種四號液化石油氣（以丁烷及丁烯爲主成分）。

(三) 取樣：自一點六平方公尺以上之試樣，裁取長二十九公分、寬十九公分之試

體三片。

(四) 前處理：將試體置於攝氏四十度±五度之恆溫乾燥箱內二十四小時後，再將試體置於裝有矽膠乾燥劑之乾燥器中二小時以上。

(五) 試驗方法：

1. 將試體固定於試體固定框。

2. 大焰燃燒器之火焰長度為六十五公釐。

3. 燃燒器之火焰前端應與試體之中央下方部位接觸。

4. 試體之點火加熱時間為二分鐘。

八、具耐水洗性能之纖維製品，應依下列規定實施洗濯處理，經連續水洗五次後，再依第四點規定，進行前處理及防焰性能試驗。

(一) 取樣：應自二平方公尺以上之布料裁取長四十五公分、寬三十五公分之試體五片；如其材質具有熱熔融性狀者，應取六片；如其材質具有熱收縮性狀者應取八片。試體之布邊如有纖維解開或鬆脫之虞者，應於洗濯前施以拷克等適當措施。

(二) 水洗機器設備：係指水洗機、脫水機及乾燥（烘乾）機等，其構造及性能應符合下列規定。但具同等性能以上者，不在此限。

1. 水洗機：具有附圖八所示構造之洗衣槽，內部深度五十公分至六十公分，內徑四十五公分至六十一公分之多孔圓筒，筒內有三片高約七‧五公分，彼此相隔一二○度裝置之葉片。且能保持約攝氏六十度水溫，洗衣槽之運轉以內筒每分鐘三十七轉之速度，按「順轉十五秒後，暫停三秒，再反轉十五秒，暫停三秒」之方式反覆進行。

2. 脫水機：可達每分鐘一千二百轉之離心脫水機。

3. 乾燥機：可保持約攝氏六十度±二度恆溫構造者。

(三) 洗濯方法：

1. 於攝氏六十度之溫水中，加入百分之零點一無添加劑之粉狀洗滌用肥皂，水位應淹至洗衣槽內十四公分深度。

2. 試體應共重一點三六公斤，若重量不足時，需以一般未具防焰性能之聚酯纖維白布補足。

3. 洗濯時，以保持攝氏六十度±二度之水溫，運轉十五分鐘。

4. 以約攝氏四十度之清水，連續清洗三次，每次五分鐘，每次清洗所需水量與第1目之規定相同。

5.施以脫水二分鐘。

6.乾燥烘乾時，應於攝氏約六十度±二度狀態下進行。

九、具耐乾洗性能之纖維製品，應依下列規定實施洗濯處理，經連續乾洗五次後，再依第四點及第五點規定，進行前處理及防焰性能試驗。

(一) 取樣：依第八點第一款規定辦理。

(二) 乾洗機器設備：係指乾洗機、脫水機及乾燥（烘乾）機等，其構造及性能應符合下列規定。但具同等性能以上者，不在此限。

　　1.乾洗機：具有附圖九所示構造之圓筒型洗濯機，圓筒容量為十一點三四公升，旋轉軸角度為五十度，旋轉速度約每分鐘四十五轉至五十轉。

　　2.脫水機：可達每分鐘一千二百轉之離心脫水機。

　　3.乾燥機：可保持約攝氏六十度±二度恆溫構造者。

(三) 洗濯方法：

　　1.處理液：為四氯乙烯（得以符合CNS三七八「乾洗溶劑」所規定之第一號乾洗溶劑替代）每一○○毫升對陰離子界面活性劑（磺基琥珀酸二辛酯，純度百分之六十以上，酒精不溶分百分之三點五以下）一公克，非離子界面活性劑（含八莫耳數之氧化乙烯，HLB12，水分百分之一以下，曇點《百分之一水溶液》攝氏二十五度至三十五度）一公克及水零點一毫升之混合液。

　　2.將處理液四公升及試體三○○公克（質量不足三○○公克，以一般未具防焰性能之聚酯纖維布片補足），放入圓筒內洗濯十五分鐘。

　　3.施以脫液二分鐘，脫液後，自然乾燥或於攝氏六十度±二度狀態下乾燥烘乾。

　　4.第五次洗濯後應施以潔淨之四氯乙烯充分洗清二次，每次五分鐘，再進行前目乾燥烘乾處理。

十、防焰物品或其材料之燃燒試驗方法，除依第四點至第七點之規定外，並應依附表之規定。

十一、防焰物品或其材料經防焰性能試驗後，其碳化距離或碳化面積確有認定上之困難者，應由中央消防機關判定之。

附 表

物品名稱	窗簾等薄纖維製品〈厚纖維製品〉				展示用廣告板	地毯等地坪鋪設物
	各種	著火物	熱收縮物	熱熔融物		
試驗法	45度小〈大〉焰燃燒法		45度鬆弛法	45度線圈法	45度大焰法	45度空氣混合焰法
試體	35×25cm 3片	35×25cm 2片	35×25cm 3片	寬10cm‧重量1g之長度（長度以20cm為最長）5片	29×19cm 3片	40×22cm 6片
經向數量及燃燒接觸面	2片（正面、反面各一）	1片（正面）	2片（正面、反面各一）	3片（正面二、反面一）	2片（正面、反面各一）	3片（均為表面）
緯向數量及燃燒接觸面	1片（正面）	1片（反面）	1片（正面）	2片（正面、反面各一）	1片（正面）	3片（均為表面）
燃燒方法 火源（火焰長度）	小焰（45mm）〈大焰（65mm）〉			接焰燃燒器（45mm）	大焰（65mm）	空氣混合焰（24mm）
燃燒方法 點火時間	1分〈2分〉	著火後3秒〈6秒〉	1分〈2分〉	－	2分	30秒
合格基準 餘焰時間	3秒〈5秒〉以下	－	－		10秒以下	20秒以下
合格基準 餘燃時間	5秒〈20秒〉以下	－	－		30秒以下	－
合格基準 碳化面積	30cm² 〈40cm²〉以下		－		50cm²以下	－
合格基準 碳化距離	－	－	20cm以下	－		10cm以下
合格基準 接焰次數	－	－	－	3次以上	－	－

備考：
一、〈 〉內係指厚纖維製品。
二、直立式百葉簾、捲簾及施工用帆布之纖維類製品及展示用廣告板、地毯類製品，免施水洗及乾洗處理。
三、試驗值之計量單位，時間以秒計，長度以公分計，面積以平方公分計，均取至整數位（依據JIS Z8401）。

自我成長測驗

(D) 1. 按防焰性能試驗基準之用語定義，自點火時間終了起，至試樣停止燃燒之時間，稱為：
(A) 碳化時間　(B) 餘焰時間　(C) 接焰時間　(D) 餘燃時間
【解說】餘焰時間：自點火時間終了起，試樣之火焰繼續燃燒之時間。餘燃時間：自點火時間終了起，至試樣停止燃燒之時間。

(B) 2. 按防焰性能試驗基準之用語定義，自點火時間終了起，試樣之火焰繼續燃燒之時間，稱為：
(A) 餘燃時間　(B) 餘焰時間　(C) 碳化時間　(D) 接焰時間

點火時間	自火源點火接觸試樣起，至停止接觸之時間
餘焰時間	自點火時間終了起，試樣之火焰繼續燃燒之時間
餘燃時間	自點火時間終了起，至試樣停止燃燒之時間
碳化面積	試樣經加熱燃燒後碳化部分之面積
碳化距離	試樣經加熱燃燒後碳化部分之最大長度
接焰次數	試樣經接觸火源至完全熔融燃燒時之接觸火源次數

(C) 3. 依防焰性能試驗基準之定義，自點火時間終了起，至試樣停止燃燒之時間，稱為：
(A) 點火時間　(B) 餘焰時間　(C) 餘燃時間　(D) 接焰時間

(D) 4. 防焰標示應採張貼、縫製、鑲釘或懸掛等方式，標示於各防焰物品或其材料本體上顯著處；其標示方式下列何者正確？
(A) 窗簾及布幕具耐洗性能者，使用張貼方式
(B) 窗簾及布幕不具耐洗性能者，使用縫製方式
(C) 展示用廣告板，使用鑲釘方式
(D) 施工用帆布，使用縫製方式

窗簾及布幕	具耐洗性能者	縫製
	不具耐洗性能者	張貼
地毯等地坪舖設物		縫製或鑲釘
展示用廣告板		張貼
施工用帆布		縫製
防焰材料（不含合板）		張貼或懸掛

(D) 5. 依「防焰性能試驗基準」規定，防焰物品或其材料之防焰性能應符合之規定，下列何者錯誤？
(A) 地毯等地坪舖設物類，餘焰時間不得超過 20 秒
(B) 展示用廣告板，餘燃時間不得超過 30 秒
(C) 厚纖維製品，碳化面積不得超過 40 平方公分
(D) 地毯等地坪舖設物類，碳化距離不得超過 20 公分

	餘焰時間	餘燃時間	碳化面積	碳化距離
地毯等地坪舖設物類	≦ 20 秒	-	-	≦ 10 cm
薄纖維製品	≦ 3 秒	≦ 5 秒	≦ 30 cm²	≦ 20 cm（熱收縮）
厚纖維製品	≦ 5 秒	≦ 20 秒	≦ 40 cm²	
展示用廣告板	≦ 10 秒	≦ 30 秒	≦ 50 cm²	

（ D ） 6. 下列那一種防焰物品之標示方法，係採用縫製方式？
(A) 不具耐洗性能之窗簾及布幕　　　　　(B) 展示用廣告合板
(C) 防焰材料（合板除外）　　　　　　　(D) 施工用帆布

（ B ） 7. 依防焰性能試驗基準規定，下列有關「餘燃時間」敘述何者為誤？
(A) 餘燃時間係指自點火時間終了起，至試樣停止燃燒之時間
(B) 薄纖維製品不得超過十秒
(C) 厚纖維製品不得超過二十秒
(D) 展示用廣告板不得超過三十秒
【解說】餘燃時間：
　　　　1. 薄纖維製品不得超過五秒。
　　　　2. 厚纖維製品不得超過二十秒。
　　　　3. 展示用廣告板不得超過三十秒。

（ B ） 8. 依防焰性能試驗基準規定，厚纖維製品其碳化面積不得超過多少平方公分？
(A) 70 平方公分　(B) 40 平方公分　(C) 50 平方公分　(D) 60 平方公分
【解說】碳化面積：
　　　　1. 薄纖維製品不得超過三十平方公分。
　　　　2. 厚纖維製品不得超過四十平方公分。
　　　　3. 展示用廣告板不得超過五十平方公分。

（ C ） 9. 防焰物品或其材料之防焰性能試驗中，所稱之餘焰時間，係指試樣經點火時間終了起，試樣
之火焰繼續燃燒之時間。下列所述之試樣試驗的餘焰時間，何者符合防焰性能規定？
(A) 薄纖維製品（每平方公尺質量 450 公克以下者）不得超過 5 秒
(B) 薄纖維製品（每平方公尺質量 450 公克以下者）不得超過 7 秒
(C) 厚纖維製品（每平方公尺質量超過 450 公克者）不得超過 5 秒
(D) 厚纖維製品（每平方公尺質量超過 450 公克者）不得超過 10 秒
【解說】

	餘焰時間	餘燃時間	碳化面積	碳化距離
地毯等地坪舖設物類	≦ 20 秒	-	-	≦ 10 cm
薄纖維製品	≦ 3 秒	≦ 5 秒	≦ 30 cm²	≦ 20 cm（熱收縮）
厚纖維製品	≦ 5 秒	≦ 20 秒	≦ 40 cm²	
展示用廣告板	≦ 10 秒	≦ 30 秒	≦ 50 cm²	

（ A ）10. 所謂餘焰時間，乃試樣品自點火時間終了起，火焰繼續燃燒之時間。下列有關防焰物品或其材料之防焰性能之餘焰時間說明，何者正確？
(A) 地毯等地坪鋪設物類不得超過 20 秒
(B) 薄纖維製品（每平方公尺質量 450 公克以下者）不得超過 15 秒
(C) 厚纖維製品（每平方公尺質量超過 450 公克者）不得超過 10 秒
(D) 展示用廣告板不得超過 5 秒

（ A ）11. 中央主管機關對防焰性能試驗合格單項產品，應依防焰物品或其材料之種類，於試驗合格通知書上編號登錄。該防焰物品取得防焰試驗合格號碼之有效期限為幾年？
(A) 3 年　(B) 5 年　(C) 10 年　(D) 20 年
【解說】防焰試驗合格號碼有效期限為三年，期限屆滿二個月前，得檢具同型式產品之產品試樣明細表及效期內防焰性能試驗合格報告書重新送驗申請編號登錄。

（ B ）12. 中央主管機關對防焰性能試驗合格之單項產品，應依防焰物品或其材料種類，於試驗合格通知書上編號登錄。該項防焰試驗合格號碼有效期限為幾年？
(A) 1 年　(B) 3 年　(C) 5 年　(D) 7 年

（ ACE ）13. 防焰性能認證合格登錄編號可以顯示下列哪些資訊？
(A) 業別　(B) 地址　(C) 地區　(D) 姓名　(E) 序號
【解說】經防焰性能認證審查合格者，其認證合格登錄編號，由業別、地區別及序號組合而成。

（ A ）14. 有關防焰性能試驗之產品試樣規格，地毯等地坪鋪設物，試樣規格為：
(A) 1 平方公尺以上　(B) 2 平方公尺以上
(C) 3 平方公尺以上　(D) 5 平方公尺以上
【解說】

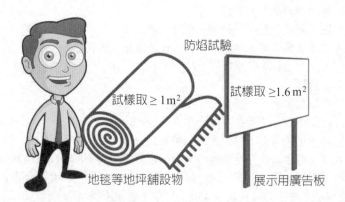

（ D ）15. 具耐洗性能之窗簾及布幕，防焰標示之標示方法為何？
(A) 印製 (B) 張貼 (C) 懸掛 (D) 縫製
【解說】

窗簾及布幕	具耐洗性能者	縫製
	不具耐洗性能者	張貼
地毯等地坪鋪設物		縫製或鑲釘
展示用廣告板		張貼
施工用帆布		縫製
防焰材料（不含合板）		張貼或懸掛

(#) 16. 下列那一種防焰物品之標示方法，係採用印製方式？
 (A) 布製窗簾　(B) 展示用廣告合板　(C) 施工用帆布　(D) 供舞台等使用之布幕
 【解說】現防焰物品之標示方法修正，已無採用印製方式

(BE)17. 下列有關防焰規制敘述，何者錯誤？
 (A) 防焰物品或其材料非經檢驗合格，不得銷售及陳列
 (B) 部分防焰物品因材質限制，可不使用防焰標示
 (C) 防焰物品或其材料之防焰標示，應經中央主管機關認證具有防焰性能
 (D) 防焰物品包括地毯、窗簾、布幕、展示用廣告板及其他指定者
 (E) 不具耐洗性能之窗簾及布幕採縫製方式標示
 【解說】不具耐洗性能之窗簾及布幕採張貼方式標示

(D) 18. 有關防焰物品或其材料之防焰性能，下列敘述何者符合規定？
 (A) 薄纖維製品之碳化面積不得超過三十平方公分
 (B) 薄纖維製品之餘燃時間不得超過二十秒
 (C) 薄纖維製品之餘焰時間不得超過五秒
 (D) 地毯等地坪舖設物類之碳化距離不得超過二十公分
 【解說】

	餘焰時間	餘燃時間	碳化面積	碳化距離
地毯等地坪舖設物類	≦ 20 秒	-	-	≦ 10 cm
薄纖維製品	≦ 3 秒	≦ 5 秒	≦ 30 cm^2	≦ 20 cm（熱收縮）
厚纖維製品	≦ 5 秒	≦ 20 秒	≦ 40 cm^2	
展示用廣告板	≦ 10 秒	≦ 30 秒	≦ 50 cm^2	

(C) 19. 依消防法規「防焰性能試驗基準」，地毯等地坪舖設物類應測試下列何項防焰性能？
 (A) 餘焰時間和碳化面積　　　(B) 餘燃時間和碳化距離
 (C) 餘焰時間和碳化距離　　　(D) 餘燃時間、碳化距離和接焰次數
 【解說】

	餘焰時間	餘燃時間	碳化面積	碳化距離
地毯等地坪舖設物類	≦ 20 秒	-	-	≦ 10 cm
薄纖維製品	≦ 3 秒	≦ 5 秒	≦ 30 cm^2	≦ 20 cm（熱收縮）
厚纖維製品	≦ 5 秒	≦ 20 秒	≦ 40 cm^2	
展示用廣告板	≦ 10 秒	≦ 30 秒	≦ 50 cm^2	

(B) 20. 依照「防焰性能試驗基準」，防焰物品之防焰性能規定，下列何者錯誤？
 (A) 地毯等地坪舖設物類，碳化距離不得超過 10 公分
 (B) 展示用廣告板，碳化面積不得超過 40 平方公分

(C) 厚纖維製品（每平方公尺質量超過 450 公克者），餘燃時間不得超過 20 秒

(D) 薄纖維製品（每平方公尺質量 450 公克以下者），餘焰時間不得超過 3 秒

(B) 21. 依照「防焰性能試驗基準」的規定，下列有關防焰物品或其材料之防焰性能規定，何者正確？

(A) 地毯等地坪舖設物類之餘焰時間不得超過 30 秒

(B) 厚纖維製品餘燃時間不得超過 20 秒

(C) 厚纖維製品碳化面積不得超過 50 平方公分

(D) 具熱熔融性之纖維製品接焰次 應達 2 次以上

(B) 22. 依「防焰性能試驗基準」規定，有關每平方公尺質量超過四五○公克經防焰性能認證審查合格之具熱收縮性厚纖維製品，其材料之防焰性能，下列敘述何者正確？

(A) 餘焰時間不得超過十秒

(B) 餘燃時間不得超過二十秒

(C) 碳化面積不得超過五十平方公分

(D) 碳化距離不得超過三十公分

【解說】

	餘焰時間	餘燃時間	碳化面積	碳化距離
地毯等地坪舖設物類	≦ 20 秒	-	-	≦ 10 cm
薄纖維製品	≦ 3 秒	≦ 5 秒	≦ 30 cm²	≦ 20 cm（熱收縮）
厚纖維製品	≦ 5 秒	≦ 20 秒	≦ 40 cm²	
展示用廣告板	≦ 10 秒	≦ 30 秒	≦ 50 cm²	

1. 依防焰性能試驗基準，防焰物品或其材料之防焰性能應符合那些規定？（25 分）（98-2 年消防設備士）

【解說】

防焰性能應符合那些規定

（一）餘焰時間：

1. 地毯等地坪舖設物類不得超過二十秒。

2. 薄纖維製品（每平方公尺質量四五○公克以下者）不得超過三秒。

3. 厚纖維製品（每平方公尺質量超過四五○公克者）不得超過五秒。

4. 展示用廣告板不得超過十秒。

（二）餘燃時間：

1. 薄纖維製品不得超過五秒。

2. 厚纖維製品不得超過二十秒。

3. 展示用廣告板不得超過三十秒。

（三）碳化面積：

　　　　1. 薄纖維製品不得超過三十平方公分。

　　　　2. 厚纖維製品不得超過四十平方公分。

　　　　3. 展示用廣告板不得超過五十平方公分。

（四）碳化距離：

　　　　1. 地毯等地坪舖設物類不得超過十公分。

　　　　2. 具熱收縮性之纖維製品不得超過二十公分。

（五）接焰次數：具熱熔融性之纖維製品應達三次以上。

	餘焰時間	餘燃時間	碳化面積	碳化距離
地毯等地坪舖設物類	≦ 20 秒	-	-	≦ 10 cm
薄纖維製品	≦ 3 秒	≦ 5 秒	≦ 30 cm²	≦ 20 cm（熱收縮）
厚纖維製品	≦ 5 秒	≦ 20 秒	≦ 40 cm²	
展示用廣告板	≦ 10 秒	≦ 30 秒	≦ 50 cm²	

4.4 防焰性能認證實施要點

（108/03/22修正）

第 1 點 本要點依消防法施行細則第七條第二項規定訂定之。

第 2 點 消防法第十一條第一項所稱地毯、窗簾、布幕、展示用廣告板及其他指定之防焰物品，係指下列物品：

(一) 地毯：梭織地毯、植簇地毯、合成纖維地毯、手工毯、滿舖地毯、方塊地毯、人工草皮與面積二平方公尺以上之門墊及地墊等地坪舖設物。

(二) 窗簾：布質製窗簾（含布製一般窗簾，直葉式、橫葉式百葉窗簾、捲簾、隔簾、線簾）。

(三) 布幕：供舞台或攝影棚使用之布幕。

(四) 展示用廣告板：室內展示用廣告合板。

(五) 其他指定之防焰物品：係指網目在十二公釐以下之施工用帆布。

第 3 點 申請防焰性能認證之業別，其簡稱及定義如下：

(一) 製造業：A類，指製造防焰物品或其材料（合板除外）者。

(二) 防焰處理業：B類，指對大型布幕或洗濯後防焰物品（地毯及合板除外）施予處理賦予其防焰性能者。

(三) 合板製造或防焰處理業：C類，指製造具防焰性能合板或對合板施予處理賦予其防焰性能者。

(四) 進口販賣業：D類，指進口防焰物品或其材料，確認其防焰性能，進而販售者。

(五) 裁剪、縫製、安裝業：E類，指從事防焰物品或其材料之裁剪、縫製、安裝者。

第 4 點 前點第一款至第四款業者申請防焰性能認證，應檢具下列文件一式三份並繳納審查費，向內政部（以下簡稱本部）委託之機關（構）、學校、團體（以下簡稱專業機構）提出，經專業機構協助審查及本部複審合格者，由本部發給防焰性能認證合格證書，並予編號登錄。

(一) 申請書。

(二) 營業概要說明書。

(三) 公司登記或商業登記證明文件影本；設有工廠者，應附工廠登記證影本；委由其他公司或工廠製造或處理者，應附該受託公司或工廠之登記證明文件影本。

(四) 防焰性能品質機器一覽表。

(五) 防焰處理技術人員資料說明書。

(六) 防焰物品或其材料品質管理方法說明書。

(七) 防焰標示管理說明書。

(八) 經本部評鑑合格之試驗機構出具之防焰性能試驗合格報告書。

前點第五款業者申請防焰性能認證，應檢附前項第一款至第三款及第七款所列文件一式三份並繳納審查費，向當地消防機關提出，經當地消防機關初審及本部複審合格者，由本部發給防焰性能認證合格證書，並予編號登錄。

本部應於專業機構或直轄市、縣（市）消防機關受理申請之日起二個月內，將審查結果通知申請人。

第　5　點　前點申請案不合程序或有欠缺，其可以補正者，本部應通知申請人補正，不得補正者，原件連同審查費退還申請人。

前項補正期間以一個月為限，申請人屆期不補正者，本部得將原件連同審查費退還申請人。

第　6　點　第四點第一項本文所定審查，依程序分為書面審查及實地調查。

實地調查之重點工作如下：

(一) 防焰處理設備及器具之現況。

(二) 品質管理用機器。

(三) 品質管理方法。

第　7　點　對於申請防焰性能認證之製造、防焰處理及進口販賣業者之公司、商業、工廠，專業機構應定期日進行實地調查，並將該申請人所提之各式文件一份，函送當地消防機關派員配合調查，以查證其申請資料與公司、商業、工廠之設備、品管與防焰能力是否相符。

前項申請人之公司或商業及其工廠分別設於不同直轄市、縣（市）者，以至工廠所在地調查為原則，必要時得至公司或商業調查。

對於申請防焰性能認證之裁剪、縫製、安裝業者之公司或商業，當地消防機關於受理申請案後，應定期日進行實地調查。

各直轄市、縣（市）消防機關於進行前項實地調查後，應於七日內填具調查意見表（如附件九），備文函送本部。

經實地調查不合規定者，由本部檢附審查結果，通知申請人於文到之日起二個月內改善，屆期不改善或改善不合規定者，應附理由駁回其申請，審查費不予退還。

第 8 點　製造業者，應符合下列規定：

(一) 設置下列防焰處理設備或器具。但其製造之產品材質，不須再經防焰處理即已具防焰性能者，不在此限。

　　1. 鑑別欲施以防焰處理之布料及其他材料之器具。

　　2. 調配防焰藥劑之器具。

　　3. 均勻浸泡、脫水、烘乾之設備。但製造地毯之業者，應設有能使防焰性能均一之設備。

(二) 設置下列品質管理用機器：

　　1. 測試防焰性能用機器。

　　2. 測試耐洗性能用水洗機或乾洗機。但製造或進口地毯者，不在此限。

(三) 品質管理方法應符合下列規定：

　　1. 設有適當之品質管理組織。

　　2. 訂有物料、產品之檢查基準及其檢查結果之記錄方法。

(四) 品質管理部門至少應置一名以上防焰處理技術人員。

前項第四款之防焰處理技術人員應具有下列資格之一：

(一) 專科以上學校化學、化工、紡織、材料、林業、消防及其他相關科系畢業，並有半年以上防焰處理或研究經驗。

(二) 高級工業職業學校化學、化工、紡織、材料、林業等相關科組畢業，並有一年以上防焰處理或研究經驗。

(三) 領有本部核發之專業訓練結業證書。

第 9 點　防焰處理業者，應符合下列規定：

(一) 設置下列防焰處理設備或器具：

　　1. 鑑別欲施以防焰處理之布料及其他材料之器具。

　　2. 調配防焰藥劑之器具。

　　3. 均勻浸泡、脫水、烘乾之設備；其浸泡之器具，應為長一百公

分以上、寬五十公分以上、高五十公分以上之水槽。

4.大型布幕無法以浸泡方式進行防焰處理者，得以噴霧塗布之方式，其噴霧器之噴嘴放射壓力不得小於每平方公分五公斤或零點五百萬帕斯卡（以下簡稱MPa）。

(二) 品質管理用機器、品質管理方法及防焰處理技術人員之設置，準用前點第一項第二款至第四款及第二項之規定。

第　10　點　　合板製造或防焰處理業者，應符合下列規定：

(一) 設置下列防焰處理設備或器具：

1.鑑別欲施以防焰處理之合板之器具。

2.調配防焰藥劑之器具。

3.寬九十公分以上，能均勻浸泡、烘乾之設備。

4.可供減壓至每平方公分零點四公斤或0.04MPa以下之減壓設備及以每平方公分七公斤或0.7MPa之壓力注入防焰藥劑之加壓設備。

5.使防焰藥劑均勻摻入黏著劑中，再將黏著劑均勻塗布在合板上之設備及將防焰藥劑均勻塗抹在合板表面之設備。

6.使合板與表面材緊密貼合之設備。

(二) 品質管理用機器、品質管理方法及防焰處理技術人員之設置，準用第八點第一項第二款至第四款及第二項之規定。

第　11　點　　進口販賣業者，應符合下列規定：

(一) 品質管理用機器，準用第八點第一項第二款之規定。

(二) 品質管理方法，準用第八點第一項第三款之規定。

第　12　點　　裁剪、縫製、安裝業者，應訂定進出貨程序、安裝方法及管理方法。

第　13　點　　經防焰性能認證審查合格者，其認證合格登錄編號，由業別、地區別及序號組合而成。

前項防焰性能認證合格登錄編號例示如下表：

認證合格登錄號碼	業別	地區別（代碼）	序號（阿拉伯數字）
A-○○-○○○○	A	○○	○○○○
B-○○-○○○○	B	○○	○○○○

認證合格登錄號碼	業別	地區別（代碼）	序號（阿拉伯數字）
C-○○-○○○○	C	○○	○○○○
D-○○-○○○○	D	○○	○○○○
E-○○-○○○○	E	○○	○○○○

第一項地區別代碼如下表：

縣市別	代碼	縣市別	代碼	縣市別	代碼	縣市別	代碼
臺北市	01	新竹縣	07	嘉義市	14	臺東縣	22
高雄市	02	苗栗縣	08	嘉義縣	15	澎湖縣	23
基隆市	03	臺中市	09	臺南市	16	金門縣 連江縣	24
新北市	04	南投縣	11	屏東縣	19		
桃園市	05	新化縣	12	宜蘭縣	20		
新竹市	06	雲林縣	13	花蓮縣	21		

第　14　點　取得防焰性能認證之業者，原申請內容有下列情形之一者，應填具變更申請書，向專業機構申請變更登記：

(一) 申請人地址變更。

(二) 負責人變更。

(三) 公司商業名稱變更。

(四) 防焰處理技術人員變更。

(五) 防焰物品或其材料種類、品目變更或追加。

(六) 工廠或轉包工廠變更或追加。

(七) 防焰處理設備、器具或品質管理用機器變更。

(八) 品質管理組織或檢查基準等品質管理方法有重大變更。

前項申請之審查，準用第四點規定。

變更事項為第一項第一款至第四款者，得免實地調查，但本部應通知當地消防機關。

第　15　點　本部對防焰性能試驗合格之單項產品，應依防焰物品或其材料之種類，於試驗合格通知書上編號登錄。該編號登錄事項，得委由專業機構辦理。

申請人應檢附下列文件辦理登錄：

(一) 防焰性能試驗號碼登錄申請書。

(二) 防焰性能試驗報告正本（一年內）及產品試樣明細表。

(三) 產品試樣長三十公分，寬三十公分。

(四) 訂單、出貨單或進口報單影本。

第一項防焰試驗合格號碼有效期限為三年，期限屆滿二個月前，得檢具同型式產品之產品試樣明細表及效期內防焰性能試驗合格報告書重新送驗申請編號登錄。

前項試驗合格號碼產品於效期內因重新製造或進口販賣前，已重新試驗或屆期前一年內經消防機關抽購樣試驗合格者，仍應於試驗合格號碼到期前二個月重新申請再登錄，但得免試驗。

第 16 點　防焰窗簾得使用同一試驗合格號碼之規定如下：

(一) 平織：織紋相同，不限色號（指單一顏色）。

(二) 印花或壓花：織紋相同，僅花色不同者，同一試驗合格號碼至多十二款試樣，須於申請時檢附每款長三十公分、寬三十公分小樣供掃描建檔，試樣件數應一次提送，不可分次提送；並於通過防焰性能試驗後於試驗報告書上註明試樣款數且附加測試件試樣。

前項得使用同一試驗合格號碼防焰窗簾之單位面積質量，其實測值與申請值之相對誤差，應在正負百分之六以內。該申請值係指申請人於附件十二產品試樣明細表填具之單位面積質量值。

第 17 點　防焰地毯得使用同一試驗合格號碼之規定如下：

(一) 織法、材質、形式、毛高、底材相同，不限色號（指單一顏色）。

(二) 織法、材質、形式、毛高、底材相同，僅花色不同者，同一試驗合格號碼至多十二款試樣，須於申請時檢附每款長三十公分、寬三十公分小樣供掃描建檔，試樣件數應一次提送，不可分次提送；並於通過防焰性能試驗後於試驗報告書上註明試樣款數且附加測試件試樣。

第 18 點　前兩點之認定有困難時，由本部依實物判定之。

第 19 點　取得防焰性能認證合格業者，申請防焰標示應填具申請書（格式如附件十三）並檢附防焰性能認證合格證書影本，向專業機構提出申請，

經本部審查合格後，依其提具之生產或進口數量等證明，按產品種類核發防焰標示。

前項防焰標示，本部得委由專業機構轉發。

防焰標示發放方式如下：

(一) 材料防焰標示應於防焰性能試驗合格後，依生產或進口數量申請發給，每次不得超過一百張，超過前揭數量者，須檢附相關訂單證明；方塊地毯每次不得超過四百張，滿鋪地毯每次不得超過二百張。

(二) 申請物品防焰標示時，須檢附材料防焰標示，每週以申領窗簾類三百張、地毯類二百張為限，超過前揭數量者，須檢附相關工程契約書或合約書等證明。

(三) 一張材料防焰標示可申請之物品防焰標示數量如下表：

種類（單位：捲）	窗簾（隔簾除外）	隔簾	布幕	滿鋪地毯
張數	五十	二十	五	十

(四) 一箱方塊地毯應附加一張材料防焰標示；五張方塊地毯材料防焰標示可申請一張物品防焰標示。

(五) 未附材料防焰標示者，每週可申請窗簾類物品防焰標示二十張、地毯類物品防焰標示五張。

(六) 經再加工防焰處理產品之物品防焰標示，應於標示上註明該產品之試驗合格號碼，並由再加工防焰處理業者依實際處理產品數量申請物品防焰標示。

(七) 有下列情形之一，且檢附相關足資證明資料者，得核實發給：

　　1. 布幕類產品使用於窗簾。

　　2. 窗簾尺寸特殊，窗數多且尺寸小。

　　3. 地毯鋪設坪數小且隔間多之場所。

　　4. 地毯鋪設於坪數小且使用試樣多之場所，而未能檢附材料標示者。

　　5. 展示用廣告板及其他經本部指定之防焰物品依實際使用數量。

第 20 點　　前點防焰標示使用於場所後，有部分毀損、遺失、脫落之情形，應由

原防焰性能認證合格業者申請補發防焰標示。但原防焰性能認證合格
業者已註銷防焰性能認證者，得由該場所管理權人委託其他防焰性能
認證合格業者，會同當地消防機關至該場所抽樣，並經防焰性能試驗
合格後，補發防焰標示。

前項情形，防焰性能認證合格業者應檢具下列文件向本部申請補發防
焰標示：

(一) 申請書（如附件十三，且須於備註欄填列使用範圍）。

(二) 防焰性能試驗報告書（如由原防焰性能認證合格業者申請者，免
　　 附）。

第　21　點　防焰標示應採張貼、縫製、鑲釘或懸掛等方式，標示於各防焰物品或
其材料本體上顯著處；其標示方式如下表：

防焰物品或其材料之種類			洗濯試驗種業	標示方法
窗簾及布幕	具耐洗性能者	洗濯後不需再加工處理者	現況、水洗、乾洗	縫製
		除水洗外，洗濯後須再加工處理者	現況、水洗	
		除乾洗外，洗濯後須再加工處理者	現況、乾洗	
	不具耐洗性能者		現況	張貼
地毯等地坪舖設物			現況	縫製或鑲釘
展示用廣告板			現況	張貼
施工用帆布			現況	縫製
防焰材料（合板除外）				張貼或懸掛

第　22　點　取得防焰性能認證合格之製造業、防焰處理業及進口販賣業，應於其
產品製造、防焰處理出廠或進口販賣前（依訂單、出貨單或進口報
單），逐批以自有之試驗設備進行品質管理之防焰性能試驗，並將實
施情形製成紀錄（格式如附件十五或附件十五之一），於每月十日前
提送專業機構備查並至其網站登錄。

前項防焰性能試驗及紀錄，業者得委託專業機構辦理。

第　23　點　使用防焰標示之業者，其防焰物品或其材料進出貨情形及領用之防焰
標示應有專人管理，每月之使用狀況紀錄（格式如附件十六、附件
十七）至少保存十年，並於每月十日前至專業機構網站登錄，以供本

部或各級消防機關查核。

前項防焰標示之管理、使用情形及防焰相關書表，本部得自行或委由各級消防機關實施查核或調閱。

第　24　點　取得防焰標示之物品或其材料，本部認為必要時，得自行或委由各級消防機關進行抽樣檢驗或於市場購樣檢驗，廠商不得拒絕。

前項抽樣檢驗或購樣檢驗之試驗結果，應與第二十二點所規定之防焰性能試驗報告比對查核。

第　25　點　使用防焰標示之業者，有下列情事之一者，本部得停止核發其防焰標示：

(一) 防焰物品或其材料未依第二十一點之規定標示，經通知限期改善，屆期未改善。

(二) 無正當理由拒絕抽樣檢驗。

(三) 經工廠抽樣或市場購樣檢驗，其產品未符防焰性能。

(四) 以不正當方法取得防焰標示或將防焰標示轉讓他人。

(五) 未繳納規費，經通知限期繳納，屆期未繳納。

(六) 申請註銷使用防焰標示。

(七) 未依第十四點規定申請變更。

有前項第三款之情形，經限期改善或收回，屆滿六個月仍未改善或未收回者，廢止其防焰認證。

使用防焰標示之業者，有下列情事之一者，本部得逕予廢止其防焰認證並停止核發其防焰標示：

(一) 解散或歇業。

(二) 公司登記、商業登記或工廠登記經主管機關註銷或撤銷。

第　26　點　未依第二十二點規定按時提報其品質管理紀錄或未依第二十三點規定記載其防焰標示之使用情形者，本部得停止核發其防焰標示，並收回已核發但尚未使用之防焰標示。但於一個月內改善者，不在此限。

第　27　點　經本部核准使用防焰標示之業者及其產品，由專業機構登載於網站，其經停止核發防焰標示者，亦同。

自我成長測驗

(D) 1. 依照「防焰性能認證實施要點」的規定，下列有關防焰合板之製造或其防焰性能加工處理業者規定之敘述，何者有誤？
(A) 應設置使合板與表面材緊密貼合之防焰加工設備
(B) 應設置寬 90 公分以上之浸泡容器及乾燥處理之防焰加工設備
(C) 應設置調配防焰藥劑之器具
(D) 應設置供分析欲施以合板防焰加工之布料材質
【解說】民 108 年 3 月已修正，合板製造或防焰處理業者，應設置下列防焰處理設備或器具：
1. 鑑別欲施以防焰處理之合板之器具。
2. 調配防焰藥劑之器具。
3. 寬九十公分以上，能均勻浸泡、烘乾之設備。
4. 可供減壓至 0.4kg/cm^2 以下之減壓設備及以 7kg/cm^2 之壓力注入防焰藥劑之加壓設備。
5. 使防焰藥劑均勻摻入黏著劑中，再將黏著劑均勻塗布在合板上之設備及將防焰藥劑均勻塗抹在合板表面之設備。
6. 使合板與表面材緊密貼合之設備。

(A) 2. 依照「防焰性能認證實施要點」的規定，下列何者不是為「消防法」第 11 條所稱之防焰物品？
(A) 人工草皮與面積 1.5 平方公尺以上之門墊及地墊
(B) 橫葉式百葉窗簾
(C) 舞台或攝影棚使用之布幕
(D) 網目在 12 公釐以下之施工用帆布
【解說】

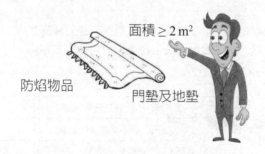

面積 ≥ 2 m^2
防焰物品
門墊及地墊

(B) 3. 依防焰性能認證實施要點之規定，下列敘述何者正確？
(A) 中央主管機關受理防焰性能認證申請後，應將審查結果於申請之日起 3 個月內通知申請人
(B) 品質管理部門至少應置一名以上之防焰處理技術人員
(C) 防焰物品之防焰性能加工處理業者，應設有均勻浸泡、脫水、烘乾之設備；其浸泡之器具，應為長 80 公分以上、寬 50 公分以上、高 40 公分以上之水槽
(D) 大型布幕無法以浸泡方式進行防焰性能加工處理時，得以噴霧塗布之方式，其噴霧器之噴嘴放射壓力不得小於每平方公分 3 公斤
【解說】應於專業機構或直轄市、縣（市）消防機關受理申請之日起二個月內，將審查結果

通知申請人。防焰處理業者，應設置下列防焰處理設備或器具：

1. 鑑別欲施以防焰處理之布料及其他材料之器具。
2. 調配防焰藥劑之器具。
3. 均勻浸泡、脫水、烘乾之設備；其浸泡之器具，應為長一百公分以上、寬五十公分以上、高五十公分以上之水槽。
4. 大型布幕無法以浸泡方式進行防焰處理者，得以噴霧塗布之方式，其噴霧器之噴嘴放射壓力不得小於每平方公分五公斤。

(C) 4. 依防焰性能認證實施要點規定，有關「展示用廣告板」及加工處理業者之敘述，下列何者錯誤？
(A) 展示用廣告板係指室內展示用廣告合板
(B) 防焰合板之製造或其防焰性能加工處理業者應設置符合規定之防焰處理、加工設備
(C) 防焰性能試驗之產品試樣規格為 1 平方公尺以上
(D) 防焰標示應採張貼方式，標示於材料本體上顯著處
【解說】

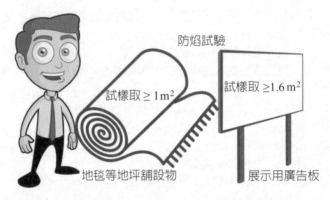

(A) 5. 防焰標示依防焰性能認證實施要點應採張貼、縫製、鑲釘或懸掛等方式，標示於各防焰物品或其材料本體上顯著處，請問展示用廣告物應採用何種方式標示？
(A) 張貼 (B) 縫製 (C) 鑲釘 (D) 懸掛
【解說】

窗簾及布幕	具耐洗性能者	縫製
	不具耐洗性能者	張貼
地毯等地坪舖設物		縫製或鑲釘
展示用廣告板		張貼
施工用帆布		縫製
防焰材料（不含合板）		張貼或懸掛

(C) 6. 依防焰性能認證實施要點規定，某業者申請防焰性能認證經審查合格，發給其認證合格登錄編號 AE-01-1234，下列敘述何者錯誤？
(A) 登錄編號中 AE 係指業別，其中 A 為製造業
(B) 登錄編號中 AE 係指業別，其中 E 為裁剪、縫製、安裝業

(C) 登錄編號中 01 係指防焰物品種類，而 01 爲防焰窗簾

(D) 登錄編號中 1234 爲序號

【解說】第 3 點申請防焰性能認證之業別如下：

　　（一）製造業：A 類，指製造防焰物品或其材料（合板除外）者。

　　（二）防焰處理業：B 類，指對大型布幕或洗濯後防焰物品（地毯及合板除外）施
　　　　　予處理賦予其防焰性能者。

　　（三）合板製造或防焰處理業：C 類，指製造具防焰性能合板或對合板施予處理賦
　　　　　予其防焰性能者。

　　（四）進口販賣業：D 類，指進口防焰物品或其材料，確認其防焰性能，進而販售者。

　　（五）裁剪、縫製、安裝業：E 類，指從事防焰物品或其材料之裁剪、縫製、安裝者。

第 13 點經防焰性能認證審查合格者，其認證合格登錄編號，由業別、地區別及序
號組合而成。

認證合格登錄號碼	業別	地區別（代碼）	序號（阿拉伯數字）
A-○○-○○○○	A	○○	○○○○
B-○○-○○○○	B	○○	○○○○
C-○○-○○○○	C	○○	○○○○
D-○○-○○○○	D	○○	○○○○
E-○○-○○○○	E	○○	○○○○

第一項地區別代碼如下表：

縣市別	代碼	縣市別	代碼	縣市別	代碼	縣市別	代碼
臺北市	01	新竹縣	07	嘉義市	14	臺東縣	22
高雄市	02	苗栗縣	08	嘉義縣	15	澎湖縣	23
基隆市	03	臺中市	09	臺南市	16	金門縣	24
新北市	04	南投縣	11	屏東縣	19	連江縣	
桃園市	05	彰化縣	12	宜蘭縣	20		
新竹市	06	雲林縣	13	花蓮縣	21		

申論題

1. 依消防法及防焰性能認證實施要點規定，防焰物品的設置場所及定義爲何？另依防焰性能試驗基
準規定，防焰物品或其材料有關餘焰時間及餘燃時間之防焰性能標準爲何？（25 分）（104 年升官
等）

【解說】

一、消防法第 11 條地面樓層達十一層以上建築物、地下建築物及中央主管機關指定之場所，其管
　　理權人應使用附有防焰標示之地毯、窗簾、布幕、展示用廣告板及其他指定之防焰物品。

消防法第十一條第一項所稱地毯、窗簾、布幕、展示用廣告板及其他指定之防焰物品，係指下列物品：

1. 地毯：梭織地毯、植簇地毯、合成纖維地毯、手工毯、滿舖地毯、方塊地毯、人工草皮與面積二平方公尺以上之門墊及地墊等地坪舖設物。
2. 窗簾：布質製窗簾（含布製一般窗簾，直葉式、橫葉式百葉窗簾、捲簾、隔簾、線簾）。
3. 布幕：供舞台或攝影棚使用之布幕。
4. 展示用廣告板：室內展示用廣告合板。
5. 其他指定之防焰物品：係指網目在十二公釐以下之施工用帆布。

二、防焰物品或其材料之防焰性能應符合下列規定：

（一）餘焰時間：
1. 地毯等地坪舖設物類不得超過二十秒。
2. 薄纖維製品（每平方公尺質量四五〇公克以下者）不得超過三秒。
3. 厚纖維製品（每平方公尺質量超過四五〇公克者）不得超過五秒。
4. 展示用廣告板不得超過十秒。

（二）餘燃時間：
1. 薄纖維製品不得超過五秒。
2. 厚纖維製品不得超過二十秒。
3. 展示用廣告板不得超過三十秒。

4.5　原有合法建築物防火避難設施及消防設備改善辦法

（109/04/08修正）

第 1 條　本辦法依建築法（以下簡稱本法）第七十七條之一規定訂定之。

第 2 條　原有合法建築物防火避難設施或消防設備不符現行規定者，其建築物所有權人或使用人應依該管主管建築機關視其實際情形令其改善項目之改善期限辦理改善，於改善完竣後併同本法第七十七條第三項之規定申報。

前項建築物防火避難設施及消防設備申請改善之項目、內容及方式如附表。

附表

類組別		改善項目 改善方式	消防設備類															
			滅火器	室內消防栓	自動撒水設備	簡易自動滅火設備	火警自動警報設備	一一九火災通報裝置	瓦斯漏氣火警自動警報設備	緊急廣播設備	標示設備	緊急照明設備	避難器具	排煙設備	緊急電源配線	防災監控系統綜合操作裝置	冷卻撒水設備	射水設備
A類	公共集會類	A-1	○	△	△	✕	○	✕	○	○	○	○	△	△	○	Ｑ	✕	✕
		A-2	○	△	△	✕	○	✕	○	○	○	○	△	△	○	Ｑ	✕	✕
B類	商業類	B-1	○	△	△	✕	○	✕	○	○	○	○	△	△	○	Ｑ	✕	✕
		B-2	○	△	△	✕	○	✕	○	○	○	○	△	△	○	Ｑ	✕	✕
		B-3	○	△	△	Ｑ	○	✕	○	○	○	○	△	△	○	Ｑ	✕	✕
		B-4	○	△	△	✕	○	✕	○	○	○	○	△	△	○	Ｑ	✕	✕
C類	工業、倉儲類	C-1	○	△	△	✕	○	✕	○	○	○	○	△	△	○	Ｑ	✕	✕
		C-2	○	△	△	✕	○	✕	○	○	○	○	△	△	○	Ｑ	✕	✕
D類	休閒、文教類	D-1	○	△	△	✕	○	✕	○	○	○	○	△	△	○	Ｑ	✕	✕
		D-2	○	△	△	✕	○	✕	○	○	○	○	△	△	○	Ｑ	✕	✕
		D-3	○	△	△	✕	○	✕	○	○	○	○	△	△	○	Ｑ	✕	✕
		D-4	○	△	△	✕	○	✕	○	○	○	○	△	△	○	Ｑ	✕	✕
		D-5	○	△	△	✕	○	✕	○	○	○	○	△	△	○	Ｑ	✕	✕
E類	宗教類		○	△	△	✕	○	✕	○	○	○	○	△	△	○	Ｑ	✕	✕
F類	衛生、福利、更生類	F-1	○	△	△	Ｑ	○	Ｑ	○	○	○	○	△	△	○	Ｑ	✕	✕
		F-2	○	△	△	Ｑ	○	Ｑ	○	△	△	○	△	△	○	Ｑ	✕	✕
		F-3	○	△	△	✕	○	✕	○	○	○	○	△	△	○	Ｑ	✕	✕
		F-4	○	✕	✕	Ｑ	✕	Ｑ	✕	✕	✕	✕	✕	✕	✕	Ｑ	✕	✕
G類	辦公、服務類	G-1	○	△	△	✕	○	✕	○	○	○	○	△	△	○	Ｑ	✕	✕
		G-2	○	△	△	✕	○	✕	○	○	○	○	△	△	○	Ｑ	✕	✕
		G-3	○	△	△	✕	○	✕	○	○	○	○	△	△	✕	Ｑ	✕	✕

類組別		改善項目改善方式	滅火器	室內消防栓	自動撒水設備	簡易自動滅火設備	火警自動警報設備	一一九火災通報裝置	瓦斯漏氣火警自動警報設備	緊急廣播設備	標示設備	緊急照明設備	避難器具	排煙設備	緊急電源配線	防災監控系統綜合操作裝置	冷卻撒水設備	射水設備
H類	住宅類	H-1	○	△	△	◎	○	◎	○	○	○	○	△	○	○	◎	×	×
		H-2	○	△	△	◎	○	◎	○	○	○	○	△	△	○	◎	×	×
I類	危險物品類		○	○	○	×	○	×	○	○	○	○	○	○	○	◎	◎	◎

備註：

一、有關建築物之用途分類，依建築物使用類組及變更使用辦法之類組定義、使用項目規定辦理。

二、改善方式符號說明：

(一)「○」：應依現行法令規定辦理改善。

(二)「△」：應依本辦法第二十五條之規定辦理改善。

(三)「×」：應辦理檢討改善。

第　3　條　原有合法建築物所有權人或使用人依前條第一項申請改善時，應備具申請書、改善計畫書、工程圖樣及說明書。

前項改善計畫書依建築技術規則總則編第三條認可之建築物防火避難性能設計計畫書辦理，得不適用前條附表一部或全部之規定。

原有合法建築物符合下列規定者，其改善計畫書經當地主管建築機關認可後，得不適用前條附表一一部或全部之規定：

一、建築物供作B-2類組使用之總樓地板面積未達五千平方公尺。

二、建築物位在五層以下之樓層供作A-1類組使用。

三、建築物位在十層以下之樓層。

第　4　條　原有合法建築物改善防火避難設施或消防設備時，不得破壞原有結構之安全。但補強措施由建築師鑑定安全無虞，經直轄市、縣（市）主管建築機關核准者，不在此限。

第　5　條　原有合法建築物十層以下之樓層面積區劃，依下列規定改善：

一、防火構造建築物或防火建築物，其總樓地板面積在一千五百平方公尺以上者，應按每一千五百平方公尺，以具有一小時以上防火時效之牆壁、樓地板及防火設備區劃分隔；具備有效自動滅火設備者，得免計算其有效範圍樓地板面積之二分之一。

二、非防火構造建築物，其主要構造部分使用不燃材料建造之建築物者，應按其總樓地板面積每一千平方公尺，以具有一小時防火時效之牆壁、樓地板及防火設備區劃分隔。

三、非防火構造建築物，其主要構造爲木造且屋頂以不燃材料覆蓋者，按其總樓地板面積每五百平方公尺，以具有一小時防火時效之牆壁、樓地板及防火設備區劃分隔。

第　6　條　原有合法建築物十一層以上之樓層面積區劃，依下列規定改善：

一、樓地板面積超過一百平方公尺者，應按每一百平方公尺，以具有一小時以上防火時效之牆壁、樓地板及防火設備區劃分隔。建築物供作H-2類組使用者，其區劃面積得增爲二百平方公尺。

二、自地板面起一點二公尺以上之室內牆面及天花板均使用耐燃一級材料裝修者，得按每二百平方公尺，以具有一小時以上防火時效之牆壁、樓地板及防火設備區劃分隔。建築物供作H-2類組使用者，區劃面積得增爲四百平方公尺。

三、室內牆面及天花板（包括底材）均以耐燃一級材料裝修者，得按每五百平方公尺範圍內，以具有一小時以上防火時效之牆壁、樓地板及防火設備區劃分隔。

四、前三款區劃範圍內，備有效自動滅火設備者，得免計算其有效範圍樓地板面積之二分之一。

第　7　條　原有合法建築物供特定用途空間區劃，依下列規定改善：

一、防火構造建築物供下列用途使用者，其無法區劃分隔部分，以具有一小時以上防火時效之牆壁、樓地板及防火設備區劃分隔：

(一) 建築物使用類組爲A-1類組或D-2類組之觀眾席部分。

(二) 建築物使用類組爲C類組之生產線部分、D-3類組或D-4類組之教室、體育館、零售市場、停車空間及其他類似用途建築物。

二、非防火構造建築物供下列用途使用者，其無法區劃分隔部分，以具有半小時以上防火時效之牆壁、樓地板及防火設備區劃分隔，天花板及面向室內之牆壁，以使用耐燃一級材料裝修：

(一) 體育館、建築物使用類組爲C類組之生產線部分及其他供類似用途使用之建築物。

(二) 樓梯間、升降機間及其他類似用途使用部分。

三、位於都市計畫工業區或非都市土地丁種建築用地之建築物供C類組使用者，其作業廠房與其附屬空間應以一小時以上防火時效之

牆壁、樓地板及防火設備區劃用途，同時能通達避難層或地面或樓梯口。

第 8 條 原有合法建築物垂直區劃之挑空部分，依下列規定改善：

一、各層樓地板應為連續完整面，並突出挑空處之牆面五十公分以上。但與樓地板面交接處之牆面高度應有九十公分以上且具有一小時防火時效者，得免突出。

二、鄰接挑空部分同樓層供不同使用單元使用之居室，其牆面相對間隔未達三公尺者，該牆面應具有一小時以上防火時效；牆壁開口應裝置具有一小時防火時效之防火設備。

三、挑空部分應設自然排煙或機械排煙設備。

鄰接挑空部分之區分所有權專有部分，以一小時防火時效之牆壁、樓地板及防火設備區劃分隔，且防火設備具遮煙性者，得僅就專有部分檢討。

第 9 條 原有合法建築物垂直區劃之電扶梯及升降機間部分，應以具有一小時以上防火時效之牆壁、防火設備與該處防火構造之樓地板形成區劃分隔。

鄰接電扶梯及升降機間部分之區分所有權專有部分，以一小時以上防火時效之牆壁、樓地板及防火設備區劃分隔，且防火設備具有遮煙性者，得僅就專有部分檢討。

第 10 條 原有合法建築物垂直區劃之垂直貫穿樓地板之管道間及其他類似部分，應以具有一小時以上防火時效之牆壁形成區劃分隔；管道間之維修門應具有一小時以上之防火時效及遮煙性。

第 11 條 原有合法建築物之層間區劃，依下列規定改善：

一、防火構造建築物之樓地板應為連續完整面，並應突出建築物外牆五十公分以上；與樓地板交接處之外牆或外牆之內側面高度有九十公分以上，且該外牆或內側構造具有與樓地板同等以上防火時效者，得免突出。

二、外牆為帷幕牆者，其牆面與樓地板交接處之構造，應依前款之規定。

三、建築物有連跨複數樓層，無法逐層區劃分隔之垂直空間者，應依第九條規定改善。

第　12　條　原有合法建築物之貫穿部區劃，依下列規定改善：

一、貫穿防火區劃牆壁或樓地板之風管，應在貫穿部位任一側之風管內裝設防火閘門或閘板，其與貫穿部位合成之構造，並應具有一小時以上之防火時效。

二、貫穿防火區劃牆壁或樓地板之電力管線、通訊管線及給排水管線或管線匣，與貫穿部位合成之構造，應具有一小時以上之防火時效。

第　13　條　原有合法高層建築物區劃，依第八條及下列規定改善：

一、高層建築物連接室內安全梯、特別安全梯、升降機及梯廳之走廊應以具有一小時以上防火時效之牆壁、防火設備與該樓層防火構造之樓地板形成獨立之防火區劃。

二、高層建築物升降機道及梯廳應以具有一小時以上防火時效之牆壁、防火設備與該處防火構造之樓地板形成獨立之防火區劃，出入口之防火設備並應具有遮煙性。

三、高層建築物設有燃氣設備時，應將設置燃氣設備之空間與其他部分以具有一小時以上防火時效之牆壁、防火設備及該層防火構造之樓地板區予以劃分隔。

四、高層建築物設有防災中心者，該防災中心應以具有二小時以上防火時效之牆壁、防火設備及該層防火構造之樓地板予以區劃分隔，室內牆面及天花板，以耐燃一級材料為限。

第　14　條　防火區劃之防火門窗，依下列規定改善：

一、常時關閉式之防火門應免用鑰匙即可開啟，並裝設開啟後自行關閉之裝置，其門扇或門樘上應標示常時關閉式防火門等文字。

二、常時開放式之防火門應裝設利用煙感應器連動或於火災發生時能自動關閉之裝置；其關閉後應免用鑰匙即可開啟，且開啟後自行關閉。

第　15　條　非防火區劃分間牆依現行規定應具一小時防火時效者，得以不燃材料裝修其牆面替代之。

第　16　條　避難層之出入口，依下列規定改善：

一、應有一處以上之出入口寬度不得小於九十公分，高度不得低於一點八公尺。

二、樓地板面積超過五百平方公尺者，至少應有二個不同方向之出入口。

第 17 條 避難層以外樓層之出入口寬度不得小於九十公分，高度不得低於一點八公尺。

第 18 條 一般走廊與連續式店舖商場之室內通路構造及淨寬，依下列規定改善：

一、一般走廊：

(一)中華民國六十三年二月十六日以前興建完成之建築物，其走廊淨寬度不得小於九十公分；走廊一側為外牆者，其寬度不得小於八十公分。走廊內部應以不燃材料裝修。

(二)中華民國六十三年二月十七日至八十五年四月十八日間興建完成之建築物依下表規定：

走廊配置用途	二側均有居室之走廊	其他走廊
各級學校供室使用部分	二點四公尺以上	一點八公尺以上
醫院、旅館、集合住宅等及其他建築物在同一層內之居室樓地板面積二百平方公尺以上（地下層時為一百平方公尺以上）	一點六公尺以上	一點一公尺以上
其他建築物在同一層內之居室樓地板面積二百平方公尺以下（地下層時為一百平方公尺以下）	零點九公尺以上	

1.供A-1類組使用者，其觀眾席二側及後側應設置互相連通之走廊並連接直通樓梯。但設於避難層部分其觀眾席樓地板面積合計在三百平方公尺以下及避難層以上樓層其觀眾席樓地板面積合計在一百五十平方公尺以下，且為防火構造，不在此限。觀眾席樓地板面積三百平方公尺以下者，走廊寬度不得小於一點二公尺；超過三百平方公尺者，每增加六十平方公尺應增加寬度十公分。

2.走廊之地板面有高低時，其坡度不得超過十分之一，並不得設置臺階。

3.防火構造建築物內各層連接直通樓梯之走廊通道，其牆壁應為防火構造或不燃材料。

二、連續式店鋪商場之室內通路寬度應依下表規定：

各層之樓地板面積	二側均有店鋪之通路寬度	其他通路寬度
二百平方公尺以上，一千平方公尺以下	三公尺以上	二公尺以上
三千平方公尺以下	四公尺以上	三公尺以上
超過三千平方公尺	六公尺以上	四公尺以上

第 19 條　直通樓梯之設置及步行距離，依下列規定改善：

一、任何建築物避難層以外之各樓層，應設置一座以上之直通樓梯（含坡道）通達避難層或地面。

二、自樓面居室任一點至樓梯口之步行距離，依下列規定：

(一)建築物用途類組為A、B-1、B-2、B-3及D-1類組者，不得超過三十公尺。建築物用途類組為C類組者，除電視攝影場不得超過三十公尺外，不得超過七十公尺。其他類組之建築物不得超過五十公尺。

(二)前目規定於建築物第十五層以上之樓層，依其供使用之類組適用三十公尺者減為二十公尺、五十公尺者減為四十公尺。

(三)集合住宅採取複層式構造者，其自無出入口之樓層居室任一點至直通樓梯之步行距離不得超過四十公尺。

(四)非防火構造或非使用不燃材料建造之建築物，適用前三目規定之步行距離減為三十公尺以下。

三、前款之步行距離，應計算至直通樓梯之第一階。但直通樓梯為安全梯者，得計算至進入樓梯間之防火門。

四、建築物屬防火構造者，其直通樓梯應為防火構造，內部並以不燃材料裝修。

五、增設之直通樓梯，依下列規定辦理：

(一)應為安全梯，且寬度應為九十公分以上。

(二)不計入建築面積及各層樓地板面積。但增加之面積不得大於原有建築面積十分之一或三十平方公尺。

(三)不受鄰棟間隔、前院、後院及開口距離有關規定之限制。

(四)高度不得超過原有建築物高度加三公尺，亦不受容積率之限制。

第　20　條　直通樓梯及平臺淨寬，依下列規定改善：

一、國民小學校舍等供兒童使用者，不得小於一點三公尺。

二、醫院、戲院、電影院、歌廳、演藝場、商場（包括營業面積在
一千五百平方公尺以上之加工服務部）、舞廳、遊藝場、集會堂
及市場等建築物，不得小於一點四公尺。

三、地面層以上每層之居室樓地板面積超過二百平方公尺或地下層面
積超過一百平方公尺者不得小於一點二公尺。

四、前三款以外建築物，不得小於七十五公分。

直通樓梯設置於室外並供作安全梯使用，其寬度得減為九十公分以
上。其他應為七十五公分以上。服務專用樓梯不供其他使用者，得不
受本條規定之限制。

第　21　條　直通樓梯總寬度依下列規定改善：

一、供商場使用者，以其直上層以上各層中任何一層之最大樓地板面
積每一百平方公尺寬六十公分之計算值，並以避難層作分界，分
別核計其直通樓梯總寬度。

二、供作A-1類組使用者，按觀眾席面積每十平方公尺寬十公分之計
算值，且其二分之一寬度之樓梯出口，應設置在戶外出入口之近
旁。

第　22　條　下列建築物依現行規定應設置之直通樓梯，其構造應改為室內或室外
之安全梯或特別安全梯，且自樓面居室任一點至安全梯口之步行距離
應符合第十九條規定：

一、通達六層以上，十四層以下或通達地下二層之各樓層，應設置安
全梯；通達十五層以上或地下三層以下之各樓層，應設置戶外安
全梯或特別安全梯。但十五層以上或地下三層以下各樓層之樓地
板面積未超過一百平方公尺者，戶外安全梯或特別安全梯改設為
室內安全梯。

二、通達供作A-1、B-1及B-2類組使用之樓層，應為安全梯，其中至
少一座應為戶外安全梯或特別安全梯。但該樓層位於五層以上
者，通達該樓層之直通樓梯均應為戶外安全梯或特別安全梯，並
均應通達屋頂避難平臺。

直通樓梯之構造應具有半小時以上防火時效。

第 22-1 條　三層以上，五層以下原有合法建築物之直通樓梯，依現行規定應至少有一座安全梯者，經當地主管建築機關認定設置有困難時，得以其鄰接直通樓梯之牆壁應具一小時以上防火時效，其出入口應裝設具有一小時以上之防火時效及半小時以上阻熱性之防火門窗替代之。

第 23 條　安全梯應依下列規定改善：

一、室內安全梯：

(一) 四周牆壁應具有一小時以上防火時效，天花板及牆面之裝修材料並以耐燃一級材料為限。

(二) 進入安全梯之出入口，應裝設具有一小時以上防火時效及遮煙性之防火門，且不得設置門檻。

(三) 安全梯出入口之寬度不得小於九十公分。

二、戶外安全梯間四週之牆壁應具有一小時以上之防火時效。出入口應裝設具有一小時以上防火時效之防火門，並不得設置門檻，其寬度不得小於九十公分。但以室外走廊連接安全梯者，其出入口得免裝設防火門。

三、特別安全梯：

(一) 樓梯間及排煙室之四週牆壁應具有一小時以上防火時效，其天花板及牆面之裝修，應為耐燃一級材料。樓梯間及排煙室開設採光用固定窗戶或在陽臺外牆開設之開口，除開口面積在一平方公尺以內並裝置具有半小時以上之防火時效之防火設備者，應與其他開口相距九十公分以上。

(二) 自室內通陽臺或進入排煙室之出入口，應裝設具有一小時以上防火時效及遮煙性之防火門，自陽臺或排煙室進入樓梯間之出入口應裝設具有半小時以上防火時效之防火門。

(三) 樓梯間與排煙室或陽臺之間所開設之窗戶應為固定窗。

(四) 建築物地面層達十五層或地下層達三層者，該樓層之特別安全梯供作A-1、B-1、B-2、B-3、D-1或D-2類組使用時，其樓梯間與排煙室或樓梯間與陽臺之面積，不得小於各該層居室樓地板面積百分之五；供其他類組使用時，不得小於各該層居室樓地板面積百分之三。

四、建築物各棟設置之安全梯應至少有一座於各樓層僅設一處出入口

　　　　　　　且不得直接連接居室。但鄰接安全梯之各區分所有權專有部分出入口裝設之門改善爲能自行關閉且具有遮煙性者，或安全梯出入口之防火門改善爲具有遮煙性者，得不受限制。

五、中華民國九十四年七月一日後申請建造執照之建築物，其安全梯應符合申請時之建築技術規則規定。

第　24　條　　緊急進口依下列規定改善：

一、建築物在三層以上，第十層以下之各樓層，應設置緊急進口，窗戶或開口寬應在七十五公分以上及高度一點二公尺以上，或直徑一公尺以上之圓孔，且無柵欄或其他阻礙物。但面臨道路或寬度四公尺以上通路，且各層外牆每十公尺設有窗戶或其他開口者，不在此限。

二、構造應符合下列規定：

(一) 進口應設於面臨道路或寬度在四公尺以上通路之各層外牆面，間隔不得大於四十公尺。

(二) 進口之寬度應在七十五公分以上，高度應在一點二公尺以上，其開口之下端應距離樓地板面八十公分以內，並可自外面開啓或輕易破壞進入室內之構造。進口外得設置陽臺，其寬度應爲一公尺以上，長度四公尺以上。

第　25　條　　消防設備依下列規定改善：

一、已敷設於建築物內之消防設備，如消防水池、消防立管、消防栓、滅火設備、警報設備、避難器具等設備，其功能正常者得維持原有使用。

二、滅火設備之施工及結構安全確有困難者，應設有與現行法令同等滅火效能之滅火設備。

三、排煙設備之施工及結構安全確有困難者，於樓地板面積每一百平方公尺以防煙壁區劃間隔，且天花板及牆面之室內裝修材料使用不燃材料或耐燃材料。

第　26　條　　本辦法自發布日施行。

自我成長測驗

(C) 1. 俄「原有合法建築物防火避難設施及消防設備改善辦法」之規定，合法建築物十一居以上之樓層，其室內牆面及天花板（包括底材）均以耐燃一級材料裝修者，得按每多少平方公咫範圍內實施面積區劃？
(A) 100　(B) 300　(C) 500　(D) 1000
【解說】
第六條　原有合法建築物十一層以上之樓層面積區劃，依下列規定改善：一、樓地板面積超過一百平方公尺者，應按每一百平方公尺，以具有一小時以上防火時效之牆壁、樓地板及防火設備區劃分隔。建築物供作 H-2 類組使用者，其區劃面積得增為二百平方公尺。二、自地板面起一點二公尺以上之室內牆面及天花板均使用耐燃一級材料裝修者，得按每二百平方公尺，以具有一小時以上防火時效之牆壁、樓地板及防火設備區劃分隔。建築物供作 H-2 類組使用者，區劃面積得增為四百平方公尺。三、室內牆面及天花板（包括底材）均以耐燃一級材料裝修者，得按每五百平方公尺範圍內，以具有一小時以上防火時效之牆壁、樓地板及防火設備區劃分隔。四、前三款區劃範圍內，備有效自動滅火設備者，得免計算其有效範圍樓地板面積之二分之一。

(A) 2. 原有合法之既存供公眾使用建築物，其防火避難設施與消防設備不符現行規定者，依法應如何處理之敘述，下列何者正確？
(A) 視其情形，令其改善　　　　　　(B) 只要不變更用途就不溯及既往
(C) 只檢討防火區劃及避難設施　　　(D) 只檢討警報及避難設備

(D) 3. 依「原有合法建築物防火避難設施及消防設備改善辦法」規定，供何種類組建築物使用時，其消防設備改善項目（室內消防栓、自動撒水設備、火警自動警報設備、緊急廣播設備、標示設備、緊急照明設備、避難器具、瓦斯漏氣火警自動警報設備、排煙設備、滅火器、緊急電源配線）、內容及方式，應依現行法 規定辦理改善？
(A) A 類：公共集會類　　　　　　　(B) B 類：商業類
(C) C 類：工業、倉儲類　　　　　　(D) I 類：危險物品類

(A) 4. 依「原有合法建築物防火避難設施及消防設備改善辦法」規定，樓地板面積超過多少平方公尺者，至少應有二個不同方向之出入口？
(A) 500　(B) 800　(C) 1000　(D) 1500
【解說】
第十六條　避難層之出入口，依下列規定改善：一、應有一處以上之出入口寬度不得小於九十公分，高度不得低於一點八公尺。二、樓地板面積超過五百平方公尺者，至少應有二個不同方向之出入口。

(A) 5. 依原有合法建築物防火避難設施及消防設備改善辦法第 16 條之規定，原有合法建築物之避難層，樓地板面積超過多少平方公尺者，至少應有二個不同方向之出入口？
(A) 500 平方公尺　(B) 1000 平方公尺　(C) 2000 平方公尺　(D) 3000 平方公尺

【解說】

避難層出入口

≥500m²
2個不同方向出入口

≥180cm

≥90cm

(C) 6. 依原有合法建築物防火避難設施及消防設備改善辦法之規定，原有合法建築物垂直區劃之挑空部分，各層樓地板應爲連續完整面，並突出挑空處之牆面 X 公分以上。但與樓地板面交接處之牆面高度有 Y 公分以上且具有 1 小時防火時效者，得免突出。請問 X、Y 爲多少？
(A) X：30 公分，Y：75 公分　　　　　　(B) X：50 公分，Y：75 公分
(C) X：50 公分，Y：90 公分　　　　　　(D) X：60 公分，Y：90 公分

(A) 7. 依原有合法建築物防火避難設施及消防設備改善辦法之規定，建築物在三層以上，第十層以下之各樓層，應設置緊急進口。窗戶或開口如爲方形，寬應在 X 公分以上及高度 Y 公分以上，且無柵欄或其他阻礙物。請問 X、Y 爲多少？
(A)X：75 公分，Y：120 公分　　　　　　(B) X：80 公分，Y：120 公分
(C)X：80 公分，Y：140 公分　　　　　　(D) X：90 公分，Y：140 公分

【解說】

緊急進口窗戶或開口如爲方形，寬應在 75 公分以上及高度 120 公分以上，且無阻礙物

(C) 8. 依原有合法建築物防火避難設施及消防設備改善辦法之規定，有關原有合法建築物 10 層以下之非防火構造建築物，其主要構造部分使用不燃材料建造之建築物者，應按其總樓地板面積每 X 平方公尺，以具有 1 小時防火時效之牆壁、樓地板及防火設備區劃分隔。請問 X 爲多少？
(A) 300　(B) 500　(C) 1000　(D) 1500

(B) 9. 依據原有合法建築物防火避難設施及消防設備改善辦法規定，避難層之出入口，依下列規定改善：一、應有一處以上之出入口寬度不得小於 X 公分，高度不得低於 Y 公尺。二、樓地板面積超過 Z 平方公尺者，至少應有二個不同方向之出入口。請問 X、Y、Z 各爲多少？
(A) X = 80,Y = 2.0,Z = 600　　　　　　(B) X = 90,Y = 1.8,Z = 500

(C) X = 100,Y = 1.6,Z = 400　　　　　　(D) X = 110,Y = 1.4,Z = 300

(C) 10. 依原有合法建築物防火避難設施及消防設備改善辦法之規定，原有合法建築物垂直區劃之挑空部分，各層樓地板應為連續完整面，並突出挑空處之牆面 X 公分以上。但與樓地板面交接處之牆面高度有 Y 公分以上且具有 1 小時防火時效者，得免突出。請問 X、Y 為多少？

(A) X：30 公分，Y：75 公分　　　　(B) X：50 公分，Y：75 公分

(C) X：50 公分，Y：90 公分　　　　(D) X：60 公分，Y：90 公分

【解說】依原有合法建築物防火避難設施及消防設備改善辦法之規定，原有合法建築物垂直區劃之挑空部分，各層樓地板應為連續完整面，並突出挑空處之牆面 50 公分以上。但與樓地板面交接處之牆面高度有 90 公分以上且具有 1 小時防火時效者，得免突出。

---

1. 消防法規與建築法規中，針對原有合法建築物消防安全設備改善之相關規定為何？並請試述消防實務具體作法。（25 分）（104 年消防設備士）

【解說】

建築物如確為實施建築管理前所建造者，其為維持原有使用，應有「原有合法建築物防火避難設施及消防設備改善辦法」）之適用，建築物如符合此規定，於補辦使用執照時，其消防安全設備之設置得依「原有合法建築物防火避難設施及消防設備改善辦法」之規定辦理。消防設備依下列規定改善：

A. 已敷設於建築物內之消防設備，如消防水池、消防立管、消防栓、滅火設備、警報設備、避難器具等設備，其功能正常者得維持原有使用。

B. 滅火設備之施工及結構安全確有困難者，應設有與現行法令同等滅火效能之滅火設備。

C. 排煙設備之施工及結構安全確有困難者，樓地板面積每一百平方公尺以防煙壁區劃間隔，且天花板及牆面室內裝修材料使用不燃材料或耐燃材料。

---

2. 受極端氣候變遷的影響下，近年來全球災害頻傳，為維護公共安全，供公眾使用或經中央主管建築機關認有必要之非供公眾使用之原有合法建築物，其安全梯及消防安全設備不符現行規定者，請試述其應改善標準依據及在實務操作所考量之處理原則為何？（105 年消防設備師）

【解說】

（一）應改善標準依據：原有合法建築物防火避難設施及消防設備改善辦法。二）安全梯及消防安全設備不符現行規定者，在實務操作所考量之處理原則

第二條　　　原有合法建築物防火避難設施或消防設備不符現行規定者，其建築物所有權人或使用人應依該管主管建築機關視其實際情形令其改善項目之改善期限辦理改善，於改善完竣後併同本法第七十七條第三項之規定申報。

第四條　　　原有合法建築物改善防火避難設施或消防設備時，不得破壞原有結構之安全。但補強措施由建築師鑑定安全無虞，經直轄市、縣（市）主管建築機關核准者，不在此限。

第二十三條 安全梯應依下列規定改善：

一、室內安全梯：

（一）四周牆壁應具有一小時以上防火時效，天花板及牆面之裝修材料並以耐燃一級材料為限。

（二）進入安全梯之出入口，應裝設具有一小時以上防火時效及遮煙性之防火門，

　　　　　　且不得設置門檻。

　　　　（三）安全梯出入口之寬度不得小於九十公分。

　　二、戶外安全梯間四週之牆壁應具有一小時以上之防火時效。出入口應裝設具有一小時以上防火時效之防火門，並不得設置門檻，其寬度不得小於九十公分。但以室外走廊連接安全梯者，其出入口得免裝設防火門。

　　三、特別安全梯：

　　　　（一）樓梯間及排煙室之四週牆壁應具有一小時以上防火時效，其天花板及牆面之裝修，應為耐燃一級材料。樓梯間及排煙室開設採光用固定窗戶或在陽臺外牆開設之開口，除開口面積在一平方公尺以內並裝置具有半小時以上之防火時效防火設備者，應與其他開口相距九十公分以上。

　　　　（二）自室內通陽臺或進入排煙室之出入口，應裝設具有一小時以上防火時效及遮煙性之防火門，自陽臺或排煙室進入樓梯間之出入口應裝設具有半小時以上防火時效之防火門。

　　　　（三）樓梯間與排煙室或陽臺之間所開設之窗戶應為固定窗。

　　　　（四）建築物地面層達十五層或地下層達三層者，該樓層之特別安全梯供作 A-1、B-1、B-2、B-3、D-1 或 D-2 類組使用時，其樓梯間與排煙室或樓梯間與陽臺之面積，不得小於各該層居室樓地板面積百分之五；供其他類組使用時，不得小於各該層居室樓地板面積百分之三。

　　四、建築物各棟設置之安全梯應至少有一座於各樓層僅設一處出入口且不得直接連接居室。但鄰接安全梯之各區分所有權專有部分出入口裝設之門改善為能自行關閉且具有遮煙性者，或安全梯出入口之防火門改善為具有遮煙性者，得不受限制。

　　五、中華民國九十四年七月一日後申請建造執照之建築物，其安全梯應符合申請時之建築技術規則規定。

第二十五條　消防設備依下列規定改善：

　　一、已敷設於建築物內之消防設備，如消防水池、消防立管、消防栓、滅火設備、警報設備、避難器具等設備，其功能正常者得維持原有使用。

　　二、滅火設備之施工及結構安全確有困難者，應設有與現行法令同等滅火效能之滅火設備。

　　三、排煙設備之施工及結構安全確有困難者，於樓地板面積每一百平方公尺以防煙壁區劃間隔，且天花板及牆面之室內裝修材料使用不燃材料或耐燃材料。

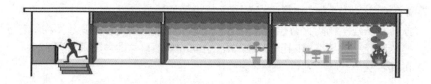

4.6　緊急電源容量計算基準

（86/01/17訂定）

一、本基準依據各類場所消防安全設備設置標準第一百九十六條第一款規定訂定。

二、本基準分為緊急發電機設備及蓄電池設備之容量計算兩部分。

三、緊急發電機設備之輸出容量計算

(一) 輸出容量計算之基本原則

1.每一建築物應個別設置緊急電源。但同一建築基地之不同場所，其各類場所之消防安全設備緊急電源負載總容量，大於供給其最大場所之負載所需之輸出容量時，得共用緊急電源，由一緊急發電機設備供給電力。

2.一場所設置兩種以上之消防安全設備時，其輸出之電力容量，須足供該等消防用電設備同時啟動且能同時使用。但於兩種以上之消防安全設備同時啟動時，設有能按次序逐次於五秒內供給消防安全設備電力之裝置，或消防安全設備依其種類或組合不可能同時啟動或同時使用（如二氧化碳滅火設備與排煙設備）時，得免計入瞬時全負載投入之輸出容量。

3.消防安全設備應設置能自動供給電力之緊急電源裝置，供常用電源停電時使用。但設置兩種以上之消防安全設備時，對於消防安全設備之負載投入，準用前目之規定。

(二) 緊急發電設備輸出容量之計算

計算緊急發電設備必要的輸出容量，應先依第一目與第二目計算發電機之輸出容量及原動機之輸出容量，由第三目整合發電機輸出量與原動機輸出量，據此結果選定適當之發電機與原動機，並以該發電機組之輸出容量作為緊急發電設備之輸出量。

1.發電機輸出量之計算

發電機輸出量由下列公式計算。

$G = RG \cdot K$

G ＝發電機輸出量（kVA）

RG：發電機輸出係數（kVA/kW）

K：負載輸出量合計（kW）

此時之負載輸出量合計及發電機輸出係數之核算如下：

(1) 負載輸出量合計（K）之計算，應依據附錄一。

(2) 發電機輸出係數（RG），先算出下列四種係數，取其最大值。

各係數之計算，應依附錄二。若負載輸出量合計大而需要更詳細的核算時，應依據附錄三計算。

RG1：定態負載輸出係數，係指在發電機端於定態（steady-state）時，由負載電流而定的係數。

RG2：容許電壓下降輸出係數，係指因電動機啓動所產生之發電機端電壓下降之容許量而定的係數。

RG3：短時間通過電流耐力輸出係數，是指發電機端於暫態（transient-state）負載電流之最大值而定的係數。

RG4：容許逆相電流輸出係數，是指負載所發生的逆相電流，高諧波電流成分的關係而定的係數。

2. 原動機輸出量之計算

原動機輸出量由下列公式計算

$E = 1.36RE \cdot K$

E：原動機輸出容量（PS）

RE：原動機輸出係數（kW/kW）

K：負載輸出容量合計（kW）

此時之負載輸出量合計及原動機輸出係數之計算如下：

(1) 負載輸出量合計（K）計算，應依據附錄一（本單位附錄均省略）。

(2) 原動機輸出係數（RE），先算出下列三種係數，取其最大值。

各係數之計算，應依據附錄四。若負載輸出量合計大而需要更詳細的核算時，應依據附錄五計算。

RE1：定態負載輸出係數，係指由定態時之負載而定之係數。

RE2：容許轉數變動輸出係數，係指暫態下因對負載急變之轉數變動之容許值而定之係數。

RE3：容許最大輸出係數，係指暫態而產生的最大值而定之係數。

3. 發電機輸出量與原動機輸出量之整合

由前述1與2計算之發電機與原動機，是否可以組合爲緊急發電機組，應先以下列公式所示之整合率（MR）確認，其整合率應大於1。而最適當之組

合應於其整合率值為未滿1.5。

如果整合率未滿1時應重新計算,增加原動機輸出量,使其大於1。

$$MR = \frac{E}{\left(\dfrac{G \cdot \cos\theta}{0.736\eta\delta}\right)}$$

依照附錄二與附錄四計算時,

$$MR = \frac{E}{1.2G \cdot CP}$$

MR:整合率。

G:發電機輸出量(kVA)

$\cos\theta$:發電機之額定功率因數(0.8)

$\eta\delta$:發電機效率(於附錄四$\eta\delta = 0.9$)

E:原動機輸出量(PS)

CP:原動機輸出補正係數

發電機輸出量G(kVA)	原動機輸出補正係數Cp
62.5未滿	1.125
62.5以上300未滿	1.060
300以上	1.000

備註:附錄四中之發電機效率$\eta\delta$採用標準值(0.9)計算,對於小型發電機之誤差較大,需以原動機輸出補正係數補正其效率。

(三) 其他

1. 緊急發電設備輸出量算出結果,應填入附表1至附表4之計算表格,提出送審。

2. 既設的緊急發電設備之輸出量,得不修正之。但相關消防安全設備之負載輸出量變更時,應依據本基準重新計算,而採取適當之修正措施。

四、蓄電池之容量計算

1. 容量計算之公式

(1) 蓄電池容量計算之公式

$$C = \frac{1}{L}\left[K1 + K2(I2 - I1) + K3(I3 - I2) + \cdots + Kn(In - In\text{-}1)\right] \cdots\cdots(1)$$

C:25℃時之額定放電率換算容量(AH)

L：維護因數（MaintenanceFactor）

K：由放電時間T，蓄電池之最低溫度，與容許最低電壓而定的容量換算時間（時），並依電池形式之特性圖（省略）求之。

I：放電電流（A）接尾（Suffix）數字1, 2, 3,……, n：依照放電電流變化之順序，而加註號碼於T, K, I,如圖1之負載特性例。

使用本公式時，如負載之特性為：放電電流隨時間增減則需劃分出電流減少瞬間前的負載特性，求出必要之蓄電池容量。由此求出之蓄電池容量之中最大值者，為全體負載必要之額定放電率換算容量。例如圖2所示之負載特性A，B與C點必要之額定放電率換算容量CA,CB與CC之中，最大數值之容量，為全體之負載必要之額定放電率換算容量。

(2) 引擎起動用蓄電池容量計算之公式

$$C = \frac{1}{L} \left[K1 + Kn(I - Im) \right] \cdots\cdots\cdots\cdots (2)$$

C：25℃時之額定放電率換算容量（AH）

L：維護因數（Maintenance Factor）

K：由放電時間T，蓄電池之最低溫度與容許最低電壓而定的容量換算時間（時）。

I：放電電流A

2. 計算之必要條件

欲求額定放電率換算容量，需先決定下列四項條件。

(1) 維護因數

蓄電池因使用時間之經過或使用條件之變動而其容量有所變化。因此為補償容量變化之補正值為L = 0.8。

(2) 放電時間與放電電流

放電時間為採用預想負載之最大用電時間。放電時，放電電流如會增撿時，則放電末期如有大負載集中，也足以滿足所有的負載，亦即應推測可能實際發生之放電電流，引擎起動用蓄電池之容量計算之放電電流，採用引擎製作廠家之指定值。

(3) 容許最低電壓

各種負載要求之最低電壓中，最大值者為Va，加上由蓄電池與負載間之連接線之電壓降Vc之和，即為蓄電池之容許最低電壓Vb，要求容量換算時

間，設容許最低電壓Vd為單一電池之電壓值（含接續板之電壓降），Vd可由下列式求之。

$$Vd = \frac{Vb}{n} = \frac{Va + Vc}{n}$$

Va：負載之容許最低電壓（V）

Vb：Va + Vc（V）

Vc：蓄電池與負載間之連接線之電壓降（包含電池之列與列間、段與段間跳線之電壓降）（V）

Vd：單一電池之容許最低電壓（V／單一電池）

n：串聯之單一電池數（電池數）

注意：以引擎起動用負載而言，一般的情形是控制回路電壓比起動馬達電壓之要求值為大。

(4) 最低蓄電池溫度

蓄電池設置場所之溫度條件應預自推測，決定蓄電池溫度之最低值。一般採用如下之數值：

設置於室內時5℃，特冷地區為−5℃，屋外櫃內時，將最低周圍溫度加5至10℃。如有空調，可以確實保證終目的室內溫度時可以以其溫度為設定值，惟長時間放電時，或停電而停止空調設備之運轉時，需注意室溫會變化。

自我成長測驗

（ D ） 1. 依緊急電源容量計算基準規定，一場所設置兩種以上之消防安全設備時其輸出之電力容量，須足供該等消防用電設備同時啟動能同時使用，但消防安全設備依其種類或組合不可能同時啟動或同時使用（如二氧化碳滅火設備與排煙設備）時，或於兩種以上之消防安全設備同時啟動時，設有能按次序逐次供給消防安全設備電力之裝置得免計入瞬時全負載投入之輸出容量。請問能按次序逐次供給消防安全設備電力之裝置，應於多少時間內完成？

(A) 20 秒　(B) 15 秒　(C) 10 秒　(D) 5 秒

【解說】一場所設置兩種以上之消防安全設備時，其輸出之電力容量，須足供該等消防用電設備同時啟動且能同時使用。但於兩種以上之消防安全設備同時啟動時，設有能按次序逐次於五秒內供給消防安全設備電力之裝置，或消防安全設備依其種類或組合不可能同時啟動或同時使用（如二氧化碳滅火設備與排煙設備）時，得免計入瞬時全負載投入之輸出容量。

（ B ） 2. 依緊急電源容量計算基準規定，一場所設置兩種以上之消防安全設備時，其輸出之電力容量，須足供該等消防用電設備同時啟動且能同時使用。但於兩種以上之消防安全設備同時啟動時，設有能按次序逐次於多少秒內供給消防安全設備電力之裝置，或消防安全設備依其種

類或組合不可能同時啟動或同時使用時，得免計入瞬時全負載投入之輸出容量？

(A) 3 秒內　(B) 5 秒內　(C) 10 秒內　(D) 30 秒內

(D) 3. 消防設備師依「緊急電源容量計算基準」核算供消防安全設備所須之緊急電源容量後，應以書面知會電機技師供納入整合緊急發電系統設計容量考量，電機技師於接獲前揭消防用緊急電源容量計算結果資料，應於 A 日內確認有無影響建築整體緊急發電設備設計之虞，並以書面通知知會之消防設備師，逾 B 日未通知時視為無意 ，請問前述 A，B 為何？

(A) 60，30　(B) 30，15　(C) 15，10　(D) 7，7

【解說】消防設備師依「緊急電源容量計算基準」核算供消防安全設備所須之緊急電源容量後，應以書面知會電機技師供納入整合緊急發電系統設計容量考量，電機技師於接獲前揭消防用緊急電源容量計算結果資料，應於七日內確認有無影響建築整體緊急發電設備設計之虞，並以書面通知知會之消防設備師，逾七日未通知時視為無意見。

(D) 4. 依緊急電源容量計算基準之規定，下列何者正確？

(A) 同一建築基地之不同場所，其各類場所之消防安全設備緊急電源負載總容量，小於供給其最大場所之負載所需之輸出容量時，得共用緊急電源，由一緊急發電機設備供給電力

(B) 一場所設置二種以上之消防安全設備同時啟動時，設有能按次序逐次於 10 秒內供給消防安全設備電力之裝置時，得免計入瞬時全負載投入之輸出容量

(C) 蓄電池容量之計算需先決定維護因數、放電時間與放電電流、容許最高電壓、最高蓄電池溫度等四項條件

(D) 發電機與原動機組合為緊急發電機組，其整合率（MR）應大於

【解說】每一建築物應個別設置緊急電源。但同一建築基地之不同場所，其各類場所之消防安全設備緊急電源負載總容量，大於供給其最大場所之負載所需之輸出容量時，得共用緊急電源，由一緊急發電機設備供給電力。

額定放電率換算容量，需先決定下列四項條件。(1) 維護因數 (2) 放電時間與放電電流 (3) 容許最低電壓 (4) 最低蓄電池溫度

---

1. 緊急供電系統是避難系統消防安全設備設置時極為重要的一環，請說明緊急供電系統中，發電機與原動機能否組合為緊急發電機組之輸出量，整合確認方法為何？（91 年消防設備師）

【解說】

依照緊急電源容量計算基準一、緊急發電機設備之輸出容量計算

（一）輸出容量計算之基本原則

1. 每一建築物應個別設置緊急電源。但同一建築基地之不同場所，其各類場所之消防安全設備緊急電源負載總容量，大於供給其最大場所之負載所需之輸出容量時，得共用緊急電源，由一緊急發電機設備供給電力。

2. 一場所設置兩種以上之消防安全設備時，其輸出之電力容量，須足供該等消防用電設備同時啟動且能同時使用。但於兩種以上之消防安全設備同時啟動時，設有能按次序逐次於五秒內供給消防安全設備電力之裝置，或消防安全設備依其種類或組合不可能同時啟動或同時使用（如二氧化碳滅火設備與排煙設備）時，得免計入瞬時全負載投入之輸出容量。

3. 消防安全設備應設置能自動供給電力之緊急電源裝置，供常用電源停電時使用。但設置兩種以上之消防安全設備時，對於消防安全設備之負載投入，準用前目之規定。

（二）緊急發電設備輸出容量之計算計算緊急發電設備必要的輸出容量，應先依第一目與第二目計算發電機之輸出容量及原動機之輸出容量，由第三目整合發電機輸出量與原動機輸出量，據此結果選定適當之發電機與原動機，並以該發電機組之輸出容量作為緊急發電設備之輸出量。

1. 發電機輸出量之計算發電機輸出量由下列公式計算。

$G = RG \times K$

G＝發電機輸出量（kVA）

RG：發電機輸出係數（kVA／kW）

K：負載輸出量合計（kW）

此時之負載輸出量合計及發電機輸出係數之核算如下：發電機輸出係數（RG），先算出下列四種係數，取其最大值。

(1) RG1：定態負載輸出係數，係指在發電機端於定態（steady-state）時，由負載電流而定的係數。

(2) RG2：容許電壓下降輸出係數，係指因電動機啟動所產生之發電機端電壓下降之容許量而定的係數。

(3) RG3：短時間通過電流耐力輸出係數，是指發電機端於暫態（tr 解 ient-state）負載電流之最大值而定的係數。

(4) RG4：容許逆相電流輸出係數，是指負載所發生的逆相電流，高諧波電流成份的關係而定的係數。

2. 原動機輸出量之計算

原動機輸出量由下列公式計算

$E = 1.36RE \times K$

E：原動機輸出容量（PS）

RE：原動機輸出係數（kW／kW）

K：負載輸出容量合計（kW）

原動機輸出係數（RE），先算出下列三種係數，取其最大值。

(1) RE1：定態負載輸出係數，係指由定態時之負載而定之係數。

(2) RE2：容許轉數變動輸出係數，係指暫態下因對負載急變之轉數變動之容許值而定之係數。

(3) RE3：容許最大輸出係數，係指暫態而產生的最大值而定之係數。

3. 發電機輸出量與原動機輸出量之整合

由前述 1 與 2 計算之發電機與原動機，是否可以組合為緊急發電機組，應先以下列公式所示之整合率（MR）確認，其整合率應大於 1。而最適當之組合應於其整合率值為未滿 1.5。如果整合率未滿 1 時應重新計算，增加原動機輸出量，使其大於 1。

$$MR = \frac{E}{\left(\dfrac{G \times \cos\theta}{0.736\eta_g}\right)}$$

$$MR = \frac{E}{1.2G \times C_p}$$

其中

MR：整合率

G：發電機輸出量（kVA）

cosθ：發電機之額定功率因數（0.8）

η_g：發電機效率（η_g 採用標準值 0.9）

E：原動機輸出量

C_p：原動機輸出補正係數

發電機輸出量 G（kVA）	原動機輸出補正係數 Cp
62.5 未滿	1.125
62.5～300	1.060
300 以上	1.000

發電機效率 η_g 採用標準值（0.9）計算，對於小型發電機之誤差較大，需以原動機輸出補正係數補正其效率。

4.7　建築物既設火警受信總機再鳴動改善方法指導原則

（109/10/27訂定）

一、為避免建築物既設火警受信總機地區警報音響裝置（以下簡稱地區音響）因故關閉，改善使其具接受火災信號再鳴動之措施，以確保火災警報功能，特訂定本指導原則。

二、本指導原則用詞，定義如下：

(一) 再鳴動：指地區音響處停止鳴動狀態期間，於接受火災信號時，一定時間內，自動切換為鳴動狀態之功能。

(二) P型火警受信總機：指接受由探測器或火警發信機之配線導通後，告知有關人員火警發生之設備。

(三) R型火警受信總機：指接受由探測器或火警發信機所發出之信號，或經中繼器或介面器轉換成警報信號，告知有關人員火警發生之設備。

三、依據原有合法建築物防火避難設施及消防設備改善辦法第二條第一項規定，辦理既設火警受信總機再鳴動之改善後，由消防專技人員依改善方式測試強制地區音響鳴動之功能，併入消防法第九條消防安全設備檢修於火警自動警報設備檢查表載明改善方式及測試結果，報請當地消防機關備查。

四、依本指導原則改善既設火警受信總機僅調整地區音響之燈號控制元件或計時裝置，非屬更新整組火警受信總機，免重新辦理型式認可及個別認可。

五、再鳴動應達火警受信總機認可基準壹、四、(一)、19.(1)之功能。

（因條文排版無法完整呈現內容，請詳閱完整條文檔案。）

六、P型火警受信總機再鳴動之改善，得依下列方法之一辦理：

(一) 地區音響開關移置內部基板（無地區音響開關，具有轉移開關之功能）：

1.將火警受信總機操作面板之地區音響開關移除，使其無關閉（遮蔽）功能，如示意圖一。

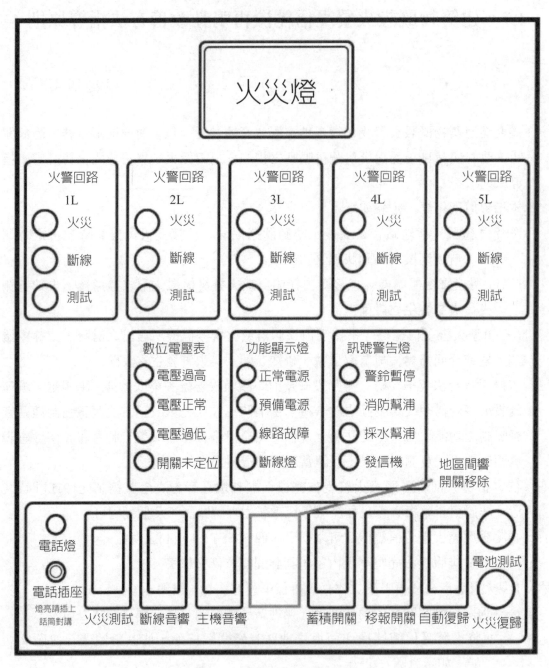

圖一　操作面板改善範例

2. 於火警受信總機操作面板狀態指示燈增加「地區音響完全停止」，如示意圖二；並於總機內部基板增設（更換）地區音響停止轉移裝置，如示意圖三。當地區音響停止轉移時，總機操作面板「地區音響完全停止」燈號與

提示音響將持續動作至復歸為止。

火災燈

火警回路
1L
火災
斷線
測試

火警回路
2L
火災
斷線
測試

火警回路
3L
火災
斷線
測試

火警回路
4L
火災
斷線
測試

火警回路
5L
火災
斷線
測試

數位電壓表
電壓過高
電壓正常
電壓過低
開關未定位

功能顯示燈
正常電源
預備電源
線路故障
斷線燈

訊號警告燈
警鈴暫停
消防幫浦
採水幫浦
發信機
地區音響完全停止

增加燈號

電話燈

電話插座
燈亮請插上
話筒對講

火災測試　斷線音響　主機音響

蓄積開關　移報開關　自動復歸

電池測試

火災復歸

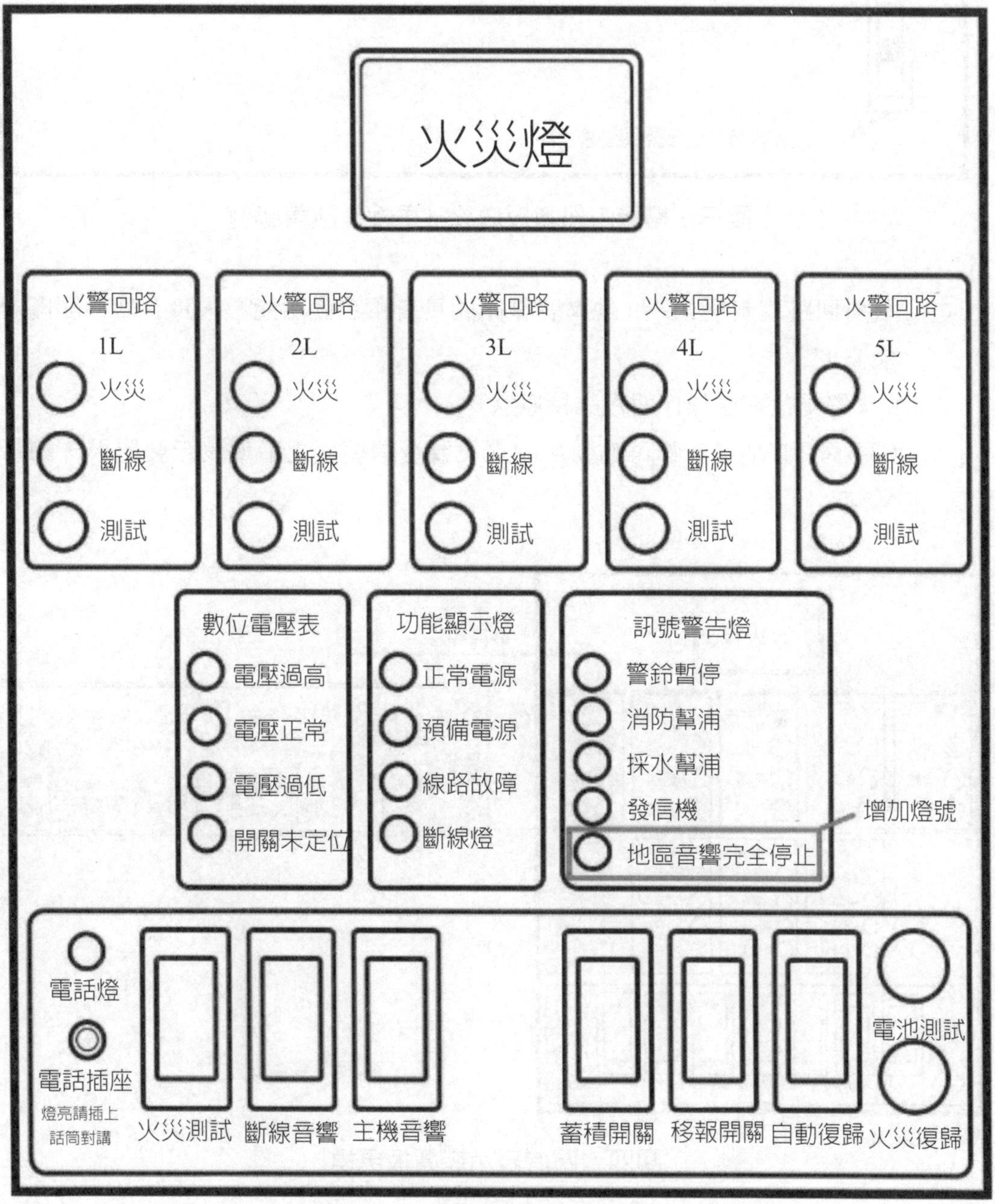

圖二　操作面板改善範例

地區音響停止轉移裝置

圖三 總機內部基板增設（更換）改善範例

(二) 更新回路控制模式一（地區音響開關具有再鳴動功能，未具有轉移開關之功能）：

1. 火警受信總機操作面板維持原狀。

2. 更換具有地區音響再鳴動功能之火警受信總機之區域表示裝置板，如示意圖四。

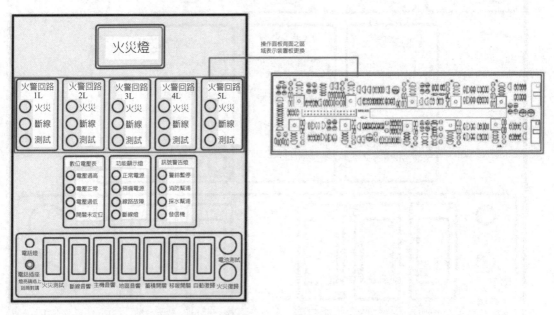

圖四 區域表示裝置板更換

3. 更換新版之開關板，如示意圖五。

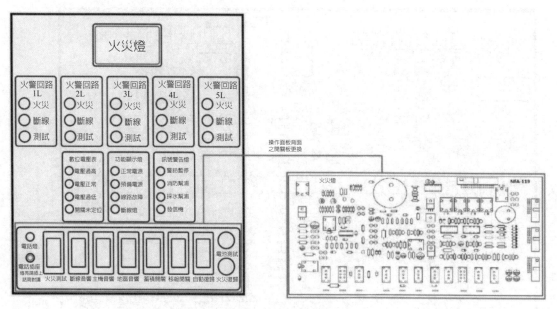

圖五　開關板更換

4.於總機內部增設具有計時功能（五分鐘以下）之計時板，如示意圖六。

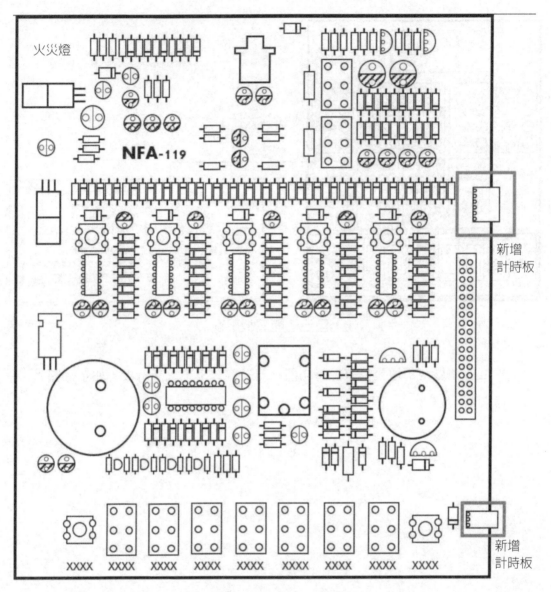

圖六　新增計時板

(三) 更新回路控制模式二（地區音響開關具有再鳴動功能，且具有轉移開關之功能）：

　　1. 更換具有地區音響再鳴動功能之火警受信總機操作面板、區域表示裝置板，如示意圖七、八、九。

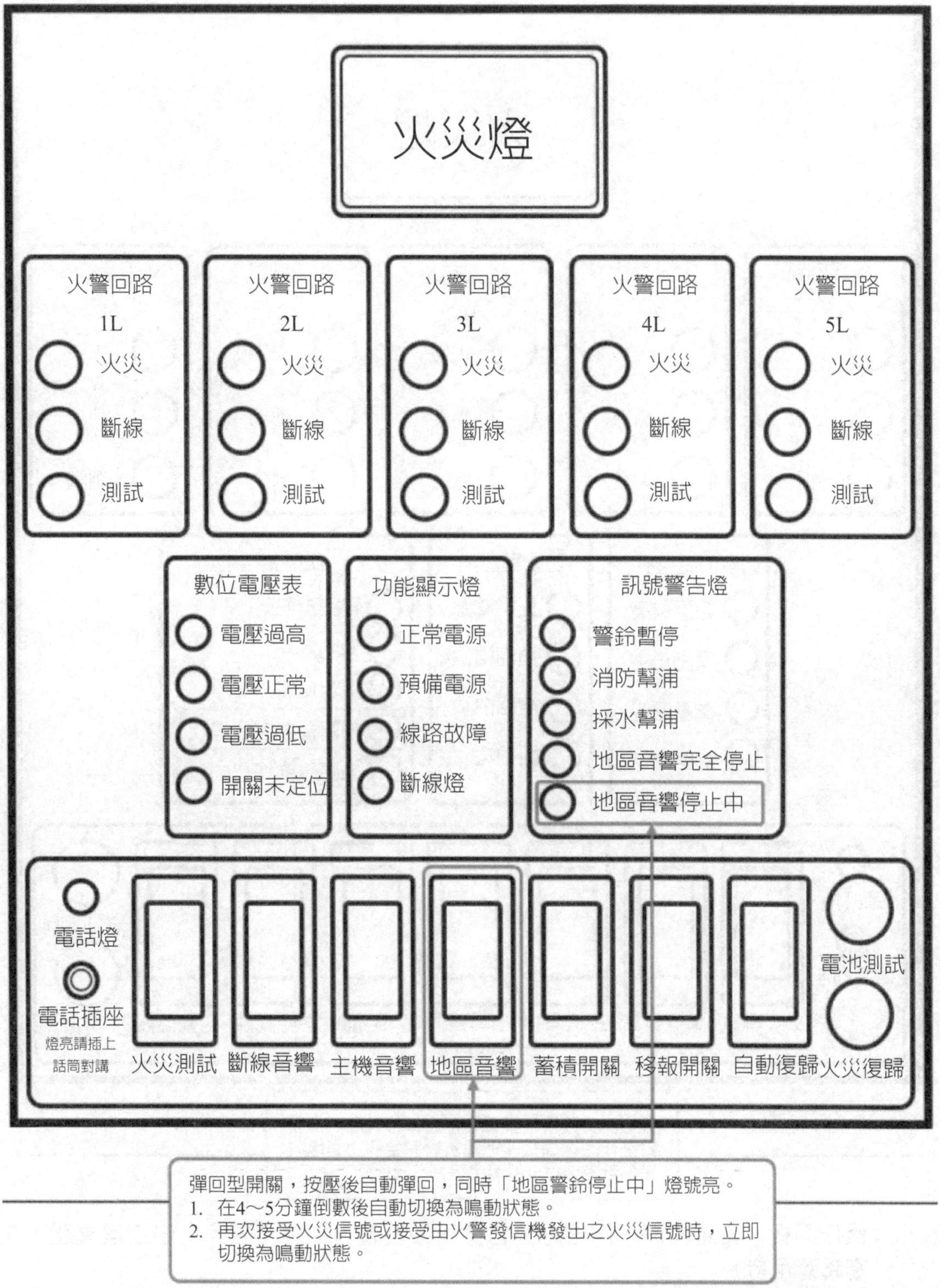

火災燈

火警回路 1L	火警回路 2L	火警回路 3L	火警回路 4L	火警回路 5L
○ 火災	○ 火災	○ 火災	○ 火災	○ 火災
○ 斷線	○ 斷線	○ 斷線	○ 斷線	○ 斷線
○ 測試	○ 測試	○ 測試	○ 測試	○ 測試

數位電壓表
○ 電壓過高
○ 電壓正常
○ 電壓過低
○ 開關未定位

功能顯示燈
○ 正常電源
○ 預備電源
○ 線路故障
○ 斷線燈

訊號警告燈
○ 警鈴暫停
○ 消防幫浦
○ 採水幫浦
○ 地區音響完全停止
○ 地區音響停止中

○ 電話燈
◎ 電話插座
燈亮請插上
話筒對講

火災測試　斷線音響　主機音響　地區音響　蓄積開關　移報開關　自動復歸　火災復歸

電池測試

彈回型開關，按壓後自動彈回，同時「地區警鈴停止中」燈號亮。
1. 在4～5分鐘倒數後自動切換為鳴動狀態。
2. 再次接受火災信號或接受由火警發信機發出之火災信號時，立即切換為鳴動狀態。

圖七　操作面板（地區音響開關關閉，地區音響暫時停止燈亮起，地區音響一定時間後會自動恢復鳴響）

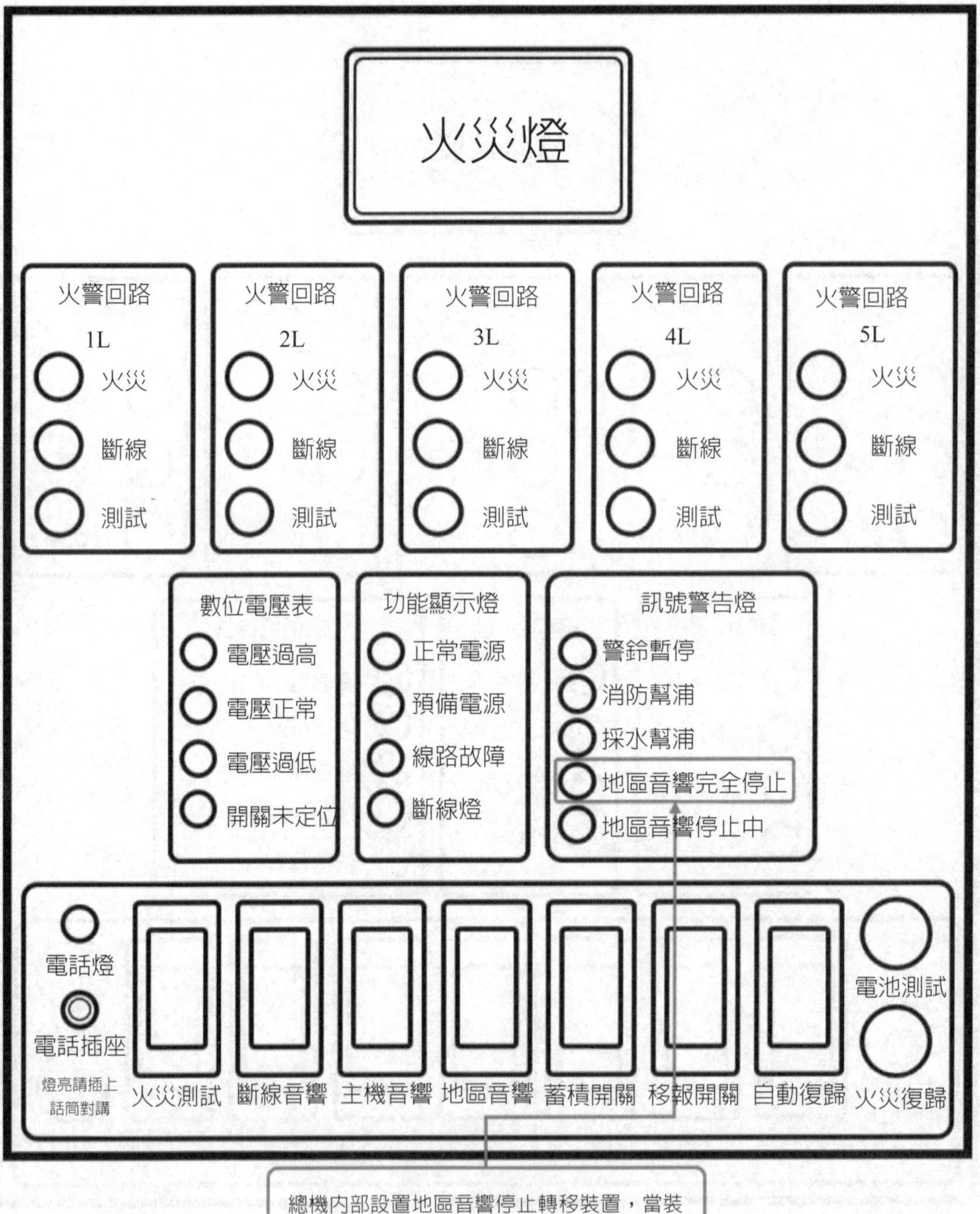

圖八　操作面板（當維修時，開啓地區音響轉移裝置，地區音響完全停止燈亮起，並響起警示音）

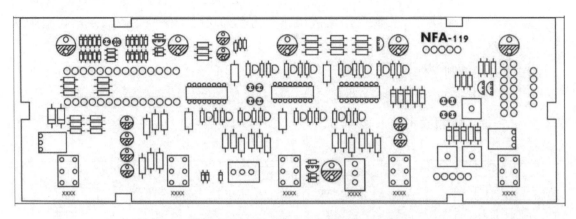

圖九　區域表示裝置板（作法如示意圖4）

2.於總機內部：

(1) 增設具有計時功能（五分鐘以下）之計時器及能使地區音響開關自動彈回之開關板，如示意圖十。

(2) 裝設地區音響停止轉移裝置，如示意圖十一。

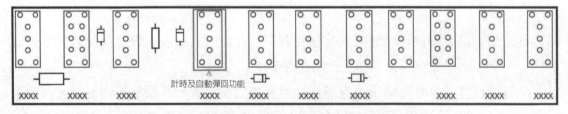

圖十　計時器及能使地區音響開關自動彈回之開關板

圖十一　地區音響停止轉移裝置

七、R型火警受信總機再鳴動之改善，得依下列方法之一辦理：

(一) 調整軟體設定：指該受信總機已具有再鳴動功能，僅需更改設定爲再鳴動狀態。

(二) 更換控制元件：

　　1.更換火警受信總機之控制元件，如示意圖十二。

　　2.進行軟體設定。

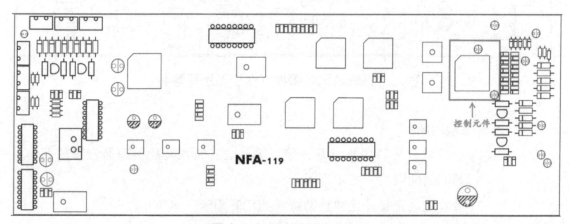

圖十二　更換控制元件

　　(三) 如地區音響停止開關未設有預先關閉之功能，且每一火警分區能發出二個以上火災信號者，得視爲已改善完畢。

八、火警受信總機改善完成後，應進行性能檢查之火災表示及回路導通測試，並將改善方式、測試結果與再鳴動時間登載火警自動警報設備檢查表之備註欄。

九、火警受信總機改善後，其額定電壓不得超過原範圍，且不得發生功能異常之情形。

十、消防機關依據原有合法建築物防火避難設施及消防設備改善辦法，得綜合該地方政府內部分工、轄區特性、執行人力等因素，按場所之危險程度研訂推動對象之順序、執行期限，依本指導原則辦理。

應設置住宅用火災警報器之場所

（109/08/07修正）

依　　據：消防法第六條第四項。

公告事項：下列不屬於各類場所消防安全設備設置標準應設置火警自動警報設備之場
　　　　　所，應設置住宅用火災警報器：

一、托嬰中心。

二、早期療育機構。

三、安置及教養機構。

四、居家護理機構。

五、護理之家。

六、產後護理機構。

七、身心障礙福利機構（限供住宿養護、日間服務、臨時及短期照顧
　　者）。

八、幼兒園（含改制前之托兒所）。

九、兒童課後照顧服務班及中心（含改制前之課後托育中心）。

十、寄宿舍。

防災監控系統綜合操作裝置認定基準

（108/12/16訂定）

一、適用範圍

　　防災監控系統綜合操作裝置（以下簡稱綜合操作裝置），其構造、材質及性能等技術規範及試驗方法，應符合本基準之規定。

二、用語定義

　　(一) 消防設備，係指依各類場所消防安全設備設置標準第238條規定，綜合操作裝置須連接之消防安全設備種類，例示如下：

　　　　1.火警自動警報設備之受信總機。

　　　　2.瓦斯漏氣火警自動警報設備之受信總機。

　　　　3.緊急廣播設備之擴大機及操作裝置。

　　　　4.連接送水管之加壓送水裝置及與其送水口處之通話連絡。

　　　　5.緊急發電機。

　　　　6.常開式防火門之偵煙型探測器。

　　　　7.室內消防栓、自動撒水、泡沫及水霧等滅火設備加壓送水裝置。

　　　　8.乾粉、惰性氣體及鹵化烴等滅火設備。

　　　　9.排煙設備。

　　　　10.其他。

　　(二) 防火避難設施，係指防火區劃、緊急用昇降機及相關設施設備。

　　(三) 一般設備，係指電力設備、給排水設備及其他大樓管理設備。

　　(四) 綜合操作裝置為可供監控或操作消防設備，經系統整合之裝置。

三、構造、材質及性能

　　綜合操作裝置之構造、材質及性能，應符合下列規定〔藉由附表1-1（構造、材質及性能）規格‧性能之設計檢核表及裝置構成圖進行確認〕。

　　(一) 綜合操作裝置係由表示部、操作部、控制部、警報部、記錄部及附屬設備所構成，對應所防護場所之規模、使用形態、火災時人命安全之確保、防火管理體制及滅火活動之情況，應具有無礙整合運用之性能。

　　(二) 應具耐久性及結構穩定性。

　　(三) 周圍溫度0℃至40℃（限24小時平均溫度不超過35℃），於任何使用狀態

中，電源電壓在額定電壓90%以上110%以下範圍變動時，應保持性能正常，不得發生異狀。

(四) 結構體之外箱應使用不燃性或耐燃性材料。

(五) 接點、接線部及其他因腐蝕而可能產生性能異常部分，應具防蝕性能或措施。

(六) 配線應具足夠電流容量且正確接線。

(七) 容易從外部觸及之受電部及充電部，應予安全防護，且和金屬製外箱之間應予絕緣保護。

(八) 應具預備電源或緊急電源，且預備電源或緊急電源能在主電源中斷時自動切換，不得影響其系統性能。預備電源或緊急電源之容量，應能使其監控或操作各項消防設備並在消防搶救必要時間，有效動作2小時以上。

(九) 緊急時所須顯示之表示部及操作部之控制，應為可方便操作處理之措施。

(十) 表示部之表示圖號應簡單明瞭。

(十一) 表示部應設置於容易看見之位置，在接受來自消防設備之訊號時，能快速表示所對應之表示符號。

(十二) 操作部應設置於容易操作之位置，並有防止誤操作之措施。

(十三) 保養檢查所使用之表示部及操作部，應能明確表示其內容項目，並有防止誤認及誤操作之措施。

(十四) 瓦斯緊急遮斷設備之控制回路接線端子，應設有防止危險誤用之保護蓋。

(十五) 電源部應具備能連續使用之最大負載容量。

(十六) 電源發生異常時，不得使內部執行程式產生異常。

(十七) 應具足夠對應輸入訊號及控制內容之處理能力。

(十八) 應具耐震防護，防止裝置移動、傾倒或訊號線被切斷之措施。

(十九) 綜合操作裝置對其連接之消防設備、防火避難設施等，應採用Modbus、TCP/IP、RS485或RS232、CAN bus等國際通用通訊協定來傳訊。

四、維護管理性能試驗

綜合操作裝置之維護管理性能，應符合下列規定〔藉由附表1-2（維護管理性能）規格‧性能之設計檢核表及確認用軟體進行確認〕。

(一) 接收訊號之表示及記錄性能之檢查，應能容易進行。

(二) 綜合操作裝置之構件，應有檢查及維修時容易更換之措施。

(三) 對主要構成設備，應有監視其電源異常之性能。

五、防火避難設施或一般設備兼用試驗

綜合操作裝置與防火避難設施或一般設備兼用者，應符合下列規定〔藉由附表1-3（與防火避難設施或一般設備兼用）規格‧性能之設計檢核表、確認用軟體及記錄性能之紀錄進行確認〕。

(一) 防火避難設施或一般設備之檢查、維修或產生電源中斷時，應有不影響消防設備相關監視、控制及操作之保護措施。

(二) 液晶顯示器等兼用表示性能及操作性能者，緊急時應優先處理消防設備相關動作。

(三) 消防設備及防火避難設施相關紀錄，應和一般設備之紀錄有所區分。

(四) 消防設備及防火避難設施優先性能，在消防設備、防火避難設施等復歸前，應持續執行。

六、表示性能試驗

綜合操作裝置之表示性能試驗，應符合下列規定〔藉由附表1-4（表示性能試驗）規格‧性能之設計檢核表、確認用軟體及顯示器表示進行確認〕。

(一) 表示，得採螢幕表示、圖形表示、液晶顯示器（LCD）表示（統稱顯示器表示）等簡單明瞭方法。

(二) 消防設備及防火避難設施圖例（symbol）及燈號，依附表2所示。

(三) 表示，應具能掌握消防設備及防火避難設施設置狀況以及所防護場所整體狀況之性能。

(四) 火災發生及擴大狀況，須能以建築物平面圖、斷面圖等，依序表示警戒區域、放射區域、防護區域等，使易於確認平面上之擴展、上下層擴展方向及防火區劃狀況，至其他表示得為整體表示或個別表示。

(五) 設有無法自動復歸之按鈕者，應具有該按鈕未定位之表示措施。

(六) 如有和火警自動警報設備連動之消防設備或防火避難設施，應能表示其連動狀態或連動停止狀態。

(七) 具備表示日期時間之性能，並能容易確認及調整日期。

(八) 應能表示綜合操作裝置之電源供給狀況。

(九) 各消防設備之表示項目，依附表3所示。警戒區域、放射區域、防護區域等有重疊情形時，須能優先表示火警自動警報設備相關警戒區域圖，其他區域圖得簡略表示。

七、警報性能試驗

綜合操作裝置之警報性能，應符合下列規定〔藉由附表1-5（警報性能試驗）規格・性能之設計檢核表、確認用軟體及顯示器表示進行確認〕。

(一) 警報，係以警報音或語音進行警報。

(二) 警報音，係為能與其他音響或噪音明確區別者。

(三) 語音警報內容應簡單明瞭。

(四) 接到火災訊號時，須對應各該訊號發出警報。

(五) 警報音或語音警報，應能區別火災警報及消防設備與防火避難設施動作警報並識別異常警報，適當設定其聲音及鳴動方式。

(六) 各消防設備之警報項目，依附表3所示。

八、操作性能試驗

綜合操作裝置之操作性能，以緊急時操作之按鈕及遠隔操作之按鈕進行操作，應符合下列規定〔藉由附表1-6（操作性能試驗）規格・性能之設計檢核表、確認用軟體及顯示器表示進行確認〕。

(一) 操作方法，應對應其使用目的、頻率及消防設備數量，採易於了解之適當方法。

(二) 緊急時進行操作之按鈕，應設於易操作位置。

(三) 遠隔操作之按鈕，應有防止誤操作之措施。

(四) 各消防設備之操作項目，依附表4所示。

九、防火避難設施等表示及警報試驗

綜合操作裝置設有防火避難設施等之表示及警報時，除發出警報外，其表示項目如下〔藉由附表1-7（防火避難設施等表示及警報試驗）規格・性能之設計檢核表、確認用軟體及顯示器表示進行確認〕。

(一) 建築設備等

1. 機械換氣設備及空調設備

(1) 依火災訊號手動使機械換氣設備及空調設備停止。

(2) 依火災訊號連動使機械換氣設備及空調設備停止。

2. 緊急用昇降機

(1) 緊急用昇降機運行狀況。

(2) 故障或停止狀態。

(3) 管制運轉。

　　　　　　(4) 對講機通話狀態。

　　(二) 防火區劃及防煙區劃

　　　　1.防火區劃構成設備動作狀況。

　　　　2.防煙區劃構成設備動作狀況。

　　　　3.防火區劃及防煙區劃電源異常。

　　(三) 其他

　　　　1.緊急門鎖

　　　　　(1) 緊急門鎖狀態。

　　　　　(2) 緊急門鎖電源異常。

　　　　2.影像監視設備（ITV,industrial television）

　　　　　(1) 主要居室、避難路徑、起火危險較高場所等狀況。

　　　　　(2) ITV設備電源異常。

　　　　3.瓦斯緊急遮斷設備動作狀況。

十、資訊傳達性能試驗

　　綜合操作裝置之資訊傳達性能，應符合下列規定〔藉由附表1-8（資訊傳達性能試驗）規格‧性能之設計檢核表及裝置構成圖進行確認〕。

　　(一) 現場確認之指示、火災狀況之傳達、自衛消防編組與設有綜合操作裝置之防災中心、中央管理室、守衛室及類似場所間之聯絡及通報消防機關之資訊傳達方式，能對應所防護場所用途、規模及管理體制等。

　　(二) 資訊傳達設備，應設於緊急時便於使用之適當位置，且已預想緊急時使用環境條件。

　　(三) 應充分具備對於建築物使用者及自衛消防編組人員之資訊傳達能力。

　　(四) 與防災中心人員或中央管理室人員等應能順利聯絡。

　　(五) 應設有內線電話及能與消防機關通話之專用電話。

十一、控制性能試驗

　　綜合操作裝置之控制性能，應符合下列規定〔藉由附表1-9（控制性能試驗）規格‧性能之設計檢核表及裝置構成圖進行確認〕。

　　(一) 控制方式，應為對應消防設備之數量及系統性能之適當方式，且系統部分異常或故障，不得對整體性能造成障礙。

　　(二) 應具備能容易確認所監控消防設備等與綜合操作裝置間故障部位之性能。

十二、記錄性能試驗

　　綜合操作裝置之記錄性能，應符合下列規定〔藉由附表1-10（記錄性能試驗）規格・性能之設計檢核表、確認用軟體及列印記錄進行確認〕。

　　(一) 就消防設備及防火避難設施，以綜合操作裝置表示之火災資訊、防火區劃與防煙區劃構成資訊、排煙設備及滅火設備資訊之下列事項，應具備快速列印性能。

　　　　1.已動作之消防設備或防火避難設施之種類、日期時間、場所及內容。

　　　　2.發生異常之消防設備或防火避難設施之種類、日期時間、場所及內容。

　　(二) 記錄裝置，應有防止漏記或錯誤之措施，當使用電腦或記憶卡方式儲存者，不得因斷電或故障造成資料損害、遺失。刪除或變更資訊，應設有權限機制。

　　(三) 列印內容為火災資訊及其他容易識別之資訊。

十三、消防搶救支援性能試驗

　　火災時為提供抵達現場之消防人員準確且及時之資訊，綜合操作裝置應設有消防活動支援性能，並符合下列規定〔藉由附表1-11（消防搶救支援性能試驗）規格・性能之設計檢核表、確認用軟體及顯示器表示（消防支援按鈕例示如附圖）進行確認〕。

　　(一) 顯示器表示能以易於了解之方式表示火警探測器、火警發信機或瓦斯漏氣檢知器已動作之所有樓層平面圖（含方位）及各該樓層之下列事項。

　　　　1.已動作之火警探測器或火警發信機位置。

　　　　2.已動作之瓦斯漏氣檢知器位置及瓦斯緊急遮斷設備動作狀況。

　　　　3.構成防火區劃之牆壁位置及防火門、防火捲門、防火閘門及可動式防煙垂壁之動作狀況。

　　　　4.排煙機及排煙口動作狀況。

　　　　5.自動撒水設備等自動滅火設備動作範圍。

　　(二) 顯示器應能簡易操作並以易於了解之表示，呈現各該樓層下列平面圖（含方位）之狀態。

　　　　1.起火層平面圖。

　　　　2.起火層以外，火警探測器、火警發信機或瓦斯漏氣檢知器動作之樓層平面圖。

3.起火層直上層及直上二層之平面圖。

4.起火層直下層之平面圖。

5.地下層各層之平面圖。

十四、運用管理支援性能試驗

綜合操作裝置，設有模擬、導引、歷程、自我診斷等運用管理支援性能時，應符合下列規定〔藉由附表1-12（運用管理支援性能試驗）規格‧性能之設計檢核表、確認用軟體及顯示器表示進行確認〕。

(一) 模擬性能

模擬性能（係指供研習綜合操作裝置之消防設備及防火避難設施有關監視及操作等性能，能模擬進行監視及操作等之性能），其規範如下：

1.應具不影響消防設備等相關表示、警報或操作性能（以下稱「主性能」）之措施。

2.消防設備及防火避難設施相關監視及操作，在模擬進行資訊交換及消防設備與防火避難設施控制之同時，應能進行防災訓練。

3.模擬性能動作時，如收到消防設備等相關表示及警報訊號，將優先切入通常動作狀態。

(二) 導引性能

導引性能（係指綜合操作裝置之監視及操作等事項，其操作、措施等必要資訊以文字畫面或聲音表示之性能），其規範如下：

1.應具不影響主性能之措施。

2.應能表示消防設備及防火避難設施等表示及警報資訊、維護檢查之順序資訊以及綜合操作裝置使用方法資訊。

3.消防設備等表示及警報相關資訊，在優先處理其他資訊之同時，應能以簡便內容表示且須易於了解以利瞬間判斷。

(三) 歷程性能

歷程性能（係指能隨時表示或記錄消防設備、防火避難設施及綜合操作裝置相關動作、異常、操作、檢查等歷程資訊之性能），應具不影響主性能之措施。

(四) 自我診斷性能

自我診斷性能（係指能自動進行綜合操作裝置性能劣化或異常檢測之性能），其規範如下：

1.應具有不影響主性能之措施。

2.自我診斷性能動作時,如收到消防設備等相關表示及警報訊號,將優先切入通常動作狀態。

十五、綜合試驗

(一) 將綜合操作裝置與其試驗用軟體(包含試驗用防災資訊相關資料群)或設備組合成一台。

(二) 輸入火災訊號6點及排煙端末訊號1點、滅火設備訊號1點,原則上依下列程序進行,並將檢查結果記入型式認定試驗紀錄表(如附表5)。

1.輸入火災訊號第1點來開啓畫面,確認火災以閃滅表示動作。

2.繼續輸入火災訊號第2點(同一層其他區域)、第3點(起火層直上層)、第4點(起火層直上二層)、第5點(起火層直下層)、第6點以降(地下層各層),使用滑鼠等,於畫面中確認該其他區域及其他樓層之火災資訊狀況。

3.使用滑鼠等,切換畫面至起火層、直上層、直上二層、直下層、地下層各層,確認依火災訊號表示火災區域。

4.輸入排煙端末訊號1點,確認亮燈表示。

5.輸入自動撒水設備等滅火設備動作訊號,確認於畫面上表示。

6.使所有訊號復歸,確認畫面回到平常狀態。

十六、標示

應於綜合操作裝置上易於辨識位置,以不易磨滅之方式標示下列事項〔藉由附表1-13(標示)規格・性能之設計檢核表進行確認〕。

(一) 設備名稱及型號。

(二) 廠牌名稱或商標。

(三) 型式認定編號。

(四) 製造年月。

(五) 產地。

(六) 電氣特性。

(七) 其他特殊注意事項(特別是安全注意事項)。

型式認定作業(以下略)

潔淨區消防安全設備設置要點

（105/11/7修正）

一、電子工業廠房潔淨區（以下簡稱潔淨區）因潔淨環境及構造特殊，依消防法第六條第三項規定，不適用各類場所消防安全設備設置標準之一部，為依其特性規範消防安全設備之設置，供各級消防機關審查時遵循，特訂定本要點。

前項所稱電子工業，指積體電路製造業、半導體封裝及測試業、液晶面板及組件製造業、發光二極體製造業、太陽能電池製造業及其他經中央主管機關認定之業別。

二、潔淨區消防安全設備之設置，依本要點之規定。

生產製程機臺與其附屬設備或自動物料搬運系統等設備，依中央目的事業主管機關之規定辦理。

三、本要點用語定義如下：

(一) 潔淨區（Clean Zone）：空氣中粒子濃度控制符合國際標準組織（International Organization for Standardization）第14644號規範等級1（Class 1）至等級9（Class 9）之區域（潔淨區型式及示意圖，如附圖一至四）。

(二) 潔淨室（Cleanroom）：潔淨區內設置主要生產機臺與其附屬設備之區域。

(三) 上回風層（Air Plenum）：潔淨室上方層。

(四) 下回風層（Return Air Plenum）：潔淨室下方層。

(五) 回風豎井（Return Air Shaft）：維持潔淨空氣所需循環氣流之垂直通道。

(六) 冷卻乾盤管（Dry Cooling Coil）：調整、控制循環氣流溫度及濕度之設備。

(七) 格子樓板（Waffle Slab）：為達潔淨區氣流循環目的而具開口之樓板。

(八) 風機過濾機組（Fan Filter Unit）：高效空氣過濾器或超高效空氣過濾器與風機組合，提供空氣淨化的末端裝置。

(九) 氣淋室（Air Shower）：利用高速潔淨氣流吹落並清除進入潔淨室人員、物料表面附著粒子之區域。

(十) 管橋（Bridge）：潔淨區內或連接潔淨區因應生產製造作業連續性（人員、物料、中間產品、再製品）之需，連通兩棟建築物之通道。

(十一) 自動物料搬運系統（Automated Material Handling System）：潔淨區內生產製程機臺間之運輸系統，利用系統之軌道（Railway）、升降設備（Clean Lifter）將物料儲放於儲料設備（Stocker）或塔式儲料設備（Tower Stocker）內。

四、潔淨室、下回風層及管橋應設置二氧化碳滅火器。

五、潔淨室、下回風層及管橋應設置室內消防栓設備。

六、潔淨室、上回風層、下回風層及回風豎井頂部應設置密閉濕式自動撒水設備，並符合下列規定：

(一) 撒水頭應為快速反應型（第一種感度）。

(二) 撒水密度每平方公尺每分鐘八點一五公升以上，其計算方式由中央消防主管機關另定之。

(三) 水源容量應在最遠之三十個撒水頭連續放射六十分鐘之水量以上。但撒水頭數未達三十個者，依實際撒水頭數計算水量。

(四) 撒水頭之位置，依各類場所消防安全設備設置標準第四十七條、第二百十一條第一項第五款之規定裝置。但因製程機臺或其附屬設備、配管、自動物料搬運系統之需要，撒水頭之迴水板裝置於裝置面下方間距三十公分或樑下方間距十公分以下，不受第四十七條第一項第二款、第四款、第八款及第二百十一條第一項第五款但書之限制。

(五) 氣淋室得免設撒水頭。

排放易燃性氣體之排氣導管，其材質非不燃材料，且排氣導管內最大截面積在零點零四八平方公尺以上時，導管內部應設置自動撒水設備，並符合下列規定：

(一) 撒水密度每平方公尺每分鐘一點九公升以上，其計算方式由中央消防主管機關另定之。

(二) 水源容量應在最遠之五個撒水頭連續放射六十分鐘之水量以上。但撒水頭數未達五個者，依實際撒水頭數計算水量。

(三) 撒水頭水平間隔距離在六點一公尺以下，垂直間隔距離在三點七公尺以下。

(四) 排氣導管與截面積較大之排氣導管連接處，應於排氣下游距該連接處一公尺範圍內設置撒水頭。

(五) 應設置獨立分區之流水檢知裝置或具同等性能之指示控制閥。

(六) 應設置排水裝置將撒水排出導管外。

前項易燃性氣體係指排放易燃性成分在空氣組成濃度超過其燃燒下限百分之

二十五以上者。

七、潔淨室、下回風層及管橋應設置手動報警設備。

潔淨室、上回風層、下回風層及管橋應依循環氣流、空間特性，設置火警自動警報設備或吸氣式（ Aspirating Type）偵煙探測系統，其訊號應移報及整合於火警受信總機或其他控制設備或設施（站）。另回風豎井應設吸氣式偵煙探測系統。

設置火警自動警報設備時，應符合下列規定：

(一) 設置偵煙式探測器。

(二) 探測器之裝置位置，應符合各類場所消防安全設備設置標準第一百十五條之規定。但潔淨室風機過濾機組及下回風層格子樓板之孔洞，不受同條第一款及第三款之限制。

設置吸氣式偵煙探測系統時，應符合下列規定：

(一) 靈敏度小於零點六遮蔽率（%obs/m）。

(二) 取樣管之裝置位置，應符合下列規定：

　　1.上回風層天花板下方距離三十公分範圍內。

　　2.潔淨室天花板、下回風層格子樓板樑下方距離八十公分範圍內，且取樣孔不得位於格子樓板樑下方。

　　3.回風豎井內或冷卻乾盤管處，潔淨循環氣流與新鮮空氣混氣前之位置。但潔淨循環氣流與新鮮空氣非在回風豎井內混氣者（如附圖三），不在此限。

(三) 取樣管之取樣孔防護面積，應符合下列規定：

　　1.裝置於上回風層時，每一取樣孔有效探測範圍以偵煙式探測器之有效探測範圍計算。

　　2.裝置於潔淨室時，每一取樣孔有效探測範圍不得超過三十六平方公尺。

　　3.裝置於下回風層時，每一取樣孔有效探測範圍不得超過十平方公尺。

　　4.裝置於回風豎井或冷卻乾盤管時，每一取樣孔有效探測範圍不得超過一平方公尺。

(四) 每一探測器組防護面積應符合各類場所消防安全設備設置標準第一百十二條規定。但裝置於下回風層、回風豎井或冷卻乾盤管時，每一探測器組防護面積應符合中央消防主管機關之認可值。

(五) 探測粒子濃度變化達設定值時，應能發出警示；達火災發生設定值時，應能

發出警報。

(六) 每一取樣管之末端空氣取樣孔，空氣傳送時間不得超過一百二十秒。

(七) 具取樣管路氣流異常之監測功能。

(八) 取樣管路應以流體計算軟體進行計算與配置，並符合流體動力學原理。

(九) 探測器組應裝置於易於維修之位置。

(十) 取樣管路應施予適當之氣密及固定。

八、潔淨室、下回風層及管橋應設置標示設備。

　　前項標示設備因生產製程色溫、光線之特殊需求，與火警自動警報設備或吸氣式
偵煙探測系統設有連動亮燈者，得予以減光或消燈。

九、潔淨區應依各類場所消防安全設備設置標準第二十八條規定，檢討設置排煙設
備。但符合下列各款規定者，免設排煙設備：

(一) 為防火構造建築物。

(二) 避難步行距離符合建築技術規則建築設計施工編第九十三條之規定。

(三) 設有吸氣式偵煙探測系統。

(四) 設置自動撒水設備。

　　潔淨區設置排煙設備，因自動物料搬運系統作業需求，得免防煙壁區劃。

十、潔淨區內之公共危險物品一般處理場所，依各類場所消防安全設備設置標準
第二百零一條規定檢討設置滅火設備時，其第三類、第四類公共危險物品如以
不燃材料管路輸送及於密閉機臺內處理者，得選設第二種滅火設備，不受第
一百九十八條規定之限制。

十一、本要點未規定之部分，應符合各類場所消防安全設備設置標準之規定。

自我成長測驗

(A)　1. 依潔淨區消防安全設備設置要點規定，電子工業廠房潔淨區檢討設置消防安全設備時，下列
敘述何者正確？
(A) 設置自動撒水設備時，氣淋室得免設撒水頭
(B) 回風豎井所設之吸氣式偵煙探測系統，取樣管之裝置位置應在上回風層天花板下方距離
50 公分範圍內
(C) 潔淨室、上回風層、下回風層及回風豎井頂部所設置密閉濕式自動撒水設備，撒水密度
每平方公尺每分鐘 6.15 公升以上
(D) 潔淨室、下回風層及管橋已經設置室內消防栓設備時，得免設二氧化碳滅火器
【解說】取樣管之裝置位置，應符合下列規定：
1. 上回風層天花板下方距離三十公分範圍內。

2. 潔淨室天花板、下回風層格子樓板樑下方距離八十公分範圍內，且取樣孔不得位於格子樓板樑下方。

潔淨室、上回風層、下回風層及回風豎井頂部應設置密閉濕式自動撒水設備，並符合下列規定：

（一）撒水頭應為快速反應型（第一種感度）。

（二）撒水密度每平方公尺每分鐘八點一五公升以上，其計算方式由中央消防主管機關另定之。

（三）水源容量應在最遠之三十個撒水頭連續放射六十分鐘之水量以上。但撒水頭數未達三十個者，依實際撒水頭數計算水量。

氣淋室得免設撒水頭

（ A ）　2. 潔淨區內之公共危險物品一般處理場所，依各類場所消防安全設備設置標準第二百零一條規定檢討設置滅火設備時，其第三類、第四類公共危險物品如以不燃材料管路輸送及於密閉機臺內處理者，得選設下列何者滅火設備，不受第一百九十八條規定之限制？

(A) 第二種　(B) 第三種　(C) 第一種　(D) 第四種

（ A ）　3. 排放易燃性氣體之排氣導管，其材質非不燃材料，且排氣導管內最大截面積在零點零四八平方公尺以上時，導管內部應設置自動撒水設備，撒水密度每平方公尺每分鐘多少公升以上？

(A) 1.9　(B) 1　(C) 1.5　(D) 1.2

---

1. 潔淨區應依各類場所消防安全設備設置標準第二十八條規定，檢討設置排煙設備。但符合何種規定者免設排煙設備？

【解說】

（一）為防火構造建築物。

（二）避難步行距離符合建築技術規則建築設計施工編第九十三條之規定。

（三）設有吸氣式偵煙探測系統。

（四）設置自動撒水設備。

119火災通報裝置設置及維護注意事項

（102/09/03訂定）

一、為辦理119火災通報裝置設置及維護事宜，特訂定本注意事項。

二、設置原則：

(一) 119火災通報裝置（下稱本裝置）設置場所，應以場所火警自動警報設備可連接自動報警功能者優先設置，以發揮裝置之自動報警功能。

(二) 若場所無法連接自動報警功能，考量本裝置具有手動報警之功能，亦可設置，俾利聘用語言不通之外籍看護或人力不足之場所，能透過本裝置手動報警功能通報消防機關，惟仍以可連接自動報警功能場所優先設置。

三、維護原則：

(一) 設置場所之管理權人應定期檢測及維護本裝置，以確保其功能正常，如有故障，應即通知廠商修繕。

(二) 為避免誤報，設置場所於進行消防安全設備測試前，應先將本裝置關閉，測試完畢後再復歸。

(三) 本裝置之維護比照自行設置之消防安全設備，由管理權人負裝置檢修及維護保養之責。

四、本裝置將火警訊號通報消防機關後，消防機關應主動聯繫設置場所相關人員確認火災狀況，如經聯繫未回應者，視為授權消防機關現場指揮官進行救助相關處置。

滅火器藥劑更換及充填作業規定

（109/08/21修正）

一、為強化內政部公告應實施認可之滅火器滅火功能，建立滅火器藥劑更換及充填作業機制，特訂定本規定。

二、本規定所稱滅火器，指滅火器認可基準規範之水滅火器、機械泡沫滅火器、二氧化碳滅火器及乾粉滅火器等。

三、經營滅火器藥劑更換及充填作業廠商（以下簡稱廠商），其人員、設備器具及場地，應符合下列規定：

(一) 有專任符合消防法規定之消防專技人員（如消防設備師、消防設備士或暫行從事消防安全設備裝置檢修人員）至少一人，且不得同時任職於其他工廠或公司（行號）。

(二) 有必要之設備及器具。

(三) 有固定之作業場所，滅火器不得露天堆置。

四、從事第三點作業之廠商應檢具下列文件，向作業場所所在地之直轄市、縣（市）政府提出申請，經派員實地審查合格後，發給證書，並公告之。

未依本規定取得證書辦理相關作業之廠商，直轄市、縣（市）政府應予輔導，輔導期限至中華民國一百零一年六月三十日止。輔導期限屆滿日起，尚未依本規定取得證書進行作業之廠商，應依消費者保護法相關規定加強查核：

(一) 申請書。

(二) 工廠或公司（行號）登記證明文件。

(三) 建築物使用執照影本。

(四) 負責人身分證明文件。

(五) 員工名冊。

(六) 所屬消防專技人員資格證明、勞工保險及全民健康保險資料。

(七) 滅火器藥劑更換及充填作業流程。

(八) 滅火器藥劑更換及充填之設備清冊、照片及校正紀錄。

(九) 責任保險證明文件（保險期限應含括本文所定證書之有效期限）：

1.承保藥劑更換及充填後之滅火器對第三人發生體傷、死亡或財物損害之產

品責任險文件，其最低保險金額如下：

(1) 每一個人身體傷亡：新臺幣一百萬元。

(2) 每一事故身體傷亡：新臺幣五百萬元。

(3) 每一事故財產損失：新臺幣一百萬元。

(4) 保險期間總保險金額：新臺幣一千五百萬元。

2. 雇主意外責任保險文件，應保障所屬員工執行業務發生意外事故或死亡，其最低保險金額如下：

(1) 每一個人身體傷亡：新臺幣一百萬元。

(2) 每一事故身體傷亡：新臺幣五百萬元。

(3) 保險期間總保險金額：新臺幣一千五百萬元。

五、第四點所定證書應記載事項如下：

(一) 廠商名稱。

(二) 工廠或公司（行號）登記字號。

(三) 營利事業統一編號。

(四) 執行業務範圍。

(五) 負責人。

(六) 作業場所地址。

(七) 電話。

(八) 證書號碼。

(九) 核發日期。

(十) 有效期限。

前項證書所載事項有變更者，應於變更事由發生之次日起三十日內向直轄市、縣（市）政府申請變更。

第四款所定執行業務範圍，係指依廠商具有之設備及器具種類，區別從事水滅火器、機械泡沫滅火器、二氧化碳滅火器或乾粉滅火器等不同種類滅火器之藥劑更換及充填作業。

六、廠商聘用、資遣、解聘消防專技人員，應於事實發生之次日起三十日內，報請直轄市、縣（市）政府備查，並應符合第三點第一款規定。

七、廠商應備置滅火器藥劑更換及充填作業登記簿，並至少保存三年。

八、證書之有效期限為三年，期限屆滿三個月前，得檢附第四點所定文件及滅火藥劑進出貨證明文件向作業場所所在地之直轄市、縣（市）政府申請延展。

前項申請受理後除書面審查外，並應派員實地審查，每次延展期限爲三年，實地
審查不合格者，不予延展。

九、直轄市、縣（市）政府派員查核廠商執行本作業規定情形時，應出示執行職務之
　　證明文件或顯示足資辨別之標誌，廠商不得規避、妨礙或拒絕，並應依檢查人員
　　之請求提供相關資料或說明，違反者得依消費者保護法第五十七條規定裁處之。

十、直轄市、縣（市）政府應於網站公布合格廠商之資料，並即時更新，且與內政部
　　消防署網站連結。

十一、廠商更換滅火藥劑時應將原藥劑清除乾淨後，依據各類場所消防安全設備檢修
　　　及申報作業基準規定，發現有缺點之滅火器，應即進行檢修或更新，並依下列
　　　規定辦理：

　　（一）檢查：

　　　　1.製造日期超過十年或無法辨識製造日期之水滅火器、機械泡沫滅火器
　　　　　或乾粉滅火器，應予報廢，非經水壓測試合格，不得再行更換及充塡
　　　　　藥劑。

　　　　2.容器（鋼瓶）內、外部不得有鏽蝕、變形、膨脹、破裂、龜裂等損害
　　　　　現象。

　　　　3.各部零件不得有嚴重鏽蝕、變形、膨脹、破裂（損）、龜裂、阻塞、
　　　　　缺損等影響性能現象。

　　　　4.充塡滅火藥劑之容器及鋼瓶，應符合滅火器認可基準之氣密試驗。

　　（二）充塡：

　　　　1.泡沫滅火藥劑因經較長時間後會產生變化，應依滅火器銘板上所標示
　　　　　之時間或依製造商之使用規範，定期加以更換。其餘類型滅火器之滅
　　　　　火藥劑若無固化結塊、異物、沉澱物、變色、污濁或異臭者等情形，
　　　　　滅火藥劑可繼續使用。

　　　　2.新增充塡之滅火藥劑應爲經內政部認可之產品，汰換之滅火藥劑未經
　　　　　回收處理重新辦理認可，取得個別認可標示，不得重複使用；二氧化
　　　　　碳滅火器所充之滅火劑，應符合中華民國國家標準（以下簡稱CNS）
　　　　　195〔液體二氧化碳〕之規定，並有證明文件。

　　　　3.滅火藥劑充塡量及灌充壓力應符合滅火器認可基準規定。

　　　　4.高壓氣體灌充作業需符合高壓氣體相關法令規定。

　　　　5.重新充塡滅火藥劑後之滅火器，於充塡完成時其噴射性能須能噴射所

充填滅火劑容量或重量90%以上之量，其使用期限內噴射性能須能噴
射所充填滅火劑容量或重量80%以上之量；其藥劑主成分應符合滅火
器用滅火藥劑認可基準規定。

6.換藥作業應於經審查合格（廠）場內進行，不得於工作車輛上為之。

(三) 檢修環及標示：

1.性能檢查完成或重新更換藥劑及充填後之滅火器，應於滅火器瓶頸加
裝檢修環，檢修環材質以一體成型之硬質無縫塑膠、壓克力或鐵環製
作，且內徑不得大於滅火器瓶口1mm。並能以顏色區別前一次更換藥
劑及充填裝設之檢修環，檢修環顏色以黃色、藍色交替更換。

2.以不易磨滅之標籤標示滅火器藥劑更換及充填之廠商名稱、證書號
碼、電話、地址、消防專技人員姓名、品名、規格、流水編號、檢修
環顏色、性能檢查日期、換藥日期、下次性能檢查日期、委託服務廠
商等。

3.滅火器換藥標示不得覆蓋、換貼或變更原新品出廠時之標示。

十二、有下列情事之一者，直轄市、縣（市）政府應撤銷或廢止其證書，且自撤銷或
廢止之日起一年內不得重新提出申請：

(一) 未置專任之消防專技人員。

(二) 充填未經認可之滅火藥劑或以其他不實方法施作。

(三) 滅火器瓶頸以不合之顏色、型式檢修環裝置或未裝置者。

(四) 滅火器藥劑更換、充填作業未於經審核合格場所內進行者。

(五) 未設置滅火器藥劑更換及充填作業登記簿、滅火藥劑進出貨證明文件等
相關資料可供稽核或偽造紀錄者。

(六) 無正當理由規避、拒絕或妨礙消防機關之查核者。

(七) 工廠或公司（行號）登記證明文件失效者。

十三、更換之滅火藥劑應依下列規定處理，不得隨地棄置，並應有相關委託資料備
查：

(一) 委託廢棄物清理公司依環境保護法規規定辦理。

(二) 委託原製造商或其他具處理能力業者重新回收再處理，處理後之滅火藥
劑應重新辦理認可，取得個別認可標示。

十四、本規定第四點、第八點第二項之實地審查作業，直轄市、縣（市）政府得請消
防相關公（協）會、基金會團體協助辦理。

自我成長測驗

(D) 1. 做「滅火器藥劑更換及充填作業規定」，下列敘述何者錯誤？
  (A) 經營滅火器藥劑更換及充填作業廠商應有專任符合消防法規定之消防專技人員（如消防設備師、消防設備士或暫行從事消防安全設備裝置檢修人員）至少人，且不得月峙任職於其他工廠或公司（行號）
  (B) 製造日期超過十年或無法辨識製造日期之乾粉滅火器，應予報廢，非經水壓測試合格，不得再行更換及充填藥劑
  (C) 重新充填滅火藥劑後之滅火器，於充填完成時其噴射性能須能噴射所充填滅火劑容量或重量 90% 以上之量
  (D) 重新更換藥劑及充填後之滅火器，應於滅火器瓶頸加裝檢修環，檢修環材質以一體成型之硬質無縫塑膠、壓克力或鐵環製作，且內徑不得大於滅火器瓶口 5mm
  【解說】且內徑不得大於滅火器瓶口 1mm

(B) 2. 依滅火器藥劑更換及充填作業規定，下列敘述何者錯誤？
  (A) 充填滅火藥劑之容器及鋼瓶，應符合滅火器認可基準之氣密試驗
  (B) 重新充填滅火藥劑後之滅火器，於充填完成時其噴射性能須能噴射所充填滅火劑容量或重量 80% 以上之量，其使用期限內噴射性能須能噴射所充填滅火劑容量或重量 90% 以上之量
  (C) 泡沫滅火藥劑因經較長時間後會產生變化，應依滅火器銘板上所標示之時間或依製造商之使用規範，定期加以更換。其餘類型滅火器之滅火藥劑若無固化結塊、異物、沉澱物、變色、污濁或異臭者等情形，滅火藥劑可繼續使用
  (D) 新增充填之滅火藥劑應為經內政部認可之產品，汰換之滅火藥劑未經回收處理重新辦理認可，取得個別認可標示，不得重複使用
  【解說】重新充填滅火藥劑後之滅火器，於充填完成時其噴射性能須能噴射所充填滅火劑容量或重量 90% 以上之量，其使用期限內噴射性能須能噴射所充填滅火劑容量或重量 80% 以上之量；其藥劑主成分應符合滅火器用滅火藥劑認可基準規定。

(D) 3. 依滅火器藥劑更換及充填作業規定，廠商更換滅火藥劑並完成檢修或更新後應於滅火器加裝檢修環，有關檢修環相關規定，下列敘述何者錯誤？
  (A) 應於滅火器瓶頸加裝檢修環
  (B) 檢修環材質以一體成型之硬質無縫塑膠、壓克力或鐵環製作
  (C) 檢修環內徑不得大於滅火器瓶口 1mm
  (D) 檢修環顏色以紅色、黃色交替更換
  【解說】1090821 已修正改如下：性能檢查完成後之滅火器應張貼標示，且該標示不得覆蓋、換貼或變更原新品出廠時之標示，並於滅火器瓶頸加裝檢修環，檢修環上應標註年份，材質以一體成型之硬質無縫塑膠、壓克力或鐵環製作，且尺寸以非經拆卸滅火器無法取出或直接以內徑不得大於滅火器瓶口 1mm 方式辦理，以顏色紅、橙、黃、綠、藍交替更換，自一百一十年度起開始使用紅色檢修環，後續依年度別依序採用橙色（一百一十一年度）、黃色（一百一十二年度）、綠色（一百一十三年度）、藍色（一百一十四年度）之檢修環，依此類推。

(A) 4. 依滅火器藥劑更換及充填作業規定，專業廠商應向作業場所所在地之直轄市、縣（市）政府提出申請，取得認可後，始得辦理滅火器性能檢查及藥劑更換充填作業；其證書有效期限為何？

(A) 5 年　(B) 3 年　(C) 2 年　(D) 1 年

(C)　5. 依滅火器藥劑更換及充填作業規定，專業廠商應向作業場所所在地之直轄市、縣（市）政府提出申請，取得認可後，始得辦理滅火器性能檢查及藥劑更換充填作業；保險期間總保險金額為何？
(A) 新臺幣一千萬元　　　　　(B) 新臺幣五百萬元
(C) 新臺幣一千五百萬元　　　(D) 新臺幣三百萬元

(B)　6. 依滅火器藥劑更換及充填作業規定，專業廠商應於證書登載之作業場所進行滅火器性能檢查及藥劑更換充填作業，滅火器不得露天堆置，且該場所應設置監控系統攝錄作業情形，錄影資料並應保存多久以上。
(A) 6 個月　(B) 3 個月　(C) 2 年　(D) 1 年

(A)　7. 專業廠商於證書有效期限屆滿三個月前，得檢具文件，向作業場所所在地之直轄市、縣（市）政府申請延展認可，每次延展期限為何？
(A) 5 年 (B)　3 年　(C) 2 年　(D) 1 年

消防機關受理集合住宅消防安全設備檢修申報作業處理原則

（104/02/17訂定）

一、目的：

　　爲協助集合住宅落實消防安全設備之維護保養及檢修申報，並明定消防機關對集合住宅檢修申報之作業流程及其相關處理方式，爰訂定本處理原則。

二、受理檢修申報作業流程：流程圖如附件。

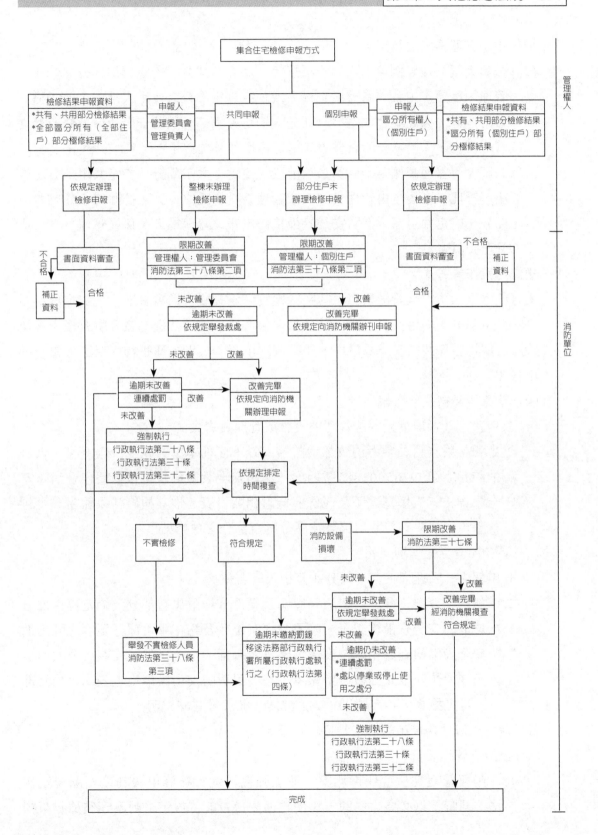

三、檢修申報管理權人之認定：

(一) 公寓大廈管理條例第十條第一項規定：「專有部分、約定專用部分之修繕、管理、維護，由各該區分所有權人或約定專用部分之使用人為之，並負擔其費用。」，據此集合住宅專有部分、約定專用部分消防安全設備檢修申報之管理權人，係屬區分所有權人或約定專用部分之使用人。

(二) 公寓大廈管理條例第十條第二項前段規定：「共用部分、約定共用部分之修繕、管理、維護，由管理負責人或管理委員會為之。」，據此集合住宅共用部分、約定共用部分消防安全設備檢修申報之管理權人，係屬管理負責人或管理委員會。

四、檢修申報作業方式：

集合住宅之消防安全設備檢修，其系統性設備之設置含括專有部分、約定專用部分、共用部分、約定共用部分，其檢修申報方式以輔導其透過區分所有權人會議決議，採以整棟共同申報為原則，如採個別申報方式者，建築物共用部分應一併申報。

(一) 整棟建築物共同申報

1. 申報人（管理權人）：管理委員會或管理負責人。

2. 申報檢附資料：參考內政部消防署（以下簡稱本署）九十二年五月十六日消防預字第09205001881號函頒「消防安全設備檢修申報書製作暨消防安全設備檢查表填寫說明及範例」檢附相關書表，惟其檢修結果報告書應包含整棟大樓共有、共用部分及區分所有部分之檢修結果。

(二) 區分所有權人個別申報

1. 申報人（管理權人）：區分所有權人（各住戶）。

2. 申報檢附資料：參考前揭填寫說明及範例，檢附專有部分及約定專用部分內之消防安全設備檢查表、防護該專有部分及約定專用部分範圍之共用消防安全設備檢查表相關書表。惟區分所有權人之一已就大樓共有及共用部分完成消防安全設備檢修申報者，該共用消防安全設備檢查表內已檢修部分，得免檢修，判定欄以「／」註記，並於備註欄說明。

五、對集合住宅辦理檢修申報之主動協助作為：

(一) 已成立管理委員會之集合住宅

1. 主動與管理委員會保持連繫，並加強宣導執行檢修申報制度相關規定作法，同時予以必要之協助，以使管理委員會能依規定主動辦理整棟建築物

之消防安全設備檢修申報。

2.對於集合住宅部分區分所有權人（住戶）未配合大樓實施檢修申報，並經管理委員會與其協調仍不履行時，除得依公寓大廈管理條例第六條第三項規定報請主管機關或訴請法院，藉由公權力介入，施予必要之處置外，如有違反檢修申報規定，亦得依消防法第三十八條規定予以處罰，或依行政執行法強制執行之。

(二) 未成立管理委員會之集合住宅

1.對於未依「公寓大廈管理條例」成立管理委員會之集合住宅，協調促請地方建築主管機關對未成立管理委員會之集合住宅訂定分期、分區、分類計畫，並輔導其召開區分所有權人會議，成立管理委員會或推選管理負責人，以利推動檢修申報制度。

2.轄區分隊對各住戶加強宣導檢修申報制度，必要時得利用轄內有線電視節目播送系統、村（里）民大會等相關途徑宣導，指導協助其得共同委託消防設備師（士）或檢修專業機構辦理檢修，並向消防機關辦理申報。

3.未成立管理委員會之集合住宅，共有及共用部分如未依規定辦理檢修申報時，須針對該部分之各區分所有權人一併依法裁處；專有部分及約定專用部分則須針對該部分之區分所有權人分別依法裁處，並提報縣、市政府公共安全會報（治安會報）。

〔立法理由〕

按臺灣臺中地方法院一○三年十一月二十八日一○三年度簡字第八十七號行政訴訟判決略以，次按行政程序法第七條規定：「行政行為，應依下列原則為之：一採取之方法應有助於目的之達成。二有多種同樣能達成目的之方法時，應選擇對人民權益損害最少者。三採取之方法所造成之損害不得與欲達成目的之利益顯失均衡。」又「對人民違反行政法上義務之行為處以罰鍰，其違規情節有區分輕重程度之可能與必要者，應根據違反義務情節之輕重程度為之，使責罰相當。」司法院釋字第六四一號解釋理由書第一段闡釋在案；故據上，被告就原告各區分所有權人，均依消防法第三十八條第二項之規定，各處一萬元（計二十萬元）之罰鍰處分，此項處罰之結果，將造成集合住宅有設置管理委員會或管理負責人者可受較輕之處罰，已與行政罰公平適當原則及行政罰之比例原則牴觸，且於個案之處罰顯然過苛，並不符妥當性。故綜此，被告就管理權人即原告等區分所有權人均逾期申報消防安全設備檢修時，就系爭集合住宅受限期改善之數區分所有權人

為一個逾期不改善之罰鍰處分，應係合法妥適；是原告主張被告對共有部分之區分所有權人即原告等分別裁罰，共可罰得總計十三萬元之罰鍰，顯不合比例原則，亦無法兼顧其實質正義之詞，應堪採取。……；惟審之該處理原則第五點關於(二)未成立管理委員會之集合住宅部分，其中「3、未成立管理委員會之集合住宅，如未依規定辦理檢修、申報時，仍須針對各區分所有權人（住戶）分別依法裁處，……」之規定，依前揭說明意旨，該部分規範內容就未成立管理委員會之集合住宅，僅規定就各區分所有權人分別為數個裁罰處分，未區分得就數區分所有權人作成同一次逾期未改善之罰鍰處分，或賦予執法者依實際事實經過情節裁量之餘地，是該項規定內容自有違反憲法第二十三條所定之比例原則而無從適用，而被告依消防法第三十八條第二項及處理原則等相關規定，逕依如附表一所示之原處分裁處原告等人各一萬元之罰鍰，自非屬合比例原則之處分，訴願決定予以維持，亦嫌疏略，應由本院予以撤銷，並由被告依前開消防法規定之立法目的，另為符合比例原則之適當處分，併予敘明。考量本作業處理原則係為協助集合住宅落實消防安全設備之維護保養及檢修申報，並明定消防機關對集合住宅檢修申報之作業流程及其相關處理方式，為符合上開行政訴訟判決內容，基於行政罰第十四條業有分別處罰之規定及實務運作情形，讓直轄市、縣（市）消防機關針對未成立管理委員會之集合住宅未辦理檢修申報之裁處有具體明確之規範可供遵循，爰據以修正。

六、檢修申報複查作業規定：

　　(一) 直轄市、縣（市）消防機關對應辦理檢修申報之集合住宅應建立列管資料清冊，並應併其他列管場所訂定年度複查計畫，每年排定預定執行複查場所家數及地點，每月依預定時程表複查，對於未依規定辦理檢修、申報及申報消防安全設備不符合規定場所應優先排定複查。

　　(二) 複查時如發現管理權人未依規定辦理檢修或申報者，應依消防法第三十八條第二項規定開具限期改善通知單，並予追蹤管制。

　　(三) 複查結果如發現消防安全設備有不符合規定之情事者，應依消防法第三十七條第一項規定開具限期改善通知單，並予追蹤管制。

　　(四) 複查結果如發現消防設備師（士）有不實檢修之情事者，應依消防法第三十八條第三項規定逕行舉發；另發現未由具消防設備師（士）資格人員執行消防安全設備檢修情事者，應依消防法第三十八條第一項規定逕行舉發。

七、違反消防法之處分則依據「各級消防主管機關辦理消防安全檢查違法案件處理注意事項」之規定辦理。

自我成長測驗

(C)　1. 有關消防機關受理集合住宅消防安全設備檢修申報作業處理原則之規定，下列敘述何者錯誤？
　　　(A)對於檢修申報管理權人之認定，集合住宅專有部分、約定專用部分消防安全設備檢修申報之管理權人，係屬區分所有權人或約定專用部分之使用人
　　　(B)對於檢修申報管理權人之認定，集合住宅共用部分、約定共用部分消防安全設備檢修申報之管理權人，係屬管理負責人或管理委員會
　　　(C)集合住宅之消防安全設備檢修，如採個別申報方式者，其系統性設備之設置含括專有部分、約定專用部分、共用部分、約定共用部分，可併建築物共用部分申報時一併申報
　　　(D)未成立管理委員會之集合住宅，共有及共用部分如未依規定辦理檢修申報時，須針對該部分之各區分所有權人一併依法裁處；專有部分及約定專用部分則須針對該部分之區分所有權人分別依法裁處，並提報縣、市政府公共安全會報（治安會報）
　　　【解說】集合住宅之消防安全設備檢修，其系統性設備之設置含括專有部分、約定專用部分、共用部分、約定共用部分，其檢修申報方式以輔導其透過區分所有權人會議決議，採以整棟共同申報為原則，如採個別申報方式者，建築物共用部分應一併申報。

國家圖書館出版品預行編目資料

消防法規（設備師士專用）／盧守謙作. --
二版. -- 臺北市：五南圖書出版股份有限
公司, 2021.11
　　面；　公分
　ISBN 978-626-317-085-8（平裝）

1.消防法規

575.81　　　　　　　　　　110013197

5T31

消防法規（設備師士專用）

作　　　者 — 盧守謙（481）

協同作者 — 陳承聖

發 行 人 — 楊榮川

總 經 理 — 楊士清

總 編 輯 — 楊秀麗

副總編輯 — 王正華

責任編輯 — 金明芬

封面設計 — 姚孝慈

出 版 者 — 五南圖書出版股份有限公司

地　　　址：106台北市大安區和平東路二段339號4樓

電　　　話：(02)2705-5066　　傳　　真：(02)2706-6100

網　　　址：https://www.wunan.com.tw

電子郵件：wunan@wunan.com.tw

劃撥帳號：01068953

戶　　　名：五南圖書出版股份有限公司

法律顧問　林勝安律師事務所　林勝安律師

出版日期　2017 年 4 月初版一刷
　　　　　2021 年 8 月初版二刷
　　　　　2021 年 11 月二版一刷

定　　　價　新臺幣700元

經典永恆・名著常在

五十週年的獻禮——經典名著文庫

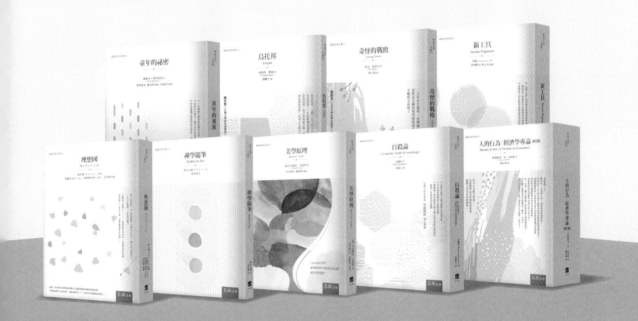

五南，五十年了，半個世紀，人生旅程的一大半，走過來了。

思索著，邁向百年的未來歷程，能為知識界、文化學術界作些什麼？

在速食文化的生態下，有什麼值得讓人雋永品味的？

歷代經典・當今名著，經過時間的洗禮，千錘百鍊，流傳至今，光芒耀人；

不僅使我們能領悟前人的智慧，同時也增深加廣我們思考的深度與視野。

我們決心投入巨資，有計畫的系統梳選，成立「經典名著文庫」，

希望收入古今中外思想性的、充滿睿智與獨見的經典、名著。

這是一項理想性的、永續性的巨大出版工程。

不在意讀者的眾寡，只考慮它的學術價值，力求完整展現先哲思想的軌跡；

為知識界開啟一片智慧之窗，營造一座百花綻放的世界文明公園，

任君遨遊、取菁吸蜜、嘉惠學子！